Reinhold Vetter

Der Preis des Wandels

Reinhold Vetter

Der Preis des Wandels

Geschichte des europäischen Ostens seit 1989

HERDER

FREIBURG · BASEL · WIEN

MIX
Papier aus verantwor-
tungsvollen Quellen
FSC® C083411

© Verlag Herder GmbH, Freiburg im Breisgau 2019
Alle Rechte vorbehalten
www.herder.de

Lektorat: Stephan Lahrem
Satz: wunderlichundweigand, Stefan Weigand
Herstellung: CPI books GmbH, Leck
Printed in Germany

ISBN Print: 978-3-451-38302-1
ISBN E-Book: 978-3-451-81535-5

Inhalt

Einleitung – Das epochale Jahr 1989

6. Februar: In Warschau treffen sich Abgesandte der kommunistischen Macht und führende Köpfe der demokratischen Opposition zum ersten Mal zu den berühmten Beratungen am Runden Tisch. In den folgenden zwei Monaten einigen sie sich auf tief greifende Reformen, die Polen den Weg in eine demokratisch-parlamentarische und marktwirtschaftliche Zukunft eröffnen. Nach der Parlamentswahl im Juni desselben Jahres wird die erste nachkommunistische Regierung gebildet.

19. August: In der Nähe der österreichischen Grenze findet auf ungarischem Boden ein paneuropäisches Picknick statt. Mit Genehmigung der Behörden wird der Eiserne Vorhang für einige Stunden geöffnet. Einige Hundert DDR-Bürger nutzen dies zur Flucht in den Westen. Schon seit mehreren Monaten treffen sich auch in Ungarn Vertreter der kommunistischen Staatspartei MSZMP und der Opposition an einem Runden Tisch. Ihre Beratungen münden in eine Modifizierung der Verfassung, wodurch allgemeine, gleiche und geheime Wahlen ermöglicht werden. Nach der Parlamentswahl im März und April 1990 entsteht die erste nachkommunistische Regierung unter Führung des Konservativen József Antall als Ministerpräsident.

23. August: Am 50. Jahrestag der Unterzeichnung des Stalin-Hitler-Pakts bilden mehr als eine Million Menschen eine 600 Kilometer lange Kette, die von Vilnius bis Tallinn reicht. Die Demonstration ist der bis dahin spektakulärste Protest gegen die völkerrechtswidrige Annexion der drei baltischen Republiken durch die Sowjetunion. Litauen und Lettland erklären 1990 ihre Unabhängigkeit, Estland folgt 1991.

9. November: Nach 28 Jahren fällt die Berliner Mauer, Symbol der Trennung Deutschlands, aber auch des geteilten Europas. In der Folge strömen Millionen von DDR-Bürgern nach Westberlin und in die

Bundesrepublik. Von der Maueröffnung bis zum Vollzug der deutschen Einheit am 3. Oktober 1990 vergehen ganze elf Monate.

25. Dezember: Der rumänische Diktator Nicolae Ceaușescu und seine Frau Elena werden von einem Militärgericht zum Tode verurteilt und gleich danach erschossen.

29. Dezember: In Prag wählt die Nationalversammlung den Schriftsteller und Bürgerrechtler Václav Havel zum Nachfolger des zurückgetretenen kommunistischen Staatspräsidenten Gustáv Husák. In der Tschechoslowakei war die kommunistische Staatspartei KPČ unter dem Druck anhaltender Massendemonstrationen und Streiks im November/Dezember zusammengebrochen und hatte in der am 10. Dezember gebildeten neuen Regierung keine Mehrheit mehr.

Sechs Daten, sechs Ereignisse, die die historische Zäsur des Jahres 1989 verdeutlichen. Sie leiten den Zusammenbruch der kommunistischen Staatenwelt in Ostmittel- und Südosteuropa ein und lassen erkennen, dass eine Rückkehr zum Alten kaum mehr möglich sein würde. Selbstverständlich hatten auch diese Ereignisse wie alles eine Vorgeschichte, doch der Zerfall der kommunistischen Machtsphäre erfolgte so überraschend, so vollständig, so friedlich und so rasant, dass der englische Historiker Timothy Garton Ash damals vom »Jahr der Wunder« sprach.

Die Ereignisse des Jahres 1989 und die folgende Entwicklung im östlichen Europa setzten bei den Menschen dort gewaltige Hoffnungen und Erwartungen frei. Nun, so war man sich einig, sollten Freiheit und Demokratie die kommunistische Diktatur ablösen, würde man bald in einer parlamentarischen Republik mit Gewaltenteilung und einem für alle verbindlichen Rechtsstaat leben. Die Hoffnungen richteten sich auch auf eine liberale Marktwirtschaft bzw. ein ökonomisches System mit gemischten Eigentumsformen statt der sozialistischen Kommandowirtschaft. Der Wunsch nach Wohlstand und einer Warenwelt wie im Westen war gewaltig. Man wollte wieder eine freie Presse lesen, statt sich durch zensierte Parteizeitungen langweilen zu lassen, und auch alle jene Länder in Europa und auf der ganzen

Welt in Augenschein nehmen, derer Besuch vorher verwehrt war. Die Menschen sehnten sich nach einem allseits beachteten Frieden, der das jahrzehntelang herrschende System des Kalten Krieges ablösen würde, das echten Fortschritt behindert hatte. Kurzum: 1989 blühte der Traum auf von einem freiheitlichen, grenzenlosen, völkerverbindenden Europa. Der US-amerikanische Politikwissenschaftler und Politikberater Francis Fukuyama verstieg sich gar euphorisch dazu, das »Ende der Geschichte« zu verkünden, was allerdings schon damals eine unrealistische Annahme war.[1]

Eigentlich sollte 2019 im östlichen Europa (und nicht nur dort) ein Jahr der großen Feiern werden: 30 Jahre Überwindung der kommunistischen Regime in Europa, 20 Jahre Nato-Osterweiterung, 15 Jahre große Osterweiterung der Europäischen Union. Doch für Feierlichkeiten gab und gibt es relativ wenig Anlass. Die Euphorie ist längst verflogen, Ernüchterung und Enttäuschung haben sich breitgemacht. Politikverdrossenheit ist vielfach an die Stelle des politischen Gestaltungswillens getreten, Nationalismus blüht in Ost und auch in West, neue Grenzzäune werden in Europa errichtet, alte Grenzkontrollen wiederbelebt, die soziale Ungleichheit ist keineswegs verschwunden; der kapitalistische und liberale Westen ist für viele Menschen in Ostmittel- und Südosteuropa nicht mehr besonders attraktiv, die Europäische Union noch weniger.

Dabei sind die negativen Entwicklungen vor allem in Polen, Ungarn und Rumänien, wo autoritäre Systeme wachsen, die Justiz politisch instrumentalisiert sowie der Kultur und der Geschichtsbetrachtung eine nationalistische Zwangsjacke verpasst wird, nur ein Element der Krise, in die Europa und speziell die Europäische Union geraten sind. Besonders 2018 erwies sich als Jahr zunehmender Unordnung auf dem Kontinent. Die zentrifugalen Kräfte waren überall spürbar, auch wenn es dem Europäischen Rat in Ausnahmefällen gelang, einstimmig Beschlüsse zu fassen. Rechte und linke, populistische wie nationalistische EU-Gegner betrieben im Inneren der Gemeinschaft deren Zerstörung, und nach außen hin hatte es die EU mit einem erratischen Präsidenten in Washington und einem dementsprechend orientierungslosen Amerika zu tun. Das zentralistische China erschien zunehmend selbstbewusster auf der internationalen Bühne, ein im Inneren reformunfähiges Russland betätigte sich international als Unruhestifter. Europa droht zum Schauplatz eines neuen atomaren Wettrüstens zu werden, nachdem die USA und Russland erklärten, sich nicht mehr an den INF-Abrüstungsvertrag gebunden zu fühlen. Mit Großbritannien trat erstmals ein Land den Rückzug aus der EU an. Der Wille zu einem stärker integrierten Europa war nur noch in einigen Ländern zu spüren, in den übrigen dominierte eine pragmatische oder gar nationalistisch-destruktive Haltung zur EU.

Besonders gefährlich dabei war und ist, dass die Erosion der Rechtsstaatlichkeit und die Geringschätzung der Menschenrechte zunehmen. Die vielfach beschworenen Werte der Europäischen Union erweisen sich mehr und mehr als Fiktion, auch wenn sich die europäischen juristischen Instanzen dem entgegenstemmen und dabei in einzelnen Fällen sogar Erfolg haben.

Die negativen Phänomene in den östlichen und südöstlichen Mitgliedstaaten haben natürlich Einfluss auf den Westen der EU und die gesamte Gemeinschaft. So war Ungarns Ministerpräsident Viktor Orbán zunehmend bemüht, sich als gesamteuropäischer Vorkämpfer gegen jedwede Migration sowie für antiliberale Staatsformen zu profilieren und von bestimmten Parteien in der EU auch als solcher feiern zu lassen. Neue Bündnisse deuteten sich an. Die österreichische FPÖ und die italienische Lega kündigten eine Kooperation im europäischen Wahlkampf an. AfD-Chef Meuthen sprach von einer möglichen gemeinsamen Fraktion der AfD, Lega und anderer gleichgesinnter Parteien im künftigen Europäischen Parlament. Seine Partei votierte sogar für den italienischen Innenminister der Lega, Matteo Salvini, als künftigen Präsidenten der EU-Kommission. Dieser wiederum reiste nach Polen, um sich mit Jarosław Kaczyński abzusprechen. Die Aggressivität in der politischen Auseinandersetzung in ganz Europa nahm zu.

Was ist in den vergangenen drei Jahrzehnten im östlichen Europa geschehen, dass es zu solch einer Abkühlung der einstigen Ideale und zu einer Distanzierung vom Traum Europa gekommen ist? Die Motive und Gründe sind vielfältig in den einzelnen östlichen Staaten und Gesellschaften, wenngleich es auch Gemeinsamkeiten gibt. Um ihnen nachzuspüren, sollen in diesem Buch die Transformations- und nachfolgenden Reformprozesse in den Ländern Ostmittel- und Südosteuropas nachgezeichnet und untersucht werden, die ehemals kommunistisch regiert heute in die europäische Staatengemeinschaft der EU integriert sind: Polen, Tschechien, Slowakei, Ungarn, Bulgarien, Rumänien, die baltischen Staaten Estland, Lettland und Litauen sowie die ehemaligen jugoslawischen Teilrepubliken Slowenien und Kroatien. Die Transformationsprozesse in den ostdeutschen Bundesländern (dem Gebiet der einstigen DDR) werden nicht eigens untersucht, weil sie sich innerhalb eines anderen Staates vollzogen; gleichwohl werden sie später zum Vergleich herangezogen. Doch zunächst gilt es, die nach 1989 neu entstandenen Rahmenbedingungen zu beleuchten, die für die jeweiligen Transformationsprozesse von großer Bedeutung waren.

Weichenstellungen – Veränderte Rahmenbedingungen

Mit dem Umbruch von 1989 hat sich Europa so stark gewandelt wie in keinem anderen Jahr seit 1945. Ebenso wenig wie der Erste Weltkrieg aus historischer Sicht nur als »Urkatastrophe« des 20. Jahrhunderts begriffen werden kann, sondern auch als Folge vorangegangener politischer und gesellschaftlicher Veränderungen, so geraten retrospektiv noch einmal jene Entwicklungen in den Blick, die dem Fall der Berliner Mauer und dem Zusammenbruch des sowjetischen Imperiums vorausgingen, sie allererst ermöglichten.

Ein Bündel von inneren und äußeren Faktoren spielte dabei eine Rolle. So begann beispielsweise die friedliche Demontage des Kommunismus in Polen mindestens zehn Jahre zuvor mit einem innergesellschaftlichen Wandel. Die tiefe Krise der sozialistischen Wirtschaft hatte die Entstehung der gewerkschaftlichen Massenbewegung Solidarność befördert. Durch die Verhängung des Kriegsrechts im Dezember 1981 verlor das kommunistische Regime einen Großteil seiner Legitimation, aber die Opposition unter Führung der Solidarność war zu diesem Zeitpunkt noch nicht reif zur Übernahme der politischen Macht. Und noch bestand auch der Ostblock mit seinen Machtstrukturen.

Zur Vorgeschichte des Jahres 1989 gehörten auch der Besuch von Papst Johannes Paul II. im Juni 1987 in Polen, der im Land ein neues Gemeinschaftsgefühl erzeugte und auf die ganze Region ausstrahlte, sowie das mutige Eintreten der Dissidenten für Menschen- und Bürgerrechte. Der freiheitliche Aufbruch 1989 im Osten Europas ist von der Charta 77 in der Tschechoslowakei, dem polnischen Komitee zur Verteidigung der Arbeiter (KOR), den Bürgerrechtsgruppen in der DDR, den Menschenrechtsaktivisten in Moskau und den aufmüpfigen Bürgern im rumänischen Timişoara (Temeswar) nicht zu trennen. Ihnen kamen zweifellos die Reformströmungen innerhalb der regierenden kommunistischen Parteien entgegen.

Ohne den Wandel in der Sowjetunion hätte der Umbruch des Jahres 1989 in Ostmitteleuropa und der DDR so kaum stattgefunden. Per »Perestrojka« und »Glasnost« veränderten Michail Gorbatschow und Gleichgesinnte in den späten 1980er-Jahren ihr Land unwiderruflich, auch wenn sie dabei an einen Fortbestand der Sowjetunion glaubten, was sich bald als Illusion herausstellen sollte.

Dieser Kurswechsel in der UdSSR verschaffte den reformbereiten Kräften in den kommunistischen Parteien des Ostblocks mehr Freiraum, eigene Wege zu gehen und zusammen mit der Opposition nach Auswegen aus der tiefen politischen und ökonomischen Krise ihrer Länder zu suchen. Längst war die ökonomische Ineffizienz der sozialistisch-kommunistischen Wirtschaften offenkundig geworden, die immer weniger in der Lage waren, die materiellen und sozialen Bedürfnisse der Bevölkerung zu befriedigen, und so den Unmut über die Parteiherrschaft anheizten. Bei einer Konferenz der Staaten des Warschauers Pakts im Juli 1989 in Bukarest rief Gorbatschow zu grundlegenden Reformprozessen überall im Osten Europas auf.

Auch die zunehmende Annäherung zwischen den Weltmächten USA und Sowjetunion ab 1985 förderte den Wandel in Ostmitteleuropa, beginnend mit dem Treffen zwischen Ronald Reagan und Michail Gorbatschow am 19. November 1985 in Genf. Zwei Jahre später unterzeichneten beide Politiker den INF-Vertrag vom 8. Dezember 1987, mit dem sich die USA und die Sowjetunion zur Vernichtung ihrer Mittelstreckenraketen innerhalb von drei Jahren verpflichteten. Im Rahmen eines Besuchs in Moskau hielt Reagan am 31. Mai 1988 eine Rede vor Studenten der Lomonossow-Universität, in der er die freiheitlichen Errungenschaften der Vereinigten Staaten pries, aber ebenso seine Hochachtung vor Gorbatschows Bemühen zur Erweiterung der Freiheitsrechte in der Sowjetunion zum Ausdruck brachte. Der Ost-West-Konflikt hörte in den späten 1980er-Jahren auf, die dominierende Achse der internationalen Politik zu sein. Ein verstärkter Austausch zwischen Ost und West fand keineswegs nur auf politischer, sondern infolge von Globalisierung, digitaler Revolution und kultureller internationaler Vernetzung auch auf ökonomischer, technischer und gesellschaftlicher Ebene statt.

Das bewegende Jahr 1989 symbolisiert nicht nur das Ende der Ära des realen Sozialismus, sondern auch den Beginn eines grundlegenden Systemwandels, für den es keine Blaupause gab. Was prägende Gestalten wie Lech Wałęsa, Tadeusz Mazowiecki, Bronisław Geremek, Václav Havel, Jiří Dienstbier, József Antall, Vytautas Landsbergis, Lennart Meri und andere in Angriff nahmen, wurde nicht selten als Revolution bezeichnet. Was sie gegenüber anderen revolutionären Ereignissen im 20. Jahrhundert (etwa 1917 in Russland, 1958/59 auf Kuba oder 1979 im Iran) auszeichnete, war, dass der radikale Bruch mit den kommunistischen Regimes im Osten Europas 1989 weitgehend friedlich vollzogen wurde – nicht in jedem Fall, wie etwa in Bezug auf Bulgarien und Rumänien später noch zu zeigen sein wird. In Polen, der Tschechoslowakei und der DDR waren es große Massendemonstrationen und Streiks, also der Druck der weitgehend unorganisierten Massen, die wesentlich zum Kollabieren des Systems beitrugen.

Historiker und Politikwissenschaftler sprechen weniger von Revolution, sondern verwenden in Bezug auf Ostmittel- und Südosteuropa vor allem Transformation als Oberbegriff für alle Formen, zeitlichen Abläufe und konkrete Aspekte von Regime- bzw. Systemwechseln.[2] Deswegen wird er in diesem Buch dem aus dem Englischen stammenden Begriff Transition vorgezogen, der enger zu verstehen ist und sich hauptsächlich auf die Demokratisierung politischer Systeme bezieht. Im Folgenden geht es aber nicht um eine Auseinandersetzung mit vorhandenen Transformationstheorien, sondern um das Aufzeigen wesentlicher innerer und äußerer Faktoren, die bei dem Wandel im östlichen Europa in den vergangenen drei Jahrzehnten eine Rolle gespielt haben bzw. bis heute spielen. Dazu gehören

- die Zwei-plus-Vier-Verhandlungen und die deutsche Vereinigung, deren Gelingen die anderen Transformationsprozesse beeinflusste;
- die Auflösung bisher maßgeblicher politischer Einheiten: das Auseinanderbrechen der Sowjetunion, der Zerfall Jugoslawiens und die Teilung der Tschechoslowakei;
- die von West und Ost gewollte Neuorientierung der östlichen Staaten an bestehenden westlichen Bündnissen wie der Europäischen Gemeinschaft (heute EU) und der Nato;
- Einflüsse der Globalisierung, die nach der Überwindung der Systemgrenzen auch vor Osteuropa nicht Halt machten, hier speziell die globale Finanz- und Wirtschaftskrise seit 2008 und die Flüchtlingskrise seit 2015.

Die Zwei-plus-Vier-Verhandlungen und die deutsche Vereinigung

Das Ende der DDR 50 Jahre nach ihrer Gründung war ein deutliches Signal für das unwiderrufliche Scheitern kommunistisch-autoritärer Staatskonzepte in Europa. Die deutsche Vereinigung im Jahr 1990 beeinflusste wesentlich die weitere Entwicklung ganz Europas. So erwies sich Deutschland bald als wichtiger Anwalt der ostmittel- und südosteuropäischen Staaten bei deren Annäherung an die europäischen und transatlantischen Strukturen.[3]

Als am 9. November 1989 in Berlin die Mauer fiel, weilte der damalige Bundeskanzler Helmut Kohl in der polnischen Hauptstadt Warschau. Sein auf fünf Tage angelegter Besuch sollte die deutsch-polnischen Beziehungen auf eine neue Grundlage stellen. Doch die dramatischen Ereignisse ließen ihn seinen Besuch unterbrechen und nach Berlin zurückkehren. Am 10. November trat er abends zusammen mit Willy Brandt, Hans-Dietrich Genscher und Walter Momper auf dem Balkon des Schöneberger Rathauses auf. Obwohl der Kanzler die Unterbrechung seiner Reise mit Staatspräsident Wojciech Jaruzelski und Premier Tadeusz Mazowiecki abgesprochen hatte, herrschte auf polnischer Seite doch erhebliche Skepsis. Polens späterer Staatspräsident Lech Wałęsa brachte diese Skepsis auf den Punkt, als er gegenüber Kohls Berater Horst Teltschik erklärte, man habe gedacht, die Bonner Regierung werde sich nun vollständig auf die DDR konzentrieren und die deutsch-polnischen Beziehungen in den Hintergrund treten lassen.

Doch Helmut Kohl und seine Delegation kehrten am 11. November nach Warschau zurück und sein Besuch gewann dann doch noch historischen Charakter. Es kam zu der berühmten Versöhnungsmesse in Krzyżowa (Kreisau). Außerdem wurde eine deutsch-polnische

Erklärung mit einem klaren Bekenntnis zum Warschauer Vertrag vom Dezember 1970, zur Unverletzlichkeit der Grenzen sowie zur Achtung der territorialen Integrität und Souveränität aller Staaten in Europa in ihren bestehenden Grenzen als grundlegende Bedingung für den Frieden.

Nach dem 9. November gingen die Uhren in der DDR völlig anders. Die neue Regierung unter dem vorsichtigen Reformer Hans Modrow erwies sich als äußerst schwach, die Ausreisewelle hielt an, und in der Öffentlichkeit kursierten Gerüchte über Putschversuche der DDR-Staatssicherheit. Diese Lage veranlasste Bundekanzler Kohl, am 28. November im Bonner Bundestag einen »Zehn-Punkte-Plan« vorzustellen, der sich sowohl an die Bürger in beiden deutschen Staaten als auch an die Regierungen in den anderen europäischen Ländern richtete. Kohls Botschaft bestand vor allem darin, die von der Führung in Ost-Berlin erbetenen ökonomischen Hilfeleistungen nur gewähren zu wollen, wenn in der DDR ein grundlegender Wandel des politischen und wirtschaftlichen Systems in Angriff genommen würde. Mithilfe konföderativer Beziehungen zwischen beiden deutschen Staaten, so der Kanzler, solle eine bundesstaatliche Ordnung in Deutschland geschaffen werden. Dies werde aber nur möglich sein durch Einbettung Deutschlands in die europäischen bzw. internationalen Strukturen.

Die politische Führung in Washington band ihre Zustimmung zu einer etwaigen Vereinigung an mehrere Bedingungen: Das vereinigte Deutschland müsse als Ganzes der EU und der Nato angehören, die Unverletzlichkeit der Grenzen sei unbedingt zu gewährleisten, und der ganze Prozess müsse friedlich und schrittweise vor sich gehen. In Moskau dagegen stießen Überlegungen zu einer deutschen Einheit auf harsche Ablehnung, doch besaß die sowjetische Führung zu diesem Zeitpunkt auch kein klares Konzept, wie sie sich gegenüber der Entwicklung in Deutschland verhalten sollte. Einerseits stand die Ablehnung des von Kohl vorgelegten Plans im Widerspruch zu dem von Gorbatschow immer wieder hervorgehobenen Prinzip der Selbstbestimmung verbündeter Staaten, andererseits passte ein mögliches Aufgeben der DDR nicht zu dem in der Sowjetunion weiterhin gepflegten Großmachtdenken. Dass die Moskauer Führung in der Folgezeit zu keiner klaren Haltung fand, lag nicht nur daran, dass es in den eigenen Reihen unterschiedliche Meinungen zur deutschen Frage gab, sondern auch an der Fülle anderer zu bewältigender Probleme – die großen wirtschaftlichen Schwierigkeiten, die schlechte Versorgung der Bevölkerung, die stärker werdenden separatistischen Bestrebungen in der riesigen Sowjetunion.

Doch auch unter den westeuropäischen Regierungschefs herrschte Skepsis vor. So äußerte sich Frankreichs Staatspräsident François Mitterand mit Blick auf ein mächtiges Deutschland in der Mitte Europas sehr besorgt. Und auch die britische Premierministerin Margaret Thatcher erinnerte an all die Schwierigkeiten, die man in der Vergangenheit mit einem den Kontinent dominierenden Deutschland gehabt hatte. Die Skepsis in anderen europäischen Hauptstädten hing auch damit zusammen, dass Kohl in seiner Erklärung ein klares Wort zur polnischen Westgrenze vermieden hatte.

In Polen hatten Teile der demokratischen Opposition schon in den späten 1970er-Jahren signalisiert, das Recht der Deutschen auf staatliche Einheit akzeptieren zu wollen, wenn dabei die Oder-Neiße-Linie als Westgrenze Polens nicht infrage gestellt würde. So dachten auch Premier Tadeusz Mazowiecki und Außenminister Krzysztof Skubiszewski, als sie 1989 in Polens erster nachkommunistischer Regierung ihre Arbeit aufnahmen. Wohl wissend, dass laut Bonner Grundgesetz eine endgültige Fixierung der Grenzen erst in einem künftigen Friedensvertrag mit einem wiedervereinigten Deutschland möglich sein würde, setzten sie auf die bindende Wirkung der Verträge von Görlitz (1950) und Warschau (1970), in denen die Grenze von jedem der beiden deutschen Staaten für sich als völkerrechtlich verbindend anerkannt worden war. Gleichwohl blieben Befürchtungen.

Indes erfasste die Vereinigungsdebatte bald auch viele Menschen in der DDR, deutlich ablesbar an den Montagsdemonstrationen in Leipzig, bei denen zunehmend Transparente mit Losungen wie »Deutschland einig Vaterland« und »Wiedervereinigung« mitgetragen wurden. Bei seinem Besuch in Dresden am 19. Dezember 1989 stimmte Helmut Kohl in diese Bewegung ein, als er vor Zehntausenden die Einheit der Nation auch als sein Ziel deklarierte.

Gut zwei Wochen zuvor, am 7. Dezember 1989, waren Vertreter der SED und anderer Parteien mit Abgesandten von insgesamt sieben Bürgerrechts- bzw. Oppositionsgruppen an einem sogenannten Runden Tisch zusammengekommen, wo in den folgenden Wochen die Weichen für die erste freie Wahl der DDR-Volkskammer gestellt wurden, die schließlich am 18. März 1990 stattfand. Die Teilnehmer des Runden Tisches vertraten mehrheitlich die Auffassung, man stehe vor einem längeren Prozess der Demokratisierung und wirtschaftlichen Modernisierung der DDR, der sich möglichweise über Jahre hinziehen könnte. Doch mehrere Faktoren sprachen dagegen. So begehrte die Massenbewegung in der DDR immer stärker eine möglichst schnelle Wiedervereinigung, während die Bürgerrechts- und Oppositionsgruppen mit ihren Vorstellungen einer reformierten DDR bzw. einer demokratischen Version des Sozialismus zunehmend in die Defensive gerieten. Außerdem brauchte die DDR, wollte sie ökonomisch überleben, dringend Finanzhilfe, die aber von der Bonner Regierung nur unter der Bedingung einer raschen und durchgreifenden politischen Veränderung in Aussicht gestellt wurde.

Namhafte Wirtschaftswissenschaftler in der Bundesrepublik kritisierten das Ansinnen der Bundesregierung, möglichst bald eine Wirtschafts- und Währungsunion mit der DDR in Angriff zu nehmen. War es doch die Bonner Regierung gewesen, die sich bis dato einer raschen Währungsunion in der damaligen Europäischen Gemeinschaft widersetzt hatte. Auch für eine deutsch-deutsche Währungsunion, so hieß es, müssten erst die politischen Voraussetzungen und auf deren Basis die Umstellung der DDR-Ökonomie auf eine freie Marktwirtschaft gegeben sein – was bei den Menschen in der DDR die Illusion wecken könnte, dass damit auch eine schnelle Angleichung der Lebensverhältnisse verbunden wäre. Schließlich würde eine sofortige westliche Konkurrenz die DDR-Wirtschaft in kürzester Zeit ruinieren. Alle diese Bedenken erwiesen sich angesichts der späteren Entwicklung als durchaus berechtigt.

Aber auch anders lautende Argumente waren nicht von der Hand zu weisen. So würde die Angleichung des Niveaus der Volkswirtschaften in Ost und West ohne eine Wirtschafts- und Währungsunion vermutlich noch länger dauern. Das aber brächte die Gefahr mit sich, dass die Übersiedlung von jungen und leistungsfähigen Ostdeutschen nicht gestoppt werden könne, was – Wirtschafts- und Währungsunion hin oder her – in bestimmtem Maße auch der Fall war. So entschloss sich die Bundesregierung im Vorfeld der Volkskammerwahl in der DDR am 18. März 1990 für eine stufenlose Umstellung der DDR-Ökonomie auf Marktwirtschaft und D-Mark.

Unterdessen hatte sich die Parteienstruktur in der DDR rasend schnell verändert. Die neu gegründete Sozialdemokratische Partei SDP hatte sich mit der West-SPD vereinigt und auch die alten Blockparteien CDU und LDPD fusionierten nach einem oberflächlichen Kaderwechsel mit den westdeutschen Mutterparteien. Die Bürgerrechtsgruppen wiederum schlossen sich zum Bündnis 90 zusammen. Dazu gab es zahlreiche weitere neue Parteien.

Die Volkskammerwahl führte zu einem Ergebnis, mit dem kaum jemand gerechnet hatte. Das Wahlbündnis Allianz für Deutschland, bestehend aus der CDU, der neu gegründeten Deutschen Sozialen Union (der CSU nahe stehend) und dem Demokratischen Aufbruch, setzte sich mit 48 Prozent klar durch, gefolgt von der SPD mit 21,9 Prozent, der PDS (der Nachfolgerin der SED) mit 16,4 Prozent und den Freien Demokraten mit 5,3 Prozent. Abgeschlagen landete das Bündnis 90 bei 2,9 Prozent und die Grünen bei 2 Prozent der Stimmen. Zusammengefasst erhielten die Befürworter der deutschen Einheit etwa 75 Prozent der Stimmen, die Gegner oder zumindest Skeptiker rund 20 Prozent.

Kein Zweifel: Die DDR-Bürger wollten die Einheit auch und gerade deshalb, weil sie sich dadurch in kürzerer Zeit eine deutliche Erhöhung ihres Lebensstandards versprachen. Aber ebenso spielte der Wunsch nach Freiheit, nach Menschen- und Bürgerrechten sowie nach einer rechtsstaatlichen Ordnung eine wichtige Rolle. Beides legitime Beweggründe.

Mit der Volkskammerwahl und der anschließenden Bildung einer großen Koalition aus der Allianz für Deutschland, der SPD und dem Wahlbündnis Bund der Freien Demokraten mit Lothar de Maizière als Regierungschef waren die innenpolitischen Voraussetzungen für den Vollzug der Einheit geschaffen. Doch die Vereinigung war nicht nur eine Sache der Deutschen. Während die ökonomischen und innenpolitischen Aspekte im Wesentlichen zwischen der Bundesrepublik und der DDR ausgehandelt werden konnten, bedurfte es zur Bewältigung der außen- und sicherheitspolitischen Fragen eines Verhandlungsrahmens, der neben den beiden deutschen Staaten auch die alliierten Siegermächte des Zweiten Weltkriegs (USA, Sowjetunion, Großbritannien und Frankreich) einschloss. Grund dafür waren die alliierten Vorbehaltsrechte gegenüber der 1949 gegründeten Bundesrepublik, die in der Folgezeit zwar schrittweise reduziert, aber immer noch nicht völlig aufgehoben worden waren. Diese Kontrollrechte betrafen insbesondere auswärtige Angelegenheiten, Abrüstung und Entmilitarisierung, Reparationen, Kontrolle des Wirtschaftslebens und den Status alliierter Streitkräfte auf deutschem Boden.

Die Notwendigkeit, die vier Siegermächte zu beteiligen, ergab sich aber auch aus der politischen Entwicklung ab 1989 und den politisch-militärischen Gegebenheiten nach dem Mauerfall. Denn die deutsche Einheit bedeutete weit mehr als die bloße Zusammenführung der beiden deutschen Staaten. Vielmehr stand die europäische Ordnung zur Disposition. Die Bundesrepublik und die DDR gehörten verschiedenen Bündnissen an (Europäische Gemeinschaft bzw. Rat für gegenseitige Wirtschaftshilfe, Nato bzw. Warschauer Pakt), ausländische Truppen waren noch in beiden Staaten stationiert, die wirtschaftlichen Beziehungen waren unterschiedlich ausgerichtet, die Frage der polnisch-deutschen Grenze musste abschließend geklärt werden.

In der Diskussion über die internationalen Rahmenbedingungen einer möglichen Vereinigung Deutschlands kam zunächst die sowjetische Anregung zur Sprache, ein Vier-Mächte-Treffen solle die außen- und sicherheitspolitischen Fragen klären. Am 18. Januar 1990 präsentierte dann der Planungsstab des US-Außenministeriums eine erste Version jener Idee, die sich dann als »Zwei-plus-Vier«-Konzept durchsetzte, also Verhandlungen zwischen den beiden deutschen Staaten und den vier ehemaligen Besatzungsmächten.[4] Bei einem Besuch in Washington am 2. Februar 1990 stimmte Außenminister Hans-Dietrich Genscher diesem Konzept zu und kommentierte dies mit der Bemerkung, die vier Mächte dürften auf keinen Fall allein über die Zukunft Deutschlands entscheiden.

Bei Gesprächen in London und Paris gewann US-Außenminister James Baker die Unterstützung seiner Kollegen Douglas Hurt und Roland Dumas. Interessanterweise brachten Hurt und Dumas weitaus mehr Verständnis für die deutsche Vereinigung auf als Margaret Thatcher und François Mitterand. Schließlich gaben auch Michail Gorbatschow und Außenminister Eduard Schewardnadse ihr Plazet, obwohl ihnen die Formel »Vier-plus-Zwei« lieber gewesen wäre, die das Verhandlungsgewicht der vier Siegermächte stärker betont hätte. Am Rande einer Konferenz der Außenminister der 23 Staaten der Nato und des Warschauer Pakts im kanadischen Ottawa wurde der Zwei-plus-Vier-Mechanismus als institutioneller Rahmen für die Verhandlungen über die äußeren Aspekte der deutschen Einheit akzeptiert.

Was bewog Gorbatschow zum Einlenken? Der Wandel in seinem Denken und dem seiner engsten Vertrauten von der Ablehnung der deutschen Vereinigung bis hin zu deren Akzeptanz und sogar einer Nato-Mitgliedschaft eines vereinten Deutschland vollzog sich im Laufe der ersten sechs Monate des Jahres 1990 durch eine Vielzahl von Begegnungen, Konferenzen und Absprachen. Im Vorfeld der ersten Konferenz im Zwei-plus-Vier-Format im März 1990 signalisierte die Führung um Gorbatschow mehrheitlich erstmals Zustimmung zu einer deutschen Vereinigung, votierte aber gegen einen Zusammenschluss aufgrund Artikel 23 des Bonner Grundgesetzes (Beitritt der DDR zur Bundesrepublik und damit zum Geltungsbereich des Grundgesetzes). In Moskau favorisierte man zu jenem Zeitpunkt ein neutrales, bündnisfreies und entmilitarisiertes Deutschland. Eine Nato-Mitgliedschaft des künftigen deutschen Staates lehnte man ab.

Doch die Anzeichen eines drohenden wirtschaftlichen Zusammenbruchs und die Hoffnung des Kremls auf umfangreiche Wirtschafts- und Finanzhilfe aus dem Westen im Falle der Akzeptanz einer Nato-Mitgliedschaft Gesamtdeutschlands ließen Gorbatschow schließlich einlenken. Ende Mai betonte er bei einem Treffen mit dem amerikanischen Präsidenten George Bush in Washington, dass aufgrund der KSZE-Schlussakte alle Staaten, also auch Deutschland, das Recht hätten, ihre Bündniszugehörigkeit frei zu wählen. Darauf antworteten die Nato-Staaten auf ihrem Londoner Gipfel im Juni mit dem Angebot, einen möglichen Rückzug der sowjetischen Truppen aus Ostmitteleuropa mit einer Begrenzung konventioneller Streitkräfte in ganz Europa und der Ausarbeitung einer defensiveren Strategie der Nato zu verbinden.

Bei einem Treffen mit Bundeskanzler Kohl im Juli 1990 in Moskau erhob Gorbatschow keine Einwände mehr gegen eine gesamtdeutsche Nato-Mitgliedschaft, verband dies aber mit der Forderung, der Geltungsbereich des westliche Bündnisses dürfe nicht auf das Territorium der DDR ausgedehnt werden, solange dort noch sowjetische Truppen stationiert seien – also für einen Zeitraum von drei bis vier Jahren. Kohl stimmte zu. Anschließend einigte man sich im kaukasischen Archys auf eine Obergrenze der künftigen gesamtdeutschen Streitkräfte, die bei 370.000 Mann liegen sollte. Nach dem vollständigen Abzug der sowjetischen Streitkräfte sollten auf dem Gebiet der DDR nur solche Einheiten der Bundeswehr stationiert werden, die nicht in die Nato integriert waren, und zudem keine ausländischen Nato-Truppen dorthin verschoben werden.

Vermutlich hätte eine wirtschaftlich stärkere und politisch stabilere Sowjetunion solche Zugeständnisse niemals gemacht. Gorbatschow spürte wohl aber, dass die DDR ein Staat auf Abruf war und damit kein Faktor im militärischen Gleichgewicht zwischen Ost und West sein würde. Vor allem aber gelangte er zu der Einsicht, dass ein in das westliche Bündnis eingebundenes Deutschland kalkulierbarer sein würde als ein neutraler gesamtdeutscher Staat. Die angekündigte großzügige Wirtschaftshilfe, in erster Linie aus Deutschland, tat ein Übriges.

Gorbatschow fühlte sich zu jener Zeit noch sehr stark und traf deshalb ohne vorherige Konsultationen des Politbüros, des Obersten Sowjets sowie des Präsidial- und Föderationsrats Entscheidungen, die in der sowjetischen Führung insgesamt umstritten waren. Man denke nur an den Deutschlandkenner Valentin Falin, der damals die internationale Abteilung des ZK der KPdSU leitete und Gorbatschow wiederholt kritische Memoranden gerade wegen dessen Deutschlandpolitik zuleitete, die dieser aber ignorierte.

Angesichts der Weigerung Helmut Kohls, sich unmissverständlich zur Endgültigkeit der bestehenden deutsch-polnischen Grenze zu äußern, baute die polnische Regierung von Tadeusz Mazowiecki eine Gegenposition auf, die vor allem zwei Forderungen umfasste: Teilnahme Polens an den Zwei-plus-Vier-Verhandlungen sowie eine Paraphierung eines Grenzvertrages zwischen den beiden deutschen Regierungen und Polen noch vor der deutschen Vereinigung, der dann nach dem Zusammenschluss der beiden deutschen Staaten von der gesamtdeutschen und der polnischen Regierung unterzeichnet werden sollte. Mazowiecki spielte sogar mit dem Gedanken, den Abzug der Roten Armee aus Polen zu verzögern, um so Druck auf Kohl auszuüben.

Nur mühsam gelang es der internationalen Diplomatie und unter Mithilfe deutscher Politiker wie Richard von Weizsäcker und Rita Süssmuth, einen Ausweg zu finden, der auch für die polnische Seite annehmbar war. So hieß es in einer Entschließung des Deutschen Bundestages vom 8. März 1990, dass nach den Wahlen in der DDR beide deutsche Parlamente und Regierungen in einer gleichlautenden Erklärung den Verzicht der Deutschen auf Gebietsansprüche gegenüber Polen bestätigen sollten. Am 21. Juni beschlossen dann der Bundestag und die Volkskammer eine gemeinsame Erklärung über die Endgültigkeit der polnischen Westgrenze. Am 17. Juli konnte Polens Außenminister Krzysztof Skubiszewski zumindest am dritten Außenministertreffen der Zwei-plus-Vier-Gespräche am 17. Juli 1990 in Paris teilnehmen, wo er erklärte, Polen bestehe nun nicht mehr darauf, dass der Vertrag über die deutsch-polnische Grenze noch vor dem Zwei-plus-Vier-Vertrag in Kraft treten solle.

Nach diversen Konferenzen und Treffen einigte man sich am 12. September in Moskau auf das Zwei-plus-Vier-Abkommen. Dieser »Vertrag über die abschließende Regelung in Bezug auf Deutschland«, so der offizielle Titel, trat allerdings erst nach Ende des Ratifikationsprozesses in allen betroffenen Staaten am 15. März 1991 in Kraft. Deutschland erhielt aber schon zum Zeitpunkt der Vereinigung am 3. Oktober 1990 volle Souveränität über seine inneren und äußeren Angelegenheiten. Für Polen war Artikel 1 des Vertrages von besonderer Wichtigkeit, in dem es heißt: »Das vereinte Deutschland wird die Gebiete der Bundesrepublik Deutschland, der Deutschen Demokratischen Republik und ganz Berlins umfassen. [...] Das vereinte Deutschland und die Republik Polen bestätigen die zwischen ihnen bestehende Grenze in einem völkerrechtlichen Vertrag. Das vereinte Deutschland hat keinerlei Gebietsansprüche gegen andere Staaten und wird solche auch in Zukunft nicht erheben.« Am 14. November 1990 wurde der deutsch-polnische Grenzvertrag unterzeichnet, am 17. Juni 1991 folgte die Unterzeichnung des deutsch-polnischen Vertrages über gute Nachbarschaft und freundschaftliche Zusammenarbeit.

Parallel zu den Gesprächen mit den Großmächten über die Vereinigung Deutschlands und eine gesamtdeutsche Nato-Mitgliedschaft liefen die innerdeutschen Verhandlungen über die juristischen, wirtschaftlichen und administrativen Regelungen der Vereinigung. Dabei ging es nunmehr nur noch um einen Beitritt der DDR nach Artikel 23 des Bonner Grundgesetzes, nicht mehr um eine rechtliche Neugründung der vergrößerten Bundesrepublik, was den administrativen Prozess komplizierter gemacht hätte. Außerdem wollte man in der CDU eine langwierige Debatte über eine neue Verfassung vermeiden, deren Ausgang für die Union ungewiss schien, da sich nach mehreren Landtagswahlen das Kräfteverhältnis im Bundestag zugunsten der SPD verschoben hatte.

Mit dem Vollzug der »Wirtschafts-, Währungs- und Sozialunion« am 1. Juli 1990 galten fortan die ordnungspolitischen Prinzipien der Bundesrepublik auch in der DDR. Im Zusammenhang mit der Einführung der D-Mark in ganz Deutschland wurde das Wertverhältnis zwischen West- und Ostmark für Löhne und Gehälter sowie kleinere Sparguthaben im Verhältnis 1:1 festgelegt, für höhere Vermögen ebenso wie für betriebliche Schulden auf 1:2. Diese politisch motivierte Entscheidung haben Wirtschaftsexperten scharf kritisiert. Im Ergebnis führte sie zu den von den DDR-Bürgern erhofften höheren Löhnen, aber auch zu einer nicht zu verkraftenden Belastung für die DDR-Betriebe. Vor der Umstellung hatten Fachleute das Wertverhältnis zwischen West- und Ostmark mit 1:4 definiert, auf dem Schwarzmarkt wurde sogar zu einem Kurs von 1:8 getauscht.

Der am 31. August 1990 unterzeichnete Einigungsvertrag legte die Prinzipien für die administrative Umsetzung der Einheit fest. Am 3. Oktober 1990 schließlich trat die DDR nach Artikel 23 des Grundgesetzes der Bundesrepublik Deutschland bei und hörte damit auf, als selbstständiger Staat zu existieren.

Auflösungsprozesse

Die Sowjetunion bricht auseinander

Das Ende der Sowjetunion um die Jahreswende 1991/92 war von welthistorischer Bedeutung und hat das Gesicht Europas grundlegend verändert. Mehr als vier Jahrzehnte hatte die UdSSR die Verhältnisse im Osten Europas in jeder Hinsicht dominiert. Mit dem Auseinanderbrechen der eben noch gefürchteten Weltmacht verbanden sich für die Länder Ostmittel- und Südosteuropas ein enormer Freiheitsgewinn, aber auch ungeahnte Herausforderungen. So mussten sie ihre politischen, ökonomischen und kulturellen Beziehungen zu den nun unabhängigen Staaten Litauen, Lettland, Estland, Belarus und Ukraine, aber selbstverständlich auch zu Russland selbst neu definieren und gestalten. Neue Grenzen entstanden, Transportwege bekamen eine andere Bedeutung, der Personenverkehr suchte sich alternative Wege. Historische Probleme etwa zwischen Polen und der Ukraine wurden jetzt erneut diskutiert.

Der Zusammenbruch der 1922 gegründeten Sowjetunion verlief erstaunlich schnell und glücklicherweise weitgehend friedlich, sieht man einmal von den späteren bewaffneten Konflikten etwa im Kaukasus ab.[5] Aber natürlich zerfällt ein sieben Jahrzehnte bestehendes System nicht von heute auf morgen, tritt eine Weltmacht nicht über Nacht von der politischen Bühne ab – wenn überhaupt. Im Prinzip hält der Übergang von der sowjetischen Diktatur zu einer demokratischen und marktwirtschaftlichen Ordnung in den Nachfolgestaaten der Sowjetunion bis heute an.[6]

Die treibende Kraft hinter den Veränderungen in der Sowjetunion in der zweiten Hälfte der 1980er-Jahre war Michail Gorbatschow, der am 11. März 1985 zum Generalsekretär der KPdSU gewählt worden war. Er wollte das sozialistische System nicht abschaffen, sondern mithilfe von Glasnost (Offenheit, Transparenz) und Perestrojka (Umbau, Umstrukturierung) gründlich reformieren. Auf wirtschaftlichem Gebiet strebte er eine gemäßigte Liberalisierung des Marktes an, also eine dosierte Nutzung des Kräftespiels von Angebot und Nachfrage, mehr Produktion, die zumindest kostendeckend war oder sogar Gewinn erwirtschaftete, die Nutzung des technischen und organisatorischen Know-hows des Westens und die Durchsetzung von Arbeitsdisziplin.

Doch die damit einhergehende neue Autonomie der Betriebe führte bald dazu, dass die Löhne massiv angehoben wurden, da nun die Belegschaften selbst darüber entscheiden konnten, wer ihre Interessen in den Führungsetagen der Unternehmen vertreten sollte. De facto entschieden die Beschäftigten über Lohnerhöhungen, und Fabrikdirektoren machten das Kapital der Firmen zu Bargeld, um ihre Arbeiter bezahlen zu können. So entstand ein immer größeres Missverhältnis zwischen Warenangebot und Kaufkraft. Schlechtes Management, Mangel an Devisen und fahrlässiger Umgang mit der Ernte führten zu einer tiefen Krise. Das über die Jahre kaum ausgeprägte unternehmerische Verantwortungsbewusstsein und der fehlende Sinn für produktives Wirtschaften sowohl bei den Betriebsleitungen als auch bei den Belegschaften ließen sich nicht innerhalb kurzer Zeit korrigieren.

Neben ökonomischen ging es Gorbatschow auch um politische Reformen. Die Kommunistische Partei sollte die Macht im Lande behalten, aber auf eine breitere Basis stellen. Durch die seit der XIX. Parteikonferenz im Juni/Juli 1988 eingeleiteten Maßnahmen wurden die Befugnisse der Sowjets, also der staatlichen Machtorgane, erweitert und die Machtfülle des riesigen Parteiapparats eingeschränkt. Mit der Verfassungsreform und dem Wahlgesetz vom 1. Dezember 1988 vollzog man einen ersten kleinen Schritt hin zum Parlamentarismus. Es entstand der Kongress der Volksdeputierten mit weit über 2000 Abgeordneten, der den Obersten Sowjet mit 542 Berufsparlamentariern als gesetzgebendes Organ wählte. Doch diese Reformen blieben halbherzig, weil bei den Wahlen im März 1989 noch das Monopol der KPdSU bestand und nicht verschiedene Parteien miteinander konkurrieren konnten.

Immerhin grenzten sich im Kongress der Volksdeputierten und im Obersten Sowjet nach und nach drei politische Gruppierungen voneinander ab. Den kommunistisch-orthodoxen Kräften standen die Demokraten gegenüber, die sich hauptsächlich in der »Interregionalen Arbeitsgruppe« organisierten. Sie lehnten das Machtmonopol der Kommunistischen Partei ab, hielten die staatliche Planwirtschaft für überholt und forderten stattdessen die Abschaffung der Parteinomenklatur, die Bildung eines Mehrparteiensystems und den Übergang zur Markwirtschaft. Die dritte Gruppe bestand vor allem aus gesichtslosen Mitgliedern des Parteiapparats, die ursprünglich die Perestrojka unterstützt hatten, dann aber mehr und mehr davon abrückten, weil sie Angst vor weitergehenden Veränderungen hatten.

Bei den Wahlen zu den Obersten Sowjets und zu den Lokalparlamenten in allen Republiken der Sowjetunion im Laufe des Jahres 1990 entschieden sich viele Wähler je nach Möglichkeit gegen die Kandidaten des Apparats. So erzielten in den Obersten Sowjets Georgiens, Armeniens, der Moldau und der baltischen Staaten nichtkommunistische, demokratische Kräfte Mehrheiten, ebenso in den westlichen Regionen der Ukraine sowie in den Großstädten Moskau, Leningrad/ Sankt Petersburg und Kiew.

Schon vor den Wahlen hatte der Zersetzungsprozess der Kommunistischen Partei begonnen. 1989 waren an vielen Orten Klubs innerhalb der Partei entstanden, die eine Abkehr vom leninistischen Parteiprinzip und die Auflösung der KPdSU in verschiedene Parteien oder zumindest Fraktionen forderten. Als Boris Jelzin, damals Vorsitzender des Obersten Sowjets der Russischen Sozialistischen Föderativen Sowjetrepublik (RSFSR), und mit ihm zahlreiche prominente Reformkommunisten am Ende des Parteitags im Juli 1990 demonstrativ aus der KPdSU austraten, verließen bis zum Ende des Jahres 1990 etwa zwei Millionen Mitglieder die Partei.

Ebenso mehrten sich ab den späten 1980er-Jahren die Anzeichen für ein wachsendes staatsbürgerliches Engagement jenseits der bisherigen Strukturen. Das galt für Medien, kirchliche Kreise, nationale Bewegungen bis hin zu politischen Gruppierungen. Deren Anfänge reichten teilweise bis zu Bürgerrechtsgruppen, christlichen Dissidenten und nationalen Oppositionsgruppen in den 1960er-Jahren zurück. Bei Arbeitsniederlegungen entstanden Streikkomitees, die nach Beendigung des Ausstandes als Vertreter von Arbeiterinteressen weiterarbeiteten. Die Wahlen 1989 und 1990 wurden dann zum Katalysator für die Stabilisierung politischer Gruppen. Im Januar 1990 bildete sich das Wahlbündnis Demokratisches Russland, dem zahlreiche Gruppen beitraten. 1990/91 entstanden sogar regelrechte politische Parteien, wobei nur die Demokratische Partei Russlands größere Bedeutung erlangte.

Ein drittes Anliegen Gorbatschows bestand darin, die Beziehungen der Moskauer Zentrale zu den Republiken und autonomen Gebieten sowie zwischen den Völkern, Nationalitäten und nationalen Minderheiten in der Sowjetunion auf eine neue Grundlage zu stellen. Doch er ahnte nicht, welche Sprengkraft dieses Ansinnen beinhaltete. So begann man in den baltischen Staaten und auch in Tschetschenien, die Deportation ganzer Bevölkerungsgruppen unter Stalin öffentlich zu thematisieren. Den staatlichen Umbau im Zeichen der Perestrojka interpretierten einzelne Republiken auch als willkommene Gelegenheit, die seit Langem schwelenden Konflikte um Grenzen und Territorien mitunter auch durch Gewalt lösen zu wollen

So eskalierte etwa der Streit um die Aserbaidschan unterstehende, aber mehrheitlich von Armeniern bewohnte Region Bergkarabach im Februar 1988. Auf Pogrome und ethnische Vertreibungen, die beide Konfliktparteien verübten, antworteten die Bürger im armenischen Eriwan und im aserbaidschanischen Baku den Frühling und Sommer über wiederholt mit Massenprotesten. Trotz des Einsatzes sowjetischer Spezialeinheiten kam es zum Krieg zwischen beiden Republiken. Bis heute hält Armenien Bergkarabach besetzt, eine friedliche Lösung des Konflikts ist nicht in Sicht.

Auch in Georgien und den zentralasiatischen Republiken kam es mehrfach zu bewaffneten Auseinandersetzungen zwischen einzelnen Bevölkerungsgruppen. Selbst die Emanzipationsbestrebungen in den baltischen Staaten verliefen nicht ganz ohne Blutvergießen ab, auch wenn hier kein offener Bürgerkrieg ausbrach.

Gorbatschow, der am 15. März 1990 auf einer Sondersitzung des Kongresses der Volksdeputierten zum Staatspräsidenten der UdSSR gewählt wurde, hatte schon 1988 begonnen, Verhandlungen über eine Neugestaltung der Beziehungen der Unionsrepubliken zu führen. Noch im Frühjahr 1990 war die Mehrheit der Bürger nicht nur in Russland, sondern auch in den meisten anderen Republiken der Sowjetunion für einen Erhalt der Union. Doch die Ereignisse im August 1991 veränderten die Lage dramatisch.

Nach dem Abschluss der Verhandlungen Anfang August 1991 fuhr Gorbatschow zum Urlaub auf die Krim. Seine Abwesenheit nutzten konservative Kräfte vor allem aus dem Militär, denen die Freiheiten, die Gorbatschow den Republiken gewährte, zu weit gingen: Sie riefen am 19. August den Notstand aus und erklärten Gorbatschow für abgesetzt. Es war Boris Jelzin zu verdanken, der seit dem 12. Juni 1991 als Präsident Russlands amtierte, dass der Putschversuch scheiterte.

Doch die Moskauer Ereignisse hatten zur Folge, dass der Erhalt der Sowjetunion nun landesweit zunehmend in Verruf geriet; für viele Menschen war er nur noch ein Anliegen von Putschisten. Schließlich unterzeichneten führende Persönlichkeiten aus elf Sowjetrepubliken am 21. Dezember 1991 das Gründungsdokument der Gemeinschaft Unabhängiger Staaten (GUS). Gorbatschow, der nun ein Präsident ohne Staat war, trat vier Tage später zurück.

Insgesamt entstanden 1991/92 auf dem Gebiet der vormaligen Sowjetunion 15 neue Staaten, die im Laufe der Jahre sehr unterschiedliche Wege gingen. So folgten Litauen, Lettland und Estland einer außenpolitischen Westorientierung in Verbindung mit demokratischen und marktwirtschaftlichen Reformen. In Belarus, Aserbaidschan, Kasachstan, Turkmenistan, Usbekistan und Tadschikistan etablierten sich, oft unter Führung von Vertretern der alten sowjetischen Elite, autoritäre Regime, die Menschen- und Bürgerrechte mit Füßen treten. Eine mittlere Gruppe bilden Staaten wie die Ukraine, Georgien, Armenien und Kirgistan, denen sich nicht eindeutig die Adjektive demokratisch oder autoritär zuordnen lassen. Phasen von demokratischem Fortschritt bzw. autoritärem Rückschritt sowie Mischsysteme unterschiedlichen Charakters wechselten sich im letzten Vierteljahrhundert ab.

Neben den inneren Faktoren, die zum Ende der Sowjetunion führten, spielten äußere Bedingungen wie etwa die Entwicklung der Beziehungen zwischen Moskau und Washington eine Rolle. Wissenschaftler sind sich bislang uneinig bei der Beantwortung der Frage, ob Gorbatschow aus dem Wettrüsten zwischen den Supermächten ausstieg, weil sich die Sowjetunion diese militärische Auseinandersetzung nicht mehr leisten konnte oder weil er die Gefährlichkeit, ja Sinnlosigkeit des Spiels mit den Vernichtungswaffen eingesehen hatte.

Gorbatschow setzte de facto die Breschnew-Doktrin der sowjetischen Dominanz über die Staaten Ostmitteleuropas außer Kraft und ermutigte diese Länder zu Reformen. Berühmt ist seine Bemerkung gegenüber DDR-Staats- und Parteichef Erich Honecker: »Wer zu spät kommt, den bestraft das Leben.« Gorbatschow tolerierte mehr oder weniger die Transformationsprozesse in Polen, Ungarn und der Tschechoslowakei und gab schließlich sein Einverständnis für die Vereinigung Deutschlands.

Noch während die Sowjetunion auseinanderbrach, kündigte sich in Jugoslawien eine ähnliche Entwicklung an – allerdings blutiger und grausamer.

Der Zerfall Jugoslawiens

Den jugoslawischen Kommunisten unter Führung von Josip Broz Tito, die 1945 die Macht übernahmen, war es gelungen, den erfolgreichen Partisanenkampf gegen die deutsche Besatzungsmacht während des Zweiten Weltkriegs als Gründungsmythos eines neuen Jugoslawiens zu etablieren, in dem die verschiedenen Völker und Nationalitäten vier Jahrzehnte friedlich zusammenleben konnten. Tito hatte schon früh dem sowjetischen Machthaber Josef Stalin die Stirn geboten und sich nicht mehr von der Führung in Moskau vorschreiben lassen, welchen Weg das sozialistische Jugoslawien zu gehen habe. Schließlich wurde das Land zusammen mit Indien, Indonesien und Ägypten zum Vorreiter der Bewegung der Blockfreien, der sich viele Staaten der Dritten Welt anschlossen, die nicht bereit waren, die Spaltung in Ost und West während des Kalten Krieges als maßgeblichen Orientierungsrahmen der internationalen Politik hinzunehmen. Für viele Linke im Westen wurde der jugoslawische Sozialismus mit seiner Idee der Arbeiterselbstverwaltung in den Betrieben zum Vorbild, bevor nach und nach das Wissen über den Terror der Partisanen bei Kriegsende und die folgenden stalinistischen Exzesse in ihr Bewusstsein drang.[7] Der schrittweise erarbeitete bescheidene Wohlstand ermöglichte mehr Konsum und Freizeit. Die Machthaber tolerierten einen gewissen Pluralismus in Wissenschaft und Kultur. Auch wenn die Geheimpolizei und die Zensurbehörde ein mitunter hartes Regime ausübten, konnten an den Universitäten und im Kreis der verschiedenen Religionsgemeinschaften durchaus Meinungen geäußert werden, die von der offiziellen Parteilinie abwichen. Ein großes Privileg gegenüber den Bürgern anderer sozialistischer Länder war auch die Reisefreiheit.

Jugoslawien war ein Staat großer ethnischer, kultureller und auch landschaftlicher Vielfalt, dessen Erbe byzantinische, venezianische, islamische bzw. osmanische, altbalkanische und ostmitteleuropäische Wurzeln hatte. Hier lebten fünf südslawische Nationen (Slowenen, Kroaten, Serben, Montenegriner und Mazedonier), dazu die bosnischen Muslime, sowie Albaner, Türken und Ungarn, deren Nationalstaaten außerhalb Jugoslawiens lagen, und schließlich Sinti und Roma. Einer der Gründe, die dieses recht kompliziert anmutende Staatswesen zusammenbrechen ließen, war die marode jugoslawische Volkswirtschaft. Anfang der 1980er-Jahre betrug die Auslandsverschuldung mehr als 20 Milliarden US-Dollar. Zu den Gläubigern zählten ausländische Regierungen, internationale Banken sowie die Weltbank, der Internationale Währungsfonds (IWF) und die Bank für Internationalen Zahlungsausgleich. Hinzu kam eine gigantische Binnenverschuldung von Unternehmen, Banken und privaten Kreditnehmern. Die galoppierende Inflation erforderte mehrfach eine drastische Abwertung der Landeswährung Dinar. Die industrielle Produktion stagnierte oder war in einzelnen Branchen sogar rückläufig. Die

Bevölkerung litt unter den steigenden Lebenshaltungskosten, wobei sich die Widersprüche zwischen einzelnen Schichten der Gesellschaft, aber auch zwischen den Republiken bzw. Regionen vertieften.

Das Reformprogramm des im März 1989 zum jugoslawischen Ministerpräsidenten ernannten kroatischen Wirtschaftsexperten Ante Marković hätte längerfristig zur ökonomischen Sanierung Jugoslawiens führen könnten. Er setzte im jugoslawischen Bundesparlament Gesetze durch, die unter anderem einen befristeten Lohnstopp vorsahen, die Deregulierung der Preise, eine Verschärfung des Insolvenzrechts, das Verbot von Krediten für bankrotte Unternehmen, soziale Hilfe für die ärmeren Schichten der Bevölkerung und besonders rückständige Regionen.

Doch die Umsetzung dieses Programms blieb auf halbem Wege stecken, weil sich die politischen Konflikte zwischen Dogmatikern und Reformern sowohl im Bund der Kommunisten Jugoslawiens als auch in der Regierung auf Bundesebene verschärften. Des Weiteren machte die vor allem von Serbien ausgehende zunehmende Vergiftung des geistigen Klimas in Jugoslawien – eine Art nationalistische Aufladung – jedes gemeinsame Handeln nahezu unmöglich. Angefangen hatte es im Mai 1982 als die Zeitschrift *Pravoslavlje*, das Organ der serbischen orthodoxen Kirche, in einem flammenden Appell vor einem Genozid an den Serben in der autonomen, zu Serbien gehörenden Provinz Kosovo warnte und damit unter den Serben zeitweise eine regelrechte Hysterie auslöste.

Richtig war, dass die kosovo-albanische Partei- und Staatsführung der Provinz eine nationalistische Politik verfolgte, durch die die in Kosovo lebenden Serben und Montenegriner herabgewürdigt und gesellschaftlich ausgegrenzt wurden. Viele Serben verließen die Provinz, weil sie ihre vormals privilegierte Stellung verloren hatten, Übergriffen seitens der albanischen Bevölkerung ausgesetzt waren und auch wirtschaftlich und sozial keine Perspektive sahen. Dennoch war die Rede von einem Völkermord völlig überzogen.

Gleichwohl bestimmte Mitte der 1980er-Jahre der »Genozid« den intellektuellen Diskurs in Serbien, mal in der politischen, rechtlichen und administrativen Variante, mal kulturell und religiös. Parallel dazu rückte die »islamische Gefahr« in den Fokus der Öffentlichkeit, die vor allem in der Republik Bosnien-Herzegowina verortet wurde. Tatsächlich pflegten auch die dort lebenden Muslime ihr Nationalbewusstsein und ihr kulturelles Erbe, gab es auch unter ihnen Nationalisten. Aber den bosnisch-muslimischen Führern wie dem späteren Präsidenten Alija Izetbegović ging es hauptsächlich um eine religiöse Erneuerung, nicht um einen politisch-gesellschaftlichen Machtkampf. Ziel der Erneuerung war es, die Muslime von Armut und mangelnder Bildung sowie von ihren Minderwertigkeitsgefühlen zu befreien.

Nichtsdestotrotz heizten serbische Intellektuelle und Schriftsteller die Debatte weiter an. 16 Mitglieder der Serbischen Akademie der Wissenschaften verfassten 1986 ein Memorandum, das zum Teil abenteuerliche Thesen zur vermeintlichen Diskriminierung der Wirtschaft Serbiens bzw. der ökonomischen Dominanz Sloweniens und Kroatiens enthielt und erneut Behauptungen über einen physischen, politischen, rechtlichen und kulturellen Genozid an den Serben in Kosovo aufstellte. Das Memorandum erzielte nachhaltige Wirkung in der serbischen Bevölkerung, da die Akademie großes Ansehen in der Gesellschaft genoss, der Text eindeutige »Erklärungen« für die Krise der 1980er-Jahre lieferte und außerdem Feindbilder, Stereotypen und Vorurteile verstärkte, weil er hauptsächlich mit dem Freund-Feind-Schema arbeitete.

In ebendiesem Klima vollzog sich der Aufstieg von Slobodan Milošević. 1984, damals noch als Direktor einer Bank tätig, übernahm er den Vorsitz des Bundes der Kommunisten in der Hauptstadt Belgrad, zwei Jahre später wurde er serbischer Parteichef. Ausgangspunkt für seine rapide wachsende Popularität war seine im April 1987 vor 15 000 Serben und Montenegrinern in der kosovarischen Hauptstadt Priština gehaltene Rede. Seinen Zuhörern rief er zu: »Niemand darf euch schlagen. Jugoslawien kann nicht ohne Kosovo existieren, Jugoslawien und Serbien werden Kosovo nie preisgeben.« Milošević hatte die nationalistische Wende in der serbischen öffentlichen Debatte nicht eingeleitet, sprang nun aber auf den fahrenden Zug auf und wurde zum »Führer« der Kosovo-Serben, indem er sich an die Spitze der klerikalen und akademischen Wegbereiter dieser Wende setzte.

Außerdem gelang es ihm nach und nach, im Bund der Kommunisten Serbiens, gerade auch in den Provinzen Wojwodina und Kosovo, Führungskader von den Schaltstellen zu verdrängen, die ihm kritisch gegenüberstanden. Parallel dazu organisierten seine Gefolgsleute Mitte 1988 in ganz Serbien öffentliche Versammlungen zur Unterstützung von Milošević. In seinen Reden präsentierte er sich als wahrer Vertreter des Volkes und setzte sich dabei auch über die Forderung der jugoslawischen Partei- und Staatsführung hinweg, mit diesen Versammlungen aufzuhören.

Den öffentlichen Druck nutzend, brachte Milošević die Provinzparlamente in der Wojwodina und in Kosovo dazu, einer Änderung der serbischen Verfassung zuzustimmen, wodurch diese ihren Status der Gleichberechtigung gegenüber Serbien und den anderen jugoslawischen Republiken verloren. In den jugoslawischen Bundesorganen verfügte das Milošević-Lager nun über drei bzw. nach der Eingliederung Montenegros über vier Stimmen und hatte dadurch ebenso viele Stimmen wie alle anderen jugoslawischen Republiken zusammen. Bei umstrittenen Themen war das jugoslawische Staatspräsidium nicht mehr handlungsfähig. Die politische Krise Jugoslawiens verschärfte sich.

Besonders in der Republik Slowenien regte sich Widerstand gegen die nationalistische Mobilisierung in Serbien, da man eine serbische Dominanz fürchtete. Gleichzeitig empfand man in Slowenien den desolaten Zustand des jugoslawischen Wirtschaftssystems zunehmend als Belastung, die der Republik eine gedeihliche Zukunft verbaue. Slowenien war überproportional am jugoslawischen Bundeshaushalt und damit auch der Finanzierung der zentralen Staatsorgane beteiligt. Und schließlich fühlte sich Slowenien schon Mitte der 1980er-Jahre nicht mehr von außerhalb Jugoslawiens bedroht und glaubte, auf den Gesamtstaat als Schutzschild verzichten zu können.

Vor allem nachdem der Reformkommunist Milan Kučan im April 1986 zum Chef der slowenischen KP gewählt worden war, verstärkte sich der slowenisch-serbische bzw. slowenisch-jugoslawische Gegensatz. Im Januar 1987 veröffentlichte die progressive Zeitschrift *Nova Revija* eine Serie von Texten, die trotz der weltanschaulich und politisch differierenden Standpunkte der Autoren in der gemeinsamen Forderung gipfelten, dass Slowenien, im Rahmen des jugoslawischen Gesamtstaates, der Weg zu Demokratie und Marktwirtschaft nicht verlegt werden dürfe. Andernfalls, so hieß es, solle Slowenien die volle Unabhängigkeit anstreben.

Am 27. Juni 1989 traten bekannte slowenische Politiker mit einer »Grundrechtecharta für Slowenien« an die Öffentlichkeit, in der es hieß, man wolle in einem demokratischen Staat des slowenischen Volkes und aller Staatsbürger Sloweniens leben, der auf den Menschenrechten und bürgerlichen Freiheiten basiere. Das slowenische Parlament verabschiedete am 29. September 1989 eine Änderung der Verfassung der Republik, mit der die Prinzipien der »Charta« in geltendes Recht umgesetzt wurden.

Gleichzeitig plädierten die slowenischen Delegierten auf einem außerordentlichen Kongress des Bundes der Kommunisten Jugoslawiens für die Umwandlung der Bundespartei in einen Dachverband der selbstständigen Parteien der einzelnen Republiken und das Aufgeben des »demokratischen Zentralismus« als Organisationsprinzip. Als sie sich mit diesem Antrag gegen die Mehrheit der Delegierten nicht durchsetzen konnten, verließen sie den Parteitag.

Im Frühjahr 1990 bahnten sich dann freie Wahlen im Rahmen eines Mehrparteiensystems an. Den Anfang machte einmal mehr Slowenien, wo am 8. April 1990 die ersten freien Parlaments- und Präsidentenwahlen auf jugoslawischem Boden seit 1927 stattfanden. Es folgten Kroatien am 22. April und 6./7. Mai, Mazedonien und Bosnien-Herzegowina (November/Dezember 1990) sowie Serbien und Montenegro (Dezember 1990). Wahlen zum Bundesparlament fanden nicht mehr statt.

Bemerkenswert: In allen Republiken setzten sich antikommunistische bzw. nationalbewusste oder gar nationalistische Parteien durch. In Slowenien gewann das Mitte-rechts-Bündnis Demos und wurde der inzwischen nicht mehr als Kommunist auftretende Milan Kučan zum Präsidenten gewählt.

Wie sehr sich auch Kroatien in Richtung Unabhängigkeit bewegte, zeigte der Sieg der nationalistischen Kroatischen Demokratischen Gemeinschaft (HDZ). Der Wahlkampf dieser Partei war ein Schlag ins Gesicht der serbischen Minderheit Kroatiens und erinnerte die 600.000 dort lebenden Serben an den »Unabhängigen Staat Kroatien« unter der Führung der faschistischen Ustaša während des Zweiten Weltkriegs. Kurz nach den Wahlen verabschiedete das Parlament in Zagreb eine Verfassungsänderung, wodurch die Serben, die bis dahin neben den Kroaten ebenfalls des Status eines Staatsvolks innegehabt hatten, zu einer nationalen Minderheit herabgestuft wurden. Der neue kroatische Präsident Franjo Tuđman, der mitunter vor antisemitischen Äußerungen nicht zurückschreckte, bemühte sich, den Ustascha-Staat als »kroatischen Nationalstaat« zu rechtfertigen und »die« Kroaten von »Tätern« zu »Opfern« umzudeuten.

In Bosnien-Herzegowina wiederum spiegelte die Wahl die nationale Zusammensetzung der Bevölkerung wider. Sieger wurde die muslimische Partei der Demokratischen Aktion (SDA) mit ihrem charismatischen Vorsitzenden Alija Izetbegović vor der Serbischen Demokratischen Partei unter Vorsitz von Radovan Karadžić und dem bosnisch-herzegowinischen Ableger der kroatischen HDZ.

Nur in Serbien und Montenegro konnten sich die Kommunisten durchsetzen, die sich nun »Sozialisten« nannten.

Den Wahlen folgte eine Reihe von Volksbefragungen. In Slowenien, Kroatien, Bosnien-Herzegowina und Mazedonien votierte die jeweilige Bevölkerung mit Zustimmungsraten zwischen 88 und 94 Prozent für Souveränität und Unabhängigkeit ihrer Republik. In Montenegro dagegen sprach sich die große Mehrheit für eine souveräne Republik, aber als Teil Jugoslawiens aus. Diejenigen nationalen Minderheiten, die keine Chance sahen, die jeweilige Befragung in ihrem Sinne zu beeinflussen, boykottierten die Volksabstimmungen oder führten getrennte Plebiszite durch – so die Serben in Kroatien, die nicht an der Volksabstimmung teilnahmen, und die Serben in Bosnien-Herzegowina, die für einen Verbleib in Jugoslawien votierten. Die Muslime in dem zu Serbien gehörenden Sandžak (im Grenzgebiet zu Montenegro) sprachen sich für die Autonomie ihres Gebiets aus, während die Albaner in Kosovo mit fast 100 Prozent für einen souveränen Staat Kosovo votierten. Schließlich stimmten die Serben in Bosnien-Herzegowina für eine unabhängige »Serbische Republik«, die Serben in Kroatien für die Souveränität der Krajina und deren spätere Vereinigung mit den anderen serbischen Ländern.

Auch die Verabschiedung einer neuen Verfassung für Serbien trieb die politische Demontage Jugoslawiens voran, weil die Republik mit diesem Dokument ihre Eigenständigkeit in auswärtigen, verteidigungspolitischen, wirtschaftlichen und haushaltspolitischen Fragen deklarierte. Serbien wurde als unabhängiger Staat definiert. Wenige Monate später zog das kroatische Parlament nach und beschloss eine Verfassung, die entsprechend der serbischen gestaltet war. Fragwürdig an diesem Grundgesetz war vor allem, dass die in der Republik lebenden Serben, wie schon bei der vorangegangenen Novellierung, zu einer nationalen Minderheit degradiert und die bis dato erforderliche Zweidrittelmehrheit bei nationalitätenpolitisch relevanten Beschlüssen aufgehoben wurde. Als Reaktion darauf wurde noch am selben Tag in Knin (in der dalmatinischen Region Kroatiens) das »Serbische Autonome Gebiet Krajina« ausgerufen – ein erster Schritt zur Verselbstständigung dieses Siedlungsgebietes der Serben in Kroatien.

Mit den Wahlen, den Volksabstimmungen und den Verfassungsänderungen hatte Jugoslawien praktisch aufgehört, als Gesamtstaat zu existieren. Auf der Bundesebene gab es weder eine Staatsgewalt noch ein gemeinsames Hoheitsgebiet, auch keinen einheitlichen Wirtschaftsraum und keine allseits akzeptierte Verfassung.

Die internationale Staatenwelt wollte lange Zeit den Tatsachen nicht ins Auge sehen und die Unumkehrbarkeit des jugoslawischen Zerfallsprozesses nicht akzeptieren. Das galt auch und gerade für die Konferenz für Sicherheit und Zusammenarbeit in Europa (KSZE), die heutige OSZE, sowie die Europäische Gemeinschaft (EG), inzwischen Europäische Union. Die Alarmglocken der EG schrillten erst, als Einheiten der jugoslawischen Volksarmee am 27. Juni 1991 in Slowenien einmarschierten. Der erfolgreiche Widerstand der slowenischen Territorialverteidigung zwang die Invasoren jedoch, schon am 3. Juli einem Waffenstillstand zuzustimmen und sich in die Kasernen zurückzuziehen. Einheiten der slowenischen Territorialverteidigung und Polizei übernahmen die Kontrolle der Republik.

Schon wenige Tage nach dem Krieg in Slowenien erfolgte die Verlegung der Einheiten der jugoslawischen Armee nach Kroatien, wo der Krieg im Spätsommer 1991 einsetzte. Zu diesem Zeitpunkt begann auch die »Kooperation« zwischen der jugoslawischen Armee, serbischen Milizen in Kroatien, paramilitärischen Banden und aus Serbien eingeschleuster Söldnereinheiten, die fortan auf allen postjugoslawischen Kriegsschauplätzen unzählige Verbrechen verübten. Dazu zählte die systematische Vertreibung aller Nichtserben aus dem serbisch beanspruchten Gebiet Kroatiens. Zwischen August und Dezember 1991 wurden aus dieser Region etwa 80.000 Kroaten vertrieben.

Am 19. Dezember 1991 wurde das »Serbische Autonome Gebiet« in Kroatien in die »Serbische Republik Krajina« umgewandelt, der wenig später auch die von Einheiten der jugoslawischen Volksarmee eroberten Gebiete in West- und Ostslawonien, insbesondere die Stadt Vukovar, angegliedert wurden. Diese »Republik« war finanziell vollkommen von Serbien abhängig.

Nun bewegte sich auch die internationale Staatengemeinschaft: Die Außenminister der EG verabschiedeten am 16. Dezember 1991 »Richtlinien bei der Anerkennung von neuen Staaten in Osteuropa und der Sowjetunion« sowie eine »Deklaration über Jugoslawien«. Zu den Kriterien, die in den »Richtlinien« benannt wurden, gehörten Demokratie, Rechtsstaatlichkeit, Wahrung der Menschenrechte – gerade auch der Rechte nationaler und ethnischer Minderheiten – sowie Achtung der Unverletzbarkeit der Grenzen. Daraufhin beantragten Slowenien, Kroatien, Bosnien-Herzegowina und Mazedonien die Anerkennung ihrer Unabhängigkeit. Eine von der EG eingesetzte Kommission unter Leitung des damaligen Präsidenten des französischen Verfassungsgerichts, Robert Badinter, bescheinigte Slowenien die Einhaltung der Kriterien, während sie Kroatien aufforderte, seinen Minderheitenschutz zu verbessern, und Bosnien-Herzegowina nahelegte, eine Volksabstimmung zur Frage der Unabhängigkeit abzuhalten.

Deutschland preschte am 23. Dezember vor und anerkannte Slowenien und Kroatien, was international vielfach kritisiert wurde.[8] Allerdings folgten die anderen Mitgliedstaaten der EG schon drei Wochen später diesem Schritt, um das in Maastricht geplante Gipfeltreffen nicht zu gefährden.

Serbiens Machthaber Slobodan Milošević erklärte am 8. Januar 1992 den Krieg in Kroatien für beendet und stimmte einem vom früheren US-Außenminister Cyrus Vance ausgehandelten Waffenstillstand aus verschiedenen Gründen zu. Zum einen hatte Serbien mit der inzwischen über fast ein Drittel des kroatischen Territoriums ausgeübten Kontrolle sein wichtigstes Kriegsziel erreicht. Dieser Zustand wurde durch die Stationierung einer internationalen Schutztruppe in West- und Ostslawonien sowie in der Krajina quasi sanktioniert. Zugleich brauchte Milošević eine Unterbrechung seiner militärischen Abenteuer, weil der serbische Staatshaushalt unter ihrer Finanzierung stark litt. Außerdem konnte so die Volksarmee nach Bosnien-Herzegowina weiterziehen, also zum nächsten Kriegsschauplatz.

Dort begannen die kriegerischen Auseinandersetzungen im März 1992. Die Situation in diesem Land war besonders kompliziert, weil keine der drei nationalen Bevölkerungsgruppen über eine absolute Mehrheit verfügte und außerdem ihre Siedlungsgebiete nicht strikt abgrenzbar waren. Bei der Volkszählung von 1991 hatten sich etwa 44 Prozent der 4,4 Millionen Einwohner als Bosniaken (bosnische Muslime) bezeichnet, 31 Prozent als Serben, 17 Prozent als Kroaten sowie 6 Prozent immer noch als »Jugoslawen«.

Die gewaltsamen Auseinandersetzungen in Bosnien-Herzegowina übertrafen das Ausmaß der Gewalt in Kroatien noch um ein Vielfaches.[9] Am 12. Mai 1992 proklamierte eine Versammlung der bosnischen Serben die »Serbische Republik von Bosnien-Herzegowina« (Republika Srpska – RS) und wählte Radovan Karadžić zum ersten

Präsidenten mit Amtssitz in Pale, 30 Kilometer östlich von Sarajevo. Der serbischen Kriegsstrategie des Einsatzes von Einheiten der Volksarmee, bosnisch-serbischen Einheiten, Söldnergruppen und paramilitärischen Banden versuchten die bosnischen Muslime und Kroaten durch die Aufstellung eigener Einheiten entgegenzutreten. Schließlich zog sich die jugoslawische Volksarmee aus Bosnien-Herzegowina nach Serbien und Montenegro zurück und überließ den bosnischen Serben einen erheblichen Teil ihrer Waffen und sonstigen Ausrüstung. 60 000 ihrer Offiziere und Soldaten bildeten fortan zusammen mit 35 000 Söldnern die Armee der bosnischen Serben, die von General Ratko Mladić befehligt wurde.

Der Krieg in Bosnien-Herzegowina war nicht in erster Linie eine militärische Auseinandersetzung mit Schlachten, Stellungskriegen, Artillerieduellen und Häuserkämpfen. Dominierend war vielmehr das Vorgehen gegen die Zivilbevölkerung, es gab Massaker und Vertreibungen. Betroffen von »ethnischen Säuberungen« waren in erster Linie muslimische Bosniaken, die massenweise vertrieben, inhaftiert und getötet wurden. Auch bei den Massenvergewaltigungen muslimischer Frauen und Mädchen handelte es sich um eine gezielt geplante und systematisch umgesetzte Strategie zur moralischen Erniedrigung und Vernichtung des Gegners.

Trotz der schrecklichen Vorgänge blieb die Reaktion der internationalen Politik, anders als die der Öffentlichkeit, eher halbherzig. (Rest-)Jugoslawien, das heißt Serbien-Montenegro, wurde aus den Vereinten Nationen ausgeschlossen und mit Sanktionen belegt. Von dem ebenfalls verhängten Waffenembargo profitierten in erster Linie die bosnischen Serben, weil sie am besten ausgerüstet waren. Hinzu kam eine Sperrung des Luftraums über Bosnien-Herzegowina, die die Nato überwachte. UN-Schutztruppen wurden mit der Überwachung weiterer Schutzzonen beauftragt, blieben aber oft wirkungslos, weil sie nicht für einen militärischen Einsatz ausgerüstet waren und auch keinen entsprechenden Kampfauftrag hatten. Diplomatische Friedensbemühungen wie etwa ein Friedensplan für Bosnien, den die beiden Vorsitzenden der Genfer Jugoslawien-Konferenz, David Owen für die

EG und Cyrus Vance für die Vereinten Nationen, vorlegten, zeigten keine Wirkung.

Ab Frühjahr 1993 kam es außerdem zu einen muslimisch-kroatischen Krieg mit »ethnischen Säuberungen« auf beiden Seiten. Im August riefen dann die bosnischen Kroaten die »Kroatische Republik Herceg-Bosna« aus. Bei diesen Sezessionsbestrebungen wurden sie von der Republik Kroatien, die noch im April 1992 Bosnien-Herzegowina als Gesamtstaat anerkannt hatte, militärisch und finanziell unterstützt. Die Sezession hatte aber nur ein Jahr Bestand, weil die USA die bosnischen Kroaten durch massiven Druck dazu zwang, der Gründung einer muslimisch-kroatischen Föderation zuzustimmen, die nach einem Teilungsplan der internationalen Kontaktgruppe für Bosnien 51 Prozent des bosnischen Territoriums erhalten sollte. Der Plan wurde allerdings von den bosnischen Serben abgelehnt, die zu diesem Zeitpunkt noch etwa 70 Prozent dieses kontrollierten.

Im Jahr 1995 erreichte der Bosnien-Krieg seinen schrecklichen Höhepunkt, als Einheiten der bosnisch-serbischen Armee unter dem Befehl von General Ratko Mladić zusammen mit einer Sondereinheit des serbischen Innenministeriums (die »Skorpione«) am 11. Juli die Schutzzone Srebrenica in den ostbosnischen Bergen eroberten und in den folgenden Tagen etwa 8000 muslimische Männer und Jungen ermordeten. Der Völkermord von Srebrenica gilt seither als grausames Symbol für alle Verbrechen des Bosnien-Krieges.[10]

Nachdem am 28. August 1995 erneut viele Zivilisten auf dem Markt von Sarajevo, das seit dem 5. April 1992 von der Armee der bosnischen Serben und paramilitärischen Gruppen eingekesselt war, durch Granatenbeschuss ums Leben gekommen waren, begann die Nato im Auftrag der UN mit Luftangriffen auf bosnisch-serbische Stellungen. Schon seit Mai hatte sich eine militärische Wende abgezeichnet, da die kroatischen und muslimischen Einheiten, ausgerüstet durch eine private amerikanische Rüstungsfirma, nun erfolgreicher gegen die serbischen Truppen agierten. In dieser Situation gab Präsident Franjo Tuđman der Armee Kroatiens den Befehl, die von den Serben geschaffene »Republik Krajina« zurückzuerobern, was dann auch mit den beiden Operationen

»Blesjak« (Blitz) und »Oluja« (Sturm) innerhalb von vier Tagen gelang. Nach Abschluss eines Waffenstillstandes flüchteten mehr als 150 000 serbische Soldaten und Zivilisten nach Bosnien und auch nach Serbien. Danach kam es zu kroatischen Racheakten vor allem an älteren und gebrechlichen Menschen. Die verfügbaren Zahlen schwanken zwischen 110 und 1200 Toten. Außerdem wurden systematisch serbisches Eigentum, Kultureinrichtungen und Denkmäler zerstört. Ganze Dörfer wurden niedergebrannt, um die Menschen in die Flucht zu treiben. Mitte August waren dann fast alle Serben aus der bisherigen »Republik Krajina« geflohen oder vertrieben. In diesem Fall wurde eine »ethnische Säuberung« also von kroatischer Seite verübt.

In Bosnien änderte sich die militärische Situation ebenfalls durch die Luftangriffe der Nato und die zunehmenden Erfolge kroatischer und muslimischer Einheiten. Als die Lage für die bosnischen Serben und auch für Serbien selbst immer schwieriger wurde, starteten die USA über ihren Unterhändler Richard Holbrooke erneut eine Friedensinitiative. Während einer Konferenz auf einem Luftwaffenstützpunkt nahe Dayton (Ohio) wurde ein Friedensabkommen ausgehandelt, das die Präsidenten Slobodan Milošević (als Repräsentant aller Serben), Franjo Tuđman (Kroatien) und Alija Izetbegović (Bosnien-Herzegowina) am 14. Dezember unterzeichneten. Bei der Unterzeichnung waren unter anderen US-Präsident Bill Clinton, der russische Ministerpräsident Viktor Tschernomyrdin, Frankreichs Präsident Jacques Chirac und Bundeskanzler Helmut Kohl anwesend.

Aufgrund des Abkommens musste der Gesamtstaat erhebliche Kompetenzen an die beiden »Entitäten« (Einheiten) abtreten, also an die Bosnisch-Kroatische Föderation und die Republika Srpska. Der Föderation wurden 51 Prozent des Gesamtterritoriums übertragen, der Serbischen Republik 49 Prozent. Zur Überwachung der militärischen Aspekte des Abkommen wurde eine 60 000 starke internationale Friedenstruppe (IFOR, später SFOR) unter Führung der Nato im Land stationiert. Die Kontrolle über die Erfüllung der zivilen Aspekte übernahm ein »Hoher Repräsentant« der internationalen Gemeinschaft. Damit ging der Krieg in Bosnien-Herzegowina zu Ende.

Angesichts der blutigen Auseinandersetzungen in Bosnien-Herzegowina und Kroatien sowie der schwierigen Suche nach einem Friedensabkommen war die Entwicklung in Kosovo zeitweilig aus dem Fokus der internationalen Öffentlichkeit verschwunden. Dort herrschte seit Beginn der 1990er-Jahre ein System, das Diplomaten wahlweise als serbisches, von Belgrad aus gesteuertes Kolonialsystem oder als serbische Apartheid charakterisierten: Albanische Politiker wurden überfallen und misshandelt, in Gefängnissen kam es zu ungeklärten Todesfällen, Albaner verloren ihre Arbeitsplätze in öffentlichen Institutionen, die Pressefreiheit wurde eingeschränkt, viele Menschen verarmten und verließen die Provinz. So zog sich die albanische Bevölkerung des Kosovo mehr und mehr in den Untergrund bzw. in eine Nischengesellschaft zurück. Das zuvor von den serbischen Machthabern aufgelöste Parlament der Provinz verabschiedete am 7. September 1990 in einer geheimen Sitzung in Kačanik eine Verfassung, mit der die Unabhängigkeit Kosovos erklärt wurde. Dem folgte eine »illegale« Volksabstimmung vom 26. bis 30. September 1991, bei der die übergroße Mehrheit der kosovarischen Albaner für einen eigenen Staat votierte. Schließlich ging die Demokratische Liga des Kosovo als Sieger aus den unabhängig von den serbischen Gewaltherrschern organisierten Wahlen am 24. Mai 1992 hervor. Ihr Vorsitzender, der Schriftsteller Ibrahim Rugova, wurde zum Staatspräsidenten gewählt. Rugova betrieb eine Politik des Gewaltverzichts, die zunächst eine Mehrheit der Albaner in Kosovo unterstützte. Ebenso erfolgte der Aufbau albanischer Strukturen im Untergrund: Krankenhäuser, Bildungseinrichtungen, Presseorgane, sogar eines eigenen Steuersystems.

Mit seiner gewaltfreien Politik geriet Rugova in die Defensive, weil die Kosovo-Albaner nicht zu den Verhandlungen in Dayton eingeladen wurden und das dort beschlossene Abkommen das Kosovo-Problem ausklammerte. In dem albanischen Bevölkerungsteil der Provinz wuchsen die Spannungen zwischen denjenigen, die Rugovas Weg billigten, und anderen, die für ein militantes Vorgehen gegen die serbische Herrschaft plädierten.

Schon in den frühen 1990er-Jahren hatte sich in Kosovo und in den von Albanern bewohnten Regionen Mazedoniens eine Guerilla in Gestalt der Kosovarischen Befreiungsarmee UÇK gebildet, die zunächst auf den Strukturen einzelner Clans aufbaute. Im Februar 1996 verübte sie erste Anschläge gegen Polizeistationen und andere serbische Einrichtungen, worauf Belgrad den Sicherheits- und Überwachungsapparat in der Provinz noch weiter ausbaute.

Nach der Tötung des UÇK-Führers Adem Jashari und seiner Familie im März 1998, vermutlich durch Resteinheiten der früheren jugoslawischen Armee, nahmen die Kämpfe überall in Kosovo zu. Es gab Menschenrechtsverletzungen, Terror und Provokationen auf beiden Seiten. Am 8. Oktober 1998 billigte der Nato-Rat Operationspläne für einen Lufteinsatz »zur Abwehr einer humanitären Katastrophe« und der Bundestag stimmte nach scharfen Auseinandersetzungen am 16. Oktober einer deutschen Beteiligung zu.

Erst nach einem Massenmord an 45 Albanern in einem kleinen Dorf südlich der Hauptstadt Priština, der bis heute nicht aufgeklärt ist, kam es endlich zu mehrwöchigen Verhandlungen auf Schloss Rambouillet bei Paris, an deren Ende ein Interims-Abkommen für Frieden und Selbstverwaltung in Kosovo stand, das von der kosovo-albanischen Delegation akzeptiert wurde, während die serbischen Delegierten ihre Unterschrift verweigerten. In dem Abkommen ging es insbesondere um das Ende der Gewalt, den Rückzug paramilitärischer Einheiten und sonstiger bewaffneter Gruppen, die Entwaffnung der UÇK, die Aufhebung des Kriegsrechts, die Rückkehr der Flüchtlinge, die Zusammenarbeit mit dem Haager Kriegsverbrechertribunal, die territoriale Integrität Jugoslawiens, aber auch um das Recht auf demokratische Selbstverwaltung in einer autonomen Provinz Kosovo. Zur Überwachung der Umsetzung des Abkommen sollte eine von der Nato geführte Truppe (Kfor) in der Provinz stationiert werden, der Bewegungsfreiheit in ganz (Rest-)Jugoslawien eingeräumt wurde – eine deutliche Einschränkung der Souveränität Jugoslawiens. Letzteres war vermutlich der Grund für die ablehnende Haltung der serbischen Seite.

Schließlich begann die Nato insbesondere auf Druck des damaligen britischen Premierministers Tony Blair mit Luftangriffen auf Belgrad und andere Ziele in Serbien, für die es aber kein Mandat des UN-Sicherheitsrats gab, was gegen das geltende Völkerrecht verstieß.[11] Die Bombardierung wurde damit begründet, dass »in Kosovo eine humanitäre Katastrophe zu verhindern sei«. Es zeigte sich bald, dass dadurch zwar Stützpunkte und militärisches Gerät zerstört werden konnten, aber »ethnische Säuberungen«, durchgeführt von paramilitärischen Banden, nicht zu verhindern waren. In der Folge flüchteten noch mehr Menschen, weil sie serbische Racheakte fürchteten. Wieder kam es zu Massenmorden, vor allem an Albanern.

Durch die Nato-Luftangriffe wurden 70 Prozent der Straßen- und Eisenbahnbrücken in Serbien zerstört, ebenso Flughäfen, Kasernen und Waffenlager. Bekannt ist, dass Zivilisten getötet wurden und die Nato Splitter- und Clusterbomben einsetzte. Doch Milošević hoffte vergeblich, dass die Empörung in der internationalen Öffentlichkeit die Nato zur Einstellung der Bombardierung zwingen und Russland sich offen auf die Seite Serbiens stellen würde. Da auch die Unzufriedenheit in der serbischen Bevölkerung mit jedem Tag der Luftangriffe zunahm, billigte das serbische Parlament am 3. Juni 1999 einen Friedensplan der G-8-Staaten, den der damalige finnische Staatspräsident Martti Ahtisaari und der russische Sondergesandte Viktor Tschernomyrdin in Belgrad präsentiert hatten. Am 9. Juni wurde außerdem im mazedonischen Kumanovo eine militärische Vereinbarung ausgehandelt. Am Tag darauf stellte die Nato ihre Angriffe ein. Die ebenfalls am 10. Juni verabschiedete UN-Resolution 1244 sah die Stationierung einer internationalen Friedenstruppe und eine zeitlich zu begrenzende UN-Verwaltung für die Provinz vor. Da die UN-Resolution auch die Integrität Jugoslawiens anerkannte, während die Formulierungen über die Zukunft des Kosovo eher unbestimmt blieben, und die Nato diesmal auf Bewegungsfreiheit in ganz Jugoslawien verzichtete, lenkte Milošević nun ein, zumal die wirtschaftliche Lage Jugoslawiens inzwischen dramatisch verschlechtert hatte. Milošević musste Zeit gewinnen, um sein Regime vor dem Zusammenbruch zu retten.

Das Ende des Krieges verstärkte noch einmal Vertreibung und Flucht der Kosovo-Serben, aber auch der Roma und Ashkali, einer muslimischen Minderheit, und betraf vermutlich zusammen mindestens 200.000 Personen. Einzelne Führer der UÇK nutzten die Situation, um Gegner innerhalb der Organisation auszuschalten und damit ihre Machtposition zu festigen und sich zu bereichern. Opfer solcher »Abrechnungen« wurden aber auch Roma, die man der »Kollaboration« mit Serbien beschuldigte, und Albaner, die mit dem Vorgehen der UÇK nicht einverstanden waren. Einschüchterung und Mord waren an der Tagesordnung. Die in diesen Monaten von UÇK-Führern begangenen Verbrechen, darunter auch der Handel mit menschlichen Organen, sind bis heute nur marginal aufgeklärt worden.

Die teils mit großer Grausamkeit geführten Auseinandersetzungen, die den Zerfallsprozess Jugoslawiens begleiteten und förderten, sind in den Köpfen der dort lebenden Menschen noch immer präsent und beeinflussen so auch heute noch die Politik in den Nachfolgestaaten.

Die letzte Feststellung führt unmittelbar zur Arbeit des Internationalen Straftribunals für Ex-Jugoslawien (ICTY), das mit der Resolution 827 im Mai 1993 durch den Sicherheitsrat der Vereinten Nationen als Reaktion auf die in den Balkankonflikten verübten Massenverbrechen geschaffen wurde und bis 2017 tätig war.[12] Es handelte sich um das erste von den Vereinten Nationen geschaffene Kriegsverbrechertribunal.

Das Tribunal war zuständig für die strafrechtliche Verfolgung von Personen, die schwere Verletzungen des humanitären Völkerrechts auf dem Gebiet des ehemaligen Jugoslawiens seit Beginn des Jahres 1991 begangen hatten. Darunter fielen insbesondere Verstöße gegen die Genfer Konvention, Völkermord und Verbrechen gegen die Menschlichkeit. Das Tribunal hat insgesamt 177 Personen angeklagt, darunter Staatschefs, Ministerpräsidenten, Innenminister, hochrangige Militärs und Polizeioffiziere. In 83 Fällen erfolgten Verurteilungen. Großes Aufsehen erregte der im Februar 2002 begonnene Prozess gegen den vormaligen serbischen Präsidenten Slobodan Milošević, der kurz vor der Urteilverkündung im März 2006 starb.[13]

Dem Tribunal wurde wiederholt Voreingenommenheit vorgeworfen. Meist ging es um den Vorwurf, es habe vor allem Serben ins Visier genommen. Immerhin waren etwa zwei Drittel aller Verurteilen Serben bzw. bosnische Serben, der Anteil der Freigesprochenen war deutlich niedriger als bei Kroaten, bosnischen Muslimen und Kosovo-Albanern. Angehörige der Nato, deren Bombardements ebenfalls zivile Opfer verursachten, wurden nicht vor Gericht gestellt, obwohl dies international mehrfach gefordert wurde.

Das ICTY bemühte sich, nach bestem Wissen und Gewissen Schuldige zu benennen und zur Verantwortung zu ziehen. Dass dies in erster Linie Serben waren, ist in gewisser Weise nachvollziehbar, denn die Nationalisten und Kriegstreiber in Serbien und ihre bosnisch-serbischen Kumpane setzen das größte Gewaltpotenzial ein, um einen kriegerischen Flächenbrand auf dem Balkan auszulösen. In Bezug auf den Kosovo und die dortigen Verbrechen von Kosovo-Albanern war das Tribunal weniger erfolgreich. Viele dieser Taten wurden nicht geahndet.

Bei seinen Ermittlungen war das ICTY sehr stark auf die Kooperation mit den Balkanstaaten sowie den internationalen Truppen und Institutionen angewiesen, die in Bosnien-Herzegowina und Kosovo eingriffen bzw. installiert wurden. Deren Bereitschaft zur Zusammenarbeit mit dem Tribunal ließ immer wieder zu wünschen übrig. Trotz aller Einschränkungen war die Arbeit des ICTY erfolgreich, zu seinen größten Verdiensten zählt nicht zuletzt die Tatsache, dass sexuelle Gewalt als Verbrechen gegen die Menschlichkeit anerkannt wurde.

Tschechen und Slowaken trennen sich

Die europäische Geschichte kennt nur wenige Beispiele für die friedliche Auflösung eines Staates. Den Beweis, dass dies möglich ist, haben Tschechen und Slowaken in den frühen 1990er-Jahren erbracht und damit eine bemerkenswerte Alternative zu den schrecklichen Ereignissen beim Zerfall Jugoslawiens aufgezeigt. Am 25. November 1992 beschloss das Bundesparlament in Prag die Auflösung der Tschechoslowakei zum 1. Januar 1993. Fortan gingen Tschechen und Slowaken getrennte Wege.[14] Auch wenn seither immer mal wieder die Frage aufkam, ob dies denn ein richtiger Schritt zum Wohle beider Völker gewesen sei, wurde die Tatsache an sich nicht mehr infrage gestellt. Die Hintergründe der Trennung sind historischer, politischer, ökonomischer und mentaler Natur. Im Prinzip fühlten sich die Slowaken in der Tschechoslowakei nie so richtig zu Hause. Immer haben sich die Tschechen stärker mit dem Gesamtstaat identifiziert als die Slowaken, die eine Dominanz der Tschechen verspürten, etwa bei der Besetzung zentraler Posten. In der Tat gab es sowohl in der Ersten Republik zwischen den beiden Weltkriegen als auch nach 1945 stets eine gewisse Asymmetrie zwischen beiden Nationalitäten und Landesteilen. Weder die radikalen Umbrüche noch staatliche Krisen oder politische Veränderungen haben zu einer befriedigenden Lösung der nationalen Frage geführt – das gilt für den Zweiten Weltkrieg und die folgende Machtübernahme durch die Kommunisten ebenso wie für den »Prager Frühling« 1968 und dessen Niederschlagung durch den Einmarsch der Warschauer-Pakt-Staaten.[15] So konnte es nicht ausbleiben, dass das Thema auch nach der »samtenen Revolution« im November/Dezember 1989 wieder auf die Tagesordnung kam.

Tschechen und Slowaken haben historisch sehr unterschiedliche Erfahrungen gemacht. Während die Tschechen bis zur Machtergreifung der Habsburger im 16. Jahrhundert in einem unabhängigen Staat lebten, fehlte den Slowaken eine vergleichbare Erfahrung. Schon im 10. Jahrhundert, wurden sie in das ungarische Königreich eingegliedert, das den wirtschaftlichen, politischen und nationalen Interessen der Minderheiten weit weniger Rechnung trug als später die österreichisch-ungarische Doppelmonarchie. Der Prozess der Nationenbildung im 19. Jahrhundert verlief zwar parallel, hatte aber bei Tschechen und Slowaken einen unterschiedlichen Charakter: Das tschechische Nationalbewusstsein entwickelte sich vor allem im Widerstand gegen die Dominanz deutscher bzw. Habsburger Kultur, die Slowaken versuchten, sich gegen die ungarische Hegemonie durchzusetzen.

Die erste tschechoslowakische Republik zwischen den beiden Weltkriegen war einerseits ein demokratischer Staat, in dem es Grundrechte gab, Standesprivilegien abgeschafft wurden und ein pluralistisches Parteiensystem für das Funktionieren des Parlamentarismus sorgte, der aber andererseits nicht in der Lage war, die nationalen Minderheiten wirklich zu integrieren. Im Gegenteil, die Nationalitätenpolitik der ersten Republik forcierte eine zunehmende Radikalisierung der Slowaken und der deutschen Minderheit.

Die ungelösten Nationalitätenprobleme nahm Adolf Hitler zum Vorwand für seine aggressive Expansionspolitik. Das Münchener Abkommen vom 29. September 1938 führte zum Anschluss des Sudetenlandes an Deutschland. Die Tschechoslowakei sah sich außerdem gezwungen, das Teschener Land an Polen und den Süden der Slowakei an Ungarn abzutreten. Mit der deutschen Annexion der »Rest-Tschechei« am 15. März 1939 wurde diese zum »Reichsprotektorat Böhmen und Mähren«. In der Slowakei, die tags zuvor ihre Unabhängigkeit erklärt hatte, entstand ein Staat mit klerikal-faschistischen Zügen unter Führung des katholischen Geistlichen Jozef Tiso. Obwohl unter Historikern Einigkeit darüber herrscht, dass es sich bei dieser »unabhängigen« Slowakei um einen deutschen Marionettenstaat handelte, förderte er das slowakische Nationalbewusstsein. Immerhin hatten die Slowaken damit zum ersten Mal in der Geschichte einen eigenen Staat, was ihr Selbstwertgefühl stärkte. Als die Macht der Deutschen bröckelte, kam es im August 1944 zum slowakischen Nationalaufstand gegen das faschistische und antisemitische Regime von Tiso.

Nach dem Ende des Zweiten Weltkriegs wurde die Wiederherstellung des tschechoslowakischen Staates von Tschechen wie Slowaken größtenteils befürwortet. Allerdings hatten beide Seiten unterschiedliche Vorstellungen von der künftigen Form des Zusammenlebens. Während Edvard Beneš als wichtigster Repräsentant der Tschechen eine Wiederherstellung der Ersten Republik der Zwischenkriegszeit und deren zentralistische Staatform anstrebte, die faktisch eine gewisse Dominanz der Tschechen mit sich bringen würde, favorisierte man auf slowakischer Seite eine lose bundesstaatliche Verbindung zweier gleichberechtigter Völker. Immerhin verpflichtete man sich am 5. April 1945 in einem Programm für die von Beneš geführte Regierung, die drei wichtigsten slowakischen Forderungen zu respektieren: Die Anerkennung der Slowaken als eigenständiges Volk, die Gleichstellung der Slowaken mit den Tschechen sowie administrative Autonomie. Allerdings blieb offen, wie weit die Autonomie tatsächlich gehen sollte. Für Kontroversen sorgte weiterhin die Staatsform, weil die Tschechen nach wie vor nichts von einer Föderation wissen wollten. Im Jahr 1946 wurde dann der Slowakei ein gewisser Autonomiestatus eingeräumt. Zwar war auch nach dem kommunistischen Staatsstreich von 1948 in der dann verabschiedeten neuen Verfassung die Rede von slowakischer Autonomie, was aber de facto bedeutungslos blieb, weil die kommunistische Partei, an deren Spitze Tschechen dominierten, fortan das ganze Land fest im Griff hatte.

Immerhin schaffte der Slowake Aleksander Dubček im Zuge des »Prager Frühlings« den Sprung an die Spitze der Partei und wurde zur Leitfigur der Reform- und Liberalisierungsbemühungen. Die Öffnung des Systems bedeutete eine neue Etappe des Zusammenlebens zwischen Tschechen und Slowaken, da die Tschechoslowakei nun in einen Bundesstaat umgewandelt wurde. Obwohl der Einmarsch der Truppen des Warschauer Paktes das Experiment »Prager Frühling« bald gewaltsam beendete, blieb die bundesstaatliche Ordnung durch das Föderationsgesetz von 1968 erhalten. Doch die neue, von den Sowjets gestützte kommunistische Führung mit Gustáv Husák an der Spitze versuchte zunehmend, Tschechen und Slowaken gegeneinander auszuspielen. Einer massiven politischen Säuberung fielen etwa 750 000 Personen zum Opfer, wobei etwa ein Drittel aller vormaligen Mitglieder der Kommunistischen Partei ausgeschlossen wurden und viele von ihnen auch ihren Arbeitsplatz in der Parteiorganisation, in der öffentlichen Verwaltung und in Industriebetrieben verloren.

Nach der friedlichen, »samtenen Revolution« von 1989, die das Ende des kommunistischen Regimes erzwang, manifestierte sich der tschechisch-slowakische Gegensatz erneut im öffentlichen Diskurs — besonders nach den Parlamentswahlen 1990, die den nationalistischen, zu autoritären Regierungsformen neigenden Vladimír Mečiar als Premier an die Spitze des slowakischen Teilstaates brachten. Zumindest in der ersten Phase der Arbeit an einer neuen Verfassung wurde die Existenz des Gesamtstaates noch nicht infrage gestellt. Dabei drängten die Vertreter der Slowakei auf eine weitgehende Dezentralisierung des Bundesstaates. In einer zweiten Verhandlungsphase kamen die slowakischen Politiker mehr und mehr zu der Überzeugung, dass der Gesamtstaat nicht reformierbar sei, und forderten deshalb die Umgestaltung der Tschechoslowakei in einen Staatenbund. Da dies die tschechische Seite ablehnte und damit ein Grundkonsens über die Staatsform nicht möglich war, verständigte man sich schließlich im Sommer 1992 darauf, den Staat zu teilen.

Neben den staatsrechtlichen Differenzen hatten vor allem wirtschaftliche Probleme zu einer Polarisierung zwischen beiden Landesteilen geführt. Wegen der strukturellen Schwächen der slowakischen Wirtschaft waren die harten Folgen der marktwirtschaftlichen Reformen, die das Bundesparlament im Herbst 1990 gebilligt hatte, dort stärker zu spüren als im tschechischen Landesteil. Die gigantischen, aus sozialistischen Zeiten stammenden Unternehmen der Rüstungs- und Schwerindustrie waren kaum reformierbar und zudem stark auf die schwachen osteuropäischen Märkte ausgerichtet. So betrug die Arbeitslosenquote im Frühjahr 1992 im slowakischen Teil 12, im tschechischen nur 4 Prozent. Ähnliches galt für die Inflationsrate. Das Bruttoinlandsprodukt sank im Laufe des Jahres 1991 wegen des starken Rückgangs der Produktion und des Exports in der Slowakei um 22 Prozent, etwa doppelt so viel wie im tschechischen Landesteil. Als sich der Finanzminister auf Bundesebene, Václav Klaus, weigerte, die ökonomischen Probleme der Slowakei stärker in Rechnung zu stellen, förderte das die Differenzen zwischen beiden Landesteilen. Mit den beiden Politikern Klaus und Mečiar prallten zwei kontroverse ökonomische Vorstellungen aufeinander. Während Klaus den Übergang zur freien Marktwirtschaft und die Privatisierung möglichst schnell vorantreiben wollte, favorisierte Mečiar eine langsamere, dosierte Transformation. Zu allem Überfluss meldeten sich nun auch noch nationalistische Strömungen zu Wort, die in sozialistischen Zeiten von den herrschenden Kommunisten weitgehend unterdrückt oder geleugnet worden waren.

Dass die Trennung von Tschechen und Slowaken friedlich vonstattenging, liegt zum einen sicherlich trotz all der genannten Probleme daran, dass angesichts der gemeinsamen historischen Erfahrungen, die man ja durchaus auch gemacht hatte, eine gewisse gegenseitige Wertschätzung vorhanden war. Ebenso hatte es in der jüngeren Geschichte nie gewaltsame oder gar kriegerische Auseinandersetzungen zwischen beiden Völkern gegeben. Hinzu kam ein bestimmtes Maß an demokratischer Kultur und Konsensfähigkeit. Nationalistische Strömungen nahmen in der Tschechoslowakei, sieht man vom Tiso-Regime während des Zweiten Weltkriegs ab, nie totalitäre Züge an. Schließlich gelang es allen Beteiligten, die Auflösung der Tschechoslowakei in einen rechtlichen Rahmen zu gießen. Schon vor dem Vollzug der Trennung wurden mehr als 40 bilaterale Staatsverträge abgeschlossen, die die künftigen Beziehungen der beiden Staaten regeln sollten. Natürlich spielte auch ein gewisser Ermüdungseffekt angesichts der langwierigen Verhandlungen eine Rolle, der auf beiden Seiten den Willen zur Einigung bestärkte.

Neue Koordinatensysteme
für die Politik

Die Attraktivität von Nato und Europäischer Gemeinschaft

Neben den geschilderten Auflösungsprozessen jahrzehntealter politischer Ordnungen – Sowjetunion, Jugoslawien, Tschechoslowakei – gab es für die Staaten im Osten Europas, die sich aus kommunistischer Vorherrschaft befreit hatten und/oder in den auf 1989 folgenden Jahren unabhängig geworden waren, auch neue kollektive politische Orientierungsrahmen, die ihre Entwicklung stark beeinflussen sollten: Das waren vor allem die Nato und die Europäische Gemeinschaft als Vorläufer der Europäischen Union.

Bis 1989 war die 40 Jahre zuvor gegründete Nato vor allem als militärisches Sicherheits- und Verteidigungsbündnis des Westens gegen die Sowjetunion und die im Warschauer Pakt, dem östlichen Militärbündnis, zusammengeschlossenen Staaten betrachtet worden. Selbstverständlich konnten deshalb die revolutionären Umwälzungen im östlichen Europa ab 1988/89 nicht ohne Auswirkungen auf die Nato bleiben.

In ihrer Londoner Erklärung vom 6. Juni 1990 schlug die Nato dem Warschauer Pakt einen gegenseitigen Gewaltverzicht vor. Außerdem wurde die Aufnahme diplomatischer Beziehungen zwischen beiden Bündnissen eingeleitet. Mit der KSZE-Akte vom 21. November 1990, die den Titel »Ein neues Zeitalter der Demokratie, des Friedens und der Einheit« trug, wurde der Ost-Konflikt (vorerst) beendet. In einer am selben Tag veröffentlichten gemeinsamen Erklärung von Nato und Warschauer Pakt hieß es, dass man nicht mehr Gegner sei, sondern neue Partnerschaften aufbauen und den Gewaltverzicht bekräftigen wolle. Angesichts des Zerfalls der Sowjetunion und unter dem Druck der Veränderungen im östlichen Europa löste sich der Warschauer Pakt am 1. Juni 1991 schließlich auf.

Nun ohne Widerpart, setzte sich die Nato in der Folge vier Akzente: die Erweiterung in Richtung Ostmittel- und Südosteuropa, die Initiierung einer Sicherheits- und Verteidigungspolitik der Europäischen Union durch die Nato-Mitglieder in der EU, die Bereitschaft, als Mandatnehmer der Vereinten Nationen und der OSZE international bei der Lösung bzw. Prävention von Krisen aufzutreten, und schließlich die Bereitschaft, notfalls auch ohne UN-Mandat zu intervenieren – was dann erstmals mit dem (heftig umstrittenen) militärischen Eingreifen auf dem Balkan auch geschah. Ab der Jahrtausendwende wandte sich die Nato dann auch Themen wie Energie- und Cyber-Sicherheit zu.

Zunächst stand aber vor allem der erste Punkt, die Osterweiterung, auf dem Programm der Nato. Das deckte sich durchaus mit den Interessen der betroffenen Staaten, die sich ab den 1990er-Jahren allesamt um eine Aufnahme in das westliche Militärbündnis bewarben, um sich insbesondere vor einem möglichen »Rückfall« oder neuen imperialen Ansprüchen Russlands abzusichern. 1999 war es dann so weit: Polen, Tschechien und Ungarn wurden Nato-Mitglieder; die baltischen Staaten, die Slowakei, Slowenien, Bulgarien und Rumänien folgten 2004, Kroatien schließlich 2009.

Seit der ersten Nato-Erweiterung im Jahr 1999 wurde und wird gerade auch in Deutschland intensiv die Frage diskutiert, ob nicht das Vorrücken des Bündnisses Richtung Osten zu einer »Einkreisung Russlands« führe, in diesem Land verstärkte Rüstungsanstrengungen nach sich ziehe und auch den dortigen Wunsch fördere, in angrenzenden Staaten, etwa der Ukraine, hegemoniale Ansprüche geltend zu machen. In diesem Sinne hatten schon in den späten 1990er-Jahren US-amerikanische Wissenschaftler und Politiker wie George F. Kennan, Richard Pipes, Sam Nunn, Gordon J. Humphrey, Paul Nitze und Robert McNamara gegen die Osterweiterung argumentiert. Mit der Nato-Russland-Grundakte von 1997 versuchte das Bündnis, Russlands Ablehnung dieser Ausweitung aufzufangen.

Die zwischenzeitlich etwas eingeschlafene Debatte um die Osterweiterung der Nato und ihre Folgen flammte im Frühjahr 2014 wieder auf: Die völkerrechtswidrige Annexion der Krim durch Russland und die von russischen »Militärs« zusammen mit prorussischen ukrainischen Separatisten betriebene Destabilisierung des Donbass in der Ukraine haben dem zuvor eher schwächelnden Militärbündnis in den Augen der internationalen Öffentlichkeit zu neuer Relevanz verholfen. Seither ist die Nato zwar bemüht, nicht in einen Kalten Krieg zurückzufallen, auch erklärt sie weiterhin ihre Kooperationsbereitschaft gegenüber Moskau, doch ist sie zugleich dazu übergegangen, Verteidigungskräfte an ihren Rändern zu verstärken, etwa in den baltischen Staat und in Polen.[16]

Im Laufe des Jahres 2018 mehrten sich die Anzeichen für ein neues Wettrüsten zwischen den USA und Russland. Die USA zogen eine Aufkündigung des INF-Abrüstungsvertrags in Betracht, die Nato warf Russland einen Bruch dieses Abkommens vor und Russland kündigte im Gegenzug neue Rüstungsanstrengungen an. Hinzu kamen Auseinandersetzungen zwischen Russland und der Ukraine in den Gewässern vor der Krim sowie Großmanöver Russlands nahe seiner westlichen Grenze und der Nato in Norwegen.

Mit Blick auf die Überwindung der kommunistischen Systeme des früheren Ostblocks stellte sich nicht nur für die Nato, sondern auch für die Europäische Gemeinschaft die Frage nach einer Osterweiterung. Dabei zeigte sich, dass die deutsche Vereinigung eine Beschleunigung der Bemühungen um eine europäische Wirtschafts- und Währungsunion mit sich brachte, da allseits großes Interesse herrschte, das stärker gewordene Deutschland europäisch einzubinden.[17] Es war absehbar, dass eine Osterweiterung zu einem tiefen inneren Wandel der Gemeinschaft führen würde. Deshalb sollten Beitritte weiterer Länder erst möglich sein, nachdem man sich innerhalb der Gemeinschaft auf grundlegende Integrationsschritte geeinigt hatte. Aus diesem Grund wurden mit den östlichen Beitrittsstaaten zunächst einmal nur Assoziierungsabkommen (sog. Europa-Abkommen) geschlossen, um sie an die Gemeinschaft heranzuführen.

Ein wesentlicher Schritt voran war der EU-Vertrag von Maastricht, der am 7. Februar 1992 von allen Mitgliedstaaten unterzeichnet wurde und dann nach Volksabstimmungen in Irland, Frankreich und Dänemark am 1. November 1993 in Kraft trat. Mit diesem Vertrag wurde aus der Europäischen Wirtschaftsgemeinschaft (EWG) die umfassendere Europäische Gemeinschaft (EG). »Maastricht« war der Gründungsakt der Europäischen Union (EU) – verbunden mit der Maßgabe, diese weiterzuentwickeln. Fortan wurde die EU von drei Elementen gebildet: der EG, der Europäischen Gemeinschaft für Kohle und Stahl (EGKS, bis 2002) und der Europäischen Atomgemeinschaft (Euratom, EAG). Beschlossen wurde außerdem die Gründung einer Europäischen Wirtschafts- und Währungsunion, die Entwicklung einer gemeinsamen Außen- und Sicherheitspolitik (GASP) sowie eine Zusammenarbeit auf den Gebieten Justiz und Inneres. Am 1. Januar 1995 traten Österreich, Schweden und Finnland der Gemeinschaft bei. Der Euro als Gemeinschaftswährung wurde am 1. Januar 1992 eingeführt, nachdem schon im Januar die Umrechnungskurse der beteiligten Währungen unwiderruflich festgelegt worden waren. Mit weiteren Vertragswerken (Amsterdam 1997, Nizza 2003 und Lissabon 2007) wurden die Kompetenzen der europäischen Institutionen gestärkt und erweitert bzw. neue Körperschaften geschaffen.

Bereits im Juni 1993 hatte der Europäische Rat in Kopenhagen den Staaten im Osten Europas einen Beitritt zur Gemeinschaft unter bestimmten politischen und ökonomischen Voraussetzungen in Aussicht gestellt. Damit stand und steht die Gemeinschaft allen europäischen Staaten offen, welche die in Artikel 2 EUV (Vertrag über die Europäische Union) genannten Werte achten: Menschenwürde, Freiheit, Demokratie, Gleichheit, Rechtsstaatlichkeit und die Menschenrechte, einschließlich der Rechte der Personen, die Minderheiten angehören. Der EUV legt fest, dass diese Werte allen Mitgliedstaaten in einer Gesellschaft gemeinsam sind, die sich durch Pluralismus, Nichtdiskriminierung, Toleranz, Gerechtigkeit, Solidarität und die Gleichheit von Frauen und Männern auszeichnen.

Auf dieser Basis wurden die sogenannten Kopenhagener Kriterien formuliert, die Beitrittskandidaten vor ihrem Beitritt erfüllen müssen. Das geografische Kriterium legt fest, dass es sich bei dem Kandidaten um einen europäischen Staat handeln muss. Zu den politischen Kriterien zählt die Existenz einer demokratischen und rechtsstaatlichen Ordnung, die Gewährung der Grund- und Menschenrechte sowie der Schutz der Minderheiten. Als wirtschaftliche Kriterien gelten die Existenz einer funktionierenden Marktwirtschaft und die nachgewiesene Fähigkeit, sich auf dem Binnenmarkt der EU behaupten zu können. Verbindliches Kriterium ist außerdem die Übernahme des »gemeinsamen Besitzstandes« der EU (Acquis Communautaire) sowie die Existenz einer Justiz und Verwaltung, die die Anwendung dieses Besitzstandes gewährleisten kann.

Nach Abschluss der Beitrittsverhandlungen wurden zum 1. Mai 2004 zehn Staaten in die Europäische Union aufgenommen: Litauen, Lettland, Estland, Polen, die Tschechische Republik, die Slowakei, Ungarn, Slowenien, Malta und Zypern. Am 1. Januar 2007 folgten Rumänien und Bulgarien, Kroatien am 1. Juli 2013.

Tatsache ist, dass schon die Erweiterung der EU im Jahr 2004 weniger auf der rigorosen Erfüllung aller Beitrittskriterien als auf politischen Erwägungen beruhte. Aus westeuropäischer Sicht erfolgten diese und die anschließenden Erweiterungen nicht zuletzt aus geopolitischen und ökonomischen Überlegungen, insbesondere zur Stabilisierung Europas als Friedenszone. Für die neuen Mitglieder ging es, wie schon im Falle der Erweiterung der Nato, auch und gerade um das endgültige Ende des Jalta-Systems und um Schutz vor den politischen sowie historisch bedingten Gefahren und Bedrohungen sowohl vonseiten Russland als auch auf dem Balkan.

Bemerkenswert bis heute ist nicht nur das unterschiedliche wirtschaftliche Leistungsvermögen der EU-Staaten in Ost und West. Von großer Bedeutung ist ebenso, dass im Zuge der Osterweiterung Staaten mit sehr unterschiedlichen historisch-politischen Erfahrungen und nationalen Erinnerungen in die Gemeinschaft kamen. Im Denken der westlichen Gesellschaften war der nationalsozialistische Massenmord an den Juden zum Inbegriff totalitärer Herrschaft und zur größten Katastrophe des 20. Jahrhunderts geworden. Die östlichen Gesellschaften hingegen hatten zwar auch unter der Diktatur Hitlers gelitten, besonders Polen, verfügten aber ebenso über die Erfahrung vier Jahrzehnte währender kommunistischer Herrschaft. Für die meisten von ihnen war die Einbeziehung in die sowjetische Interessensphäre oder gar die direkte Zugehörigkeit zur Sowjetunion eine genauso wichtige Erfahrung totalitärer Fremdherrschaft – wenn auch in unterschiedlichem Maße, wenn man die jeweilige Ausprägung kommunistischer Machtausübung in Betracht zieht. Da verwundert es nicht, dass die historische Bewertung des 20. Jahrhunderts im westlichen und östlichen Europa zum Teil sehr verschieden ausfällt und gerade in den baltischen Staaten die historische Erinnerung an die sowjetische Fremdherrschaft die an die Besetzung durch Wehrmacht und SS oft überlagert.[18] Die Mitglieder der EU müssen akzeptieren, dass auch die östlichen Diktaturerfahrungen Teil des gemeinsamen historischen Erbes sind. Ebenso sind die drei Staaten verpflichtet, die Beteiligung von Angehörigen ihrer Völker an Verbrechen durch die Nazis selbstkritisch aufzuarbeiten – ein Prozess, der inzwischen eingesetzt hat.

Die Schattenseiten der Globalisierung: Finanz- und Flüchtlingskrise

Die globale Finanzmarktkrise 2008/09 und deren realwirtschaftliche Folgen stellten auch die neuen EU-Staaten Ostmittel- und Südosteuropas vor eine harte Prüfung.[19] Zunächst schien es noch so, als werde die Immobilien- und Finanzkrise in den USA die EU-Staaten in Ostmittel- und Südosteuropa nicht weiter beeinflussen. Doch je mehr die amerikanischen Probleme Westeuropa und wichtige Schwellenländer in Südamerika und Asien in Mitleidenschaft zogen, desto deutlicher zeigte sich, wie stark auch die Volkswirtschaften in der östlichen Hälfte Europas, die ja mit aller Kraft zum Westen aufschließen wollten, in die internationalen ökonomischen und finanziellen Kreisläufe involviert sind.

Anfangs traten die Unterschiede zwischen den Staaten in Ostmittel- und Südosteuropa in den Hintergrund. Unter dem Eindruck der großen Schwierigkeiten Ungarns, wo sich die Krise zuerst manifestierte, zogen westliche Investoren massiv Kapital von allen Börsen der Region ab. Banken, Investmentfonds und Immobilienverwalter aus dem Westen reduzierten ihr Engagement im Osten so schnell wie möglich. Dieser massive Rückzug verschlechterte die Zahlungsbilanzen der betroffenen Länder und setzte deren Währungen massiv unter Druck. Diese handfeste Erfahrung ließ dann auch die spezifischen Schwächen der einzelnen Volkswirtschaften zutage treten. Es zeigte sich, dass alle EU-Staaten der Region jahrelang über ihre Verhältnisse gelebt hatten, wenn auch in unterschiedlichem Ausmaß. Deutliche Indizien dafür waren die hohen Defizite in der Leistungsbilanz besonders Rumäniens, Bulgariens und der baltischen Staaten, eine starke Verschuldung vieler Unternehmen und privater Haushalte in diesen Ländern sowie hohe Defizite in den Staatsbudgets. Letztere lagen im Jahr 2009 zwischen 5,6 Prozent in Ungarn und 14,7 Prozent in Estland, wobei der entsprechende Grenzwert laut EU-Stabilitäts- und Wachstumspakt 3 Prozent beträgt.

In den jungen Staaten des europäischen Ostens hatte das Bemühen, Verkehrswege und andere Teile der Infrastruktur zu erneuern, Unternehmen durch den Kauf von Anlagen im Westen technologisch zu modernisieren, auch hochwertige Konsumgüter von dort zu importieren und den Lebensstandard durch den Erwerb von Immobilien anzuheben, die Nachfrage nach zinsgünstigen Krediten in den Jahren vor der Krise stark ansteigen lassen. Und diese Kreditwünsche wurden durch die in- und ausländischen Banken bereitwillig bedient.

Je mehr aber die internationale Finanzkrise die EU-Staaten Ostmittel- und Südosteuropas in Mitleidenschaft zog, desto mehr wurde gerade diese Verschuldung zum Problem. Denn der Schuldendienst für Fremdwährungskredite war nun teurer, weil die einheimischen Währungen an Wert verloren. Und die Banken gerieten bei der Erfüllung langfristiger Kreditverpflichtungen in Schwierigkeiten, weil es an Liquidität auf den einheimischen und internationalen Finanzmärkten mangelte. Das galt in hohem Maße für die Banken in ausländischem

Besitz, die darunter litten, dass ihre westlichen Muttergesellschaften massiv Kapital abzogen. Gefährlich wurde das vor allem für jene Länder, die wie die baltischen Staaten ihre Finanzsysteme bereitwillig ausländischen Finanzkonzernen geöffnet hatten.

An den Börsen in Warschau, Prag und Budapest sorgten in jenen Jahren ausländische Anleger für mehr als 50 Prozent der täglichen Umsätze. Dutzende westeuropäischer und amerikanischer Investmentfonds hatten sich auf die Kapitalmärkte im Osten Europas spezialisiert. Als dann private und institutionelle Anleger aus dem Westen im Oktober 2008 massiv ihr Kapital von den Börsen der Region abzogen, sorgte dies für einen drastischen Absturz der Börsenindizes um bis zu 50 Prozent.

Nicht nur die Aktienbörsen der östlichen EU-Staaten gerieten durch die internationale Finanzkrise unter Druck. Auch die Währungen dieser Länder, mit wenigen Ausnahmen, verloren zeitweise mehr als 10 Prozent ihres Wertes gegenüber dem Euro. So fiel der polnische Złoty von Februar 2008 bis Februar 2009 um 23 Prozent. Zum ersten Mal seit Einführung der Marktwirtschaft machten diese Staaten in aller Deutlichkeit die Erfahrung, dass die Stabilität ihrer Währungen nicht immer nur davon abhängt, ob ihre wirtschaftlichen Fundamente stabil sind, sondern mitunter auch stark von dem Geschehen auf den internationalen Finanzmärkten und vom Investitions-, um nicht zu sagen Spekulationsverhalten internationaler Anleger.

Doch die globale Finanzkrise hat auch einen wichtigen Unterschied zwischen den Banken in den östlichen EU-Staaten und jenen in Westeuropa und den USA offenbart. Anders als die westlichen Institute hatten sich die Banken im Osten bis dahin relativ wenig am Geschäft mit jenen komplizierten und äußerst riskanten Finanzmarktprodukten beteiligt, den sogenannten toxischen Papieren, die den großen Investmentbanken und anderen Kreditinstituten in den USA und Westeuropa zum Verhängnis wurden, sondern sich weitgehend auf das klassische Bankgeschäft wie Kredite, Einlagen, Zahlungsverkehr, Finanzierung unternehmerischer Investitionen und Export-Import-Geschäfte konzentriert.

Trotz allgemeiner Stabilität griff das Misstrauen zwischen den Banken, das die globalen Märkte seit dem Ausbruch der Finanzkrise beherrschte, auch auf die Staaten im Osten Europas über. Deshalb kam der einheimische Interbankenmarkt, auf dem sich die Banken gegenseitig mit Kapital versorgen, zeitweise fast völlig zum Erliegen, was es vielen Instituten schwierig machte, längerfristige Finanzierungsverpflichtungen einzuhalten, die sie gegenüber Unternehmen eingegangen waren. Die Slowakei war das einzige Land, in dem die Banken keinerlei Finanzierungssorgen hatten. Die slowakischen Institute verfügten zeitweise sogar über einen Liquiditätsüberschuss. Offenbar hatten sie für schwierige Zeiten vorgesorgt und Reserven angelegt.

Die globale Finanzmarktkrise hatte nicht nur negative Auswirkungen auf die Kapitalmärkte, die Währungen und die Bankensysteme der EU-Staaten in Ostmittel- und Südosteuropa. Vielmehr beeinflusste sie auch die sogenannte Realwirtschaft dieser Länder, also das wirtschaftliche Wachstum, die Entwicklung einzelner Branchen, den Außenhandel und den Arbeitsmarkt. Besonders die dämpfende Wirkung der Krise auf die Konjunktur war eine schmerzliche Erfahrung für diese Länder, bestand eines ihrer zentralen Ziele doch darin, nach und nach gegenüber dem Westen ökonomisch aufzuschließen.

Nachlassendes Wirtschaftswachstum sorgt immer auch für einen Rückgang der Steuereinnahmen des Staates. Deshalb überprüften die Regierungen der EU-Staaten Ostmittel- und Südosteuropas ab November 2008 die Struktur der Einnahmen und Ausgaben ihrer bereits projektierten oder zum Teil schon verabschiedeten Staatsbudgets. Diese Kontrolle führte nicht zuletzt dazu, dass Ausgaben für die Modernisierung der Infrastruktur und verschiedene Reformen gekürzt wurden. Parallel dazu suchten die Regierungen nach Einsparungsmöglichkeiten.

Trotzdem bewegten sich die in den Jahren 2008/09 in Ostmittel- und Südosteuropa geführten öffentlichen Debatten über die Bewältigung der Krise und deren Folgen im Wesentlichen innerhalb des Koordinatensystems der Marktwirtschaft. Kapitalismuskritische, gar eine Rückkehr zum Sozialismus bzw. einen »dritten Weg« propagierende politische Kräfte waren vorerst nicht sichtbar. Allerdings bewirkten die drastischen Folgen der Finanzmarktkrise besonders in Ungarn und Polen eine gewisse Nostalgie gegenüber den »früheren Zeiten« vor 1989. So wurde vor allem über die Rolle des Staates, über die Bedeutung von Zins-, Steuer- und Währungspolitik zur Förderung des wirtschaftlichen Wachstums sowie über das erforderliche bzw. realisierbare Maß internationaler Regulierung und Kontrolle der Finanzmärkte diskutiert. Die Erfahrung der Abhängigkeit von internationalen Faktoren hat nicht zuletzt zu einer Aufwertung nationaler Selbstständigkeit und nationalistischer Tendenzen beigetragen.

Das gilt noch mehr für die Erfahrungen mit der im Jahr 2015 einsetzenden Flüchtlingskrise, die Europa mächtig durcheinandergewirbelt hat, auch und gerade in den ostmitteleuropäischen Ländern, die allerdings vom Zuzug von Flüchtlingen sehr unterschiedlich betroffen waren.[20] Ungarn war aufgrund seiner Lage von den ostmitteleuropäischen Ländern am stärksten mit Migration konfrontiert. Denn einer der wichtigsten Flüchtlingsrouten neben der lebensgefährlichen Überfahrt über das Mittelmeer, bei der 2015 fast 4000 Menschen starben, war die sogenannte Balkanroute über Serbien, Mazedonien und Ungarn.

Im Juli 2015 sprach die EU-Grenzagentur Frontex von etwa 100 000 Grenzübertritten nach Ungarn. Wenig später gab die ungarische Regierung bekannt, dass sich die Behörden nicht mehr in der Lage sähen, die Tausende von Flüchtlingen, die jeden Tag ankämen, ausreichend zu versorgen. Kurzzeitig erlaubte sie Flüchtlingen im August 2015, reguläre Fernzüge über Wien nach Passau und München zu benutzen. Am 17. Oktober schloss Ungarn den Bau eines Grenzzauns zu Kroatien ab und richtete zwei Transitzonen ein, in denen Flüchtlinge Asyl beantragten konnten, die aber bald darauf zugemacht wurden. Nach einer Westbalkan-Konferenz im Februar 2016 schlossen die Teilnehmerstaaten Slowenien, Kroatien, Serbien und Mazedonien am 8./9. März vollständig ihre Grenzen und riegelten damit die Westbalkanroute für Flüchtlinge de facto ab.

Nachdem Ungarn die Grenze zu Kroatien geschlossen hatte, wurde Slowenien zum Etappenziel vieler Flüchtlinge auf dem Weg nach

Deutschland. Die kroatischen Behörden schickten die Flüchtlinge ohne Erfassung direkt zur slowenischen Grenze, bis der dortige Grenzschutz den Zugang auf 2500 Personen pro Tag beschränkte. Diese Personen wurden erfasst und zum Teil nach Österreich weitergeleitet. Ab 19. Oktober kam es dann zu einem Rückstau der Flüchtlinge an der kroatischen-slowenischen Grenze, Tausende von Flüchtlingen mussten auf kroatischer Seite in Kälte und strömendem Regen ausharren. Angesichts des Elends revidierte die slowenische Regierung noch am selben Tag ihre Entscheidung und ließ alle Wartenden ins Land. Am 21. Oktober kamen 12 600 Flüchtlinge von Kroatien nach Slowenien, in den folgenden Tagen waren es jeweils rund 14 000. Daraufhin erklärte Ministerpräsident Miro Cerar am 26. Oktober, dass sein Land den Ansturm von Flüchtlingen nicht mehr lange würde durchhalten können. Im November 2015 entschied sich dann auch die slowenische Regierung für die Errichtung eines hohen Zauns an der Grenze zu Kroatien.

Mit der Schließung der serbisch-ungarischen Grenze im September 2015 rückte auch Kroatien als mögliches Transitland nach Deutschland und Westeuropa in den Fokus der Flüchtlingskrise. Bis zur Schließung der »Balkanroute« im März 2016 bestand das Bemühen des Landes hauptsächlich darin, ankommende Flüchtlinge möglichst schnell nach Norden, also nach Slowenien weiterzuleiten.

Für das Jahr 2015 meldete die EU-Grenzschutzagentur Frontex 7000 nicht legale Übertritte von Flüchtlingen aus der Türkei und 40 000 aus Serbien nach Bulgarien. Im selben Jahr wurde etwa 5300 Asylanträgen stattgegeben. Nach dem Ausbau von Grenzanlagen erst entlang der gesamten türkisch-bulgarischen Grenze, dann auch an der Grenze zu Griechenland verkündete die Regierung in Sofia im November 2016, dass sich nur noch etwa 2200 Flüchtlinge im Land befänden.

Rumänien, nördlicher Nachbar von Bulgarien, war nur in geringem Ausmaß von der Flüchtlingskrise betroffen. 2015 stellten etwa 1200 Migranten einen Asylantrag, der in den meisten Fällen auch bewilligt wurde. Ähnlich Zahlen finden sich – trotz aller politischen Stimmungsmache – auch für Polen, Tschechien und die Slowakei.

Ende 2015 hielten sich in den streng bewachten elf polnischen Aufnahmelagern für Flüchtlinge im Osten des Landes etwa 1600 Personen auf, von denen die meisten aber nicht aus Griechenland und Italien kamen. 80 Prozent von ihnen zogen legal oder illegal in den Westen weiter.

In Tschechien erklärte sich die bis Dezember 2017 amtierende Mitte-links-Regierung des sozialdemokratischen Ministerpräsidenten Bohuslav Sobotka bereit, 2691 Flüchtlinge aufzunehmen, die sich vorübergehend in Italien und Deutschland aufhielten. Tatsächlich erhielten bis Mitte 2017 nur zwölf Menschen Asyl, bevor die Aufnahme ganz eingestellt wurde.

Im toten Winkel der Flüchtlingsrouten von Menschen aus außereuropäischen Ländern lag die Slowakei. Dort beantragten im Jahr 2015 gerade einmal 169 Menschen Asyl, das ihnen auch gewährt wurde. Hinzu kamen 149 syrische Christen, die aus humanitären Gründen direkt aus einem Flüchtlingslager im Irak eingeflogen wurden.

Besonders in Ländern wie Polen, Ungarn, der Tschechischen Republik und der Slowakei traten im Rahmen der Migrationsdebatte bestimmte Bewusstseinsstrukturen in den Gesellschaften deutlicher hervor, zeigte sich, wie wenig Toleranz und Mitgefühl die Mehrheit der Bevölkerung in diesen Ländern gegenüber Flüchtlingen aus außereuropäischen Ländern aufbringt und wo die historischen Ursachen für diese Defizite zu suchen sind. Angesichts der Flüchtlingskrise radikalisierten Politiker ihre Auffassungen, veränderten Parteien ihre politischen Programme, dominierte die »Flüchtlingsfrage« Wahlkämpfe. Rechte bis nationalistische Parteien erwiesen sich als Speerspitze der Ausländerfeindlichkeit, aber auch linke bzw. sozialdemokratische Kräfte stimmten in den xenophoben Chor ein. Die Flüchtlingskrise wurde zu einem Ausgangspunkt für das Erstarken von Nationalismus, Populismus und Rassismus. Tolerante Kräfte taten sich schwer, Gehör zu finden und politische bzw. praktische Alternativen aufzuzeigen.

Mit diversen Maßnahmen hat die Europäische Union versucht, der Flüchtlingskrise Herr zu werden. Dazu zählten die Bereitstellung von Hilfsmitteln für die besonders betroffenen Staaten Griechenland und

Italien, Finanzhilfen für die Nachbarstaaten Syriens, wo große Lager für Flüchtlinge eingerichtet wurden, ein Flüchtlingsabkommen mit der Türkei, Unterstützung für die libysche Küstenwache, Hilfe bei der Bekämpfung von Schlepperbanden, die Stationierung von Polizisten an den EU-Außengrenzen sowie die Einrichtung von Sammellagern an diesen Grenzen.

Dabei stießen zwei EU-Entscheidungen auf heftigen Widerspruch östlicher Mitgliedstaaten der Gemeinschaft. Gemeint sind die beiden Beschlüsse des Europäischen Rates vom 14. und 22. September 2015, in Italien und Griechenland gestrandete Flüchtlinge in die anderen EU-Staaten umzusiedeln. Dabei ging es um etwa 100 000 Personen. Polen, Ungarn und die Tschechische Republik weigerten sich, ihren rechtlichen Verpflichtungen aus diesen Beschlüssen nachzukommen. Eine Klage der Slowakei und Ungarns gegen die Beschlüsse des Rates hat der Europäische Gerichtshof am 6. September 2017 abgewiesen. Bis Mitte 2017 wurden knapp 30 000 Menschen umgesiedelt, wobei nur Malta sein Kontingent erfüllte, während Länder wie Deutschland, Österreich, Frankreich, Belgien, die Slowakei und Bulgarien weniger als zugesagt aufnahmen und neben Polen, Ungarn und der Tschechischen Republik auch Dänemark keine Flüchtlinge akzeptierte.

Obwohl die östlichen EU-Staaten sehr unterschiedlich vom Zustrom von Migranten nach Europa erfasst wurden, reagierten ihre Gesellschaften durchaus ähnlich auf die dadurch entfachte Krise. Umfragen zeigten, dass die Menschen in diesen Ländern zwar mehrheitlich humanitäre Hilfe für die Flüchtlinge befürworteten, diese aber, so hieß es, außerhalb des eigenen Staatsgebietes erfolgen solle – eben an den Außengrenzen der EU sowie in den Herkunfts- und Durchgangsländern der Flüchtlinge. Die Aufnahme von Kontingenten, wie von der EU vorgesehen, wurde mehrheitlich abgelehnt. Deutlich zeigte sich die Angst vieler Menschen in den östlichen EU-Staaten vor einer kulturellen Überfremdung. Anders als in den westlichen Ländern haben die Menschen in den meisten östlichen EU-Staaten vergleichsweise wenig Erfahrung mit Migranten aus dem Nahen und Mittleren Osten oder aus afrikanischen Ländern – auch und gerade mit Muslimen. Traditionell katholisch denkende Polen, Slowaken oder Ungarn empfinden das Auftauchen von Muslimen beinahe als existenzielle Bedrohung, als Störfaktor für die Sicherheit des eigenen Lebens. Besonders nationalkonservative Parteien wie Recht und Gerechtigkeit in Polen und der Fidesz in Ungarn verbinden die von ihnen intensiv propagierte und betriebene Bewahrung alles Nationalen mit einer strikten Abwehr alles »Fremden« – ähnlich wie die Freiheitliche Partei Österreichs, die Alternative für Deutschland, die Dansk Folkeparti in Dänemark und die Partij voor de Vrijheid in den Niederlanden.

Gerade der Umgang mit der Flüchtlingskrise vermittelte den Eindruck, dass sich der Kontinent zu einem »Europa der Nationen« entwickle. Mehr und mehr EU-Staaten machten nur das, was ihnen national in den Sinn kam, ohne dabei zu bedenken, was sie damit gefährdeten: das Europa der offenen Grenzen für Menschen, Handel, Dienstleistung und Kapitalverkehr – und damit eine der Grundideen des revolutionären Jahres 1989.

Transformationsprozesse – Länderstudien

Die Reihenfolge, in der die Länder nachfolgend untersucht werden, ergibt sich aus deren jeweiliger Bedeutung im europäischen Rahmen sowie den regionalen Zusammenhängen, in denen sie stehen. Die Darstellung beginnt mit Polen, dem größten und wohl einflussreichsten Land im Osten Europas. Dann folgen mit der Tschechischen Republik und der Slowakei zwei Nachbarn Polens, die ebenfalls Ostmitteleuropa zugerechnet werden. Danach geht es um fünf Länder Südosteuropas: zunächst Ungarn, das aufgrund seines historischen und sprachlichen Hintergrunds eine Sonderstellung einnimmt, Slowenien und Kroatien wiederum gehören zu den Nachfolgestaaten des früheren Jugoslawiens, schließlich die beiden Balkanstaaten Rumänien und Bulgarien. Den Abschluss bilden die ehemaligen Sowjetrepubliken Litauen, Lettland und Estland im Nordosten Europas.

Die Untersuchung der einzelnen Länder folgt einem einheitlichen Muster. Am Anfang stehen jeweils die Analyse des Systemwechsels ab 1988/89 sowie die Bewertung der verfassungsmäßigen Grundlagen. Danach geht es um die politische Entwicklung seit Beginn der Transformation und den Charakter der inzwischen errungenen politischen Kultur, insbesondere um die Haltung der Bürger zur parlamentarischen Demokratie sowie zu den staatlichen Instanzen. Es schließen sich Informationen über die jeweiligen nationalen Minderheiten sowie über den Einfluss der verschiedenen Religionsgemeinschaften an. Den Abschluss bildet eine Darstellung des veränderten wirtschaftlichen Systems sowie des außenpolitischen Koordinatensystems.

Nach erfolgreichem Umbruch auf autoritären Abwegen: Polen

Einige der Protagonisten des Umbruchs in Polen hatten schon in den 1970er- und frühen 1980er-Jahren die politische Bühne betreten. Dazu gehörten Adam Michnik und Jacek Kuroń vom Komitee zur Verteidigung der Arbeiter (KOR) und natürlich Lech Wałęsa, der Anführer des legendären Streiks auf der Danziger Lenin-Werft im August 1980. Bald nach diesem Streik entstand die Gewerkschaft Solidarność (Solidarität), die sich innerhalb eines Jahres zur Massenbewegung mit Millionen Mitgliedern entwickelte. Um die Gewerkschaft, die inzwischen gesellschaftliche wie politische Reformen einforderte, auszuschalten, verhängte die kommunistische Führung um General Wojciech Jaruzelski unter dem Druck Moskaus am 13. Dezember 1981 das Kriegsrecht und hatte damit nur vorerst Erfolg. Denn der in die Illegalität gedrängten Solidarność gelang es trotz massiver Repressionen ab Mitte der 1980er-Jahre, Schritt für Schritt wieder in die Öffentlichkeit zu gehen.

Im Sommer 1988 spitzte sich die Situation, als sich die wirtschaftliche Lage Polens dramatisch verschlechtert hatte.[21] Oppositionelle und politisch unabhängige Intellektuelle prophezeiten, das Land stehe kurz davor, sich in eine zivilisatorische Wüste zu verwandeln bzw. Züge eines Dritte-Welt-Staates anzunehmen. Die beiden großen Streikwellen im Frühjahr und Sommer dieses Jahres brachten die tiefe Unzufriedenheit der Arbeiterschaft zum Ausdruck.

Politisch-ideologisch hatte die regierende Polnische Vereinigte Arbeiterpartei (PVAP) kaum noch Einfluss auf die Gesellschaft. Immerhin konnte der damalige Ministerpräsident Mieczysław Rakowski einige Reformen durchsetzen, darunter ein Gesetz über die freie Tätigkeit kleiner privater Unternehmen sowie die Beteiligung ausländischen Kapitals an polnischen Firmen. Doch die Polen reagierten mehrheitlich ablehnend, weil diese Reformen mit massiven Preiserhöhungen besonders bei Lebensmitteln und Gebrauchsgütern verbunden waren, was trotz eines partiellen Lohnausgleichs zu einer weiteren Verschlechterung der Lebensbedingungen führte. Außerdem sprachen viele Bürger der Führung um Rakowski und Wojciech Jaruzelski jedwede politisch-demokratische Legitimation für solche weitgehenden wirtschaftlichen Eingriffe ab.

Die Gewerkschaft Solidarność galt offiziell zwar noch immer als illegal, hatte sich aber zusammen mit verschiedenen Gruppen der demokratischen Opposition aus dem Untergrund zurückgemeldet und sich mit dem Bürgerkomitee auch eine legale politische Basis geschaffen. Mehrheitlich vertraten Opposition und Gewerkschaft – anders als 1981, als sie offen die Frage Machtfrage gestellt hatten – die Auffassung, es sei notwendig, mit den Machthabern zu verhandeln und auf diese Weise eine Veränderung des herrschenden Systems zu erreichen.

Nicht zuletzt unter dem anhaltenden Druck der Streiks kamen auch Jaruzelski, Rakowski und andere Mitglieder der Staats- und Parteiführung zu der Einsicht, dass sich eine gewisse Kooperation mit der Opposition nicht vermeiden ließ, wollten sie überhaupt oder teilweise an der Macht bleiben. So gab es seit Sommer 1988 immer wieder Kontakte zwischen Vertretern beider Seiten.

Erdrutschsieg

Im Frühjahr 1989 fanden dann die berühmten Verhandlungen am Runden Tisch statt, an denen Vertreter der Opposition und der Solidarność, Abgesandte von Partei und Regierung sowie führende Geistliche der katholischen Kirche teilnahmen. Zu den wichtigsten Elementen des schließlich am 5. April von allen Beteiligten unterzeichneten Vertrags gehörte der Beschluss, einen Senat als zweite Parlamentskammer einzurichten, der als Kontrollinstanz gegenüber dem Sejm als erster Kammer gedacht war. Die Wahlen zum Senat sollten völlig frei sein, während. bei den nächsten Wahlen zum Sejm 65 Prozent der Mandate der PVAP und ihren Blockparteien vorbehalten bleiben würden, die restlichen 35 Prozent den oppositionellen und unabhängigen Kandidaten. Sejm und Senat erhielten den Auftrag, eine neue Verfassung sowie eine Wahlordnung für vollständig freie Wahlen auszuarbeiten. Außerdem schuf man das mit weitreichenden Kompetenzen ausgestattete Amt des Staatspräsidenten.

Die Verhandlungsergebnisse waren Ausdruck des Kräfteverhältnisses zwischen den Machthabenden in Partei und Regierung einerseits sowie der Solidarność und der gesamten Opposition andererseits. Zugleich waren sie eine Basis dafür, dieses Kräfteverhältnis zu ändern, der Ausgangspunkt für einen evolutionären Prozess, der schließlich zu einer parlamentarisch-demokratischen Republik führte.

Das Ergebnis der Parlamentswahl am 4. Juni 1989, mit dem auch die Opposition bzw. die Solidarność kaum gerechnet hatten, löste bei den Regierenden einen Schock aus. Denn der Sieg der »Mannschaft von Lech Wałęsa«, wie die oppositionellen Kandidaten genannt wurden, war überwältigend. Sie errangen 160 von 161 möglichen Mandaten (bei insgesamt 460 Sitzen) im Sejm und 92 von insgesamt 100 im Senat. Von den Direktkandidaten der Partei und der Regierung schafften nur drei auf Anhieb den Sprung in den Sejm, während 261 an der 50-Prozent-Hürde scheiterten. Außerdem fielen 33 von insgesamt 35 führenden Funktionären der PVAP und ihrer Blockparteien durch, die auf einer Landesliste nominiert worden waren, darunter Ministerpräsident Mieczysław Rakowski und Innenminister Czesław Kiszczak.

Nur durch eine Novellierung des Wahlrechts und die damit verbundene Absenkung des vordem notwendigen 50-Prozent-Quorums auf eine relative Mehrheit konnten die den Machthabenden am Runden Tisch zugestandenen 65 Prozent der Mandate (296 Sitze) in einem zweiten Wahlgang besetzt werden – allerdings bei einer für sie blamablen Wahlbeteiligung von gut 25 Prozent.

Nach kontroversen Debatten innerhalb der Opposition, ob man schon eine eigene Regierung bilden oder sich zumindest an einer Koalitionsregierung beteiligen sollte, wurde der katholische Publizist und führende Oppositionspolitiker Tadeusz Mazowiecki am 24. August

1989 zum Ministerpräsidenten gewählt, der in seinem Kabinett zwölf der insgesamt 24 Ministerposten mit Vertretern der bisherigen Oppositionsparteien besetzte, während elf auf die PVAP und ihre Blockparteien entfielen und der neue Außenminister Krzysztof Skubiszewski parteilos war. Die Blockparteien hatten sich vorher von der PVAP losgesagt und für die Bildung einer derartigen Koalition unter Führung eines Ministerpräsidenten aus den Reihen der bisherigen Opposition votiert.

Schocktherapie

In der Folgezeit setzte die Regierung Mazowiecki eine Reihe durchgreifender verfassungsrechtlicher, politischer und ökonomischer bzw. finanzpolitischer Reformen durch. Im Zuge einer Novellierung der Verfassung am 29. Dezember 1989 strich man die Artikel über das Bündnis mit der Sowjetunion, die »führende Rolle« der PVAP in Staat und Gesellschaft sowie die Planwirtschaft als ordnungspolitisches Grundprinzip. Das Land erhielt seinen früheren Staatsnamen »Republik Polen«, zurück, das Amt für Bekenntnisfragen, das in sozialistischen Zeiten vor allem mit der Überwachung der katholischen Kirche befasst war, wurde aufgelöst.

Komplizierter waren Veränderungen in den Ressorts für Inneres und Verteidigung, die weiterhin von Ministern der PVAP geleitet wurden, die versuchten, Reformen zu verhindern oder zumindest zu verzögern. Immerhin gelang es im Mai 1990, die Zensurbehörde aufzulösen, den Sicherheitsdienst einer stärkeren Kontrolle zu unterwerfen und die militärische Gegenspionage abzuschaffen.

Geradezu radikal waren die wirtschafts- und finanzpolitischen Beschlüsse des Kabinetts, die letztendlich die Grundlage für eine funktionierende Marktwirtschaft in Polen schufen. Dazu zählten die Bindung der Einkommen an den tatsächlichen Preisanstieg, die Abschaffung des staatlichen Monopols im Außenhandel, die Herstellung einheitlicher Bedingungen für den Import durch ein neues Zollgesetz, die Festsetzung eines festen Kurses des polnischen Złoty zum US-Dollar, um den Schwarzmarkt beim Devisenhandel auszutrocknen, die Privatisierung des Einzelhandels sowie die Vergabe von Krediten für staatliche Firmen nur noch, wenn sie ein überzeugendes Konzept vorlegen konnten, wie sie sich künftig auf dem Markt behaupten wollten. Für die Bevölkerung hatten diese Maßnahmen kurz- und mittelfristig dramatische Folgen. Die Reallöhne fielen, die Arbeitslosigkeit stieg an, der Wert der verkauften Produktion ging zurück. Wie andere postsozialistische Staaten geriet Polen in eine sogenannte Transformationsrezession. In den frühen 1990er-Jahren gingen mehr als drei Millionen Arbeitsplätze verloren.

Auch die polnische Außenpolitik bedurfte einer Neuausrichtung. Angesichts der revolutionären Veränderungen des Jahres 1989 und dem absehbaren Wegfall der bisherigen Blockstrukturen – der Warschauer Pakt und der Rat für gegenseitige Wirtschaftshilfe (RGW) wurden noch im Jahr 1991 aufgelöst – musste Polen seinen künftigen Platz im europäischen Sicherheitsgefüge neu bestimmen. Dabei ergaben sich drei strategische Ziele: Stärkung der europäischen Orientierung des Landes durch stufenweise Integration in Nato und EU, Entwicklung guter Beziehungen zu allen Nachbarn einschließlich der Sowjetunion und ihrer Nachfolgestaaten, Stärkung der bilateralen Zusammenarbeit mit den Staaten Westeuropas sowie den USA und Kanada.

Ohne Zweifel hatten Mazowiecki und seine Regierung die schwierigste Aufgabe aller polnischen Regierungen nach 1989 zu bewältigen. Die inneren und äußeren Arbeitsbedingungen hätten kaum komplizierter sein können. Die »Neuen« fingen de facto bei null an, da in den Ministerien und anderen öffentlichen Einrichtungen die alten Strukturen existierten sowie überkommene sozialistische Denk- und Verhaltensmuster vorherrschten. Währenddessen gärte es im gesamten damaligen Ostblock.

Gerade nationalkonservative Politiker haben immer wieder zwei Aspekte der Arbeit der Mazowiecki-Regierung scharf kritisiert. Da ist zum einen die marktwirtschaftliche »Schocktherapie« des damaligen Finanzministers Leszek Balcerowicz. Doch die Nationalkonservativen

– und auch linke Kritiker der damaligen Wirtschaftspolitik – haben bis heute nicht glaubwürdig dargelegt, wie es denn angesichts der tiefen wirtschaftlichen und finanziellen Krise Polens sowie des niedrigen wirtschaftlichen Entwicklungsstands der polnischen Volkswirtschaft hätte möglich sein sollen, neben der marktwirtschaftlichen Transformation auch noch ein halbwegs modernes Sozialsystem aufzubauen.

International renommierte Ökonomen wie der Schwede Anders Åslund haben mehrfach darauf hingewiesen, dass die in Polen gewählte Schocktherapie bessere Ergebnisse gezeitigt habe als gradualistische Reformstrategien in Form zeitlich begrenzter staatlich-privater Mischsysteme in anderen ehemals sozialistischen Ländern.[22] Später, als die Transformationsrezession halbwegs überwunden war, hätte man allerdings sozialpolitische Herausforderungen intensiver angehen müssen.

Diskussionsgegenstand war zum anderen immer wieder auch die von Mazowieckis Regierung betriebene Politik des »dicken Strichs«, mit der zum Ausdruck kommen sollte, dass das Kabinett nicht an einer Vergeltung gegenüber den vorherigen Regierungen und deren kommunistischer Parteibasis interessiert sei. Mazowiecki ging es dabei nicht nur um eine politisch-moralische Begründung für seinen Regierungsstil. Vielmehr verfolgte er auch die Strategie, die mehr als zwei Millionen Mitglieder der PVAP in die neuen Verhältnisse zu integrieren, statt sie a priori auszuschließen. Außerdem wollte er sein Reformwerk nicht dadurch gefährden, dass er seine Regierung zu stark gegen die noch existierenden postkommunistischen Apparate des Militärs, der Polizei und des Sicherheitsdienstes in Stellung brachte – zumindest vorläufig.

Eine Analyse der Bedingungen, unter denen Mazowieckis Regierung damals agierte, führt auch zu der Erkenntnis, dass die polnische Bevölkerung zum damaligen Zeitpunkt überfordert gewesen wäre, wenn die Regierung neben den harten wirtschaftlichen sowie den verfassungsrechtlichen, politischen und administrativen Reformen auch noch eine scharfe innenpolitische Abrechnung mit den Kräften des alten Regimes inszeniert hätte. Aber schon wenige Jahre später, als das neue demokratisch-parlamentarische System einigermaßen konsolidiert war, hätte man die juristische Aufarbeitung der Verbrechen in sozialistischen Zeiten und die systemkritische Debatte über die Polnische Volksrepublik intensiver betreiben müssen. Das erfolgte nur bedingt.[23]

Die Verfassung von 1997

Das heutige System der staatlich-politischen Institutionen Polens, besonders die Abgrenzung der Kompetenzen zwischen Staatspräsident, Regierung und Parlament, geht im Prinzip auf die Beschlüsse des Runden Tisches im Frühjahr 1989 zurück.[24] Damals ging es um die Übertragung der politischen Kompetenzen, die bis zu diesem Zeitpunkt die kommunistische PVAP beansprucht und auch wahrgenommen hatte, auf die staatlichen Institutionen. Das an das Verfassungssystem der französischen V. Republik angelehnte präsidentiell-parlamentarische Regierungssystem sollte gewährleisten, dass General Jaruzelski als damaliger erster Staatspräsident der nachkommunistischen Zeit (von Juli 1989 bis Dezember 1990) eine relativ starke Position erhielt. Jaruzelski nutzte diese Position, um die von der Mazowiecki-Regierung umgesetzten Reformen politisch abzusichern. Gerade Mazowiecki hat später immer wieder erklärt, dass sich Jaruzelski absolut loyal gegenüber seinem Kabinett verhalten habe.

Später wurden die Kompetenzen des Staatspräsidenten nach und nach beschnitten. Allerdings zog sich die Ausarbeitung einer neuen Verfassung bis 1997 hin. In einem Zwischenschritt, der »Kleinen Verfassung« von 1992, wurde zwar die Kompetenzabgrenzung zwischen Präsident, Parlament und Regierung präzisiert, aber die vielfach geforderte Stärkung der Regierung nicht erreicht. Erst mit der Verabschiedung der Verfassung vom April 1997 kam es zu einer »Umwandlung des präsidial-parlamentarischen in ein parlamentarisch-präsidiales System« (Klaus Ziemer).

Obwohl der Verfassungstext von der Nationalversammlung, die aus Sejm und Senat besteht, mit 90 Prozent der Stimmen angenommen wurde, kam es zu einer scharfen innenpolitischen Polarisierung, weil die Parteien der Rechten, die nur zum Teil im Parlament vertreten waren, die Legitimität der Verfassungskommission infrage stellten, die den Text ausgearbeitet hatte. Die im Parlament vertretenen rechten Parteien hatte die Mitarbeit in der Kommission verweigert. Befürworter der neuen Verfassung waren die Union der Freiheit, der damals führende Vertreter der vormaligen Opposition wie Tadeusz Mazowiecki, Bronisław Geremek, der heutige EU-Ratspräsident Donald Tusk sowie der vormalige Finanzminister Leszek Balcerowicz angehörten. Aber auch das postkommunistische Bündnis der demokratischen Linken und die polnische Bauernpartei PSL votierten für die Verfassung.

Auf Vorschlag von Mazowiecki war ein Passus in die Präambel aufgenommen worden, wonach alle polnischen Staatsbürger sich diese Verfassung gäben,»sowohl diejenigen, die an Gott als die Quelle der Wahrheit, Gerechtigkeit, des Guten und Schönen glauben, als auch diejenigen, die diesen Glauben nicht teilen und diese universalen Werte aus anderen Quellen herleiten«. Führende Vertreter der katholischen Kirche waren mit dieser Formulierung nicht einverstanden. Kaum Emotionen weckte die ebenfalls in die Präambel aufgenommene Formulierung, dass Polen erst 1989 seine Souveränität wiederlangt habe; sie wurde sogar von den Postkommunisten befürwortet.

Mager war allerdings das Ergebnis des Referendums vom 25. Mai 1997, an dem knapp 43 Prozent der Wahlberechtigten teilnahmen. Es war nur deswegen erfolgreich, weil das Gesetz über Volksabstimmungen von 1995 zwar eine Beteiligung von mehr als 50 Prozent vorschrieb, damit diese gültig sind, Verfassungsreferenden davon jedoch ausgenommen waren. Knapp 53 Prozent der Teilnehmer sprachen sich für die neue Verfassung aus. Nach 1989 lag die Beteiligung bei den meisten Wahlen und Volksabstimmungen unter 50 Prozent.

Die Verfassung von 1997 hat die vordem gelegten Fundamente Polens als eines demokratischen Rechtsstaats bestätigt und gestärkt. Sie bekräftigt die Prinzipien der Souveränität der Nation, des politischen Pluralismus und der Dreiteilung der Staatsgewalt, ebenso den Katalog der Rechte, Freiheiten und Pflichten der Bürger sowie die Garantie des Privateigentums. Bei der Ausarbeitung des Textes orientierten sich die Autoren in vielerlei Hinsicht an westlichen Vorbildern, etwa bezüglich der Position des Staatspräsidenten an dem französischen und dem US-amerikanischen Modell. Neben Sejm, Senat, Regierung und Präsident hat auch eine Gruppe von mindestens 100 000 Bürgern per Quorum das Recht, Gesetzesvorlagen einzureichen. Zudem wurde das Amt eines Beauftragten für Bürgerrechte geschaffen.

Spätestens die politische Praxis der polnischen Nationalkonservativen seit 2015 zeigt, dass auch diese Verfassung nicht ungefährdet ist.

Zersplitterte Parteienlandschaft

Auch wenn die Machtübernahme durch die nationalkonservative Partei Recht und Gerechtigkeit (PiS) von Jarosław Kaczyński im Jahr 2015 und ihre autoritär-nationalistische Regierungspraxis anderes vermuten lassen, hat die seit 1989 in Polen geschaffene parlamentarische Demokratie grundsätzlich ihre Lebensfähigkeit bewiesen. Parlamentswahlen führten immer wieder zu Machtwechseln, die auch mit Korrekturen in der Regierungspolitik verbunden waren. Hält man sich an die Namen der beteiligten Parteien, die nicht unbedingt deren gesamtes politisches Programm widerspiegeln, dann waren dies vor allem Machtwechsel zwischen postkommunistischen sozialdemokratischen Parteien einerseits und liberalen, liberal-konservativen und nationalkonservativen Gruppierungen andererseits. Allerdings kam es mehrfach auch zu Regierungswechseln bzw. zum Austausch der Ministerpräsidenten innerhalb der jeweiligen politischen Lager. So kann Polen für die Jahre 1989 bis 2018 die stolze Zahl von 16 Ministerpräsidenten aufweisen. Die Gründe für dieses Personenkarussell waren unter anderem Rücktritte wie der des christlich-liberalen Politikers Tadeusz Mazowiecki (Regierungschef 1989/90), der Verdacht auf Zusammenarbeit des postkommunistischen Sozialdemokraten Józef Oleksy (1995/96) mit dem Geheimdienst in sozialistischen Zeiten, Korruptionsaffären und andere Skandale im Umfeld des postkommunistischen Sozialdemokraten Leszek Miller (2001–2004), Widersprüche zwischen Partei und Regierung im Falle der Nationalkonservativen

Kazimierz Marcinkiewicz (2005/06) und Beata Szydło (2015–2017) sowie der Zerfall von Regierungskoalitionen bzw. die Abwahl und eine Niederlage bei Parlamentswahlen wie beim nationalkonservativen Parteivorsitzenden Jarosław Kaczyński (2006/07). Das Parteiensystem hat sich seit 1989 generalisiert, ist aber weiterhin ziemlich volatil. Darüber darf auch die seit 2015 zu beobachtende starke Dominanz der regierenden Nationalkonservativen über die Oppositionsparteien nicht hinwegtäuschen. Denn die innere Stabilität der Nationalkonservativen hat vor allem der Parteivorsitzende Jarosław Kaczyński gewährleistet, der sich immer wieder als unumstrittener Führer seiner Partei erwies und diese mit starker Hand lenkte. Mehr noch. Kaczyński, der kein höheres Staatsamt bekleidet und lediglich Abgeordneter des Sejm ist, hat wiederholt der von seiner Partei geführten Regierung politische Entscheidungen vorgegeben und auch für die Parlamentsfraktion seiner Partei gesetzgeberische Entscheidungen vorprogrammiert. Tritt Kaczyński einmal von der politischen Bühne ab, wie dies während seiner Erkrankungen im Jahr 2018 öffentlich diskutiert wurde, dürfte auch seine Partei Erosionsprozessen ausgesetzt sein und könnte dies zu Umgruppierungen im rechten Lager führen.

Die starke Zersplitterung der Parteienlandschaft in den ersten Jahren nach dem Systemwechsel von 1989 hatte hauptsächlich zwei Gründe:

– voluntaristische Unerfahrenheit: Nach den jahrzehntelangen Erfahrungen mit der Einparteienherrschaft meinten viele vormals oppositionelle Politiker, sie könnten nur mit einer eigenen Partei ins politische Geschäft einsteigen;

– die Wahlordnung vom 10. Mai 1991: sie war weitgehend auf das Verhältniswahlrecht ausgerichtet und trug so dazu bei, die Wählerschaft aufzuspalten und sehr viele Parteien und Splittergruppen entstehen zu lassen. Laut Wahlordnung reichten schon 15 Personen für die Registrierung einer Partei aus.

Bis März 1995 wurden insgesamt 273 Parteien registriert, die aber nach und nach wieder in der Versenkung verschwanden. Nach der Parlamentswahl am 27. Oktober 1991 saßen Abgeordnete von 18 Parteien und 29 weiteren politischen Gruppierungen in Sejm und Senat. Für die Entwicklung des Parteiensystems seither waren im Wesentlichen vier Faktoren prägend:

- das schrittweise Verschwinden all jener linken, linksliberalen und liberal-konservativen Parteien, die ab 1989 aus der Solidarność hervorgegangen waren, bis 1993 die Regierungen stellten und dann in Gestalt des Bündnisses Wahlaktion der Solidarität noch einmal zwischen 1997 und 2001 an der Macht waren; dazu zählten unter anderem die Demokratische Union, die Union der Freiheit, der Kongress Liberale Demokratie und die Bürgerbewegung – Demokratische Aktion;
- der Aufstieg und spätere Niedergang der postkommunistischen Sozialdemokratie in Gestalt des Bündnisses der demokratischen Linken mit der Sozialdemokratie der Republik Polen als Kern, die 1993 bis 1997 und 2001 bis 2005 als führende Kraft die Regierung stellte, dann aber nach und nach an Bedeutung verlor und nur noch von Rentnern gewählt wurde, die in sozialistischen Zeiten beruflich in Partei, Verwaltung, Wirtschaft und Medien tätig gewesen waren;
- der Aufstieg der liberal-konservativen Bürgerplattform, die zwischen 2007 und 2015 Seniorpartner der Regierung mit Donald Tusk als Ministerpräsident war und danach als wichtigste Partei der Opposition agierte, aber wenig Druck auf die seitdem regierenden Nationalkonservativen aufbaute;
- die Zentralisierung der rechten Kräfte in Gestalt der nationalkonservativen PiS, die 2005/06 als führende Kraft die Regierung stellte und 2015, diesmal allein aus eigener Kraft, wieder an die Macht gelangte.

Nach wie vor krankt die polnische Parteienlandschaft daran, dass es keine einflussreiche sozialdemokratische Linke, die nicht aus der postkommunistischen Tradition entstanden ist, als Gegengewicht zum

Transformationsprozesse – Länderstudien

liberalen bis rechten Spektrum gibt. Die Resultate der Partei Razem (Gemeinsam), die von engagierten jungen Leuten mit linken Auffassungen getragen wird, schwankten anfangs um die Fünf-Prozent-Marke, gingen dann aber auf 2 Prozent zurück. Mit der Gründung der Partei Wiosna (Frühling) des charismatischen vormaligen Bürgermeisters von Słupsk (Stolp), Robert Biedroń, Anfang Februar 2019 deutete sich eine gewisse Belebung des Mitte-links-Spektrums an. Die Partei, die zunächst hauptsächlich soziale, ökologische und antiklerikale Forderungen aufstellte, aber europa- und generell außenpolitisch völlig blass war, kam in den Umfragen gleich nach ihrer Gründung auf 10 Prozent.

Zu den Schwächen der Parteien gehört, dass sie extrem auf starke Führungspersönlichkeiten ausgerichtet sind, organisatorisch oft nicht professionell arbeiten und die Nachwuchsarbeit vernachlässigen. Nicht wenige Politiker wechseln zwischen verschiedenen Parteien hin und her.

Die beiden Parlamente Sejm und Senat strahlen nur wenig Autorität aus: Die ausufernde Zahl neuer gesetzlicher Vorschriften und deren verklausulierte Sprache, die selbst für Spezialisten oft kaum verständlich ist, untergräbt das Vertrauen der Bürger in den Staat. Permanent »vervollständigen« Novellen einzelne Gesetze. Oft kommen Gesetzesprojekte im Parlament zur Abstimmung, ohne vorher durch die Experten des Juristischen Rats beim Amt des Ministerpräsidenten auf rechtliche Stringenz, Abgrenzung zu schon existierenden Gesetzen und Übereinstimmung mit der Verfassung geprüft worden zu sein. Und schließlich fehlt es an klaren Vorschriften für die Tätigkeit von Lobbyisten.

Wenig Vertrauen in die Politiker

Auch in Polen hat sich nach 1989 das ganze Spektrum an gesellschaftlichen Organisationen, Interessenvertretungen, beruflichen Standesorganisationen, Laienverbänden christlicher und nichtchristlicher Glaubensgemeinschaften sowie wirtschaftlicher Lobbyisten entwickelt, die auch im Westen präsent sind. Bemerkenswert dabei ist, dass sowohl die Gewerkschaften als auch die Unternehmerverbände einen vergleichsweise niedrigen Organisationsgrad aufweisen, der bei 12 bzw. 20 Prozent liegt.

Die großen Demonstrationen der Jahre 2017 und 2018 gegen die Verschärfung der Abtreibungsgesetzgebung und die politische Gleichschaltung der Judikative haben gezeigt, dass die polnische Zivilgesellschaft bzw. Nichtregierungsorganisationen eine gewisse Kraft entfalten können.[25] Getragen wurden diese Proteste von Gruppen wie Bürger.pl Initiative Polen, Feministische Initiative, Aktion Demokratie und Jugend 2017, die sich nicht als politische Parteien, sondern als basisdemokratische Elemente der Zivilgesellschaft verstehen. Inhaltlich vertreten diesen Gruppierungen bei ihren Aktionen meist liberaldemokratische Auffassungen, wenn es etwa um die Achtung der Verfassung, die Gewährung von Rechten und Freiheiten sowie die Unabhängigkeit der Justiz geht, und eher linke Positionen hinsichtlich der Wirtschafts- und Sozialpolitik. Von den Oppositionsparteien im Parlament halten sich diese Gruppen eher fern. Noch war ihr Protest nicht stark genug, um das Vorgehen der nationalkonservativen Regierung zu blockieren.

Außer den genannten, eher politischen Initiativen gibt es auch eine Vielzahl von Gruppen, die oft unentgeltlich Fortbildung, Unterstützung bei der Jobsuche und Hilfe für Kinder bei der Bewältigung von Schulproblemen anbieten sowie in der Altenhilfe und Kinderbetreuung tätig sind. In diesem Zusammenhang spielten gerade auch katholische Laiengruppen eine wichtige Rolle.

Was die Haltung der polnischen Bürger zum Staat und seinen Organen sowie insgesamt zur parlamentarischen Demokratie betrifft, so haben wissenschaftliche Untersuchungen immer wieder gezeigt, dass die Gleichgültigkeit der Bürger gegenüber der Politik relativ hoch ist. So ging aus einer Studie des Warschauer Meinungsforschungsinstituts Centrum Badania Opinii Społecznej hervor, dass im Jahr 2017 knapp 40 Prozent der Befragten die Arbeit der Regierung befürworteten, 30 Prozent diese ablehnten und knapp 30 Prozent meinten, ihnen sei dies völlig egal.[26] Weit verbreitet ist die Auffassung, dass »die da oben«, »die Gruppen an der Macht« sowieso »alles stehlen«. Immer wieder hagelt es heftige Vorwürfe gegenüber der politischen Klasse. Die Politiker gehören zu den gesellschaftlichen Gruppen mit dem geringsten Sozialprestige. Das Misstrauen gegenüber dem Staat zeigt sich an der niedrigen Beteiligung bei Wahlen, die meistens weniger als 50 Prozent beträgt, sowie an der geringen Bereitschaft, sich in Parteien oder überhaupt im öffentlichen Leben zu engagieren. Gleichwohl erwarten viele Bürger viel mehr vom Staat, als dieser leisten kann. Zudem befürworten laut Umfragen mindestens 30 Prozent der Bürger eine »Regierung mit starker Hand«, ja sogar unter bestimmten Bedingungen autoritäre Regierungsformen. Und selbst bei denen, die grundsätzlich die parlamentarische Demokratie unterstützen, zeigt sich in der Regel großer Unmut über den Zustand dieser Demokratie.

Folgt man gängigen Auffassungen im Westen, dann ist Polen eines der Bollwerke des Katholizismus in Europa. »In der Tat hat der polnische Katholizismus immer noch Massencharakter, ist aber in sich differenziert, vielseitig und vielfarbig«, meint Janusz Mariański, Professor für Moral- und Religionssoziologie an der Katholischen Universität im polnischen Lublin.[27] Laut neuesten Umfragen geben etwa 33,7 Millionen Polen katholisch als ihre Konfession an, was 87,7 Prozent der Gesamtbevölkerung entspricht. Aus diesen Umfragen geht aber auch hervor, dass davon nur etwa 37 Prozent regelmäßig an der Sonntagsmesse teilnehmen. Die Polnisch-Orthodoxe Kirche als zweitgrößte Glaubensgemeinschaft hat gut 500 000 Mitglieder, die Evangelisch-Augsburgische Kirche etwa 400 000 und die unierte Griechisch-Katholische Kirche gut 55 000 Mitglieder. Der 2005 verstorbene Papst Johannes Paul II. ist bis heute sehr populär, weil er volkstümlich auftrat und in den späten 1980er-Jahren viele Menschen in ihrem Widerstand gegen das kommunistische System bestärkt hat – etwa bei seinem Polen-Besuch 1987.

Die Machtübernahme der nationalkonservativen und katholisch-fundamentalistischen Partei Recht und Gerechtigkeit im Jahr 2015 hat für die übergroße Mehrheit der Bischofskonferenz und des

Klerus der katholischen Kirche fast optimale Bedingungen geschaffen, ihre dogmatischen und moraltheologischen Prinzipien vortragen und umsetzen zu können. Nur eine relativ kleine Minderheit von liberalen, weltoffenen katholischen Priestern steht auf der Seite von Papst Franziskus und begrüßt dessen Engagement für mehr Dialog und Meinungspluralismus, seine Vorstellungen eines eher offenen Katholizismus.

In der gesellschaftlichen Wirklichkeit ist aber auch eine deutliche Verschiebung von einer kirchlich-institutionell vorgeschriebenen und geprägten zu einer individuell gestalteten Religiosität zu beobachten. Viele Menschen haben begonnen, ihren Glauben im Alltag so zu leben, wie sie es für richtig halten – jenseits der kirchlichen Dogmen und Rituale. Die Mehrheit der Polen hat kein Problem damit, wenn Kreuze in öffentlichen Gebäuden hängen, militärische Eide auch religiösen Charakter haben, Religionsunterricht in den Schulen stattfindet und Kleriker an staatlichen Feiern teilnehmen, lehnt gleichzeitig aber ein starkes politisches Engagement der Kirche und des Klerus ab. Zunehmend, wenn auch nicht in dem Ausmaß wie im Westen, hat die katholische Kirche in Polen mit Priestermangel zu kämpfen und kommt es vor, dass Priester die Soutane ablegen und einen weltlichen Beruf ergreifen.

Radikalkur mit Folgen

Grundlage für die wirtschaftliche Entwicklung Polens nach 1989 waren die marktwirtschaftliche Transformation in den Jahren 1989/90, später folgende Reformen sowie die im Rahmen des Beitrittsprozesses erfolgte Anpassung der polnischen Volkswirtschaft und ihrer ordnungspolitischen Grundlagen an die Normen der Europäischen Union. Dabei wurde privaten Unternehmen eine Schlüsselrolle eingeräumt, zuerst als sogenannte »kleine Privatisierung« von Handel und kleinen Dienstleistungsfirmen, dann auch in Form der Privatisierung größerer staatlicher Unternehmen. Letztere haben die Regierungen unter Jan Krzysztof Bielecki (1991) und Hanna Suchocka (1992/93) energisch vorangetrieben; sie verlangsamte sich aber, nachdem die postkommunistische Sozialdemokratie 1993 an die Macht gekommen war, da die Direktoren vieler Staatsbetriebe Mitglieder oder Anhänger dieser Partei waren. So wurden Staatsbetriebe zunächst in Aktiengesellschaften in staatlichem Besitz verwandelt. Später konnte es durchaus vorkommen, dass auch diese Betriebe mit allerlei Tricks privatisiert wurden und ihre Direktoren fortan als deren Eigentümer oder Aktionäre fungierten.

Parallel zur Privatisierung der staatlichen Wirtschaft erfolgte der Aufbau eines modernen Finanzsektors mit privaten Banken und Versicherungen als wichtiger Schritt zur Schaffung neuer Dienstleistungsstrukturen. Im Außenhandel wurde die aus sozialistischen Zeiten stammende einseitige Bindung der Import-Export-Strukturen an den früheren Ostblock revidiert.

Große Bedeutung für die marktwirtschaftliche Entwicklung Polens hatte die Öffnung des Landes für ausländisches Kapital, die schon bald nach dem Systemwechsel einsetzte. Mit dem zunehmenden Engagement ausländischer Investoren, auch und gerade aus Deutschland, wuchs die Verflechtung Polens mit dem europäischen und überhaupt dem internationalen Handel.

Einerseits waren der Abbau industrieller Strukturen besonders in der Schwer- und Rüstungsindustrie, die Reduzierung der landwirtschaftlichen Produktion und der Aufbau moderner Dienstleistungsstrukturen marktwirtschaftlich vertretbar, hatte sich das sozialistische System doch gerade in diesen Bereichen durch stark überzogene Produktion und Beschäftigung ausgezeichnet, andererseits waren die Folgen dieses Strukturwandels für den Arbeitsmarkt dramatisch. Der Abbau von Arbeitsplätzen fiel erst recht dann drastisch aus, wenn ausländische Investoren einheimische Unternehmen kauften. Zugleich verloren viele staatliche Unternehmen ihre Existenzberechtigung und wurden aufgelöst, wenn sich kein aus- oder inländischer Investor fand. Ihr Vermögen wurde abgewickelt, die Beschäftigten ebenfalls. Die Beschäftigungsquote der polnischen Volkswirtschaft sank, in den Jahren 1989 bis 2003 gingen etwa 3,2 Millionen Arbeitsplätze verloren.

Gleichzeitig entstanden viele neue Stellen, wenn internationale Konzerne Unternehmen und Produktionsstätten in Polen aufbauten. Aber es sollte bis 2005/06 dauern, bis endlich die Abhängigkeit zwischen Produktivitätssteigerung und steigender Arbeitslosigkeit durchbrochen wurde. Erst ab diesem Zeitpunkt wurden in Polen wieder mehr Arbeitsplätze geschaffen als abgebaut.

In der Sozialpolitik fällt die Bilanz drei Jahrzehnte nach dem Systemwechsel von 1989 sehr gemischt aus. Nachdem jahrelang auf diesem Gebiet nichts passiert war, setzte die in den Jahren 1997 bis 2001 amtierende Regierung von Jerzy Buzek (Wahlaktion der Solidarität) und Finanzminister Leszek Balcerowicz (Freiheitsunion) erste Akzente. Zu den von ihr durchgesetzten Projekten zählten neben der Reform des Verwaltungssystems und des Bildungswesens auch eine Änderung der Rentenversicherung und eine Neuordnung des Gesundheitswesens.

Wichtigster sozialpolitischer Erfolg der Regierung von Ministerpräsident Donald Tusk (Bürgerplattform) war die stufenweise Anhebung des Renteneintrittsalters für Männer um zwei und für Frauen sogar um sieben Jahre auf einheitlich 67 Jahre – eine Reform, die angesichts der sich in Polen ähnlich wie in Deutschland entwickelnden Alterspyramide und der aus sozialistischen Zeiten herrührenden enormen Frühberentung bestimmter Berufsgruppen dringend notwendig war. Die nationalkonservative Regierung von Ministerpräsidentin Beata Szydło hat dann 2017 das Renteneintrittsalter wieder auf das vorige Niveau abgesenkt.

Besonders in der Regierungszeit der Bürgerplattform hat sich eine regelrechte Zwei-Klassen-Gesellschaft in der medizinischen Versorgung entwickelt. Die Zahl der guten Ärzte und modernen medizinischen Einrichtungen hat sich zwar erhöht, doch sind deren Leistungen für Normalverdienende oft und für Geringverdienende fast nie zu bezahlen. Während die Zahl der privaten, erfolgreich arbeitenden, in der Regel aber teuren Arztpraxen und Krankenhäuser gestiegen ist, sind viele staatliche Krankenhäuser und andere medizinische Einrichtungen in einem vergleichsweise schlechten Zustand. In vielen Krankenhäusern übersteigen die Kosten bei Weitem die Einnahmen, was zu einer grassierenden Verschuldung führt.

Geht es um den Arbeitsmarkt, dann leidet Polen nicht unter einer relativ hohen Arbeitslosigkeit, sondern unter dem starken Anstieg der befristeten Arbeitsverhältnisse. Die wachsende Fragmentierung des Arbeitsmarkts ist inzwischen eines der bedeutendsten sozioökonomischen Probleme des Landes. Seit etwa 2000 steigt in Polen der Anteil atypischer Beschäftigungsformen, die oft mit fehlender Beschäftigungsstabilität sowie arbeits- und sozialrechtlichem Schutz verbunden sind. Befristete Arbeitsverträge sowie niedrige Löhne führen zu einem höheren Armutsrisiko. Polnische Arbeitnehmer mit solchen Arbeitsverträgen verdienen etwa 30 Prozent weniger als Personen mit unbefristeten Verträgen. Etwa ein Fünftel der gut 38 Millionen Einwohner Polens leben an der Armutsgrenze oder sind vom Abgleiten in Armut und gesellschaftliche Ausgrenzung bedroht.

Die autoritäre Wende

Die zahlreichen polnischen Regierungen nach 1989, die Hintergründe und Art ihres Zustandekommens, ihre Arbeitsweise sowie ihre Erfolge und Niederlagen, all das zeigt in aller Deutlichkeit die Schwierigkeiten einer jungen, postkommunistischen Demokratie. Denn die Gründung von Parteien, die Durchführung freier Wahlen und die Herausbildung eines lebendigen Parlamentarismus waren nur die eine Herausforderung. Die andere bestand darin, das Wechselspiel zwischen Parlament, Regierung und Staatspräsident auch produktiv zum Wohl des Staates zu gestalten. Keine einfache Aufgabe, da Wähler und Parlamentarier wenig Erfahrungen mit der freien politischen Willensbildung hatten, das Personal an fachlich versierten und administrativ geschulten Politikern gering war und das neue wirtschaftliche System nicht von heute auf morgen konsolidiert und sozial unterfüttert werden konnte.

Im Jahr 2015 erlebte Polen nach acht Jahren liberal-konservativer Regierung einen regelrechten Gezeitenwechsel in der Politik, als die

Rechte die ganze Macht im Staat eroberte. Der promovierte Jurist Andrzej Duda aus Krakau gewann am 10. und 24. Mai beide Wahlgänge der Präsidentenwahl gegen den bisherigen Amtsinhaber Bronisław Komorowski von der Bürgerplattform. Duda fühlt sich der Partei Recht und Gerechtigkeit verbunden, was ihn aber nach seiner Wahl nicht daran hinderte, wiederholt auf eine gewisse Eigenständigkeit gegenüber der Parteiführung um Jarosław Kaczyński zu pochen. Schließlich gewann Recht und Gerechtigkeit die Parlamentswahl am 25. Oktober 2015 mit gut 37 Prozent der Stimmen vor der Bürgerplattform mit 24 Prozent, der neuen konservativ-populistischen Bewegung Kukiz 15 des Rocksängers Paweł Kukiz mit knapp 9 Prozent, der liberalen NowoczesnaPL (Die Moderne) und der PSL mit jeweils gut 5 Prozent. Das Bündnis der demokratischen Linken, das im Verbund mit einigen kleinen Parteien angetreten war, scheiterte an der Acht-Prozent-Hürde, die für Parteienbündnisse gilt. Nach den Bestimmungen des Wahlrechts hatte Recht und Gerechtigkeit eine Mehrheit erzielt, die es der Partei erlaubte, allein eine Regierung zu bilden.

Mit dem größten Sieg in ihrer Geschichte kontrollierten die Nationalkonservativen um Kaczyński nun alle Schaltstellen der Macht. Jerzy Baczyński, Chefredakteur der renommierten Wochenzeitung *Polityka*, kommentierte die politische Entwicklung des Jahres 2015 mit den Worten: »Das Ausmaß des Sieges von PiS ist ein Präzedenzfall in unserer 25-jährigen Demokratie. Eine eigene parlamentarische Mehrheit im Sejm, auch eine Mehrheit im Senat, dazu der eigene Präsident. Jarosław Kaczyński als Vater dieses Erfolgs wird zum faktischen Führer des Staates, der alle politischen Instrumente in der Hand hält, um dem Staat seinen Willen aufzwingen zu können.«[28]

Die Machtübernahme durch PiS hatte ganz andere Dimensionen als zehn Jahre zuvor, als die Partei schon einmal die Parlamentswahl gewonnen hatte, dann aber nicht fähig gewesen war, die Macht zu konsolidieren und deshalb nach nur zwei Jahren zurückgetreten war. Nun, 2015, übernahm zunächst die Schuldirektorin Beata Szydło als Ministerpräsidentin die Leitung der neuen Regierung, wurde dann

Transformationsprozesse – Länderstudien

aber im Dezember 2017 auf Betreiben von Kaczyński durch den Bankier Mateusz Morawiecki abgelöst.

Nach ihrem Machtantritt hat Kaczyńskis PiS im Eiltempo einen starken Staat aufgebaut, der zunehmend autoritäre Züge trägt. Sie schränkte die Autonomie und die Befugnisse des Verfassungsgerichts, des Obersten Gerichtshofs, der Justiz allgemein, der Zentralbank und der öffentlich-rechtlichen Medien zugunsten der von PiS beherrschten Exekutive ein.[29] Das Parlament degradierten sie zur Abstimmungsmaschine, ihre Geschichtspolitik wurde zur unreflektierten nationalistischen Heldenverehrung, bei der historische Verfehlungen des eigenen Volkes verschwiegen oder geleugnet wurden. Kulturell und kulturpolitisch unliebsame Institutionen wie das Danziger Museum des Zweiten Weltkriegs wurden auf die geschichtspolitische Linie der PiS gebracht. Im Januar 2019 versuchte die PiS-Regierung, auch das Europäische Zentrum der Solidarität in Danzig, das dem berühmten, von der PiS wiederholt extrem angefeindeten Arbeiterführer Lech Wałęsa nahesteht, durch die Streichung von Fördermitteln gleichzuschalten. Eine erfolgreiche Spendensammlung konnte dieses Anliegen vorerst unterbinden.

Die Gunst der Wähler erwarb sich die PiS mit sozialen Maßnahmen wie dem Kindergeld »500 plus«, das sich als materielle Besserstellung gerade für Familien mit niedrigen Einkommen erwies. Noch in seiner Zeit als Finanzminister im Kabinett Szydło legte Morawiecki unter dem Titel »Strategie für eine verantwortungsvolle Entwicklung« einen wirtschaftspolitischen Investitionsplan vor, den dann auch die Regierung billigte. Zu den Zielen dieses Plans gehören insbesondere die Stärkung moderner Industriezweige wie Elektromobilität und Biotechnologie, die Förderung der Konkurrenzfähigkeit polnischer Unternehmen gegenüber ausländischen Konzernen, die Re-Polonisierung von Firmen, die an ausländische Konzerne verkauft worden waren, die Sicherheit der Energieversorgung sowie die stärkere Förderung von Forschung und Technologieentwicklung. Der auf mindestens zehn Jahre angelegte Plan mit einem gesamten Investitionsvolumen von einer Milliarde Złoty (etwa 233 Millionen Euro) soll je zur Hälfte aus dem Staatshaushalt und mit EU-Mitteln finanziert werden.

Am Beispiel des im November 2018 zurückgetretenen Chefs der polnischen Finanzaufsicht KNF, Marek Chrzanowski, eines Günstling des PiS-Vorsitzenden Jarosław Kaczyński, offenbarte sich, wie stark Ämterpatronage und Korruption, sowie eine starke, von persönlichen und parteipolitischen Interessen geprägte personelle Verflechtung zwischen Wirtschaft und Politik mittlerweile auch die regierenden Nationalkonservativen erfasst hat.[30] Anfang 2019 wurde bekannt, dass auf Veranlassung des Nationalbankchefs Adam Glapiński, auch er seit Jahrzehnten ein Vertrauter Kaczyńskis, extrem hohe, den fachlichen Anforderungen keineswegs entsprechende Gehälter an zwei seiner Mitarbeiterinnen gezahlt worden waren. Kaczyński, immerhin Parteivorsitzender, hat höchstpersönlich wiederholt mit einem österreichischen Architekten und Projektenwickler über den Bau von riesigen »Twin-Towers« im Zentrum von Warschau verhandelt, deren Vermietung später Geld in die Parteikasse der PiS spülen sollte. Parteinahe Banken sollten das Projekt durch Kredite finanzieren. Ebenso wurde bekannt, dass ein enger Mitarbeiter Kaczyńskis zehn Jahre lang als Zuträger des früheren kommunistischen Geheimdienstes gearbeitet hatte. Skandale und Vorfälle führten dazu, dass die PiS in der polnischen Öffentlichkeit mehr und mehr in die Defensive geriet und sich hauptsächlich damit beschäftigen musste, statt wie zuvor eigene Themen »setzen« zu können.

Der Mord an dem Danziger Oberbürgermeister Paweł Adamowicz am 14. Januar 2019, begangen während einer Benefizveranstaltung vor den Augen des Publikums, löste eine landesweite intensive Debatte über die zunehmende Aggression und das Hassklima in der öffentlichen politischen Auseinandersetzung aus. Denn der Täter, ein wohl psychisch kranker Bankräuber, »begründete« die Tat mit seinem Hass auf die liberalkonservative Bürgerplattform, in deren Reihen Adamowicz Karriere gemacht hatte.[31]

Beschädigte Erfolgsgeschichte

Die polnische Außenpolitik hat in den ersten beiden Jahrzehnten nach der Wende wichtige strategische Ziele erreicht. Dazu zählen insbesondere der Beitritt zur Nato und der EU, überhaupt die stärkere Einbindung des Landes in die internationalen Beziehungen sowie erste Schritte zur Verbesserung der Beziehungen zu den Nachbarstaaten. Doch dann haben sich die Bedingungen für die Außenpolitik des Landes verändert und deren Koordinaten verschoben: durch das Erstarken Deutschlands in der EU, die abnehmende Zukunftsträchtigkeit der EU, das aggressive Auftreten Russlands in der Ostukraine bzw. auf der Krim und überhaupt in der internationalen Arena, die erratische Außenpolitik von Donald Trump, die Erschütterungen durch die Finanz- und die Flüchtlingskrise sowie im Inneren die zweimalige Machtübernahme der Nationalkonservativen.

Der Wandel zeigt sich nicht zuletzt an den deutsch-polnischen Beziehungen. In den ersten Jahren nach der Wende bemühten sich beide Seiten um eine Normalisierung der Beziehungen, sogar von einer Schicksalspartnerschaft war die Rede. Dies manifestierte sich im deutsch-polnischen Grenzvertrag vom 14. November 1990, im Vertrag über gute Nachbarschaft und freundschaftliche Zusammenarbeit vom 17. Juni 1991 sowie im Aufbau eines dichten bilateralen Beziehungsgeflechts in Politik, Wirtschaft und Gesellschaft. Doch schon nach dem Wahlsieg der Nationalkonservativen im Jahr 2005, vor allem aber nach ihrer Machtübernahme 2015 wurden die Beziehungen »heruntergefahren« und auf das unbedingt Notwendige reduziert. Bestimmend für die Deutschlandpolitik der Nationalkonservativen wurde der Widerwille von Jarosław Kaczyński gegenüber Deutschland, resultierend aus dem Imperativ, Widerstand gegen das stärkste Land in Europa zu organisieren und die deutsche Besetzung Polens zwischen 1939 und 1945 wieder stärker in den Vordergrund zu stellen.

Der Nato-Beitritt im Jahr 1999 hat die Sicherheit Polens erhöht, nachdem sich das Land nach der 1991 erfolgten Auflösung des Warschauer Pakts zeitweise in einer Art Grauzone zwischen Russland und der Nato jenseits aller internationalen Strukturen befunden hatte. Für Polen bedeutete der Beitritt zum euroatlantischen Bündnis das unwiderrufliche Ende der mit der Konferenz von Jalta 1945 begründeten Ost-West-Teilung Europas. Nach und nach gewann Polen einen gewissen Einfluss im Bündnis und beteiligte sich auch an Auslandsmissionen, wobei die Teilnahme am Krieg gegen den Irak ab 2003 national und international gemischte Reaktionen auslöste. Bis heute besteht allerdings eine Diskrepanz zwischen der von polnischen Politikern immer wieder beschworenen »strategischen Partnerschaft« zwischen den USA und Polen innerhalb und außerhalb des Bündnisses und dem realen Interesse, das man in Washington für Warschau aufbringt.

Lange Zeit schien es so, als sei die Mitgliedschaft Polens in der Europäischen Union fast durchweg eine Erfolgsgeschichte: Polen konnte gegenüber den entwickeltesten Ländern Westeuropas ein gutes Stück aufholen; EU-Mittel flossen in großem Umfang nach Polen und sorgten für einen erheblichen Modernisierungsschub; die Vertreter Polens mischten sich mit viel Elan und mitunter auch erfolgreich in die EU-Debatten über die Verträge von Maastricht, Amsterdam, Nizza, den Verfassungsvertrag und den Vertrag von Lissabon ein. Begleitet wurde diese Entwicklung von hohen Zustimmungsraten zur EU in der polnischen Bevölkerung, die zwar ab 2008/09 etwas zurückgingen, aber im EU-Maßstab immer noch überdurchschnittlich hoch blieben.[32]

Andererseits war zu spüren, wie aufgrund der internationalen Krisen, die Europa erfassten, das westliche Politik- und Wirtschaftsmodell bei Teilen der polnischen Gesellschaft nach und nach an Strahlkraft verlor. Die Nationalkonservativen punkteten nicht zuletzt mit dem Argument, dass die europäische Integration ihren Zenit überschritten habe, wobei Einzelne in der Partei sogar über einen möglichen Austritt aus der Gemeinschaft spekulierten. Zum Weltbild Jarosław Kaczyńskis und seiner nationalkonservativen Mitstreiter gehört die Überzeugung, dass die EU in ihrer jetzigen Form und mit dem Ziel, eine »immer engere Gemeinschaft« zu werden, ein zum Scheitern verurteiltes Projekt sei. Nicht zuletzt durch die radikale Umformung der polnischen Justiz hat sich die von PiS ab 2015 geführte Regierung innerhalb der EU erheblich isoliert.

Nicht einfach war es, in den Jahren nach 1989 die Beziehungen Polens zu Russland auf eine vernünftige Grundlage zu stellen. Doch nach dem im September 1993 abgeschlossenen Abzug der russischen Truppen wurden erste Schritte in diese Richtung unternommen. Sogar auf dem schwierigen Terrain der Geschichtspolitik kam es zu einer gewissen Annäherung, wie etwa die Übergabe russischer Akten über den von Agenten des sowjetischen Geheimdienstes NKWD verübten Mord an polnischen Kriegsgefangenen in Katyń im Frühjahr 1940 sowie die Einrichtung von Friedhöfen für deren sterbliche Überreste zeigte.

Doch mit der Ukraine-Politik Wladimir Putins, der völkerrechtswidrigen Annexion der Krim und überhaupt dem aggressiveren Auftreten Russland auf der internationalen politischen Bühne nahmen die historisch bedingten Bedrohungsängste der Polen gegenüber Russland wieder zu. Die polnische Außenpolitik gegenüber dem mächtigen Nachbarn reduzierte sich auf kritische Stellungnahmen zu einzelnen russischen Aktionen, während der bilaterale diplomatisch-operative Betrieb fast vollständig zum Erliegen kam.

Zur massiven Verschlechterung der polnisch-russischen Beziehungen trug auch die Flugzeugkatastrophe am 10. April 2010 bei, als eine polnische Regierungsmaschine beim Landeanflug auf den Militärflughafen Smolensk abstürzte und dabei alle 96 Insassen ums Leben kamen, darunter der damalige polnische Staatspräsident Lech Kaczyński und seine Frau sowie Regierungsmitglieder, Parlamentarier, Militärs, Vertreter der Kirche und Angehörige der Opferverbände von Katyn. Kaczyński war auf dem Weg zur Gedenkstätte von Katyn. Der Streit über die Ursachen des Unglücks war in der Folgezeit Gegenstand öffentlicher Auseinandersetzungen in Polen, wobei einzelne Vertreter der PiS sogar über einen möglichen Anschlag von russischer Seite räsonierten, wofür es bislang keinerlei Beweise gibt. Für Jarosław Kaczyński war der Tod des Bruders ein harter Schlag; seither versucht er immer wieder, das Gedenken an ihn durch die Errichtung von Denkmälern, durch Ansprachen und Feierlichkeiten wachzuhalten. Dabei bemühte er sich auch, die Rolle seines Bruders beim Systemwechsel 1989 stark zu überhöhen und die historischen Verdienste des Arbeiterführers Lech Wałęsa dabei herunterzuspielen oder gar zu verschweigen.

Auch in den Beziehungen zur Ukraine spielte Geschichtspolitik eine bedeutsame Rolle – insbesondere hinsichtlich des Zweiten Weltkriegs und der Nachkriegsjahre. Politiker und Historiker beider Seiten diskutierten über umstrittene historische Ereignisse während des Zweiten Weltkriegs, die Rolle der Ukrainischen Aufstandsarmee (UPA), den Bevölkerungsaustausch ab 1945 und die polnische »Aktion Weichsel«, als in Polen lebende Ukrainer aus dem Südosten des Landes in westliche und nördliche Regionen umgesiedelt wurden. Es kam zu einer partiellen Annäherung, weil beide Seiten bereit waren, von Angehörigen ihrer Nation begangene Verbrechen anzuerkennen. Politisch würdigte man in der Ukraine besonders die polnische Unterstützung für die »Orangene Revolution« im Jahr 2004, die Kritik am russischen Eingreifen in der Ostukraine und auf der Krim sowie die polnische Befürwortung eines Beitritts der Ukraine zur EU.

Allerdings hat sich das polnisch-ukrainische Verhältnis seit dem Machtantritt der Nationalkonservativen im Jahr 2015 wieder verschlechtert, weil die Partei PiS und ihre Regierung die Beziehungen zum östlichen Nachbarn fast nur noch durch die geschichtspolitische Brille betrachten und sich weniger versöhnlich zeigen, was für die Gestaltung einer gedeihlichen Nachbarschaft kaum Raum lässt.

Ohne Zweifel ist die Position Polens in der internationalen Arena seit 2015 schwächer geworden, denn das Denken Kaczyńskis und der meisten anderen PiS-Funktionäre ist von einer gewissen Ratlosigkeit und einem anachronistischen Verständnis von internationalen Beziehungen geprägt. Ihre Vorstellungen von Außenpolitik beziehen sich auf geopolitische Traditionen des 19. Jahrhunderts und der Zeit zwischen den beiden Weltkriegen: Für sie ist die Welt eine Welt, in der unaufhörlich Kämpfe zwischen den Nationalstaaten ausgetragen werden, in der Chaos herrscht, in der die Großen die Kleinen dominieren wollen und die Kleinen Koalitionen gegen die Großen bilden. Hinzu kommt die Angewohnheit, Außenpolitik als Funktion von Innenpolitik zu verstehen und zu betreiben.

Immerhin entfalten die Nationalkonservativen eine gewisse außenpolitische Aktivität durch ihr Auftreten in der sogenannten Visegrád-Gruppe, das sie als eine Art Kontrastprogramm zu ihrer skeptischen Haltung gegenüber der EU verstehen. Die Visegrád-Gruppe ist ein 1991 gegründetes und 1999 formalisiertes lockeres Bündnis zwischen Polen, der Tschechischen Republik, der Slowakei und Ungarn. Vertreter der vier Staaten kommen gelegentlich zusammen, um gemeinsame Standpunkte zu formulieren oder ihr Auftreten gegenüber westlichen Regierungen abzustimmen – etwa hinsichtlich der Flüchtlingspolitik, energiepolitischer Fragen, Nato-Entscheidungen, einer Bewertung der Politik des US-Präsidenten Trump oder der EU-Erweiterungspolitik auf dem Balkan. Solche Treffen finden auch und gerade vor Sitzungen des Europäischen Rates statt. Trotz aller Beteuerungen, besonders von polnischer Seite, hat sich diese Gruppe nie zu einem echten Bündnis entwickelt. Ideologisch und staatspolitisch fühlen sich die polnischen Nationalkonservativen besonders dem ungarischen Fidesz von Viktor Orbán verbunden, der ebenfalls eine antiliberale Politik betreibt.[33]

Der Staat als Vehikel unternehmerischer Interessen: Tschechische Republik

In der zweiten Hälfte der 1970er-Jahre formierte sich auch in der Tschechoslowakei eine Bürgerrechtsbewegung, die mehr und mehr die Gestalt einer politischen Opposition annahm.[34] Die bekanntesten Gruppen waren der Ausschuss zur Verteidigung zu Unrecht Verfolgter und die Charta 77, deren Name zurückgeht auf eine Petition gegen Menschenrechtsverletzungen des kommunistischen Regimes im Jahr 1977. Diese Gruppe, der auch der Dramatiker und spätere Staatspräsident Václav Havel angehörte,[35] achtete insbesondere darauf, dass bestehende Gesetze und internationale Vereinbarungen wie die Schlussakte der Konferenz über Sicherheit und Zusammenarbeit in Europa vom 1. August 1975 eingehalten wurden. Auch unabhängig von dieser eher locker organisierten Opposition manifestierte sich politische Unzufriedenheit in verschiedenen Formen, etwa als eine von der katholischen Kirche initiierte Petition für Religionsfreiheit, die bis Ende 1987 viele tausend Menschen unterzeichneten.

Die Kritik an den regierenden tschechischen Kommunisten erhielt ab Mitte der 1980er-Jahre von unerwarteter Seite Auftrieb: aus der Sowjetunion, wo sich Michail Gorbatschow ab März 1985 als neuer Generalsekretär der KPdSU um politische und ökonomische Reformen bemühte, während die kommunistische Parteiführung um Gustáv Husák und dessen im Dezember 1987 installierten Nachfolger Miloš Jakeš jede Erneuerungsbereitschaft vermissen ließ.

Transformationsprozesse – Länderstudien

Die samtene Revolution

1988 und stärker noch in den ersten Monaten des folgenden Jahres kam es zur Gründung einer Vielzahl oppositioneller Gruppierungen. Dazu gehörten linke Vereinigungen wie die der Reformkommunisten von 1968, die sich Gesellschaft zum Studium des Demokratischen Sozialismus, Obroda (Wiedergeburt) und Prager Frühling – Club für sozialistische Umgestaltung nannten, aber auch liberal-konservative oder monarchistisch geprägte Gruppen. Sie alle zählten oft nicht mehr als einige Dutzend Mitglieder, waren aber ein deutliches Vorzeichen für die weitgehenden Veränderungen, die alsbald folgen sollten. Schritt für Schritt verloren die kommunistischen Machthaber das Informationsmonopol. Im Laufe des Jahres 1989 stieg die Zahl der oppositionellen und unabhängigen Zeitschriften auf etwa 130, auch unabhängige Verlage vertrieben Bücher, die allerdings vor allem unter Intellektuellen Anklang fanden. Mindestens die Hälfte der Bevölkerung hörte westliche Sender, die zum Teil Programme in tschechischer und slowakischer Sprache ausstrahlten.

Die erste größere Kundgebung der Opposition seit dem »Prager Frühling« fand am 21. August 1988 statt, also am 20. Jahrestag des Einmarsches von Truppen des Warschauer Pakts, die damals das Reformexperiment unterdrückt hatten.[36] Mehrere tausend Menschen kamen zu der Kundgebung in Prag zusammen. Im selben Jahr veranstalteten die Charta 77 und andere oppositionelle Vereinigungen Demonstrationen unter anderem am 28. Oktober zum 70. Jahrestages der Gründung des selbstständigen tschechoslowakischen Staates 1918 sowie am 10. Dezember, dem 40. Jahrestag der Verabschiedung der Allgemeinen Erklärung der Menschenrechte durch die Generalversammlung der Vereinten Nationen.

Nachdem die Polizei mehrere Demonstrationen im Januar 1989 gewaltsam aufgelöst hatte, taten sich die Charta 77 und andere Gruppierungen erst einmal schwer mit solchen Aktionen und setzten ihre Hoffnungen eher auf Gespräche mit der politischen Führung des Landes. Außerdem verboten die Behörden alle Demonstrationen in der Prager Innenstadt bis auf Weiteres.

Doch die brutale Unterdrückung einer weiteren Demonstration zum 50. Jahrestag der Schließung der tschechoslowakischen Hochschulen durch die Nationalsozialisten und des Todes von Jan Opletal am 17. November 1939 läutete dann das Ende des kommunistischen Regimes ein. Zwei Tage später versammelten sich auf dem Prager Wenzelsplatz Zehntausende und protestierten gegen das Vorgehen der kommunistischen Machthaber, auch in anderen Städten fanden Demonstrationen statt. Ebenfalls am 19. November wurde in Prag das Bürgerforum gegründet, das sich zwar nicht als politische Partei verstand, dann aber angesichts des Niedergangs des kommunistischen Systems zur entscheidenden politischen Kraft der Opposition wurde und sich zu einer machtpolitischen Größe entwickelte. In der slowakischen Hauptstadt Bratislava entstand mit der Vereinigung Öffentlichkeit gegen Gewalt eine vergleichbare Gruppierung, deren politischer Einfluss aber geringer blieb. Ein landesweiter zweistündiger Generalstreik am 27. November 1989, an dem sich etwa die Hälfte aller Beschäftigten in den Betrieben beteiligte, erhöhte den Druck auf das kommunistische Regime. Am 29. November beschloss das gesamtstaatliche Parlament, die Föderalversammlung, die führende Rolle der kommunistischen KPČ in Staat und Gesellschaft aus der Verfassung zu streichen.

Die Partei versuchte zwar noch, sich durch Gespräche mit der Opposition zu behaupten, brach dann aber in sich zusammen. Am 10. Dezember vereidigte Staatspräsident Gustáv Husák eine neue Regierung unter Ministerpräsident Marian Čalfa, in der die KPČ keine Mehrheit mehr hatte. Es war die letzte Amtshandlung Husáks, der noch am selben Tag sein Amt als Staatspräsident niederlegte. Die Zusammensetzung der Regierung von Čalfa, in der die Opposition nunmehr annähernd paritätisch vertreten war, hatte man am Runden Tisch ausgehandelt. Allen Beteiligten war klar, dass es sich lediglich um eine Interimsregierung handelte.

Čalfa legte dem Parlament am 20. Dezember 1989 sein Programm vor, in dem er sich für den Übergang zur parlamentarischen Demokratie und zur Marktwirtschaft aussprach. Auf einem außerordentlichen Parteitag, der einen Tag später begann, kam es zu einer ersten Distanzierung der KPČ von ihrer eigenen Vergangenheit, die allerdings nicht sehr überzeugend ausfiel. Immerhin verurteilte man die Intervention des Warschauer Pakts im Jahr 1968, wurden führende Genossen der anschließenden »Normalisierungsphase« gemaßregelt oder ausgeschlossen. Andere, die man wegen ihrer Beteiligung am »Prager Frühling« aus der Partei entfernt hatte, wurden nun rehabilitiert. Am 29. Dezember 1989 wählte die Föderalversammlung den Kandidaten des Bürgerforums Václav Havel zum neuen Staatspräsidenten.

Demokratie und Marktwirtschaft in den Anfängen

Der folgende Weg von der kommunistischen Einparteienherrschaft zum demokratisch-parlamentarischen Rechtsstaat war keineswegs einfach.[37] Eine umfassende verfassungsrechtliche Neuordnung wurde erst einmal auf spätere Zeit verschoben. Immerhin einigte man sich am 20. April 1990 auf den neuen Staatsnamen: Tschechische und Slowakische Föderative Republik. Bei der ersten freien Parlamentswahl im Juni desselben Jahres errangen die beiden großen Bürgerbewegungen, das Bürgerforum und Öffentlichkeit gegen Gewalt, noch einen deutlichen Sieg, doch dann setzte an deren Basis bald ein Differenzierungsprozess ein. Nahmen an der Wahl im Jahr 1990 insgesamt 16 politische Parteien und Bewegungen teil, waren es bei der Wahl zwei Jahre später schon 40. Von diesem Strukturwandel noch am wenigsten betroffen war die kommunistische KPČ.

Auch der Wechsel von der ineffizienten Planwirtschaft zur Marktwirtschaft war eine große Herausforderung. Die tschechoslowakische Wirtschaft steckte seit Jahren in einer tiefen Krise, eine Schicht selbstständiger privater Unternehmer musste sich erst noch herausbilden. Im Jahr 1991 wurden die Preisgestaltung und der Außenhandel liberalisiert. Die Privatisierung erfolgte zunächst hauptsächlich über die sogenannte Coupon-Privatisierung, bei der Anteilsscheine der betreffenden Unternehmen an die Bürger verteilt wurden. Das Verfahren hat bis heute viel

Kritik auf sich gezogen, weil viele Bürger ihre Anteilsscheine rasch an dubiose Investmentfonds verkauften, die wenig in diese Unternehmen investierten und hauptsächlich deren Kapital herauszogen. Nach und nach griff man dann bei der Privatisierung zu den bewährten Mitteln von Auktion und Verkauf, was in der Regel zur Herausbildung konkurrenzfähiger und zukunftsträchtiger Unternehmen führte.

Der Zusammenbruch des Handels im vormaligen Ostblock zwang die Unternehmen in der Tschechoslowakei, sich völlig neue Märkte zu erschließen, worauf die meisten Unternehmen nicht vorbereitet waren. Im Jahr 1991 sanken die Reallöhne um 20 bis 30 Prozent, während die Verbraucherpreise um 50 Prozent und mehr anstiegen. Enttäuschung und Angst griff in der Gesellschaft um sich. Erst zwei Jahre später zeichnete sich zumindest in der Tschechischen Republik eine erste Erholung ab.

In der Außen- und Sicherheitspolitik musste nach der samtenen Revolution zunächst das Verhältnis zur Sowjetunion, die ihrer Auflösung entgegenging, neu bestimmt werden. Am 27. Februar 1990 einigten sich Havel und Gorbatschow darauf, den auslaufenden Freundschafts- und Beistandsvertrag von 1970 nicht zu verlängern. Ebenso verständigte man sich auf den Abzug der sowjetischen Armeeeinheiten bis zur Jahresmitte 1991. Der »Vertrag zwischen der Bundesrepublik Deutschland und der Tschechischen und Slowakischen Föderativen Republik über gute Nachbarschaft und freundschaftliche Zusammenarbeit« vom 27. Februar 1992 war ein wichtiger Schritt zur Neugestaltung der bilateralen Beziehungen beider Länder.

Gerade Václav Havel als Präsident gehörte zu denjenigen, die sich schon früh für eine Annäherung der Tschechoslowakei an die Nato einsetzten, um zu verhindern, dass das Land nach dem grundlegenden Wandel in Europa in eine sicherheitspolitische Grauzone geriet. Der Beitritt zur »Partnerschaft für den Frieden« erfolgte dann aber erst ab 1993, als die Tschechische Republik und die Slowakei schon selbstständige Staaten waren.

Auch die Annäherung an die damalige Europäische Gemeinschaft und spätere Europäische Union wurde schon bald nach dem Zusammenbruch des kommunistischen Regimes angepeilt. Noch zu Zeiten der Tschechoslowakei kam es zur Unterzeichnung bilateraler Handelsabkommen mit Mitgliedstaaten der Gemeinschaft.

Gefahren für die liberale Verfassung

Grundlage der rechtlichen und politischen Ordnung der Tschechischen Republik ist die Verfassung vom 16. Dezember 1992, die am 1. Januar 1993 in Kraft trat, als die Slowakei als nunmehr unabhängiger Staat eigene Wege ging.[38] Sie enthält ein Bekenntnis zur bürgerlich-liberalen Demokratie, zu den Grundsätzen des Rechtsstaats und zu den unveräußerlichen Grund- und Menschenrechten, die in einer eigenständigen Charta festgeschrieben sind. Diese Charta, die ebenfalls am 16. Dezember 1992 verabschiedet wurde, ist nach Artikel 3 der Verfassung Bestandteil der tschechischen Verfassungsordnung. Die in diesem Dokument verbrieften Rechte und Freiheiten entsprechen dem Inhalt vergleichbarer Dokumente westlicher EU-Staaten. Unternehmerische Tätigkeit ist grundsätzlich keinen Begrenzungen unterworfen, wobei sich gewisse Einschränkungen aus dem verpflichtenden Charakter von Privateigentum und aus Rücksichtnahme auf ökologische Anforderungen ergeben.

Das Parlament besteht aus zwei Kammern, dem Abgeordnetenhaus und dem Senat, wobei die Regierung allein dem Abgeordnetenhaus gegenüber politisch verantwortlich ist. Die Verfassung sieht Elemente direkter Demokratie wie Volksabstimmungen vor. Der Staatspräsident hat außer seinen repräsentativen Funktionen einige politische Entscheidungskompetenzen, etwa bei der Regierungsbildung.

Die Verfassung wurde mehrfach novelliert und ergänzt, dabei aber in ihren Grundaussagen nicht verändert. Die Novellierungen bezogen sich unter anderem auf die mögliche Übertragung von Kompetenzen etwa auf die Europäische Union und auf die Möglichkeit, tschechisches Militär im Rahmen internationaler Friedenseinsätze bereitzustellen.

Bislang (bis Ende 2018) gibt es keine Anzeichen dafür, dass die Tschechische Republik politisch eine ähnliche Entwicklung nehmen könnte wie Polen und Ungarn, wo die Parteien Recht und Gerechtigkeit von Jarosław Kaczyński und Fidesz von Viktor Orbán, ausgestattet mit klaren parlamentarischen Mehrheiten, einen Umbau des politischen Systems vollzogen haben, der die Dreiteilung der Staatsgewalt empfindlich geschwächt hat. Allerdings präsentierte der seit dem 13. Dezember 2017 amtierende Ministerpräsident Andrej Babiš von der relativ jungen »Aktion unzufriedener Bürger« mehrfach Ideen zur Veränderung des politischen Systems. So schlug er unter anderem vor, die Zahl der Abgeordneten der ersten Parlamentskammer von 200 auf 100 zu reduzieren, die dann statt wie bisher nach dem Verhältniswahlrecht nach Mehrheitswahlrecht gewählt würden. Ebenso brachte er den Gedanken ins Spiel, die Wahlen zu den Regionalparlamenten abzuschaffen und diese in Gebietskörperschaften und Behörden zu verwandeln, die direkt der Zentralregierung unterstellt sind. Allerdings fehlte es Babiš und seiner von den Kommunisten tolerierten Minderheitsregierung bis dato an einer entsprechenden parlamentarischen Basis, um derlei Konzepte eher autoritären Regierens in die Tat umzusetzen.

Doch es gibt einige Faktoren, die sich als Gefahrenquelle für die parlamentarische Demokratie, die Dreiteilung der Staatsgewalt und den Rechtsstaat erweisen könnten. Zuvörderst ist der seit März 2013 amtierende und im Januar 2018 wiedergewählte Staatspräsident Miloš Zeman zu nennen. Er ist zum einen ständig bestrebt, seine Position als Staatspräsident auf Kosten der anderen Staatsgewalten auszubauen, indem er versucht, ihm genehme Regierungen zu installieren. Statt in der Auseinandersetzung zwischen den Parteien zu vermitteln oder mäßigend einzuwirken, trat er, der Staatspräsident, wiederholt mit eigenem politischem Programm und eigenen Ambitionen auf. Als Andrej Babiš noch in seiner Zeit als Finanzminister wegen der starken Konzentration ökonomischer Macht und mutmaßlichen Subventionsbetrugs in Verruf geriet, hat Zeman ihn stets vehement unterstützt.

Zum anderen bemüht Zeman sich tagtäglich, eine Spaltung zwischen dem »Volk«, wie er es versteht, und den »Anderen« zu konstruieren. Dabei geht es nicht um eine sachliche Unterscheidung, sondern darum, seine Gegner durch Spott, Beleidigungen und Herabsetzungen zu delegitimieren und auszugrenzen. So bezeichnete er beispielsweise Demonstranten, die ihn öffentlich kritisierten, als »brüllende faschistische Horde«. Gängig ist seine Formel »Prager Café«, mit der er alle diejenigen diffamiert, die »im Gegensatz zum hart arbeitenden Volk nichts tuend in Cafés sitzen«. Überhaupt ist der Antiintellektualismus ein wesentliches Charakteristikum von Zemans politischem Auftreten. Die liberalen, europäisch denkenden Eliten um den verstorbenen früheren Staatspräsidenten Václav Havel vergleicht er gern, aber zu Unrecht, mit den Eliten der autoritären Zweiten Tschechoslowakischen Republik in den späten 1930er-Jahren.

Zemans Tiraden haben erheblichen Einfluss auf die politische Kultur des Landes, da er quasi die »Spielregeln« für die öffentliche Auseinandersetzung vorgibt. Er demonstriert den Menschen, dass Demagogie, Lügen, schlechtes Benehmen und Missachtung der Gewaltenteilung alltäglicher Bestandteil der Politik sein können.

Geradezu sprichwörtlich ist Zemans Fremdenfeindlichkeit, die wesentlich dazu beigetragen hat, dass derartige Phobien im ganzen Land zugenommen haben. Er konzentriert sich dabei auf muslimische Flüchtlinge und mögliche Einwanderer, die er allesamt mit radikalen Strömungen im Islam bzw. dem islamistischen Terrorismus gleichsetzt und als kulturelle sowie ökonomische Bedrohung für die tschechische Gesellschaft darstellt. Zu diesem Zweck biedert er sich auch bei rechtsradikalen Gruppierungen an. Im Konflikt um die Annexion der Krim durch Russland und die russische Unterstützung für die Separatisten im Osten der Ukraine ist Zeman ein treuer Parteigänger des Kremls.

Und auch der seit Dezember 2017 amtierende Ministerpräsident Babiš erwies sich bislang nicht gerade als ein Mann der Rechtsstaatlichkeit, des transparenten Handelns und der Suche nach Kompromissen – Letzteres allenfalls dann, wenn es um die Absicherung seiner politischen Macht durch kleinere Zugeständnisse an andere Parteien geht. Sein Metier ist die Konzentration ökonomischer Macht, der Einsatz seiner Medienmacht für seine politischen Ziele und die politische Macht als Ministerpräsident. Mit seinem vor allem in der Chemiebranche und der Lebensmittelindustrie tätigen Agrofert-Konzern und als Besitzer wichtiger Medien ist er einer der größten Unternehmer und wohl auch der zweitreichste Mann des Landes.[39] Anders als Kaczyński oder Orbán verfolgt er bislang kein Programm der gesellschaftspolitischen Umgestaltung nach Maßgabe nationalistischer Geschichts- und Kulturpolitik, sondern wirbt für sich mit Eigenschaften wie Effizienz, Flexibilität und Pragmatismus.

Unmut über die traditionellen Parteien

Überblickt man die Zeit seit dem 1. Januar 1993, als die Slowakei eigene Wege ging, dann hat es in der Tschechischen Republik seither regelmäßig Parlamentswahlen gegeben, die in den meisten Fällen mit Regierungswechseln endeten. Über weite Strecken waren dies vor allem Machtwechsel zwischen der konservativen Demokratischen Bürgerpartei mit ihrem langjährigen Vorsitzenden Václav Klaus und der Tschechischen Sozialdemokratischen Partei mit ihren Vorsitzenden Miloš Zeman, Vladimir Špidla, Stanislav Gross und Bohuslav Sobotka. Der demokratische Prozess der Meinungsfindung und Abstimmung hat also im Allgemeinen funktioniert.

Andererseits führten die Wahlen in den meisten Fällen zu eher fragilen Regierungen, die fast nie über eine volle Legislaturperiode hinweg Bestand hatten. Die stabilsten Kabinette waren die von Václav Klaus, der von 1992 bis 1994 (also beginnend noch in der Spätphase der Tschechoslowakei) und von 1994 bis 1997 als Ministerpräsident an der Spitze der Regierung stand. Vereinzelt haben in einer Legislaturperiode drei Kabinette abgewechselt. Oft waren dies Regierungen mit sehr knappen Mehrheiten im Parlament, mehrfach auch Minderheitsregierungen und Kabinette, die von parteilosen Fachleuten gebildet wurden, um den Übergang zu vorgezogenen Parlamentswahlen zu gewährleisten. Vom 1. Januar 1993 bis Ende 2018 existierten 14 unterschiedliche Regierungen mit zwölf verschiedenen Ministerpräsidenten.

Diese Schwierigkeiten gingen einerseits auf die oftmals sehr knappen Wahlergebnisse zurück. Mehrfach kam es sogar zu einem regelrechten Patt zwischen, grob gesagt, rechten und linken Gruppierungen. Andererseits haben die Politiker kräftig mitgeholfen, um die Regierungsverhältnisse relativ instabil zu halten. Wiederholt mussten Ministerpräsidenten und ihre Kabinette abtreten, nachdem aus ihren Reihen oder denen ihrer Parteien Parteispendenskandale, Immobilienaffären und andere Korruptionsfälle bekannt geworden waren. Hinzu kamen persönliche Rivalitäten und Machtkämpfe, die das Regieren unmöglich machten.

Die 200 Abgeordneten des Unterhauses des tschechischen Parlaments werden in 14 Wahlkreisen auf Parteilisten nach dem Verhältniswahlrecht gewählt. Im Jahr 2000 wurde eine Fünf-Prozent-Hürde eingeführt, die zur Bildung stabiler Regierungen beitragen sollte, letztendlich aber die Auffächerung des Parteiensystems nicht verhindern konnte.

Bis zum Jahr 2010 dominierten die konservative, euroskeptische Demokratische Bürgerpartei (ODS) und die Tschechische Sozialdemokratische Partei (ČSSD), die der Konzeption einer sozialen Marktwirtschaft folgt und weitreichende regulierende Eingriffe des Staates in die Wirtschaft befürwortet. Weitere etablierte Parteien waren die Christliche und Demokratische Union – Tschechoslowakische Volkspartei (KDU-ČSL), die sich an christlichen Werten orientiert und ebenfalls für eine soziale Marktwirtschaft eintritt, sowie die Kommunistische Partei Böhmens und Mährens (KSČM), die ihre marxistisch-leninistischen Strukturen nie wirklich abgelegt hat, in der Wirtschaftspolitik aber für einen »dritten Weg« zwischen Sozialismus und Kapitalismus eintritt. Im Vorfeld der Parlamentswahl 2010 entstand die liberal-konservative Partei Tradition, Verantwortung, Wohlstand TOP 09 und bei der Wahl 2013 konnte die Aktion unzufriedener Bürger (ANO) einen ersten großen Erfolg erringen, die in der Tschechischen Republik wiederholt als Führerpartei bezeichnet worden ist. Gründer, Geldgeber und unangefochtener Vorsitzender der Partei ist Andrej Babiš, der auch das alleinige uneingeschränkte Recht hat, die von der Partei für alle Wahlen erstellten Kandidatenlisten nach seinen Vorstellungen zu gestalten.

Bei der Parlamentswahl 2017 wurde die erst vier Jahre alte ANO mit 78 Mandaten die mit Abstand stärkste Partei, gefolgt von der ODS, die mit 25 Mandaten ihr historisch schlechtestes Ergebnis erzielte. Auf dem dritten Platz mit 22 Mandaten landete die Tschechische Piratenpartei (ČPS), die 2009 gegründet worden war und 2014 erstmals von sich reden machte. Die ČPS ist die Partei der jungen, gebildeten, kosmopolitischen und in den Informationstechniken versierten Bürger in den Städten und hat die Nachfolge der tschechischen Grünen angetreten, die in der Versenkung verschwunden sind.

Vierter, mit ebenfalls 22 Mandaten, wurde die 2015 gegründete rechtspopulistische, in ihrer fremdenfeindlichen Rhetorik der sächsischen Pegida vergleichbaren Morgenröte der direkten Demokratie (SPD). Sie stimmt die schrillsten Töne in der Anti-Flüchtlings-Kampagne an, die seit 2015 die tschechische Innenpolitik dominiert. Je 15 Mandate erhielten die beiden Linksgruppierungen (ČSSD), die eine dramatische Niederlage erlitt, und die KSČM, die gleichfalls starke Verluste hinnehmen musste.

Woraus resultieren der Aufstieg der ANO und ihr großer Erfolg bei der Wahl des Jahres 2017? Der Blick auf die Wahlanalyse zeigt, dass die Partei von Andrej Babiš ihre größten Erfolge in den nördlichen Regionen des Landes erzielen konnte.[40] Das sind jene Landesteile, die wirtschaftlich gegenüber den anderen Regionen stark zurückgeblieben sind, wo die Arbeitslosigkeit vergleichsweise hoch ist, niedrigere Löhne gezahlt werden und die jüngeren Menschen abwandern, weil sie keine Berufsperspektiven sehen. Gerade dort haben die Wähler den traditionellen Parteien wie der konservativen ODS, der sozialdemokratisch-proeuropäischen ČSSD und der kommunistischen, fast ausschließlich auf Innenpolitik fixierten KSČM den Rücken gekehrt und sich der populistischen ANO zugewandt, von der sie sich eine Verbesserung ihrer Lebenssituation versprechen. Im gesamten Land bekam die ANO, die mit dem Wahlslogan »ANO, bude líp« (Ja, es wird besser werden)[41] angetreten war, viele Stimmen auch von denjenigen Wählern, die unzufrieden sind, weil die Tschechische Republik wohl noch lange brauchen wird, bis sie sich an das Entwicklungsniveau westlicher EU-Staaten herangearbeitet hat.

Transformationsprozesse – Länderstudien

Auch die rechtspopulistische SPD hat vor allem in den nördlichen Teilen der tschechischen Republik gepunktet. Sie schürte die Angst vor einer »Immigrantenwelle«, die dem Land angeblich drohe und zu einer weiteren Verschlechterung der Lebensbedingungen führen werde. Dabei zählt die Tschechische Republik zu den Ländern, die bis dato am wenigsten von der Flüchtlingskrise tangiert waren und deren Bevölkerung weitgehend ethnisch homogen ist: 94 Prozent sind Tschechen bzw. Böhmen und Mähren. Hinzu kommen knapp 2 Prozent Slowaken sowie Polen, Deutsche, Ukrainer, Roma und Juden. Aber das Wahlergebnis des Jahres 2017 hatte nicht nur sozioökonomische Hintergründe. Vielmehr zeigte sich erneut der Unmut über die Art und Weise, in der die traditionellen Parteien seit Langem Politik betreiben, indem sie ihre Interessen über die des Staates stellen, mit unlauteren Mitteln um die Macht pokern, für Korruption und Selbstbereicherung auf Kosten des tschechischen und des europäischen Steuerzahlers anfällig sind. Dem Milliardär Babiš, der ja Parteipolitik und Regierungsarbeit ebenfalls als »Businessplan« für seine Firmen betreibt, scheint dies indes nicht geschadet zu haben.

Schon im Sommer 1999 hatte das selbstbezogene Verhalten von Politikern Bürgerproteste hervorgerufen, als beispielsweise die Initiative Impulse 99, der sich mehr als 200 Intellektuelle anschlossen, mit öffentlichen Erklärungen für mehr Anstand und Moral plädierte und die Bürger zu größerem gesellschaftlichen Engagement aufforderte. Im selben Jahr marschierten Demonstranten durch die Prager Innenstadt und verlangten auf ihren Transparenten »Danke, tretet ab«, womit sie die führenden Politiker der ODS und der ČSSD meinten. Später entstanden Bürgerinitiativen wie etwa Öffentlichkeit gegen Korruption im Jahr 2011. Etwa zur gleichen Zeit wurde der Ruf nach Volksabstimmungen und anderen plebiszitären Elementen in der tschechischen Öffentlichkeit lauter, aber auch der Ruf nach starken Führern. Offenbar war dann die Wahl 2018 ein wichtiger Kulminationspunkt: für die Krise der etablierten Parteien, für den Aufstieg neuer populistischer Gruppierungen und für die Einflussnahme von Politikern vom Typus Babiš.

Ohne Zweifel hat das Jahr 2018 einmal mehr die gesellschaftliche Verdrossenheit dokumentiert, die in eine Abwendung von Politik in der bisherigen Form, ja von Politik überhaupt mündet. Der Tschechische Rundfunk veröffentlichte die Ergebnisse einer Umfrage, wonach etwa die Hälfte aller Bürger an der parlamentarischen Demokratie als bester Regierungsform festhält, ein Viertel der Bevölkerung sich aber eine autoritäre Regierungsform unter bestimmten Umständen als bessere Wahl vorstellen können.

In dieses Bild passt auch, dass die übergroße Mehrheit der Organisationen und Gruppierungen der tschechischen Zivilgesellschaft keinerlei politische Ziele verfolgt, somit nicht als Interessenvertreter der Bürger gegenüber dem Staat und seinen Institutionen auftritt bzw. als Vermittler zwischen Gesellschaft und Staat wirkt. Viele dieser Gruppen sind im sozialen Bereich tätig, organisieren Nachbarschaftshilfe, Kinderbetreuung und die Unterstützung für ältere Menschen. Allenfalls der Teil der Gruppen, die sich um Ökologie kümmern, formuliert auch Anliegen an den Staat. Generell ist die Zahl zivilgesellschaftlicher Organisationen nach 1989 kontinuierlich angestiegen, so dass inzwischen ein stabiles und äußerst aktives Netz besteht.

Religionsfernes Land

Die tschechische Gesellschaft gehört zu den am stärksten säkularisierten, am wenigsten religiösen in Europa.[42] Das zeigt schon ein Blick auf die verfügbaren Daten und Untersuchungen. So ging die Evangelische Kirche Deutschlands in ihrer »Länderinformation Tschechische Republik« vom Januar 2017 davon aus, dass etwa 11 Prozent der tschechischen Bevölkerung (gut 1,2 Millionen von insgesamt 10,5 Millionen Einwohnern) der Römisch-Katholischen Kirche angehören. Etwa 2 Prozent der Bevölkerung sind evangelischen Christen von der Hussitischen Kirche, der Evangelischen Kirche der Böhmischen Brüder, der Schlesischen Evangelischen Kirche und der Evangelischen Kirche des Augsburger Bekenntnisses, die allesamt der Gemeinschaft der Evangelischen Kirchen in Europa angehören. Zu den kleinen religiösen Minderheiten gehören die Juden, die Orthodoxen, die Muslime und die Zeugen Jehovas.[43]

Anders als in Polen, wo die Religion bzw. die katholische Kirche seit Jahrhunderten ein integraler Bestandteil der Geschichte des Staates und der nationalen Identität sind, ist die tschechische bzw. tschechoslowakische nationale Identität seit jeher eher durch ein negatives, zumindest distanziertes Verhältnis zur Religion gekennzeichnet. So war die Bewegung des Reformators Jan Hus im 14. Jahrhundert zwar ein weltgeschichtlich bedeutsames Experiment zur Erneuerung des dogmatisch und moralisch erstarrten Glaubens katholischer Prägung, hat aber nie breitere Schichten der tschechischen Bevölkerung begeistert. Die brutale Rekatholisierung nach dem Dreißigjährigen Krieg, als Böhmen dem Habsburger Reich zufiel, nennen die Tschechen bis heute »temno« (Zeit der Finsternis). Um 1900, als auch auf dem Gebiet der heutigen Republiken Tschechiens und der Slowakei der moderne Kapitalismus seinen Aufschwung nahm, erwies sich die katholische Kirche nie als Anwalt der Arbeiterbewegung und der Unterprivilegierten. Zwischen den beiden Weltkriegen war sie eher eine Kraft der autoritären Machterhaltung.

Es folgte die brutale Unterdrückung in den kommunistischen Zeiten, insbesondere im Stalinismus vor 1968. Die Schließung von Klöstern, die Internierung Tausender Geistlicher, von denen viele die Haft nicht überlebten, sowie die Enteignung kirchlicher Güter haben vor allem die katholische Kirche stark geschwächt. In den 1970er- und 1980er-Jahren waren die Kirchen ein Bündnispartner für die demokratische Opposition wie die Charta 77, nicht aber ein Hoffnungsträger für breite Teile der Gesellschaft. Nach 1989 versäumten es die Kirchen, als Anwalt derjenigen aufzutreten, die im Zuge der marktwirtschaftlichen Reformen an den Rand gedrängt wurden.

Während die Anhängerschaft aller Kirchen abnimmt, wächst das Interesse in der tschechischen Gesellschaft an Naturreligionen, indianischem und sibirischem Schamanismus.

Wirtschaftlicher Spitzenreiter im Osten

Beim Aufbruch in die neuen marktwirtschaftlichen Zeiten hatte die Wirtschaft der Tschechischen Republik einen entscheidenden Standortvorteil gegenüber der Slowakei und auch anderen postsozialistischen Reformstaaten wie Polen und Ungarn: Im ganzen 20. Jahrhundert gehörte das Gebiet der heutigen Republik zu den wirtschaftlich am weitesten entwickelten Teilen Europas. Vor dem Ersten Weltkrieg konzentrierte sich hier die Industrie der Habsburger Monarchie. Die 1918 als selbstständiger Staat der Tschechen und Slowaken gegründete Tschechoslowakei erkämpfte sich während der 20 Jahre ihres Bestehens einen Platz unter den zehn ökonomisch fortgeschrittensten Staaten der Welt. Die Textil-, Glas- und Schuhindustrie produzierte auf hohem Niveau, ebenso die Rohstoff-, Maschinenbau- und Elektroindustrie. Und noch in den späten 1980er-Jahren war die wirtschaftliche Leistung pro Kopf die höchste in Europa unter den östlichen Ländern mit staatlicher Kommandowirtschaft. Um den Unterschied zur Slowakei wenigstens etwas auszugleichen, hatte man dort in sozialistischen Zeiten überproportional investiert, allerdings hauptsächlich in eine Schwerindustrie, die dann 1989 im internationalen Vergleich schon deutlich veraltet war.

Wie andere postsozialistische Reformstaaten geriet auch die Wirtschaft der Tschechoslowakei in den Jahren 1991/92 in eine sogenannte Transformationsrezession. Die Einführung von Marktpreisen, die Freigabe des Wechselkurses der tschechischen Krone, die Liberalisierung des Außenhandels, die Umorientierung in den Außenwirtschaftsbeziehungen und die Startschwierigkeiten der privatisierten Betriebe – all das forderte seinen Tribut. Zwischen 1990 und 1992 sank das Bruttoinlandsprodukt um etwa 20 Prozent, gemessen am Stand von 1989. Erst in den Jahren 1993/94 zog die Wirtschaft wieder an. Doch es dauert noch Jahre, bis das Bruttoinlandsprodukt wieder dem von 1989 entsprach.

Nach der Trennung von der Slowakei kam es in der Tschechischen Republik zu weiteren Strukturreformen. Der Anteil der Industrie an

Transformationsprozesse – Länderstudien

Produktion und Beschäftigung verringerte sich ebenso wie der der Land- und Forstwirtschaft, während der Dienstleistungssektor stark ausgebaut wurde. Schon 1999 wurden etwa 55 Prozent des Bruttoinlandsprodukts vom Dienstleistungssektor erwirtschaftet. Andererseits kam es zu Stilllegungen im Bergbau und in der Schwerindustrie, von denen vor allem Regionen wie Nordböhmen und Nordmähren betroffen waren. Ebenso wurden ersten Maßnahmen zur Modernisierung des Bankensektors ergriffen.

Bei diesen Strukturreformen spielten ausländische Direktinvestitionen eine wichtige Rolle, die bereits ab 1990, verstärkt dann ab Mitte der 1990er-Jahre ins Land flossen. Ebenso wie in Polen, Ungarn und anderen postsozialistischen Reformstaaten hat das Engagement ausländischer Kapitalgeber wesentlich zur technologischen Modernisierung der Produktion, zur Einführung neuer Management- und Marketingmethoden und zur fachlichen und organisatorischen Fortbildung der Belegschaften beigetragen sowie den Zugang zu den internationalen Waren- und Finanzmärkten gefördert. Gerade Direktinvestitionen aus Deutschland haben in diesem Zusammenhang eine wichtige Rolle gespielt. Ein Beispiel dafür ist Skoda in Mladá Boleslav, der größte Autobauer des Landes, der seit 1991 Teil des VW-Konzerns ist. Zwischen 1990 und 2000 wurde ausländisches Kapital von über 22 Milliarden US-Dollar in der Tschechoslowakei bzw. in der Tschechischen Republik investiert. Mit diesen Investitionen kamen auch alle Methoden marktwirtschaftlicher Betriebsführung wie knallharte Rationalisierungen zur Kostensenkung, Standortverlagerungen und Behinderung gewerkschaftlicher Arbeit zum Tragen.

Mit der zunehmenden Eingliederung in die Weltwirtschaft geriet die tschechische Ökonomie natürlich auch in den Einfluss internationaler Konjunkturzyklen und krisenhafter Entwicklungen. So kam es zwischen 1997 und 1999 zu einem Rückgang des Bruttoinlandsprodukts ebenso wie während der internationalen Finanz- und Wirtschaftskrise in den Jahren 2008/09.[44]

Der Beitritt zur Europäischen Union am 1. Mai 2004 gab dann der tschechischen Wirtschaft neue Impulse. Die damit verbundene Übernahme des gemeinsamen Rechtsbestandes der EU (Acquis Communautaire) stärkte die ordnungspolitische Grundlage des Wirtschaftens. Fortan flossen Gelder aus den EU-Fonds ins Land und tschechische Bürger konnten in anderen EU-Staaten verstärkt auf Arbeitssuche gehen. Andererseits standen exportorientierte tschechische Unternehmen nun verstärkt vor der Herausforderung, auf dem EU-Binnenmarkt zu bestehen.

Drei Jahrzehnte nach Beginn der Transformation und der Reformen gehört die tschechische Wirtschaft heute zu den am meisten entwickelten Wirtschaftsnationen im Osten Europas, liegt aber noch weit hinter dem EU-Durchschnitt zurück. Im Jahr 2017 lag das kaufkraftbereinigte Bruttoinlandsprodukt pro Kopf bei 18 100 Euro, während es im EU-Durchschnitt 32 700 Euro betrug, in Deutschland 39 500 Euro, in Spanien 25 000 Euro, in Slowenien 21 000 Euro und in Polen 12 100 Euro. Ähnlich wie in anderen östlichen EU-Staaten wird auch in der Tschechischen Republik eine Diskussion unter dem Stichwort »middle income trap« geführt, womit das Problem gemeint ist, dass Länder wie eben die Tschechische Republik seit der Transformation mächtig gegenüber den westlichen Industrienationen aufgeholt haben, aber wohl noch Jahre brauchen, um ihrem Anspruch gerecht zu werden und sich auf deren Entwicklungsniveau hochzuarbeiten.

Distanziertes Mitglied der Gemeinschaft

Außenpolitisch stand die Tschechische Republik nach der Trennung von der Slowakei vor drei grundlegenden Herausforderungen: Sie musste eigenständig auf dem Gebiet der internationalen Beziehungen aktiv werden, die Sicherheit des Landes in einem sich schnell verändernden Umfeld gewährleisten und aktive Beziehungen zu den Nachbarländern entfalten.

Die ersten außenpolitischen Maßnahmen galten der Regelung des Verhältnisses zu der nunmehr unabhängigen Slowakischen Republik. Schon im Vorfeld waren etwa 100 tschechisch-slowakische Verträge geschlossen worden, die Bürger beider Staaten konnten die gemeinsame Grenze ohne Pass und Visum überschreiten, die Slowakei blieb nach Deutschland der zweitwichtigste Handelspartner der Tschechischen Republik. Aber es gab auch große Probleme. Die vor der staatlichen Trennung vereinbarte Währungsunion hielt nur einige Monate, die Zollunion durchlief mehrere Krisen. Kontroverse Fälle verzögerten die Aufteilung des föderalen Vermögens. Erst gegen Ende des Jahres 1996 einigte man sich über notwendige Korrekturen des Grenzverlaufs. Drei Jahre später anerkannte die Tschechische Republik eine doppelte Staatsbürgerschaft in Bezug auf die Slowakei an. Auf politischem und kulturellem Gebiet sanken die bilateralen Kontakte fast auf ein Niveau des gleichgültigen Nebeneinanders herab. Erst mit dem Regierungswechsel in beiden Ländern im Jahr 1998, als die Ministerpräsidenten Václav Klaus in der Tschechischen Republik und Vladimir Mečiar in der Slowakei abtraten, gewannen die Beziehungen wieder an Struktur und Intensität.

Im Rahmen der Beziehungen zu den Staaten des früheren sozialistischen Lagers bzw. deren Nachfolgestaaten gelang es im August 1993, einen Vertrag über Freundschaft und Zusammenarbeit zwischen der Tschechischen Republik und der Russischen Föderation abzuschließen, mit dem die Basis für qualitativ neue Beziehungen auf der Grundlage von Souveränität und Gleichberechtigung beider Länder gelegt wurde. Ähnliche Verträge mit anderen osteuropäischen Staaten folgten.

Den Beziehungen zum Nachbarn Deutschland waren mit dem erwähnten Vertrag über gute Nachbarschaft und freundschaftliche Zusammenarbeit vom 27. Februar 1992 auf eine neue Grundlage gestellt worden, der dann auch ab dem 1. Januar 1993 auf die beiden selbstständigen Staaten als Rechtsnachfolger überging. Allerdings blieb das deutsch-tschechische und das deutsch-slowakische Verhältnis in den folgenden Jahren schwierig, was insbesondere an den Meinungsverschiedenheiten beim Thema Vertreibung der Sudetendeutschen nach dem Zweiten Weltkrieg lag. Erst mit der »Deutsch-Tschechischen Erklärung über die gegenseitigen Beziehungen und deren künftige Entwicklung« vom 21. Januar 1997 wurde die Kontroverse vorläufig erst einmal beendet.[45]

Als die Tschechische Republik nach zweijährigen Verhandlungen am 12. März 1999 gemeinsam mit Polen und Ungarn der Nato beitrat, hatte sie eines der grundlegenden Ziele ihrer Außen- und Sicherheitspolitik erreicht. Schon seit den frühen 1990er-Jahren war sich die Mehrheit der neuen politischen Eliten darin einig, dass es zur Mitgliedschaft im nordatlantischen Bündnis keine ernsthafte Alternative gab, wollte man die Sicherheit des Staates international garantieren. Demgegenüber hat die Idee von einer gesamteuropäischen Sicherheitskonstruktion im Rahmen der KSZE, die gleich nach der Wende noch einige prominente Fürsprecher hatte, nie eine Mehrheit bekommen. Das Diktat des Münchner Abkommens von 1938, die damalige Gleichgültigkeit der Westmächte gegenüber dem Schicksal der Tschechoslowakei, ebenso die Moskauer Dominanz im früheren Ostblock nach dem Zweiten Weltkrieg und der Einmarsch der Staaten des Warschauers Pakts 1968 sind Teil des historischen Gedächtnisses und als solches auch Gründe für die positive Haltung gegenüber der Nato.

Das bedeutet nicht, dass es nicht immer wieder auch antiwestliche, russlandfreundliche Kräfte gegeben hat und noch gibt, die gegen die Mitgliedschaft im nordatlantischen Bündnis protestieren. Das gilt traditionell für die Kommunisten, aber auch für rechtspopulistische Kräfte wie die SPD. Auch in Teilen der tschechischen Gesellschaft, die nicht diese Parteien wählen, herrscht bis heute eine gewisse Skepsis gegenüber der Nato. Das zeigte sich in der Tatsache, dass der Beitritt zum Bündnis eine deutliche Mehrheit im Parlament fand, aber nur von der Hälfte der Bevölkerung unterstützt wurde. Und als Einheiten der US-Armee im März 2015 auf einem vertrauensbildenden »road march« durch Estland, Lettland, Litauen, Polen, die Tschechische Republik und Deutschland unterwegs waren, demonstrierten Anhänger der Kommunisten sowie mehrerer nationalistischer, pazifistischer und linksradikaler Gruppierungen gemeinsam auf dem Prager Wenzelsplatz gegen »diese amerikanische militärische Invasion« – trafen dort aber auch auf Demonstranten, die ihre Verbundenheit mit den USA und der Nato bekundeten.

Seit dem Beitritt waren tschechische Soldaten wiederholt außerhalb der Landesgrenzen im Einsatz, so im Rahmen von internationalen Missionen der Nato ab 1995 in Bosnien-Herzegowina und später in Afghanistan. Seit 2018 beteiligt sich tschechisches Militär am Nato-Bataillon in Litauen. Auch in der Tschechischen Republik fanden schon Manöver des Bündnisses statt.

Das zweite strategische Ziel der tschechischen Außenpolitik, das aber unter den Eliten des Landes nie so unumstritten war wie die Aufnahme in die Nato, wurde mit dem Beitritt zur Europäischen Union am 1. Mai 2004 verwirklicht. Nach der Teilung der Tschechoslowakei hatte das ursprüngliche Assoziierungsabkommen mit den zwei selbstständigen Staaten neu verhandelt werden müssen. Der neue Vertrag mit der Tschechischen Republik, über den seit Oktober 1993 verhandelt worden war, trat am 1. Februar 1995 in Kraft. Die Beitrittsverhandlungen begannen aber erst im November 1998.

Diese Verzögerung war dem Umstand geschuldet, dass die beiden Mitte-rechts-Regierungen unter Führung von Václav Klaus zwischen 1993 und 1997 die Vorbereitung des Landes auf den EU-Beitritt eher als Nebensache betrachteten. In der zu jener Zeit eher kontrovers geführten öffentlichen Debatte über Vor- und Nachteile der EU tat sich gerade Klaus immer wieder mit euroskeptischen Äußerungen hervor. Eine Beschleunigung des Beitrittsprozesses erfolgte erst nach der Ablösung der Regierung Klaus im Herbst 1997, die einen Kurswechsel in außen- bzw. europapolitischen Fragen nach sich zog. Die Regierungen des parteilosen Präsidenten der Tschechischen Nationalbank Josef Tošovský (Januar bis Juli 1998) und des Sozialdemokraten Miloš Zeman (Juli 1998 bis Juli 2002) verfolgten ausdrücklich eine europafreundliche Politik. Hatte bei Umfragen in den Jahren 1997 und 2000 etwa die Hälfte der tschechischen Bevölkerung den Beitritt zur EU befürwortet, so waren es ein Jahr vor dem Beitritt sogar 77 Prozent.

Im ersten Halbjahr 2009 musste dann die Tschechische Republik den Balanceakt der Ratspräsidentschaft der Europäischen Union absolvieren.[46] Dabei bestand das größte Handicap dieser Präsidentschaft darin, dass die in Prag zu jener Zeit regierende Dreierkoalition aus der konservativ-liberalen ODS, den Grünen und der christlich-konserva-tiven KDU-ČSL nur über eine hauchdünne Mehrheit im tschechi-schen Abgeordnetenhaus verfügte und in den zwei Jahren vor Beginn der Präsidentschaft vier Misstrauensanträge nur mit größter Mühe überstanden hatte. Gerade in westlichen Medien hatte es im Vorfeld deshalb diverse Unkenrufe gegeben, Prag werde wohl nicht genug Kompetenz, Willensstärke und organisatorisches Geschick besitzen, um die EU durch die schwierigen Zeiten zu führen.

Doch konnte sich die tschechische EU-Präsidentschaft dann in zwei wichtigen Fragen durchaus sehen lassen: Bei der Lösung des Streits zwischen Russland und der Ukraine über Preise und Lieferbe-dingungen für russisches Erdgas leistete sie wichtige Vermittlerdienste. Zudem gelang es ihr, die Beschlüsse des EU-Gipfels am 1. März 2009 zur Lösung der Finanz- und Wirtschaftskrise im Sinne koordinierter gemeinschaftlicher Lösungen zu beeinflussen.

Seither sind aber auch in der Tschechischen Republik die Bedin-gungen für die Europäischen Union rauer geworden. So feierte der frühere Premier und Staatspräsident Václav Klaus das britische Votum für einen Austritt aus der Europäischen Union am 23. Juni 2016 als »Sieg aller europäischen Demokraten und aller Menschen, […] die total unzufrieden sind damit, welche Richtung die Europäische Union mindestens seit dem Maastricht-Vertrag eingeschlagen hat«.[47]

Während seines Besuches in Brüssel im November 2018 machte Ministerpräsident Andrej Babiš einmal mehr deutlich, dass sich die Tschechische Republik keinesfalls an einer Umverteilung von Flücht-lingen beteiligen werde; gleichzeitig präsentierte er sich als überzeug-ter Europäer, der für eine starke EU eintritt. Sein Besuch war eine Art Charme-Offensive, um in Brüssel Sorgen nach der Wiederwahl von Miloš Zeman als Staatspräsident zu zerstreuen. Denn Zeman hatte im Januar 2018 hauptsächlich mit einer gegen die EU gerichteten Kam-pagne gegen Migranten gewonnen und auch mit einer Volksabstim-mung über die EU-Mitgliedschaft seines Landes geliebäugelt. Laut Eurobarometer waren zu jenem Zeitpunkt nur noch 30 Prozent der Bürger in der Tschechischen Republik mit der Arbeit der EU zufrieden, was allerdings nicht bedeuten musste, dass bei einer Volksabstimmung eine Mehrheit für einen Austritt des Landes aus der Gemeinschaft stimmen würde.

Ursprünglich hatte auch die Tschechische Republik einen Beitritt zur Euro-Zone anvisiert. Allerdings war dieses Vorhaben von Anfang an umstritten. Insbesondere Václav Klaus sprach sich in seiner Zeit als Staatspräsident gegen eine Einführung des Euro aus. Auch die Regierungen der vergangenen Jahre (vor 2018) zeigten sich in dieser Frage eher zurückhaltend. Im April 2017 hat dann die Tschechische Nationalbank die Landeswährung Krone vom Euro abgekoppelt. In den drei Jahren zuvor hatte ein fester Wechselkurs von 27:1 zwischen Krone und Euro bestanden.

Tschechische Medien haben immer wieder über die ausgezeichneten Kontakte von Staatspräsident Miloš Zeman zum Kreml und überhaupt zu russischen Politikern berichtet. Tschechische Unternehmer, die mit Russland Geschäfte machen, sind gerngesehene Gäste in der Präsidialkanzlei auf der Prager Burg, und Zeitungskommentatoren haben wiederholt vermutet, Zemans politisches Comeback im Jahr 2013 sei mit viel Geld aus diesen Kreisen finanziert worden. Auf jeden Fall hat der Staatspräsident als scharfer Kritiker der Sanktionen gegen Russland von sich reden gemacht und ist damit in die Fußstapfen seines Vorgängers Václav Klaus getreten. Dessen im Jahr 2012 gegründetes »Václav Klaus Institut« vertritt vehement den Standpunkt des Kremls in Bezug auf die Ukraine bzw. die Krim und bezweifelt auf seiner Homepage sogar, dass die Ukraine ein souveräner Staat sei.

Unter den Bürgern und Politikern der Tschechischen Republik ist das Gefühl einer Bedrohung durch Russland weitaus weniger ausgeprägt als etwa in Polen. Allerdings hat das russische Vorgehen auf der Krim und in der östlichen Ukraine durchaus viele Menschen zum Nachdenken gebracht – auch weil das Land weitgehend von russischen Gas- und Erdöllieferungen abhängig ist, die über ukrainisches Territorium geleitet werden.

Mafiosi im Vorzimmer des Ministerpräsidenten: Slowakei

Die oben geschilderte Entwicklung der Tschechoslowakei bis Ende 1992[48] ist selbstverständlich Teil der Vorgeschichte der Slowakei. Das gilt auch und gerade für die Aktivitäten von Bürgerrechtsgruppen wie der Charta 77 und den in den späteren 1980er-Jahren entstandenen oppositionellen Gruppierungen wie der in Bratislava gegründeten Vereinigung Öffentlichkeit gegen Gewalt, die die slowakische Eigenständigkeit und Selbstverwaltung stärker im Blick hatte als etwa die Charta 77. Im Vergleich mit der Tschechischen Republik hatte die Slowakei nach dem 1. Januar 1993 die schlechteren Startbedingungen.[49] Die ökonomische Lage war schwieriger, die Politiker waren deutlich anfälliger für Nationalismus, der Anteil nationaler Minderheiten, insbesondere der Ungarn, an der Bevölkerung war weitaus höher als in Tschechien. Der Historiker Jan Pauer schreibt: »Der plötzliche Zusammenbruch des Kommunismus traf die Slowaken relativ unvorbereitet. Das Land wäre eher reif für eine Perestrojka gewesen als für den plötzlichen Sturz des Kommunismus. Die kommunistischen Eliten gaben daher ihre Macht auch nicht auf, sondern beteiligten sich in reformierter Gestalt an der Ablösung des alten Systems. [...] Die kommunistische Vergangenheit ist in der Slowakei gleitend in die postkommunistische Gegenwart übergegangen. [...] Der Übergang vom slowakischen Nationalkommunismus zum postkommunistischen Nationalismus erfolgte fließend.«[50]

Die wundersame Verwandlung ehemaliger Kommunisten in Fachleute und slowakische Patrioten manifestierte sich in einem chronischen Mangel an moralisch integren Persönlichkeiten und in der Schwäche glaubwürdiger Eliten als Gegengewicht zum früheren und fortbestehen-

Transformationsprozesse – Länderstudien

den kommunistischen, jetzt postkommunistischen Establishment. Das erste Jahrzehnt nach dem Sturz des Kommunismus stand im Zeichen des autoritären Populismus von Vladimir Mečiar, der von Juni 1992 bis März 1994 und von Dezember 1994 bis Oktober 1998 an der Spitze der Regierung stand, sowie einer kaum stattfindenden Auseinandersetzung mit der kommunistischen Vergangenheit.

Dabei waren die verfassungsrechtlichen Voraussetzungen für eine erfolgreiche Entwicklung von Demokratie und Rechtsstaat gut. Denn die am 1. September 1992 verabschiedete und einen Monat später in Kraft getretene slowakische Verfassung[51] orientiert sich an international anerkannten und bewährten Maßstäben moderner rechtsstaatlich verfasster Demokratien und hebt die Prinzipien Souveränität, Demokratie und Rechtsstaatlichkeit hervor.

Der Staat darf nicht ideologisch und religiös gebunden sein – eine Festlegung, die vor dem Hintergrund der Erfahrungen mit dem früheren kommunistischen Regime und dessen Anspruch auf Allgemeingültigkeit der marxistisch-leninistischen Ideologie in Staat und Gesellschaft zu sehen ist. Viel Raum wird den Menschen- und Bürgerrechten eingeräumt, nicht nur den Grundrechten und politischen Freiheiten, sondern auch den Rechten der Minderheiten sowie den wirtschaftlichen, sozialen und kulturellen Rechten und auch den Normen des Umweltschutzes.

Das aus einer Kammer bestehende Parlament, der Nationalrat, übt die gesetzgebende Gewalt aus. Ihr ist die Regierung verantwortlich. Den Beitritt des Landes zu einem Staatenbund muss eine Volksabstimmung bestätigen. Der Staatspräsident hat nicht nur repräsentative Pflichten, sondern spielt auch eine aktive Rolle bei der Berufung und Abberufung von Ministerpräsidenten und Regierungsmitgliedern.

Die Verfassung wurde mehrfach geändert und ergänzt, so etwa am 14. Juli 1998, als die Direktwahl des Präsidenten eingeführt wurde, am 23. Februar 2001, als die Voraussetzungen zum EU-Beitritt geschaffen wurden, sowie am 11. April 2002, als Bedingungen für eine eine etwaige Verhängung eines Kriegs- oder Ausnahmezustandes formuliert wurden.

Rechte Politik von links

Bis heute ist das Parteiensystem in der Slowakischen Republik weit entfernt von Konsolidierung und Stabilität. Schon während und unmittelbar nach der Wende von 1989 wurden zahlreiche Parteien und politische Bewegungen ins Leben gerufen. Durch interne Konflikte und Abspaltungen verschwanden Parteien, neue entstanden. Um 2010 existierten bereits über 100 politische Parteien im Land. Und danach hat sich der Prozess der Diversifizierung des Parteiensystems weiter fortgesetzt.

Wesentlich geprägt wird das slowakische Parteiensystem durch bestimmte Trennlinien in der Gesellschaft, die sich aus unterschiedlichen kulturellen Interessen ergeben und weniger durch differierende sozioökonomische Anliegen geprägt sind. Auf der einen Seite finden sich die Traditionalisten, die für eine feste nationale Gemeinschaft, einen autoritären Regierungsstil und eine stark durch Sozialpolitik geprägte Wirtschaft stehen, auf der anderen Seite die Modernisierer oder »Westler«, die eine liberale Demokratie, Individualismus, Säkularisierung und eine möglichst liberale, auf Eigenverantwortung ausgerichtete Wirtschaft bevorzugen.

Zu den Parteien, die die Traditionalisten repräsentieren, zählt bzw. zählte die lange dominierende, Anfang 1991 gegründete Bewegung für eine Demokratische Slowakei (HZDS) und ihr selbstherrlicher Vorsitzender Vladimír Mečiar, die aber im Jahr 2010 an der Fünf-Prozent-Hürde scheiterte und bald danach von der Bildfläche verschwand. Auch die nationalistische Slowakische Nationalpartei (SNS) ist Teil dieses Lagers sowie – mit Abstrichen – die im Dezember 1999 gegründete populistische, »sozial-nationale« Partei Smer (Bewegung), die seit 2006 die dominierende Partei ist und lange Zeit von der Popularität ihres Gründers und Vorsitzenden Robert Fico lebte.

Die zweite Gruppe wird von Mitte-rechts- und teilweise ultra-liberalen Parteien repräsentiert, zwischen 1998 und 2006 angeführt von der Slowakischen Demokratischen und Christlichen Union (SDKÚ) und ihrer prägenden Figur Mikuláš Dzurinda. Diese Partei ist seit der Parlamentswahl 2016 in der Bedeutungslosigkeit verschwunden. Ebenfalls diesem Lager ist die im Juli 1997 entstandene Christlich-Demokratische Bewegung (KDH) zuzuordnen sowie die Partei Most/Híd (slowakisch bzw. ungarisch: Brücke), die als wichtigste Interessenvertretung der ungarischen Minderheit gilt und bereits mehrfach an Regierungskoalitionen beteiligt war.

Mit der Parlamentswahl am 5. März 2016 zog dann eine Reihe neuer Parteien in den slowakischen Nationalrat ein. Das waren insbesondere die euroskeptische, ultra-liberale Partei Freiheit und Solidarität (SaS), die Protestpartei Gewöhnliche Leute und unabhängige Persönlichkeiten (OĽaNO), die sich im Wahlkampf vor allem mit den Korruptionsaffären in den Reihen und im Umfeld von Ficos Smer beschäftigt hatte, sowie die rechtsextreme Volkspartei – Unsere Slowakei des Neofaschisten Marian Kotleba, dessen hauptsächliche Tätigkeit darin besteht, martialische Aufmärsche zu organisieren und gegen Minderheiten zu hetzen. Die Wahl von 2016 schwächte die proeuropäischen Parteien enorm, die sich seitdem einer etwa gleich starken Gruppe von EU-Kritikern und EU-Gegnern gegenübersehen, deren politisches Spektrum von den Neoliberalen über die Nationalisten bis zu den Rechtsextremen reicht.

Die politische Entwicklung ab 1993 lässt sich grob in drei Phasen einteilen. Zunächst dominierten bis 1998 Ministerpräsident Vladimír Mečiar und seine HZDS. Nach deren klarem Wahlsieg im Oktober 1994 verhielt sich die Regierungskoalition aus der HZDS, der nationalistischen SNS und der postkommunistischen Arbeitervereinigung der Slowakei (ZRS) zunehmend autoritär, behinderte die parlamentarische Opposition und ersetzte das Führungspersonal der öffentlich-rechtlichen Medien durch eigene Gefolgsleute. Wirtschaftspolitisch verhinderte Mečiar eine weitere Öffnung der heimischen Ökonomie gegenüber dem Westen und begünstigte bei Privatisierungen slowakische, zumeist seiner Partei nahestehende Firmen. Außenpolitisch versuchte er zwar, die Slowakei in die EU und die Nato zu führen, achtete dabei aber darauf, Russland nicht zu verär-

gern. Angesichts westlicher Kritik an seinem autoritären Regierungsstil und rechtsstaatswidrigen Praktiken, wie etwa der Berufung von
Botschaftern ohne die verfassungsmäßig vorgegebene Absprache mit
dem Staatspräsidenten und schonungslose Säuberungen in den öffentlich-rechtlichen Medien, führte er die Slowakei näher an Russland heran und geriet in Isolation zum Westen.

Die zweite Phase begann mit der Parlamentswahl Ende September
1998, bei der die bisherige Opposition einen klaren Sieg erringen konnte. Die neue Viererkoalition unter Führung der Slowakischen Demokratischen Koalition (SDK), später Slowakische Demokratische und
Christliche Union (SDKÚ), die mit Mikuláš Dzurinda auch den Ministerpräsidenten stellte, leitete eine grundlegende politische Wende ein.
Sie öffnete die slowakische Wirtschaft für ausländische Investoren, forcierte umfangreiche Sparmaßnehmen im öffentlichen Sektor und richtete die Außenpolitik wieder stärker auf EU und Nato aus. Der Beitritt
zu beiden Bündnissen erfolgte im Jahr 2004, nachdem Dzurinda durch
die Wahl im September 2002 an der Spitze der Regierung bestätigt worden war. In seiner zweiten Amtszeit verfocht Dzurinda eine stark neo-
liberal ausgerichtete Politik, zu der die Einführung eines einheitlichen
Steuersatzes (Flat Tax) von 19 Prozent gehörte. Seine Regierung wurde
zwar im Westen weitgehend gelobt, sah sich aber auch wegen der von
ihr vorgenommenen Einschnitte im Sozialsystem einer wachsenden
Unzufriedenheit in der slowakischen Bevölkerung gegenüber.

Am Beginn der dritten Phase standen der Sieg der populistischen,
»links-nationalen« Partei Smer von Robert Fico bei der Nationalratswahl am 17. Juni 2006 und die anschließende Bildung einer Dreierkoalition aus Smer, der nationalistischen Slowakischen Nationalpartei
(SNS) und der Mečiar-Partei HZDS. Während der Regierungszeit
von Fico trat die Slowakei dem Schengen-Abkommen bei, führte am
1. Januar 2009 den Euro als Zahlungsmittel ein und näherte sich wieder stärker Russland an, betonte aber weiterhin die Zugehörigkeit zu
EU und Nato. Die neoliberale Politik der zweiten Regierungszeit Du-
rindas wurde von einer stärkeren Betonung der Sozialpolitik abgelöst,
wobei man aber vorerst die Flat Tax beibehielt.

Nach der Parlamentswahl am 12. Juni 2010[52] kam es kurzfristig zu einer wirtschaftsliberalen Regierung unter Ministerpräsidentin Iveta Radičová von der SDKÚ. Der neuen Koalition gehörten neben der SDKÚ auch die drei Parteien KDH, SaS und Most-Híd an. Ficos Regierung hatte lange von einer gewissen Reformmüdigkeit in der slowakischen Bevölkerung profitiert. Mit ersten Problemen musste er dann im Jahr 2009 kämpfen, als auch die Wirtschaft der Slowakei in den Sog der globalen Finanz- und Wirtschaftskrise geriet. Außerdem brachten immer neue Korruptionsskandale die Regierung in Misskredit. Radičovás Regierung versuchte, an die liberale Politik Dzurindas anzuknüpfen, brach aber schon 2001 auseinander, weil sich die Koalitionäre nicht darauf einigen konnten, welche Maßnahmen sie gegen die Krise ergreifen wollten.

Bei der Neuwahl am 10. März 2012 erzielte Smer mit 44,4 Prozent der Stimmen eine absolute Mehrheit im Parlament (83 der 150 Sitze), Robert Fico trat erneut an die Spitze der Regierung, die schon bald die Flat Tax abschaffte und die Unternehmensabgaben sowie die Steuern für Spitzenverdiener erhöhte. Damit gelang es Ficos Kabinett, das Budgetdefizit auf 3 Prozent zu reduzieren und damit wieder das entsprechende Maastricht-Kriterium der EU zu erfüllen. Außenpolitisch unterstützte die Regierung die gemeinsame EU-Position gegenüber Russland wegen dessen völkerrechtswidriger Annexion der Krim und der russischen Unterstützung der Sezessionsbestrebungen im Osten der Ukraine, übte aber auch Kritik an den seitens der EU verhängten Sanktionen.

Die Nationalratswahl am 5. März 2016 geriet dann fast zum Fiasko für Ficos Partei, die auf 28,3 Prozent absackte und die absolute Mehrheit weit verfehlte. Wie schon erwähnt, verschob sich bei dieser Wahl das Parteienspektrum weiter nach rechts. Protestparteien waren in Mode gekommen, die mit Smer um soziale Kompetenz konkurrierten, aber auch mehr Skepsis gegenüber der EU ins Spiel brachten. Hatten in der Volksabstimmung von 2003 noch mehr als 92 Prozent der Wähler für den Beitritt der EU gestimmt, so ist seither die Zustimmung zur Union auf etwa 60 Prozent gefallen. Schon zwei Wochen nach der Wahl verkündete Fico ein neues Regierungsbündnis, dem außer seiner Smer die Slowakische Nationalpartei, Most-Híd und Siet beitraten.

Mafiöse Netzwerke in der Politik

Stark erschüttert wurde die slowakische Innenpolitik, nachdem der Journalist Ján Kuciak und seine Verlobte Martina Kušnirová in ihrem Haus Ende Februar 2018 ermordet aufgefunden worden waren. Nach Polizeiangaben waren sie durch Schüsse in Kopf und Brust geradezu hingerichtet worden. Kuciak hatte sich einen Namen gemacht durch seine sorgfältig recherchierten Reportagen über Korruption im slowakischen Regierungsapparat. Die Empörung in der Öffentlichkeit wuchs noch, als der dringende Verdacht auftauchte, ein Netzwerk der italienischen Mafia könne hinter dem Doppelmord stecken. Die letzte Reportage von Kuciak legte dieses komplizierte Netzwerk mit Verbindungen bis in höchste slowakische Regierungsstellen offen. Nach seinen Recherchen hatten sich Mitglieder der kalabrischen Ndrangheta im Osten der Slowakei auf Mehrwertsteuerbetrug und Veruntreuung von EU-Fördergeldern spezialisiert.

Kuciaks Reportage ergab, dass es vier italienischen Familien gelungen war, Gelder abzuzweigen und zur Absicherung ihrer Geschäfte Verbindungsleute an Politiker von Smer heranzuschleusen und auch direkt im Büro von Ministerpräsident Robert Fico zu platzieren. Ins Zwielicht gerieten insbesondere Mária Trošková, damals Assistentin von Fico, und Viliam Jasaň, zu jener Zeit Sekretär des slowakischen Sicherheitsrates, wegen ihrer Verbindungen zu Antonio Vadala, der einem einflussreichen Familienclan der Ndrangheta angehören soll. Dieser soll laut italienischer Polizei für mindestens 25 Morde verantwortlich sein und einen Teil des Kokainhandels kontrollieren. Im Jahr 2003 war der Italiener vor einem Gerichtsverfahren in die Slowakei geflohen, wo er, mit viel Geld ausgestattet, in der Ostslowakei Firmen kaufte und als Unternehmer ins Immobilien- und Energiegeschäft einstieg. Politisch relevant wurde die Geschichte auch deshalb, weil

Vadala nicht nur Wahlwerbung für Smer machte, sondern auch zusammen mit Trošková und Jasaň Firmen besaß. Beide sind von ihren Regierungsposten zurückgetreten, nachdem ihre Verbindung zu Vadala bekannt geworden war.

Anfang März 2018 nahmen in mehreren Städten der Slowakei Zehntausende an Trauerkundgebungen für die Ermordeten teil. Staatspräsident Andrej Kiska sprach sich für vorgezogene Neuwahlen aus und forderte zumindest eine grundlegende Umbildung der Regierung, konnte sich aber mit beidem letztlich nicht durchsetzen. Indes hielten die Demonstrationen gegen die Regierung an und forderten »eine anständige Slowakei«. Dazu aufgerufen hatten parteilose Aktivisten. Politiker waren als Redner ausdrücklich unerwünscht.

Schließlich musste Innenminister und Vize-Regierungschef Robert Kaliňák sein Amt niederlegen. Wenige Tage später trat sogar Ministerpräsident Robert Fico zurück und wurde durch seinen Parteifreund Peter Pellegrini ersetzt. Schon bald deutete sich an, dass Fico weiterhin im Hintergrund die Fäden ziehen würde. Trotz des Rücktritts von Fico demonstrierten am 14. März wieder Zehntausende und forderten eine lückenlose Aufklärung des Mordes an Ján Kuciak und seiner Verlobten.

Im April 2018 wurde ein neuer Skandal bekannt, in den slowakische Regierungskreise verwickelt waren: Es stellte sich heraus, dass der vietnamesische Geschäftsmann Trịnh Xuân Thanh aus Berlin mit Wissen und logistischer Unterstützung hoher slowakischer Regierungsbeamte und Geheimdienstler entführt worden war. Trinh wurde nach Vietnam gebracht und wegen angeblicher Wirtschaftsverbrechen in zwei Verfahren zu jeweils lebenslanger Haft verurteilt. Außerdem trat er im vietnamesischen Fernsehen auf, wo er betonte, er sei »freiwillig« ins Land zurückgekehrt. Kenner Vietnams vermuteten, Thanh sei bei Fraktionskämpfen innerhalb der Kommunistischen Partei Vietnams einer Intrige zum Opfer gefallen.

Eigentlich hatte sich die slowakische Gesellschaft schon seit Jahren an Skandalgeschichten von korrupten Politikern und Oligarchen gewöhnt, die man »causa« (Grund einer Vermögensveränderung) nennt. Gleichwohl waren die Demonstrationen im Zusammenhang mit dem Mord an Ján Kuciak die größten seit den Protesten gegen das kommunistische Regime 1989. Die Zivilgesellschaft ist regelrecht erwacht und konnte zusammen mit dem demokratisch und rechtsstaatlich sattelfesten Staatspräsidenten Andrej Kiska einige Personalveränderungen auf höchster Ebene durchsetzen.[53]

Klar war aber auch, dass die Slowakei damit der epidemischen Korruption noch nicht entronnen war. Das korrupte Netzwerk zwischen Politik, Polizei und Justiz existiert weiter. Vonnöten wären Neuwahlen gewesen, ein neues Parlament, eine neue Regierung, neue Polizeichefs, Staatsanwälte und Richter. Doch die Organisatoren der Demonstrationen im März ließen die Forderung nach Neuwahlen fallen, weil sie nicht so recht an die erfolgreiche Durchsetzung eines dafür notwendigen Referendums glaubten. In der Slowakischen Republik gibt es hohe Hürden für die Abhaltung einer Volksabstimmung. Sie erfordert 350 000 befürwortende Unterschriften und ist nur gültig, wenn eine Wahlbeteiligung von über 50 Prozent erreicht wird.

So zeichnete sich ab, dass es wohl bei der regulären Wahl im Jahr 2020 bleiben würde. Ob bis dahin die kleinen zivilgesellschaftlichen Gruppen, die die Demonstrationen organisiert haben, mehr politisches Profil und mehr organisatorische Stabilität erlangen können, ist unklar. Immerhin hat sich ja schon bei der Nationalratswahl 2016 ein Aufwind für Protestparteien gezeigt.

Zu einem Erfolg für die Zivilgesellschaft wurde die erste Runde der Präsidentenwahl am 16. März 2019, als sich die liberale Anwältin Zuzana Čaputová mit gut 40 Prozent der Stimmen deutlich gegenüber dem Sozialdemokraten Maroš Šefčovič mit knapp 19 Prozent durchsetzen konnte. Frau Čaputová hatte ihr klares Plädoyer etwa für Toleranz gegenüber sexuellen Minderheiten selbst bei der katholisch geprägten Wählerschaft Achtung verschafft. Ebenso engagierte sie sich im Rahmen der Aufklärung des Mordes an dem Journalisten Ján Kuciak und seiner Verlobten. Wahlbeobachter attestierten ihr gute Siegeschancen für die Stichwahl am 30. März 2019.

Die Grundpfeiler des demokratisch-parlamentarischen Rechtsstaats standen bislang in der Slowakischen Republik nicht zur Debatte, wenngleich etwa ein Drittel der Gesellschaft ein Politikmodell befürwortet, das auch autoritäre Elemente des Regierens umfasst, und etwa 10 Prozent mit dem Modell eines autoritären Führerstaats liebäugeln. Alarmierend war allerdings der Rückgang des Vertrauens in die Verfassungsorgane, vor allem die drastisch nachlassende positive Bewertung der Arbeit des Parlaments, der Regierung und des Verfassungsgerichts, weniger des Staatspräsidenten. Im Jahr 2018 empfanden nur noch etwa 30 Prozent der Bevölkerung ein gewisses Vertrauen gegenüber Parlament und Regierung. Immerhin lag die Beteiligung bei den letzten drei Nationalratswahlen bei rund 59 Prozent, also deutlich über den Werten etwa in Polen.

Ein Blick auf die Organisationen und Gruppen der slowakischen Zivilgesellschaft zeigt, dass sie nicht vorrangig in der Politik aktiv sind. Ihre Aktivisten organisieren Hilfe für sozial Bedürftige, betreuen alte Menschen, richten Kinderkrippen ein, veranstalteten Treffen katholischer Gläubiger und, nicht zuletzt, engagieren sich bei der Hilfe für Flüchtlinge aus außereuropäischen Ländern.

Katholische Offensive

Anders als in der Tschechischen Republik haben die Religionsgemeinschaften in der slowakischen Gesellschaft einen erklecklichen Einfluss. Bei einer Gesamtbevölkerung von gut 5,4 Millionen Einwohnern gehörten laut Volkszählung von 2011 62 Prozent der Römisch-Katholischen Kirche an, 5,9 Prozent der Evangelischen Kirche Augsburger Bekenntnisses, 3,8 Prozent der Griechisch-Katholischen Kirche, 1,8 Prozent der Evangelisch-Reformierten Kirche; Methodisten, Orthodoxe und Juden machen zusammen knapp 1 Prozent aus.

Bemerkenswert war die öffentliche Auseinandersetzung um den Adventsbrief der katholischen Bischöfe vom 3. Dezember 2017, in dem sie den Liberalismus im Allgemeinen und die »Gender-Ideologie« im Besonderen verurteilten und erklärten, dass die Kirche heute um Werte kämpfen müsse, die »Jahrhunderte lang selbstverständlich schienen«. Der katholischen Identität, betonten sie, widerspreche vor allem »der Liberalismus, der die grundlegenden menschlichen und natürlichen Werte relativiert«.[54] Kritiker monierten sowohl die Wahl der Themen als auch den Tonfall des Hirtenbriefs, der als Zusammenfassung der bisherigen Positionen der Kirche sowie der kirchenpolitischen Leitlinien für die nächsten Jahre verstanden werden könne.

Die Diskussion über die Kernelemente des Adventsbriefs – die Ablehnung der sogenannten Istanbul-Konvention und von eingetragenen gleichgeschlechtlichen Partnerschaften – gewann noch an Dynamik, nachdem Staatspräsident Kiska eine Woche nach der Veröffentlichung des Briefs Vertreter der Initiative Inakost (Andersrum) empfangen hatte, die sich für die Rechte von Schwulen und Lesben einsetzt. Zu konkreten Fragen nahm Kiska nicht Stellung, betonte jedoch, dass die Unterstützung der Rechte von sexuellen Minderheiten »ein Beitrag zur ganzen Gesellschaft« sei. Besondere Beachtung fand Kiskas kritische Beurteilung des 2015 mit massiver kirchlicher Unterstützung abgehaltenen, aber wegen zu geringer Beteiligung fehlgeschlagenen »Referendums für die Familie«. Dieses, so der Präsident, habe dazu geführt, »dass heute jegliche rationale Bemühung« unmöglich sei, um außerhalb der Ehe lebenden Einzelpersonen »wenigstens den Minimalstandard eines Rechtsschutzes zu gewähren«. Deshalb wäre es zu begrüßen, wenn es zu einer Wiederaufnahme der Diskussion käme. Kritik an Kiska kam unter anderem von Anton Chronik, dem Sprecher der kirchennahen »Allianz für die Familie« und Organisator des Referendums von 2015.

Die Istanbul-Konvention – ein Übereinkommen des Europarats zur Verhütung und Bekämpfung von Gewalt gegen Frauen und häuslicher Gewalt, das am 1. August 2014 als völkerrechtlicher Vertrag in Kraft getreten ist – wurde 2011 für die Slowakische Republik von der damaligen Justizministerin Lucia Žitńanská unterzeichnet. Die Ratifikation wird allerdings immer wieder blockiert, speziell von der Slowakischen Nationalpartei. Die Ministerin, die seinerzeit für die Slowakische Demokratische und Christliche Union auf der Regierungsbank saß und inzwischen die Partei Most-Hid vertritt, hält allerdings am Ziel der Ratifizierung fest. Man habe diese damals vertagt, um »eine breite Diskussion zu ermöglichen«.

Scharfe Kritik an dem Hirtenbrief kam auch von dem evangelischen Theologen Ondrej Prostredník, der sich gegen eine bischöfliche »Konflikt- und Kampfrhetorik« aussprach, die »Europa nicht stärkt, sondern schwächt und für die verschiedensten Formen des Extremismus verwundbar macht«.

Bei der bislang letzten Volkszählung von 2011 bekannten sich gut 4,3 Millionen Bürger des Landes zur slowakischen Nationalität, was einem Anteil von 80,7 Prozent an der Gesamtbevölkerung entsprach. Stärkste Minderheit des Landes sind die fast 460 000 Ungarn (8,5 %). Zur Minderheit der Roma bekannten sich knapp 106 000 Menschen (2 %), wobei deren tatsächliche Zahl höher liegen dürfte. Ruthenen und Tschechen stellten gut 33 000 bzw. 31 000 Personen (also je 0,6 %), Ukrainer und Deutsche gut 7 000 bzw. knapp 5 000 (und damit je 0,1 %). Die ungarische Minderheit lebt zumeist im Grenzgebiet zu Ungarn.

Nach der Wende des Jahres 1989 forderten die Ungarn einen Autonomiestatus für ihr Gebiet, was aber ganz illusorisch war. Die spätere Teilung der Tschechoslowakei betrachteten die Ungarn eher skeptisch, weil sie dachten, in einem größeren Staat mit zehn Millionen Tschechen, in dem die Slowaken selbst nur eine, wenn auch qualifizierte Minderheit von etwa einem Drittel der Gesamtbevölkerung bildeten, größere Chancen für die Bewahrung ihrer nationalen Identität zu haben.

In der Regierungszeit des autoritären Ministerpräsidenten Mečiar herrschte Eiszeit zwischen den staatlichen Organen und der ungarischen Minderheit, weil sich Letztere immer wieder durch Entscheidungen des Gesetzgebers als ethnische Ungarn benachteiligt sahen. Dies änderte sich, als die Koalition von Mikuláš Dzurinda an die Macht kam, der es – mit Blick auf die ungarische Partei als Koalitionspartner sowie den Westen und besonders die Europäische Union – als seine Aufgabe ansah, die Rechte der Minderheiten auf ein Niveau zu bringen, das den Vorgaben internationaler Menschen- und Bürgerrechtsorganisationen entsprach. So verabschiedete das Parlament im Juli 1999 ein Sprachengesetz, wonach die Sprache einer Minderheit als zweite Amtssprache in jenen Gemeinden anerkannt wird, in denen sie mindestens 20 Prozent der Bevölkerung stellt. Die ungarische Minderheit hatte ein Quorum von 10 Prozent gefordert, während der rechte Flügel im Parlament grundsätzlich gegen ein solches Sprachengesetz auftrat.

Für das historische Bewusstsein vieler Ungarn in der Slowakei sind bis heute die Ereignisse der Jahre 1945 bis 1947 von großer Bedeutung. In jener Zeit betrieb die tschechoslowakische Nachkriegsregierung die »Slowakisierung« der Slowakei vor allem dadurch, dass sie die zwangsweise Umsiedlung von Angehörigen der ungarischen Minderheit in die böhmischen und mährischen Landesteile organisierte. So wurden insgesamt etwa 100 000 Ungarn in zwei Wellen umgesiedelt und nach ihrer Ankunft einer gnadenlosen Assimilierung unterworfen. Allerdings setzte 1948 eine teils illegale, teils legalisierte Rückkehrbewegung ein, nachdem die kommunistische Führung in Prag eingesehen hatte, dass sie nicht weiter mit Zwangsmaßnahmen gegen die Landsleute des »befreundeten« kommunistischen Ungarn vorgehen konnte.

Ebenso tief hat sich der slowakisch-ungarische Bevölkerungstausch in die kollektive Erinnerung der Ungarn eingegraben. Auf der Basis eines im Februar 1946 in Budapest unterzeichneten Vertrags mussten 90 000 Ungarn die Tschechoslowakei verlassen, die meisten von ihnen wurden ausgewiesen, eine Minderheit entzog sich durch Flucht der Vertreibung. Im Gegenzug gelangten 60 000 Slowaken aus Ungarn in die Tschechoslowakei. Die Ungarn aus der Slowakei wurden sowohl in den Häusern der Slowaken, die Ungarn verlassen hatten, als auch in den Häusern der aus Ungarn vertriebenen Ungarndeutschen angesiedelt. Umgekehrt zogen viele Slowaken aus Ungarn in Häuser, in denen die aus der Tschechoslowakei vertriebenen Ungarn gelebt hatten.

Heute ist das Zusammenleben zwischen slowakischer Mehrheit und ungarischer Minderheit im Alltag eher unproblematisch – zumindest auf den ersten Blick. Man kooperiert am Arbeitsplatz, es gibt zahlreiche gemischte Ehen. Die ungarische Minderheit ist als solche anerkannt und genießt verschiedene Minderheitenrechte. Sie darf Schulen unterhalten, in denen in der Muttersprache unterrichtet wird, darf Gottesdienste in Ungarisch abhalten, eigene Vereine gründen und Zeitungen herausgeben.

Probleme entstehen, wenn Politiker und von ihnen getragene Regierungen Widersprüche vertiefen und Konflikte aufheizen, um daraus parteipolitisches Kapital zu schlagen. Das gilt besonders für die rechte, stramm antiungarische Slowakische Nationalpartei, deren Funktionäre alles tun, um die ungarische Minderheit zu diffamieren und zu entwürdigen. Aber auch der links-nationale Robert Fico und seine Partei Smer gossen Öl ins Feuer, als sie im Jahr 2009 ein Sprachengesetz durchdrückten, das sowohl die ungarische Minderheit und die Regierung in Budapest als auch die Organisation für Sicherheit und Zusammenarbeit in Europa (OSZE) scharf kritisierten. Das Gesetz schreibt vor, dass die slowakische Sprache nicht nur in der amtlichen Kommunikation, sondern auch in allen Sphären des öffentlichen Lebens verpflichtend ist und bei Zuwiderhandeln mit empfindlichen Geldstrafen zu rechnen ist. In Krankenhäusern und sozialen Einrichtungen dürfen sich Ungarn nur dann in ihrer Sprache an das Personal wenden, wenn in dem entsprechenden Gebiet die ungarische Minderheit mindestens einen Anteil von 20 Prozent an der Bevölkerung hat. In regionalen und lokalen Rundfunksendungen müssen Verlautbarungen immer zuerst in slowakischer Sprache verlesen werden, bevor die jeweiligen Texte auch in der ungarischen Sprache folgen – und das selbst in Gemeinden und Regionen, wo die Slowaken in der Minderheit sind. Das Gesetz gilt bis heute (2018).

Die Lage der Roma ist in der Slowakischen Republik ähnlich schwierig wie in den Balkanstaaten und auch in der Tschechischen Republik. Die Arbeitslosigkeit unter ihnen ist hoch und reicht in einigen ihrer Siedlungsgebiete an 100 Prozent heran. Schul- und Berufsbildung liegen unter dem durchschnittlichen Niveau. Bettelei und Kriminalität sind nicht selten die Folge. Trauriges Symbol für die oft erbärmlichen Wohnverhältnisse der Roma ist die Siedlung Lunik 9 im ostslowakischen Košice mit halb verfallenen Plattenbauten aus den 1970er-Jahren.

Die Mehrheit der Slowaken steht den Roma ablehnend bis feindselig gegenüber. Einzelne Handwerksbetriebe und kleine Bauunternehmer haben den Mut, Roma als Arbeitskräfte anzustellen. Hilfe kommt vor allem von christlicher Seite wie etwa dem Orden der Salesianer oder privaten Organisationen wie »clovek v tisni« (Menschen in Not). Verschiedentlich aufgelegte staatliche und städtische Hilfsprogramme waren und sind nur ein Tropfen auf den heißen Stein. Sie umfassen Sprachunterricht, Zuschüsse für private Initiativen sowie gelegentliche bescheidenen finanzielle Unterstützung für Kulturgruppen der Roma.

Wirtschaftlich erfolgreich trotz aller Unkenrufe

Als die Slowakei 1993 ihre Unabhängigkeit erlangte, sparten international renommierte Ökonomen nicht mit düsteren Prognosen über die wirtschaftlichen Perspektiven des neuen Staates. Tatsächlich ging es mit der Wirtschaft des Landes erst einmal bergab. Große Rüstungsbetriebe in der Mittelslowakei wurden geschlossen, die Industrieproduktion insgesamt nahm sehr ab, der Handel mit der Tschechischen Republik erlitt starke Einbußen. Hinzu kamen die Kosten für den Aufbau der institutionellen Infrastruktur des nun selbstständigen Staates. Empfindlich bemerkbar machte sich auch das Fehlen der vormals aus dem tschechoslowakischen Staatshaushalt an die Slowakei geleisteten Transferzahlungen.

Doch schon 1994 begann die Industrieproduktion wieder zu wachsen, und ab Mitte der 1990er-Jahre erzielte die Slowakei mit zeitweise mehr als 6 Prozent das höchste BIP-Wachstum unter den postkommunistischen Staaten Ostmitteleuropas. Motor dieses Wachstums waren der Export und die massiven öffentlichen Investitionen der Regierung Mečiar, die allerdings zu einer dramatischen Erhöhung der inneren und äußeren Verschuldung des slowakischen Staates führten. Aufgrund verschiedener Empfehlungen des Internationalen Währungsfonds setzte die Regierung im Parlament einige Gesetze durch, die eine Kürzung der Sozialausgaben zur Folge hatten. Außerdem wurden die Mehrwertsteuer und einige andere Verbrauchssteuern erhöht.

Problematisch an der Wirtschaftspolitik unter Mečiar war vor allem die Privatisierung. Zeitweise übte der Premier die Funktion des Privatisierungsministers selbst aus, wodurch er den Prozess der Auflösung des staatlichen Eigentums de facto allein beherrschte, da er als Ministerpräsident auch noch Vorsitzender des Fonds des Nationaleigentums war. So sorgte Mečiar dafür, dass die Schaltstellen in diesem Fonds, der die Aktienmehrheit an den 20 wichtigsten Aktiengesellschaften des Landes besaß, an Funktionäre der Regierungspartei HZDS bzw. Mitläufer des Ministerpräsidenten vergeben wurden, die dann im Zuge der Privatisierung in die Vorstände und Aufsichtsräte dieser Gesellschaften gewählt wurden.

Unter Federführung von Finanzminister Ivan Mikloš setzte dann die ab 1998 amtierende Regierung von Ministerpräsident Mikuláš Dzurinda ein massives Sparprogramm durch, das vor allem Steuer- und Preiserhöhungen im öffentlichen Sektor sowie Erleichterungen für den privaten Sektor umfasste. Im Jahr 2004 führte die Slowakei einen einheitlichen Steuersatz (Flat Tax) von 19 Prozent ein.

Ebenso öffnete die Regierung das Land stärker für ausländische Direktinvestitionen. Durch den Zufluss westlichen Kapitals wurde die Slowakei zu einem wichtigen Standort der Automobilindustrie in Ostmitteleuropa. Im Jahr 2003 eröffnete Volkswagen ein Werk in Bratislava, es folgten PSA Peugeot Citroën in Trnava und Hyundai Kia in Žilina. Zeitweise machten Autos etwa 40 Prozent der slowakischen Exporte aus. Bei einer Gesamtbevölkerung von 5,4 Millionen Menschen ist die Slowakei bis heute das Land mit der höchsten Autoproduktion pro Kopf in Europa. Aufgrund der globalen Finanz- und Wirtschaftskrise kam es ab 2007 zu massiven Einbrüchen in der Produktion, die sich ab 2012 aber wieder stabilisierte. Pro Jahr werden knapp eine Million Fahrzeuge in der Slowakei produziert, was dem Land den Spitznamen »Detroit Europas« einbrachte. Beim ausländischen Kapitalzufluss geriet allerdings die Ostslowakei ins Hintertreffen, da die Investitionen hauptsächlich im Westen des Landes getätigt wurden. Der Bankensektor der Slowakei ist zu mehr als 90 Prozent in ausländischen Händen.

Die Regierung Dzurinda setzte den Verkauf staatlichen Eigentums fort, überprüfte in diesem Zusammenhang aber auch einige Privatisierungen unter Mečiar. Für Aufsehen sorgte dabei vor allem die verfügte Rückgabe von Anteilen an einem Energieunternehmen an den Staat, die weit unter ihrem Wert verkauft worden waren. Die ab 2006 amtierende Regierung von Ministerpräsident Robert Fico konzentrierte sich stärker auf die Sozialpolitik, brachte aber kaum mehr als Symbolisches zustande. So wurde gleich nach Ficos Amtsantritt die bei Arztbesuchen zuvor zu entrichtende Praxisgebühr von 20 Kronen abgeschafft. Auch wenn dies mit einer seit Langem notwendigen Reform des Gesundheitswesens nichts zu tun hatte, heimste der Ministerpräsident dafür großes Lob ein. Auch in der Wirtschaftspolitik änderte die Regierung, die sich als »links« verkaufte, im Grunde genommen nichts – weder in Bezug auf die zuvor vorgenommenen Privatisierungen noch hinsichtlich der Offenheit gegenüber ausländischen Investoren. Lediglich am Steuersystem gab es Änderungen. Während der Steuersatz von 19 Prozent für die Einkommensteuer und die Körperschaftssteuer erhalten blieb, wurde die Umsatzsteuer bei Medikamenten und Büchern auf 10 Prozent abgesenkt. Zugleich wurde der Steuerfreibetrag bei Beziehern höherer Einkommen reduziert.

Durch die Einführung der Gemeinschaftswährung Euro ist die Slowakische Republik stärker in die EU integriert als die anderen Visegrád-Staaten. Zieht man das Bruttoinlandsprodukt pro Kopf als Vergleichsmaßstab heran, dann bewegt sich das Land etwa auf dem Niveau der anderen EU-Staaten in Ostmittel- und Südosteuropa. Nach Angaben des IWF lag die Slowakei mit 17 664 US-Dollar (im Jahr 2017) zwar hinter Slowenien (23 654) und der Tschechischen Republik (20 152), aber vor Lettland (15 547), Ungarn (15 532), Polen (13 822) und Kroatien (13 138).

Drei Jahrzehnte nach dem Umschwung im östlichen Teil Europas ist die Slowakei eine Volkswirtschaft, die stark exportorientiert ist. Der Anteil des Exports am BIP beträgt mehr als 90 Prozent, wobei 80 Prozent in andere Mitgliedstaaten der EU gehen. Die hohe Abhängigkeit vom Export kann man als Stärke und Schwäche interpretieren – als Stärke, weil sie die wirtschaftliche Prosperität fördert, als Schwäche, weil sie das Land sehr stark den globalen Krisenzyklen ausliefert. Zu den Nachteilen der slowakischen Volkswirtschaft zählt auch, dass das Land über einen vergleichsweise kleinen Binnenmarkt mit entsprechend niedriger Kaufkraft verfügt und die Infrastruktur im Westen des Landes viel stärker ausgebaut ist als im Osten. Ähnlich wie in den anderen EU-Staaten im östlichen Europa dominiert der Dienstleistungssektor mit einem Anteil von 60 Prozent inzwischen die slowakische Wirtschaft, während auf die Industrie gut 35 Prozent entfallen und die Landwirtschaft nur noch mit gut 3 Prozent zum Bruttoinlandsprodukt beiträgt.

Die sozialen Probleme der Slowakei resultieren auch und gerade aus den großen Unterschieden zwischen den westlichen und den östlichen Regionen des Landes. Im Westen, besonders in der Hauptstadt Bratislava, ist generell die Lebensqualität besser, die wirtschaftliche Leistung größer und die Arbeitslosigkeit niedriger, wurden Infrastruktur, Bildungswesen und öffentlichen Verwaltungen stärker modernisiert, erhalten die Beschäftigten höhere Löhne und Gehälter, finden sich mehr gut ausgestattete Krankenhäuser und inzwischen sogar einige private Kliniken ebenso wie private Arztpraxen.

Im Landesdurchschnitt lag die Arbeitslosenquote bei 7,5 Prozent (2018), Tendenz sinkend. Der durchschnittliche Bruttomonatsverdienst von Vollzeitbeschäftigten lag bei 942 Euro, wobei die Slowakei hinter Slowenien (1594 Euro), Estland (1089 Euro) und Polen (990 Euro), aber vor der Tschechischen Republik (927 Euro) und Ungarn (800 Euro) rangierte. Der gesetzliche Mindestlohn beträgt 480 Euro. Etwa 18 Prozent der Gesamtbevölkerung leben in Armut oder an der Armutsgrenze.

Haltung zur EU: Pragmatisch bis skeptisch

Die Außenpolitik der unabhängigen Slowakischen Republik ab 1993 lässt sich grob in drei Phasen einteilen. Zunächst hielt Vladimír Mečiar das Land eher auf Distanz zum Westen. Er sprach zwar von Integration in EU und Nato, ignorierte aber alle westliche Kritik an seinem Führungsstil, seiner zweifelhaften Privatisierungspolitik und den korrupten Seilschaften im Land. Russland gegenüber verhielt er sich ausgesprochen freundlich. In seiner Partei HZDS und auch in der Slowakischen Nationalpartei gab es immer eine Strömung, die einen Panslawismus vertrat und das Bündnis mit Russland einer Integration in den Westen vorzog.

In der zweiten Phase von 1998 bis 2006 forcierten Ministerpräsident Mikuláš Dzurinda und seine Dreierkoalition die Eingliederung des Landes in die EU und die Nato. Das zuvor stark zerrüttete Verhältnis zu den westlichen Bündnissen konnte nach und nach auf eine solide Grundlage gestellt werden. Die Slowakei gewann stark an internationalem Ansehen. Am 15. Februar 2000 begannen die Beitrittsverhandlungen mit der EU.

Die verschiedenen, vom Sozialdemokraten Robert Fico und seiner Partei Smer zwischen 2006 und 2018 geführten Regierungen behielten diese Westorientierung bei, setzten teilweise aber andere Akzente, etwa mit ihrer strikten Ablehnung einer europäischen Flüchtlingspolitik. Hin und wieder drohte Fico gar mit einer stärkeren Anlehnung an Russland, ohne das aber wirklich in die Tat umzusetzen.

Seit dem 1. Mai 2004 ist die Slowakei Mitglied der Europäischen Union. Ein Jahr zuvor hatten sich bei einem Referendum gut 92 Prozent der Teilnehmenden (allerdings bei einer Wahlbeteiligung von nur 53 Prozent) für den Beitritt des Landes zur Gemeinschaft ausgesprochen. Im Jahr 2007 folgte der Beitritt zum Schengen-Raum, zwei Jahre später die Übernahme der Gemeinschaftswährung Euro, im Jahr 2011 wurde die vollständige Freizügigkeit für Arbeitnehmer zwischen der Slowakei und den anderen EU-Staaten eingeführt. Im zweiten Halbjahr 2016 übte die Slowakei die rotierende EU-Ratspräsidentschaft aus. Angesichts des Wohlstandgefälles zu den westlichen EU-Staaten schafft die Union mit ihren finanziellen Transfers – vor allem in Form von Strukturfonds – eine wichtige Basis für Investitionen im Land. Auch wenn mit der Parlamentswahl vom 5. März 2016 der Einfluss von EU-Kritikern und EU-Gegnern im Nationalrat stärker geworden ist, deutete bislang wenig darauf hin, dass es zu einem Referendum über die EU-Mitgliedschaft der Slowakei kommen könnte.

Im Jahr ihres EU-Beitritts ist die Slowakei auch der Nato beigetreten. Ein Jahr später wurde das Militär des Landes in eine Berufsarmee umgewandelt, die sich mit einzelnen Einheiten insbesondere am KFOR-Einsatz in Kosovo sowie am ISAF-Einsatz in Afghanistan beteiligte. Der Verteidigungshaushalt lag im Jahr 2016 bei 1,1 Prozent des Bruttoinlandsprodukts, wobei die Regierung nicht zuletzt wegen der gegenüber der Nato eingegangenen Verpflichtungen eine schrittweise Anhebung dieses Anteils anstrebte. Auch im Rahmen der Vereinten Nationen beteiligte sich die Slowakei an Friedenseinsätzen unter anderem auf Zypern.

Die Beziehungen zwischen der Slowakei und Deutschland sind traditionell freundlich und kooperativ, auch wenn es bei Fragen, die die EU betreffen, gelegentlich unterschiedliche Auffassungen gibt. Grundlage der bilateralen Beziehungen ist der erwähnte deutsch-tschechoslowakische Nachbarschaftsvertrag vom 27. Februar 1992, der seit 1993 auch für die Slowakische Republik gilt. So ist Deutschland seit Jahren der wichtigste Handelspartner der Slowakei – sowohl beim Export als auch beim Import. Außerdem fließen aus Deutschland die meisten ausländischen Direktinvestitionen.

Ein wichtiges Element slowakischer Außenpolitik ist die Kooperation innerhalb der Visegrád-Gruppe. Die Beziehungen zur Tschechischen Republik sind aufgrund der langen gemeinsamen Staatlichkeit und anhaltender politischer, wirtschaftlicher und persönlicher Verflechtungen sehr eng. Das Verhältnis zu Ungarn war aufgrund des historischen Erbes teilweise sehr angespannt, hat sich aber in den letzten Jahren verbessert, was nicht bedeutet, dass es nicht immer wieder zu heftigen Auseinandersetzungen zwischen den Regierungen in Bratislava und Budapest kommt, wenn es um die Situation der ungarischen Minderheit in der Slowakei geht.

Die Gestaltung der politischen Beziehungen zur Ukraine und zu Russland hängt von der jeweiligen Führung in Bratislava ab und gleicht derzeit einem Spagat zwischen Kiew und Moskau. Einerseits ist man an einer Stabilisierung der Ukraine als Nachbarland interessiert und kritisiert das russische Vorgehen in der östlichen Ukraine, andererseits äußert man diese Kritik eher vorsichtig, um die Beziehungen zu Russland nicht zu gefährden. Traditionell ist die slowakische Regierung auch an guten Beziehungen zu den Staaten des westlichen Balkans interessiert und unterstützt deren EU-Ambitionen. Anders als die Mehrheit der EU-Staaten hat die Slowakei allerdings die Unabhängigkeit Kosovos bislang nicht anerkannt.

Vom demokratischen Aufbruch zum »illiberalen System«: Ungarn

Anders als im Fall der Slowakei betrachtete man Ungarn im Westen in den frühen 1990er-Jahren als Musterschüler unter den EU-Aspiranten Ostmittel- und Südosteuropas, weil das Land früher als andere die ersten Schritte der Transformation in ein demokratisch-parlamentarisches und marktwirtschaftliches System souverän gemeistert hatte.[55]

Transformation von oben

Der Prozess ökonomischer Reformen hatte bereits im Januar 1968 begonnen. Damals war den Unternehmen weitgehende Autonomie bei der Unternehmensführung eingeräumt worden, was auch das Recht eigenständigen Außenhandels einschloss. Der sozialistische Staat beschränkte sich auf regelnde Eingriffe in die Kredit-, Steuer-, Zoll- und Währungspolitik. Zu Beginn der 1980er-Jahre kämpfte Ungarn dann gegen rapide wachsende außenwirtschaftliche Defizite und bekam diese trotz einer Reihe restriktiver Maßnahmen wie Investitionskürzungen, Importbeschränkungen und Preiserhöhungen nicht in den Griff. Trotzdem setzte die ungarische Führung um Parteichef Károly Grósz und Miklós Németh im Mai 1988 den marktwirtschaftlichen Reformkurs fort, in dem sie Aktiengesellschaften, GmbHs und Joint Ventures mit ausländischen Unternehmen zuließ.

Aufgrund der wirtschaftlichen Reformen seit 1968 nahm auch Ungarns politisches Ansehen im Westen wieder zu. Aufmerksam beobachtete man in den westlichen Hauptstädten das ungarische Experiment. Gleichzeitig bemühte sich das Land um Kontakte zur Europäischen Gemeinschaft sowie zur Weltbank und zum Internationalen Währungsfonds – nicht zuletzt, um der Außenverschuldung Herr zu werden.[56]

Doch die wirtschaftlichen Reformen und die außenpolitische Öffnung genügten den kritischen Intellektuellen in Ungarn nicht. Ab 1976 entstand eine demokratische Opposition, die eine Liberalisierung der Gesellschafts- und Kulturpolitik forderte und eine freie, unabhängige Presse aufbaute, die trotz vielfältiger Schikanen von den staatlichen Organen nie ganz mundtot gemacht werden konnte. Mitte der 1980er-Jahre meldeten sich dann auch innerhalb der Ungarischen Sozialistischen Arbeiterpartei (MSZMP) zunehmend Reformkräfte zu Wort. Zwei ihrer wichtigsten Vertreter, Imre Poszgay und Rezső Nyers, rückten schließlich im Mai 1988 ins Politbüro auf, während ihr Mitstreiter Miklós Németh ein halbes Jahr das Amt des Ministerpräsidenten übernahm. Ebenfalls im Mai 1988 wurde János Kádár nach mehr als 30-jähriger Amtszeit als Parteichef abgesetzt und auf den unbedeutenden Posten des Ehrenvorsitzenden abgeschoben.[57]

Parallel zu diesen Reformanstrengungen der herrschenden Kommunisten machte die Opposition durch die Gründung von Parteien Fortschritte. So entstanden im Jahr 1987 unter anderen das Ungarische Demokratische Forum (MDF), der Bund Junger Demokraten (Fidesz) und der Bund Freier Demokraten (SZDSZ). Außerdem formierten sich verschiedene Gewerkschaften. Im Frühjahr 1989 bildeten insgesamt acht Parteien und Gruppierungen den Oppositionellen Runden Tisch, der fortan die Basis für Verhandlungen mit der regierenden MSZMP sein sollte. In dieser selbst bildeten verschiedene Reformzirkel eine gemeinsame Plattform mit dem Ziel, die Sozialdemokratisierung der Partei voranzutreiben. Ministerpräsident Németh stärkte die Position der Reformer, indem er einige ihrer führenden Köpfe in sein Kabinett aufnahm, das dann eine Reihe bahnbrechende Gesetze verabschiedete, darunter eine Änderung des Wahlrechts, ein Gesetz über Volksabstimmungen sowie Gesetze über politische Parteien, das Verfassungsgericht und die Schaffung des Amtes eines Staatspräsidenten.

Außerdem forcierte das Kabinett von Németh die Öffnung Ungarns zum Westen, ohne die sicherheitspolitischen Interessen der Sowjetunion allzu sehr zu missachten. Im Juli 1989 verständigten sich beide Seiten darauf, im Falle erfolgreicher internationaler Abrüstungsgespräche in Wien den Abzug der sowjetischen Truppen aus Ungarn einzuleiten. Im September desselben Jahres kam es zur am Anfang des Buches erwähnten spektakulären Öffnung der Grenze zu Österreich, die vielen DDR-Flüchtlingen in Ungarn den Weg in den Westen ebnete. In den folgenden Wochen verließen mehr als 60 000 DDR-Bürger auf diesem Weg ihr Land.[58]

Nach mehrmonatigen Verhandlungen einigte man sich am Runden Tisch auf sechs Reformen, die dann zu Gesetzen ausgearbeitet und im Oktober 1989 vom Parlament verabschiedet wurden – insbesondere über die Novellierung der geltenden Verfassung, von der noch die Rede sein wird.

Erstmals basisdemokratisch gewählt, versammelten sich am 6. Oktober 1989 1300 Delegierte der MSZMP zu einer Parteikonferenz, bei der die Auflösung der Organisation und die Gründung der Ungarischen Sozialistischen Partei (MSZP) beschlossen wurde. Danach brach geradezu ein politisches Gründungsfieber aus: Mehr als 50 neue Parteien entstanden, von denen höchstens ein Fünftel die Chance hatte, ins künftige Parlament zu gelangen. Dabei kristallisierten sich vier Hauptströmungen heraus. Am linken Rand des Parteienspektrums war dies die neu aufgestellte Ungarische Sozialistische Arbeiterpartei, in der sich hauptsächlich ehemalige Funktionäre der MSZMP versammelten, die eine größere ideologisch-politische, organisatorische und personelle Wende ablehnten. Die zweite, gemäßigt linke Strömung repräsentierte vor allem die neue sozialdemokratische MSZP. Zur dritten, liberalen Strömung gehörten der Bund Freier Demokraten, zu dem sich vorwiegend Intellektuelle der vormaligen demokratischen Opposition zusammenschlossen, sowie der Bund Junger Demokraten (Fidesz), der einige Jahre später eine Wende hin zu einer national-konservativen Partei vollziehen sollte. Die vierte, national-konservative Strömung bildeten damals im Wesentlichen das Ungarische Demokratische Forum und die Partei der Kleinen Landwirte (FKGB).

Generell lässt sich sagen, dass der politische Druck »von unten« für die ersten Liberalisierungen der Jahre 1986/87 und für die Demokratisierung von 1989 nicht so entscheidend war wie in Polen, der DDR und der Tschechoslowakei, wo Streiks und Demonstrationen sowie die neue Opposition den Wandel mehr oder weniger erzwangen. Die Reformer in der ungarischen MSZMP um Grósz, Németh, Pozsgay und Nyers stellten eine vorwärtstreibende, zeitweise sogar führende Kraft im Umgestaltungsprozess dar. Immerhin sorgte der Druck der ab 1987 in Ungarn entstehenden »bürgerlichen« Parteien dafür, dass die MSZMP-Reformer ihre Ideen von einem »sozialistischen politischen Pluralismus« aufgaben und wie die neuen Parteien Kurs auf eine parlamentarische Demokratie und eine Marktwirtschaft nahmen. Erst Mitte 1989 gelang es der Opposition und ihren Parteien, bei den Verhandlungen am Runden Tisch über einige Aspekte der Transformation eine gleichberechtigte Rolle zu spielen, bevor die politische Initiative für den Wandel erneut auf die Regierung des Sozialisten Németh überging. Der Historiker und Politologe Andreas Schmidt-Schweizer schreibt sogar, dass es sich beim ungarischen Demokratisierungsprozess um eine »politische Transformation von innen«, also aus der vormaligen Staatspartei MSZMP heraus, gehandelt habe.[59]

Hinzu kam, dass die Transformation in Ungarn nicht mit einem umfassenden Wechsel der Eliten in Politik und Wirtschaft verbunden war. Neue Kräfte kamen hinzu, ersetzten aber nicht die alten. Fortan bestanden alte und neue Eliten nebeneinander und wechselten sich bei der Besetzung der wichtigsten Staatsämter ab oder machten sich in der Wirtschaft gegenseitig Konkurrenz.

Nach 20 Jahren: Eine reaktionäre Verfassung

Eine erste Novellierung der sozialistischen Verfassung von 1949 trat am 23. Oktober 1989, dem Jahrestag des Volksaufstandes von 1956, in Kraft. Auch wenn etwa 90 Prozent des Verfassungstextes verändert wurden und damit ein klarer Bruch mit dem sozialistischen System der Vergangenheit vollzogen wurde, war dies noch keine vollkommen neue Verfassung. Immerhin wurden mit der Novellierung Elemente der Rechtsstaatlichkeit sowie die Dreiteilung der Staatsgewalt, das

Mehrparteiensystem und die soziale Marktwirtschaft als Prinzipien eingeführt.

Die wichtigsten politischen Kräfte waren sich darin einig, dass es sich um ein Provisorium handelte, was auch in der Präambel zum Ausdruck kam, in der der Auftrag zur Ausarbeitung einer völlig neuen Verfassung formuliert wurde. Allerdings hatte dies für die nach der Parlamentswahl vom 25. März 1990 gebildete konservative Regierung unter Ministerpräsident József Antall (MDF) keine Priorität. Sie einigte sich mit der Opposition lediglich auf weitere Verfassungsänderungen, die mehrheitlich die Kompetenzen des Parlaments gegenüber der Regierung beschnitten und in Richtung einer »Kanzlerdemokratie« wiesen.

Die Arbeit an einer gänzlich neuen Verfassung wurde erst nach der Parlamentswahl im Mai 1994 und der Bildung einer Koalition aus MSZP und SZDSZ fortgesetzt. Zunächst einigte sich die Koalition mit der Opposition darauf, das Quorum für die Verabschiedung der Verfassung auf vier Fünftel zu erhöhen, um für die neue Verfassung einen breiteren Konsens zu finden. Der nach der Wahl eingesetzte Verfassungsausschuss legte zwar einen Entwurf der Grundprinzipien für das künftige Grundgesetz vor, fand aber keine ausreichende Mehrheit im Parlament dafür. Danach lag die Verfassungsarbeit für mehr als ein Jahrzehnt auf Eis.

Erst nachdem Ministerpräsident Viktor Orbán mit seinem Fidesz im Verbund mit der kleinen Christdemokratischen Volkspartei bei der Parlamentswahl im Frühjahr 2010 einen fulminanten Wahlsieg errungen und im Parlament eine Zweidrittelmehrheit erobert hatte, kam wieder Bewegung in die Sache. Im Rahmen des nun von Orbán in hohem Tempo vorangetriebenen Umbaus des politischen Systems spielte die Verabschiedung einer neuen Verfassung eine zentrale Rolle. Aus symbolischen wie aus machtpolitischen Erwägungen sollte diese nicht erst gegen Ende der Legislaturperiode erfolgen. Das gelang schließlich auch, weil jede fachliche bzw. parlamentarische und öffentliche Debatte abgewürgt wurde. Eine Diskussion fand weder in der gesamten Regierung noch mit den Oppositionsparteien oder in der politischen

Öffentlichkeit statt, auch Verfassungsjuristen wurden kaum zurate gezogen. Auf ein Referendum verzichtete die Regierung ebenfalls.

Im März 2011 legte die von Orbán eingesetzte Arbeitsgruppe unter Leitung des Fidesz-Funktionärs und Europaparlamentariers József Szájer einen Entwurf vor, der dann mit den Stimmen der Fidesz-Mehrheit am 18. April 2011 vom Parlament verabschiedet und eine Woche später auch vom Staatspräsidenten unterzeichnet wurde. 262 der anwesenden 307 Abgeordneten stimmten für den Entwurf, 44 dagegen, einer enthielt sich der Stimme; 78 Abgeordnete waren erst gar nicht zur Abstimmung erschienen. Dieser Beschluss zeigte, dass die neue Verfassung nicht auf einem breiten Konsens aller politischen Eliten basierte.

Nach Auffassung führender ungarischer Verfassungsrechtler und auch westlicher Rechtsexperten entspricht diese immer noch gültige Verfassung nicht demokratischen Standards.[60] Sie verstoße gegen das Prinzip der religiös-weltanschaulichen Neutralität, hieß es. Der Schutz wesentlicher Grundrechte sei nicht gewährleistet, das Verfassungsgericht geschwächt. An die Stelle der Herrschaft des Rechts über die Politik sei die Herrschaft der Politik über das Recht getreten.

In der ideologisch völlig überfrachteten Verfassung werden die weltanschaulichen Grundsätze und die politische Linie des Fidesz für verbindlich erklärt, Wertvorstellungen anderer politischer Lager und gesellschaftlicher Strömungen dagegen vollständig ausgeblendet. Die Präambel gilt als normativer und damit verbindlicher Teil der gesamten Verfassung. In ihr rangiert die Nation an oberster Stelle, wobei mit Nation nur die ethnischen Ungarn gemeint sind, nicht die im Land ebenfalls lebenden ethnischen Minderheiten. Christlicher Glaube, Familie und gute Arbeit bilden laut Präambel einen verbindlichen Rahmen für das Zusammenleben in der Gesellschaft. Ehe und Familie erfahren außerdem im weiteren Verfassungstext eine Aufwertung, wenn es heißt, dass in Ungarn die Ehe als Lebensgemeinschaft zwischen Mann und Frau geschützt werde und die durch eine solche Ehe begründete Familie die Grundlage für das Fortbestehen der Nation sei. Offenkundig ist der Verstoß gegen Gleichheitsprinzipien etwa der Europäischen Union, indem Homosexuelle, gleichgeschlechtliche Partnerschaften und alleinerziehende Mütter oder Väter abgewertet werden.

Angehörige ethnischer Minderheiten genießen staatsbürgerliche Rechte, können also am politischen und öffentlichen Leben teilnehmen, sind aber nicht Angehörige der symbolisch so wichtigen ungarischen Nation.

Der Grundrechtekatalog der Verfassung und die Dreiteilung der Staatsgewalt entsprechen im Grundsatz europäischen Standards, das Regierungssystem ist weiterhin eine parlamentarische Demokratie. Doch gibt es auch signifikante Einschränkungen. So hat das Parlament keine Budgethoheit mehr, wurde eine rückwirkende konfiskatorische Besteuerung möglich, hat man die verfassungsgerichtliche Kontrolle richterlicher Urteile beschnitten, können Verrentungen rückgängig gemacht und Frührentner ins Arbeitsleben zurückgeführt werden.

Rechtlich und rechtsstaatlich bedenklich ist außerdem, dass die Opposition keinerlei Einfluss auf die Besetzung des Verfassungsgerichts mehr hat. Bis 2010 war durch die Verfassung bei der Besetzung von Stellen am Verfassungsgericht noch eine Art Proporz zwischen Regierungs- und Oppositionsparteien unabhängig von den Mehrheitsverhältnissen gegeben. Die neue Verfassung kennt solche Rechte der Opposition nicht mehr, sondern als Bedingung nur noch eine Zweidrittelmehrheit im Parlament. Fidesz kann also mit seiner Zweidrittelmehrheit alle Posten am Verfassungsgericht besetzen und tut dies auch.

Ein übermächtiger Fidesz

Nach 1988 haben auch in Ungarn Parlamentswahlen immer wieder zu Machtwechseln geführt, denen dann jeweils eine Neuausrichtung der Regierungspolitik folgte. In der Regel waren dies Machtwechsel zwischen den Sozialisten und Liberalen einerseits sowie konservativen bzw. nationalkonservativen Parteien andererseits. Nach der Wahl von 2002 konnte sich mit den Sozialisten zum ersten Mal eine Partei für eine zweite Legislaturperiode an der Macht halten. Viktor Orbán schließlich gewann mit seiner nationalkonservativen Partei Fidesz sowohl die Parlamentswahl von 2010 als auch die von 2014 und 2018.

Das Parteiensystem hat sich seit den vielen Parteigründungen in den späten 1980er-Jahren relativ stabilisiert, was Neugründungen nicht ausschloss und auch in Zukunft nicht ausschließen dürfte. Dabei waren die wichtigsten Entwicklungen:

– Der Fidesz, der im März als Bund Junger Demokraten gestartet war und später in »Bund ungarischer Bürger – Fidesz« umbenannt wurde, entwickelte sich von einer liberaldemokratischen Protestpartei zu einer rechten Partei mit klassisch christlich-konservativem und nationalistischem Gedankengut. In dieser Partei ist alles auf den Vorsitzenden Viktor Orbán zugeschnitten, dessen Stellung fast sakrosankte Züge angenommen hat.

– Die Ungarische Sozialistische Partei die 1989/90 eine der beiden einflussreichsten Kräfte war und danach mehrfach Regierungsverantwortung übernahm, befindet sich seit 2010 in einem Abwärtstrend und hat bei der Wahl 2018 ihr bisher schlechtestes Ergebnis erzielt, auch wenn ihr in einigen Städten Achtungserfolge gelangen. Die MSZP, deren Programmatik man als sozialdemokratisch bezeichnen kann, verfügt über eine europäisch-marktwirtschaftlich ausgerichtete Elite und eine mehrheitlich sozialistisch-nostalgische Anhängerschaft.

– Das Ungarische Demokratische Forum, das zwischen 1990 und 1994 noch Regierungsgeschäfte führte, verlor danach, ähnlich wie die Solidarność in Polen und Sajudis in Litauen, verschiedene innerparteiliche Strömungen an andere Parteien und wurde vor allem zwischen den beiden dominierenden Parteien Fidesz und MSZP zerrieben. Bei der Wahl im Jahr 2010 kam das MDF nur noch auf 2,7 Prozent der Stimmen.

– Ebenso ist der Bund Freier Demokraten von der Bildfläche verschwunden. Dessen intellektuelle Mitglieder bildeten den Kern der demokratischen Opposition vor 1989, später war der SZDSZ mehrfach an Regierungen beteiligt. Angetreten als klassische linksliberale Partei, führten permanente Kämpfe um Inhalte und Führungsposten zu deren Niedergang. Im Jahr 2010 kam das endgültige Ende.

– An die Stelle der beiden zuletzt genannten Parteien sind einige Newcomer auf der politischen Bühne erschienen. Dazu zählt insbesondere die im Jahr 2003 entstandene Bewegung für ein besseres Ungarn, kurz Jobbik genannt. Mehr als ein Jahrzehnt lang war diese Partei eindeutig rechtsradikal, gerierte sich als Führerpartei, gab sich offen rassistisch, schürte Hass auf alles »Nichtungarische« und instrumentalisierte soziale Ängste in der Gesellschaft. Seit 2016 versucht ihr Vorsitzender Gábor Vona, die ärgsten antisemitischen und antiziganistischen Positionen abzuschwächen und Jobbik stärker als klassische nationalkonservative Partei zu profilieren, die sich Themen der Sozial- und Bildungspolitik zuwendet. Bei den Wahlen 2010 und 2014 kam Jobbik mit 16,7 bzw. 20,2 Prozent der Stimmen auf den dritten Platz, 2018 landete sie mit 19,4 Prozent sogar auf dem zweiten Platz, vor den Sozialisten.

– Im Jahr 2009 wurde eine Partei mit dem umständlichen Namen »Eine andere Politik ist möglich« (LMP) gegründet, die seit 2010 ebenfalls im Parlament vertreten ist und landläufig als die ungarischen Grünen bezeichnet wird. Allerdings tat sich diese Partei immer schwer damit, ein klares Profil zu entwickeln. In ihren Reihen finden sich sozialistische wie nationalkonservative Grüne, auch Sozialdemokraten und Liberale, die sich enttäuscht von ihren Parteien abwandten, sowie vormals parteiunabhängige bürgerliche Individualisten.

– Als Abspaltung von den Sozialisten gründete der vormalige Ministerpräsident Ferenc Gyurcsány 2011 die Partei der Demokratischen Koalition, die seit 2014 auch mit einigen Abgeordneten im Parlament vertreten ist, aber kaum Einfluss hat.

Mit der Novellierung der Verfassung 2011 wurde das Wahlrecht auf den Fidesz als dominanter Partei zugeschnitten. Gab es zuvor eine Kombination aus Mehrheits- und Verhältniswahlrecht, so trat nun das Element der Mehrheitswahl in den Vordergrund. Die Anzahl der

Parlamentarier wurde fast halbiert von 386 auf 199, wobei 106 Abgeordnete direkt in den Wahlkreisen gewählt werden. Dabei reicht schon im ersten Wahlgang eine relative Mehrheit zum Sieg, während bis 2011 eine Stichwahl abgehalten werden musste, wenn die Wahlbeteiligung nicht mindestens 50 Prozent betrug.

Der Fidesz neigt dazu, mit seiner großen Mehrheit das Parlament als Abstimmungsmaschine zu missbrauchen. Oft werden Gesetze und sonstige Beschlüsse ohne Anhörung von Fachleuten und ausführliche Debatte regelrecht durchgepeitscht.

Jenseits der Parteien sind zahlreiche Gruppen der Zivilgesellschaft entstanden, die allerdings außerhalb der größeren Städte kaum bekannt oder gar politisch relevant sind und von den Regierungsmedien konsequent ignoriert werden. Dazu zählen die Verteidiger der Gesellschaften und der Freiheiten (TASZ), die gewerkschaftliche Ungarische Solidaritätsbewegung, die »Vierte Republik«, die sich als Gründungsinitiative für eine neue, linksorientierte Partei versteht, die »Gesellschaft der Ehrerbietung« als Sprachrohr der Rentner sowie das Studentische Netzwerk, das die fachlichen und sozialen Interessen der Studierenden vertritt.

Vor allem diese Gruppen haben seit 2010/11 Demonstrationen in der Hauptstadt Budapest, aber auch in Städten wie Debrecen, Gyula und Szeged organisiert, um gegen die Beherrschung wichtiger Medien durch den Fidesz und die neue Verfassung zu protestieren, aber auch, um an die Revolution von 1848/49 und den Volksaufstand im Jahr 1956 zu erinnern. Zu den bislang größten Demonstrationen kam es in den Tagen nach der Parlamentswahl am 8. April 2018, als allein in Budapest etwa 100 000 Menschen zusammenströmten. Sie verlangten eine Überprüfung der Stimmenauszählung, eine Änderung des Wahlrechts sowie eine lückenlose Aufklärung der Korruptionsfälle in der Partei und im Umfeld des Fidesz. Außerdem forderten sie mit Blick auf das Wahldebakel eine stärkere Zusammenarbeit der Oppositionsparteien, kritisierten die Gängelung von Gruppen der Zivilgesellschaft, die sich um Flüchtlinge kümmern, und verurteilten die antisemitische Kampagne gegen den jüdischstämmigen amerikanischen

Finanzinvestor George Soros.[61] Diese Proteste konnten bislang aber nicht genug politischen Druck aufbauen, um die Machtausübung des Fidesz in irgendeiner Weise einzudämmen. Noch fehlt es den beteiligten Gruppen oft auch an organisatorischer Stabilität und weiterführender politischer Programmatik.

Zwischen Genie und Melancholie

Hinsichtlich von Religionsgemeinschaften ist Ungarn seit Jahrhunderten ein überdurchschnittlich tolerantes Land. Schon im 16. Jahrhundert formulierte der Landtag, die gesetzgebende Versammlung des Königreichs Ungarn, das Prinzip der Religionsfreiheit, das dann später auch die absolutistische Monarchie bestätigte. Nach dem Zweiten Weltkrieg erklärten die regierenden Kommunisten Religionen und Kirchen zu Hauptfeinden des neuen Systems, verfolgten sie und drängten sie aus dem öffentlichen Leben. Erst während der politischen Wende wurde 1989 ein neues Religionsgesetz verabschiedet, das nicht nur Einzelpersonen Religionsfreiheit zusicherte, sondern durch liberale Bedingungen die Gründung von Kirchen erleichterte.

Etwa 75 Prozent der gut 9,8 Millionen Einwohner Ungarns bekennen sich zu einer christlichen Konfession. Dabei sind die Katholiken mit knapp vier Millionen Gläubigen die größte Religionsgemeinschaft, gefolgt von den Reformierten mit etwa zwei Millionen und den Lutheranern mit zirka 430 000. Die serbische, griechische und russische Orthodoxie zählt zusammen etwa 270 000 Gläubige. Die Zahl der bekennenden Juden wird auf etwa 100 000 geschätzt. Insgesamt gibt es in Ungarn mehr als 100 Religionsgemeinschaften. Etwa eine Million Menschen bezeichnen sich offen als Atheisten.

Generell nimmt die Zahl der Ungarn, die sich einer Religion zugehörig fühlen, langsam ab, wobei dies hauptsächlich für die größeren Religionsgemeinschaften wie Katholiken, Reformierte, Lutheraner, Orthodoxe und Juden gilt, während die Anhängerschaft kleinerer wie etwa der Adventisten wächst. Gerade bei den Katholiken fällt die Kirchenzugehörigkeit mehrheitlich nicht mit einer engen Bindung an kirchliche Institutionen zusammen. So nehmen nur etwa 15 bis 20 Prozent der Gläubigen regelmäßig an Messen teil.

Dass die seit 2010 regierenden Nationalkonservativen wenig Sinn für die ungarische Tradition staatlicher Toleranz gegenüber Religionsgemeinschaften haben, bewiesen sie mit dem von ihnen im Juli 2011 im Parlament durchgesetzten neuen Religionsgesetz, das mit einem Schlag vielen kleineren Glaubensgemeinschaften die offizielle Anerkennung und damit das Recht auf staatliche Unterstützung entzog. Gerade sie aber sind auf staatliche Mittel angewiesen, da Ungarn keine Kirchensteuer kennt, die umverteilt werden könnte. Fortan genossen nur noch 14 Gruppen offiziell den Status einer Religionsgemeinschaft, darunter die Katholiken, Reformierten, Lutheraner und Orthodoxen sowie einige jüdische Gemeinden, während Methodisten, Buddhisten, Adventisten, Muslime, Zeugen Jehovas und andere Gruppen aus der offiziellen Liste gestrichen wurden. Der Europäische Gerichtshof für Menschenrechte hat das Kirchengesetz von 2011 als Verstoß gegen die Europäische Menschenrechtskonvention bewertet.

Wenn es um Stimmungen, historische Erfahrungen und Zukunftswünsche, Vorlieben und Vorurteile, Phobien und Ängste der Ungarn geht, die politisches und soziales Verhalten beeinflussen, so sprechen ungarische Soziologen von verschiedenen Lagern in der ungarischen Gesellschaft: von den Weltenbummlern und den Heimatverbundenen, den Liberalen und den Konservativen, den jüdischen, sprachgewandten Kosmopoliten aus den großen Städten und den verschlossenen maulfaulen Magyaren vom Lande, den Linken und den Rechten. Im Denken der Ungarn korrespondieren Freiheitsliebe, Stolz, Hochmut, Euphorie und brillanter Intellekt mit Unterwürfigkeit, Pessimismus, Melancholie, Naivität und einem Gefühl der Minderwertigkeit gegenüber anderen Nationen.

Kaum eine andere Nation hat, gemessen an der Größe seiner Bevölkerung, eine ähnliche Zahl an Nobelpreisträgern und anderen geistigen Größen hervorgebracht wie die Ungarn. Das gilt für die Naturwissenschaften, die Medizin, die Philosophie, die Sozialwissenschaften und die Ökonomie ebenso wie für die Musik, die Literatur, den Film und andere Bereiche von Kunst und Kultur.

Aber das Ungarn der Genies ist nur die eine Seite der Medaille. die andere zeigt das melancholische oder gar depressive, von Minderwertigkeitskomplexen und Zukunftsängsten geplagte Ungarn. Es sind die Menschen in den ländlichen Regionen und kleineren Städten des Landes, auch die einfachen Leute in den Großstädten, die keinen Anlass für Optimismus sehen.

Die Ursachen für solche Stimmungen sind zum Teil in der Geschichte bzw. im Umgang mit ihr zu finden. Viele historische Ereignisse sind im kollektiven Bewusstsein der Ungarn präsent, ohne wirklich verarbeitet worden zu sein. Denn die politischen Umstände haben von den Menschen immer wieder verlangt, Erinnerungen entweder vollständig zu verdrängen oder zumindest in der Privatsphäre zu belassen, weil ihr öffentliches Ansprechen große Probleme mit sich gebracht hätte. Nach dem Systemwechsel von 1989 kam vieles zwar an die Oberfläche, aber oft in Form von Rechthaberei, Beleidigungen, gegenseitigen Schuldzuweisungen. Das beförderte die Verfestigung extrem verfeindeter politischer Lager, deren Grabenkämpfe sich bis in private Milieus, Familien und Partnerschaften fortsetzen. Man streitet über den Vertrag von Trianon des Jahres 1920, durch den Ungarn zwei Drittel des Territoriums des historischen Königreichs verlor, die Zwischenkriegszeit, als der reaktionäre Miklós Horthy das Sagen hatte, über das Bündnis Ungarns mit dem Dritten Reich, über die »Befreiung« durch die Rote Armee 1945, den Volksaufstand von 1956, die Amtszeit des kommunistischen Parteiführers János Kádár von 1956 bis 1988 sowie die Legitimation des Umschwungs von 1989. Aber auch die schwierige gegenwärtige soziale Lage eines erheblichen Teils der ungarischen Bevölkerung ist ein wichtiger Grund für den in der Gesellschaft weit verbreiteten Pessimismus.

Verluste, Ängste, Minderwertigkeitskomplexe können auch zu nationalistischen, völkischen, ethno-zentristischen, rassistischen und stark autoritätsfixierten Anschauungen führen. Das ist nicht nur in Ungarn so, aber auch und gerade dort. Ungarische Soziologen gehen davon aus, dass 15 bis 20 Prozent der Wahlberechtigten extrem rechtes Gedankengut akzeptieren, das sich durch Antisemitismus, Antiziganismus und Homophobie auszeichnet. Der ungarische Antisemitismus ist oft ein Antisemitismus ohne Juden. Die Bezeichnung »Jude« wird als Synonym für Fremder, Nichtungar, politischer Gegner, verachtungswürdige Randfigur der Gesellschaft gebraucht.

Die Nationalkonservativen des Fidesz haben es in den letzten zehn Jahren wie niemand anders verstanden, solche Stimmungen für sich zu nutzen und in Wahltriumphe umzumünzen. Die Partei von Viktor Orbán machte die Komplexe in der ungarischen Gesellschaft zu ihrem wichtigsten Wahlkampfthema. Gegen die verbreitete Mutlosigkeit beschwor Orbán die schöpferische Kraft der ungarischen Nation, worunter er natürlich nur die ethnisch »reinen« Ungarn verstand. Stolz auf diese Nation trotz aller in der Geschichte erlittenen Niederlagen sollte zum entscheidenden Lebensgefühl werden. So schrieb er auch den »Schutz« dieser Nation vor muslimischen Flüchtlingen auf seine Fahnen. Dabei sind der Fidesz und Orbán natürlich nicht die einzigen, die gesellschaftlichen Stimmungen instrumentalisieren. Auch bei den Sozialisten und der rechten Partei Jobbik gibt es so manchen, der über diese »Fähigkeit« verfügt, aber Viktor Orbán hat es darin fast zur Perfektion gebracht. Wie zielgerichtet der Fidesz bemüht ist, bestimmte Stimmungen, Vorurteile und Phobien in der ungarischen Gesellschaft für sich zu instrumentalisieren, zeigte sich Mitte März 2019, als der antisemitische Lyriker und Publizist Kornél Döbrentei auf persönliche Veranlassung von Orbán einen staatlichen Literaturpreis erhielt. Dabei ging es nicht um eine Anerkennung der schriftstellerischen Leistungen des Geehrten, die von unabhängigen Experten eher als gering eingeschätzt werden, sondern um ein Signal an jene Teile der Gesellschaft, die wie Döbrentei denken, dass auch für sie der Fidesz diejenige Partei ist, die konsequent ihre Interessen vertritt.

Seit langem gibt es in Ungarn einen Streit darüber, ob und in welchem Maße das Land und seine Menschen zu der größeren politischen, ökonomischen, sozialen und kulturellen Ordnung gehören, die im Allgemeinen als »der Westen« bezeichnet wird. Immer wieder diskutiert man innerhalb der politischen Parteien, kirchlichen Glaubensgemeinschaften, kulturellen Vereinigungen und sonstigen gesellschaftlichen Milieus über den notwendigen oder wünschenswerten Grad der Westbindung Ungarns. Mit ihrer EU-skeptischen, ganz auf die Dominanz des Nationalstaats ausgerichteten Politik haben sich die Nationalkonservativen des Fidesz unter Orbán deutlich positioniert und damit vorerst die Mehrheit der Gesellschaft um sich geschart. In Ungarn werden der Staat und die öffentlichen Institutionen nicht ganz so kritisch oder gar negativ gesehen wie etwa in Polen. Auch ist die Beteiligung an Parlamentswahlen in der Regel höher als dort. Vergleichbar ist eher das Protestpotenzial, das aber wie in Polen bislang nicht ausreichte, um die Regierenden richtig unter Druck zu setzen. Die letzte große Erhebung war der Volksaufstand im Jahr 1956, der sich gegen den Stalinismus und die anrückenden sowjetischen Panzer richtete, liegt also mehr als sechs Jahrzehnte zurück. Noch immer ist die starke Entpolitisierung weiter Teile der Gesellschaft spürbar, die auf die lange Amtszeit des früheren Parteichefs János Kádár zurückgeht.

Marktwirtschaft statt »Gulaschkommunismus«

Das heutige ökonomische System Ungarns entspricht mit seinen Prinzipien, Institutionen und seiner Praxis weitgehend denen, die für westliche Marktwirtschaften typisch sind, auch wenn es noch alte, an den Sozialismus erinnernde Mentalitäten und Verhaltensweisen in Teilen der Administration sowie in einzelnen Bereichen der Wirtschaft gibt. Mit der Durchsetzung der Marktwirtschaft haben sich die gesellschaftlichen Strukturen und die Einkommensverhältnisse stark verändert. Eine gesellschaftliche Minderheit nutzte die über weite Strecken dynamische wirtschaftliche Entwicklung, um schnell reich zu werden, während große Teile der Gesellschaft in einen harten Überlebenskampf gerieten, der für viele Menschen in Armut und sozialer Ausgrenzung endete. Zwei Drittel der Ungarn betrachten sich als Verlierer des Systemwechsels von 1989.

Soziologen gehen davon aus, dass etwa ein Zehntel der knapp zehn Millionen Einwohner Ungarns zu den eindeutigen Gewinnern der neuen Verhältnisse zählt. Dabei handelt es sich um die führenden Manager der im Land tätigen internationalen Konzerne, die Besitzer und Vorstandsmitglieder bedeutender einheimischer Unternehmen und Finanzinstitute, die seit 1988 entstanden sind, sowie die große Zahl derjenigen, die in diesen Firmen und Banken einträgliche Jobs gefunden haben. Unter den Geringverdienern, Arbeitslosen und Rentnern gibt es gegenüber dem freien Wettbewerb eine enorme Skepsis, die eine der wichtigsten Quellen ist, aus denen sich der ungarische Rechtspopulismus speist. Immer wieder kommen nostalgische Erinnerungen an die »goldenen Zeiten« unter Kádár und dessen »Gulaschkommunismus« hoch.

Viele Menschen haben auch den alten, aus den sozialistischen Zeiten stammenden Glauben an die Allmacht des Staates in die heutigen Zeiten herübergerettet, insbesondere wenn es um das Gesundheitswesen, die Altersversorgung und die Gestaltung des Arbeitsmarktes geht. Noch macht der gängige Spruch die Runde, dass es »die Kommunisten« waren, die von oben herab »den Kapitalismus« durchgesetzt hätten.

Viktor Orbán und andere Funktionäre des Fidesz bedienen sich dieser Ressentiments, wenn sie gegen »Multis, Bankiers und EU-Bürokraten« wettern, zumindest wenn sie vor heimischem Publikum auftreten, nicht in ihren Reden im Ausland. Ungarn befinde sich quasi in einem »wirtschaftlichen Befreiungskampf«, der Staat müsse vor allem ungarische Interessen schützen. Allerdings geht Orbán in seiner täglichen Praxis eher pragmatisch und interessengebunden mit ausländischen Investoren im Land um, weil er genau weiß, dass diese sein Land wirtschaftlich nach vorne gebracht haben und Ungarn weiter auf sie angewiesen ist.

Allerdings hat die Fidesz-Regierung gerade einiger der Branchen mit Sondersteuern belegt, in denen ausländische Investoren stark vertreten sind. Nach Jahren hoher Gewinne, so hieß es, sollten die ausländischen Unternehmen auf diese Weise einen Beitrag zur Sanierung des Staatshaushalts und zur Entlastung der Konsumenten leisten. Außerdem fördert die Regierung kleine und mittlere Unternehmen,

　Transformationsprozesse – Länderstudien

etwa durch die Senkung der Körperschaftssteuer, um so den ungarischen Mittelstand zu stärken, »ein bürgerliches Ungarn aufzubauen«, wie es in der Sprache Orbáns und des Fidesz heißt. Seit 2010 wurden unter Orbán auch eine Reihe von Unternehmen verstaatlicht, dem Staat Beteiligungen an mehreren großen Firmen gesichert oder bereits bestehenden Beteiligungen ausgebaut, so beim Ölkonzern MOL, beim Fahrzeughersteller Rába und bei den Budapester Wasserwerken. Bei der Außenwirtschaftspolitik fällt auf, dass Orbán und seine Regierung seit 2014 bemüht sind, die Beziehungen zu östlichen Staaten zu intensivieren. Mehr ungarische Exporte in die südkaukasischen Länder, in den Nahen Osten sowie nach Russland, Zentralasien und Ostasien, so der Ministerpräsident, seien für den Erfolg einer außenwirtschaftlich orientierten Volkswirtschaft sehr wichtig. Gerade an den vergleichsweise engen Beziehungen Ungarns zu Russland zeigt sich der Unterschied zu den Nationalkonservativen von Jarosław Kaczyński in Polen. Während diese die Beziehungen zu Moskau hauptsächlich unter historischen Gesichtspunkten betrachten und die Frage einer militärischen Bedrohung durch Russland in den Vordergrund stellen, haben sie für den in diesem Fall sehr pragmatisch denkenden und handelnden Orbán rein strategischen Charakter – auch und gerade in wirtschaftlicher Hinsicht.

Größter Schwachpunkt von Orbáns Machtsystem ist die grassierende Korruption im Umkreis des Ministerpräsidenten, im Regierungsapparat und in der Führung des Fidesz. So gingen bei einer von der Regierung initiierten Auktion von landwirtschaftlichen Nutzflächen im Jahr 2015 mehr als zwei Drittel der insgesamt 130 000 Hektar an persönliche und Parteifreunde Orbáns, an Fidesz-Politiker und deren Angehörige. Gerade Orbáns Freund Lőrinc Mészáros, Bürgermeister im westungarischen Felcsút, dem Geburtsort des Ministerpräsidenten, ebenfalls Bauunternehmer, Großgrundbesitzer und Schweinezüchter, »gewinnt« regelmäßig Ausschreibungen von staatlichen Infrastruktur- und Renovierungsvorhaben.

Nach Angaben des Budapester Zentrums zur Ermittlung von Korruptionsfällen wurden in den Jahren 2010 bis 2015 insgesamt mehr als 125 000 Regierungs- und andere öffentliche Aufträge im ganzen Land an Firmen vergeben, die in der einen oder anderen Weise mit dem Fidesz verbunden sind.

Wo steht Ungarn wirtschaftlich drei Jahrzehnte nach dem Systemwechsel? Ohne Zweifel sind Teile der Produktion und des verarbeitenden Gewerbes technologisch weit fortgeschritten und können mit vergleichbaren Wirtschaftszweigen in westlichen EU-Staaten mithalten. Ungarn wird von westeuropäischen Unternehmen nicht mehr nur als »verlängerte Werkbank« gesehen. Doch der Blick auf einige Zahlen zeigt auch, dass das Bemühen, mit dem Westen gleichzuziehen, noch Jahre andauern wird. So liegt das ungarische Bruttoinlandsprodukt pro Kopf bei knapp 12 600 Euro (im Jahr 2018), während es im EU-Durchschnitt fast 32 700 Euro beträgt. Polen liegt bei 12 100 Euro, die Slowakei bei 15 600 und die Tschechische Republik bei 18 100. Das Durchschnittseinkommen beträgt 800 Euro (ebenfalls im Jahr 2018), während es im EU-Durchschnitt 2634 Euro ausmacht. Polen kommt auf 990 Euro, die Slowakei auf 942 und die Tschechische Republik auf 927.

Für eine kleine, offene Volkswirtschaft wie die ungarische sind Kapitalzufuhr und Know-how-Transfer auch in Zukunft notwendig, will das Land vorankommen und langfristig wettbewerbsfähig bleiben. Seit den 1990er-Jahren haben sich in Ungarn bei der Privatisierung staatlicher Unternehmen und beim Aufbau neuer Fabriken zahlreiche Unternehmen aus dem Ausland engagiert. Doch in den letzten Jahren ist der Bestand an ausländischen Direktinvestitionen gesunken. Das liegt nicht zuletzt an der widersprüchlichen Politik der Fidesz-Regierungen, die einerseits Investitionen durch Zuschüsse, Darlehen und auch mit Mitteln aus den EU-Fonds gefördert sowie die Körperschaftssteuer gesenkt haben, andererseits aber auch, wie erwähnt, mit Sondersteuern gegen einzelne Branchen vorgegangen sind. Fraglich ist zudem, ob die EU-Gelder mit Beginn der neuen siebenjährigen EU-Finanzierungsperiode weiterhin so üppig fließen werden wie bislang. Außerdem fehlt eine Investitionsförderung, die stärker in die Breite geht und damit kleine und mittlere Unternehmen erfasst.

Des Weiteren fehlt es an qualifizierten Arbeitskräften. Der Anteil der Erwerbsbevölkerung an der Gesamtbevölkerung sinkt und qualifizierte Arbeitskräfte wandern nach Westeuropa ab. Während der Anteil der Studierenden an der Bevölkerung im Alter von 20 bis 24 Jahren bei etwa 27 Prozent liegt, beträgt er in der Tschechischen Republik knapp 37 Prozent und in Polen gut 40 Prozent. Es fehlt nach wie vor ein durchgreifendes Konzept für die Bildungs- und Arbeitsmarktpolitik. Seit zwei Jahrzehnten gelingt es nicht, das Analphabetentum zurückzudrängen. Überhaupt ist klassische Bildungs- und Sozialpolitik für den Fidesz in der Regel kein Thema.

Schaukelpolitik zwischen Brüssel und Moskau

Wie bereits erwähnt, hat die Neuorientierung der ungarischen Außenpolitik und die damit verbundene neue Gestaltung der bilateralen und multilateralen Beziehungen des Landes schon unter den Regierungen von Károly Grósz (1987/88) und Miklós Németh (1988–1990) eingesetzt. Dabei kristallisierte sich eine Außen- bzw. Integrationspolitik heraus, die nicht nur eindimensional westlich ausgerichtet sein sollte, sondern auch dem Selbstverständnis Ungarns als Brücke zwischen Ost und West entsprechen sowie die Sorge um die ungarischen Minderheiten in den Nachbarstaaten zum Ausdruck bringen sollte. Am 10. März 1990 wurde der Vertrag über den Abzug der sowjetischen Truppen aus Ungarn unterzeichnet. Nach der Auflösung des Warschauer Pakts und der Unterzeichnung des Ungarisch-Sowjetischen Grundlagenvertrags im Dezember 1991 hatte Ungarn freie Hand bei der Einbindung in multilaterale Sicherheitsstrukturen. Fortan nahm die Mitgliedschaft in der Nato mehr und mehr Gestalt an und im März 1999 konnte Ungarn in das westliche Bündnis eintreten.

In seiner Regierungserklärung vom Mai 1990 bezeichnete Ministerpräsident József Antall »die Erringung der Mitgliedschaft in der Europäischen Gemeinschaft bis zum Ende der Dekade« als wichtiges Ziel. Der damalige ungarische Botschafter in Bonn, István Horváth, betonte in einem Zeitschrifteninterview, dass die ungarische Regierung von der EG »Partnerschaft und eine zielgerichtete konkrete Unterstützung bei der Schaffung des Rahmens für Marktwirtschaft, bei der Eingliederung in die europäischen Integrationsprozesse und der Einbettung in das System der europäischen politischen Beziehungen« erwarte.[62] Nahezu alle im Parlament vertretenen Parteien, auch der Fidesz, unterstützten die Integration des Landes in die EU.[63] In einem Referendum Mitte 2003 sprachen sich knapp 84 Prozent der teilnehmenden Wähler für den Beitritt aus. Dieser erfolgte dann zusammen mit neun weiteren Staaten am 1. Mai 2004. Seither ist Ungarn auch Mitglied des Schengen-Raums. Mit Abstand wichtigster Handelspartner Ungarns in der EU ist Deutschland.

Die Beziehungen Ungarns zu den Nachbarstaaten, in denen ungarische Minderheiten leben, entwickelten sich unterschiedlich, weil es nicht in allen Fällen zu vertraglichen Vereinbarungen hinsichtlich des Minderheitenschutzes und der Unverletzlichkeit der Grenzen kam, mit denen beide Seiten zufrieden gewesen wären. So gelang die Verständigung Ungarns mit Österreich, Slowenien, Kroatien und der Ukraine. Beispielhaft war der ungarisch-ukrainische Grundlagenvertrag vom Dezember 1991, weil darin sowohl die Rechte der ungarischen Minderheit in der Karpato-Ukraine als auch der gegenseitige Verzicht auf Grenzrevisionen festgeschrieben wurden. Mit Serbien war dies nicht möglich, weil die Ungarn in der Wojwodina durch den wachsenden serbischen Nationalismus zunehmend unter Druck gerieten. Die ungarische Regierung bemühte sich deshalb, auf internationaler Ebene Garantien für die Landsleute zu erhalten, um deren Lage durch eine konfrontative Politik nicht noch weiter zu belasten.

Auch die Vertragsverhandlungen mit Rumänien scheiterten, was dazu führte, dass die Situation der dortigen ungarischen Minderheit bis heute immer wieder Anlass zu Spannungen gibt, die dann von beiden Seiten angeheizt werden. Mal wird die Minderheit von den rumänischen Behörden bedrängt oder gar schikaniert, mal reist Ungarns Ministerpräsident Viktor Orbán in den Kurort Baile Tusnad im Siedlungsgebiet der Minderheit, um dort provokative Reden zu halten.

So auch Ende Juli 2018, als er unter anderem sagte: »Wenn Europa [gemeint war die Wahl zum Europäischen Parlament im Jahr 2019; R.V.] über die Einwanderung entscheidet, dann entscheidet es auch über die europäische Elite. Diese hat bei der Bewältigung der Flüchtlingswanderungen 2015 ihren Bankrott erklärt. Sie hat sich als unfähig erwiesen, Europa gegen die Einwanderung zu verteidigen [...] Bei der Europawahl wird man nicht nur von der liberalen Demokratie Abschied nehmen können, sondern auch von der 1968er-Elite. Jetzt ist die Zeit der antikommunistischen, christlichen, dem Nationalen verpflichteten Generation von 1990 gekommen.«[64] Nach wie vor kompliziert sind auch die Beziehungen zur Slowakei, da die minderheitspolitischen Mindestanforderungen des Europarats gegenüber der dortigen ungarischen Minderheit nicht immer strikt eingehalten werden. Zugleich gehören die Slowakei und Ungarn zu den vier Staaten der Visegrád-Gruppe, die sich in manchen außenpolitischen Fragen untereinander abstimmen.

Spielten die Beziehungen zu Russland nach den wichtigen Entscheidungen in den frühen 1990er-Jahren bis 2010 für die ungarische Außenpolitik eine eher untergeordnete Rolle, so änderte sich dies nach der erneuten Machtübernahme durch Orbáns Fidesz. Noch im Jahr 2007, als Orbán Oppositionsführer war, hatte er die EU vor Russlands »Erstarken und Expansion« gewarnt und europäische Politiker, die seiner Meinung nach zu wenig Kritik an Putin übten, als »Putins Pinscher« bezeichnet. Doch dann, nachdem er wieder an die Macht gekommen war, entfaltete er eine Art Schaukelpolitik zwischen Brüssel und Moskau. Damit wollte er den außenpolitischen und außenwirtschaftlichen Spielraum Ungarns vergrößern.

Besonders deutlich wurde dies beim Besuch Putins in Budapest Ende Juli 2018, als es vor allem um Energiefragen ging. Ungarns Außenminister Péter Szijjártó sprach der Visite »schicksalshafte Bedeutung für die Energiesicherheit Ungarns« zu. Die Budapester Regierung bestellte zwei russische Reaktorblöcke für das ungarische Atomkraftwerk in Paks unweit der Grenze zu Kroatien und Serbien. Zudem ist Russland traditionell Ungarns wichtigster Gaslieferant. »Wir brauchen billige Energie«, begründete Orbán die enge Kooperation mit Moskau. Sprecher der ungarischen Opposition warnten dagegen vor einer noch stärkeren energiepolitischen Anhängigkeit des Landes von Russland.

Im Zuge dieser Anlehnung an Russland verschlechterten sich, anders als in den frühen 1990er-Jahren, die Beziehungen zur Ukraine, nachdem die Regierung in Kiew ein Gesetz erlassen hatte, das die Rechte nicht ukrainischsprachiger Teile der Bevölkerung in Verwaltung und Bildung einschränkte. Begründet wurde dies mit dem russischen Separatismus in der Ostukraine. Inzwischen hat der ukrainische Verfassungsgerichtshof die Regierung aufgefordert, das Gesetz zu revidieren. Trotzdem erklärte Ungarns Außenminister Szijjáó, man werde die EU- und Nato-Aspirationen der Ukraine erst wieder unterstützen, wenn Kiew tatsächlich das Gesetz zurücknehme.

Aufgrund der autoritären Innenpolitik der Orbán-Regierungen, die zunehmend das Funktionieren der Gewaltenteilung und des Rechtsstaats gefährdete, kam es seit 2010 wiederholt zu Spannungen zwischen Ungarn und der Europäischen Union. Wegen der massiven Veränderungen im Staatsaufbau, in der Justiz und in den Medien hat die EU-Kommission mehrfach Vertragsverletzungsverfahren gegen Ungarn eingeleitet. Nach der Brüsseler Drohung, man werde ein Rechtsstaatlichkeitsverfahren nach Artikel 7 des EU-Vertrags einleiten, machte die ungarische Regierung einige Zugeständnisse, die aber an der Substanz des autoritären Umbaus nichts änderten. Im Juni 2018 sprach sich auch der Justizausschuss des EU-Parlaments für die Einleitung eines solchen Verfahrens aus.

In der Diskussion über den EU-Finanzrahmen für die Jahre 2021 bis 2027 tauchte der Vorschlag auf, künftig die Überweisung der Mittel aus den EU-Strukturfonds an die Einhaltung rechtsstaatlicher Prinzipien zu binden, was in Ungarn scharfe Reaktionen hervorrief. Außenminister Péter Sijjártó warnte: »Wir stimmen keinem Vorschlag zu, der im Hinblick auf die Auszahlung von EU-Fonds, die den Ländern aufgrund der Verträge zustehen, die Möglichkeit der Erpressung einräumen würde.«[65] Schließlich reichte die EU-Kommission Klage gegen Ungarn vor dem Europäischen Gerichtshof ein. Die Klage betraf sowohl das ungarische Asylverfahren als auch die Regelung der Rückführung von abgelehnten Asylsuchenden. Das EU-Recht, so hieß es in einem Brief der Kommission an die ungarische Regierung, untersage nicht per se die Einrichtung von Transitzonen, wie sie Ungarn an seinen Außengrenzen eingerichtet habe. Es sei aber gesetzeswidrig, dass Asylverfahren nur dort und sonst nirgends auf ungarischem Hoheitsgebiet durchgeführt werden könnten. Auch der Betrieb der Transitzonen wurde beanstandet. Der Zugang für Asylbewerber werde extrem limitiert, und wenn ein Asylbewerber die Zone schließlich betrete, dauere allein das Grenzverfahren über vier Wochen. Das überschreite die gesetzlichen Limits. Die Rückführungsverfahren, so hieß es, missachteten ebenfalls die Minimalvorschriften, indem sie summarische Verfahren nicht ausschlössen und die Antragsteller nicht über ihre Rechte aufgeklärt werden müssten. In einem zweiten Brief äußerte die EU-Kommission Bedenken, weil ein in Ungarn verabschiedetes Gesetz Hilfe an Asylbewerber unter Strafe stelle, was nicht mit Unionsrecht vereinbar sei.

Im Februar 2019 gingen dann Sprecher der Europäischen Volkspartei (EVP) sowie führende Mitglieder von CDU und CSU auf Distanz zu Orbán, nachdem sie sich vorher eher moderat zur Entwicklung in Ungarn geäußert hatten. Grund dafür war ein von der Regierung in Budapest in Umlauf gebrachtes Plakat, auf dem Kommissionspräsident Jean-Claude Juncker sowie der ungarisch-jüdische, seit langem in den USA lebende Milliardär George Soros zu sehen sind, denen vorgeworfen wird, illegale Migration nach Ungarn zu fördern. Mit sehr kritischen Worten reagierten Kanzlerin Merkel, die CDU-Vorsitzende Kramp-Karrenbauer, CSU-Chef Söder und der für den EU-Kommissionsvorsitz kandidierende CSU-Politiker Weber. Im März 2019 wurde die Mitgliedschaft der Orbán-Partei Fidesz in der EVP für unbestimmte Zeit suspendiert.

Die seit 2010 vom Fidesz getragenen Regierungen unter Ministerpräsident Viktor Orbán haben das politische System Ungarns grundlegend umgebaut.[66] Damit waren weitreichende institutionelle Veränderungen sowie ein umfangreicher Personalwechsel auf allen wichtigen staatlichen Positionen verbunden. Wiederholt griffen die

Regierungen zu dem Mittel, die Inhalte ihrer Gesetze, die vordem vom Verfassungsgericht moniert wurden, doch durchzusetzen, indem sie die Verfassung diesen Gesetzen anpassten.

Das Mediengesetz von 2011 gibt der Regierung die Möglichkeit, die öffentlich-rechtlichen Sender noch stärker ihrer Kontrolle zu unterstellen. Organisationen der Zivilgesellschaft wurde auferlegt, sich gerichtlich registrieren zu lassen und dabei anzugeben, ob und wie viel Geld sie von ausländischen Förderern erhalten. Bei Zuwiderhandlung drohen empfindliche Strafen. Per Dekret von Viktor Orbán wurden im Dezember 2018 schließlich 500 regionale und überregionale Medien einer gemeinsamen, von der Fidesz-Regierung kontrollierten Holding unterstellt.[67]

Orbán und der Fidesz verstehen sich als die einzig legitimierten Vertreter der Nation. Ihr Denken kreist um die Überzeugung, dass nicht eine primär politisch bzw. staatsbürgerlich definierte Gesamtheit, ein Demos, also das Volk eines Staates oder die Gesamtheit seiner Bürger, den Souverän darstellt, sondern die Nation. Wie im Denken der polnischen Nationalkonservativen um Jarosław Kaczyński verfügt diese Nation über eine stark ausgeprägte gemeinschaftliche Identität: Nation bedeutet eine Gruppe von Menschen, die sich durch eine gemeinsame Geschichte bzw. gemeinsame historische Auffassungen auszeichnet, durch gemeinsame Werte (insbesondere christliche in Form des Katholizismus) sowie gemeinsame Vorstellungen davon, wie man als Gesellschaft leben will und soll.

Orbáns Vision ist die eines, wie er sich ausdrückt, »illiberalen Staates«, die er schon in erheblichem Maße verwirklicht hat. Entstanden ist ein starker, zentralisierter Staat mit autoritären Zügen. Unter ungarischen Politikwissenschaftlern zirkulieren Begriffe wie »elektorale Autokratie«, ein Regime »in der Grauzone zwischen Demokratie und Autokratie«, ein »antidemokratisches System«, ein »hybrides Regime«.[68] Man kann noch den nicht wissenschaftlichen Begriff hinzufügen: eine fast perfekte Kleptokratie in den Händen des Fidesz-Vorstandes.

Der postjugoslawische
Musterschüler: Slowenien

Schon Mitte der 1980er-Jahre drängte sich Reisenden, die von Nord nach Süd durch die Sozialistische Bundesrepublik Jugoslawien fuhren, der Eindruck auf, dass Slowenien so gar nicht zu den anderen Teilrepubliken und autonomen Regionen des Landes passte. Wer sich in Slowenien umsah, fühlte sich fast noch wie in Österreich. Die Denk- und Lebensweisen waren anders als in den weiter südlich gelegenen Landesteilen, die Infrastruktur besser ausgebaut, die wirtschaftliche Leistung höher, die politischen Anschauungen der Menschen gingen mehr in Richtung Freiheit und Demokratie. Natürlich gab und gibt es in Europa immer auch Länder, die große regionale Unterschiede aufwiesen bzw. aufweisen. Aber der Gegensatz zwischen Slowenien und Kosovo war schon sehr krass.

Verglichen mit anderen ostmittel- und südosteuropäischen Transformationsstaaten fiel der Umbruch Slowenien relativ leicht.[69] Es gab keine größeren Minderheitenprobleme wie etwa in Serbien oder Kroatien, keine Namensprobleme wie im Falle Mazedoniens, keine dramatische wirtschaftliche Krise. Und selbst der »Zehn-Tage-Krieg« zwischen der slowenischen Territorialverteidigung und der jugoslawischen Volksarmee im Juni/Juli 1991 erreichte nicht das Ausmaß und die Dramatik der militärischen bzw. bewaffneten Auseinandersetzungen in anderen Teilen des zerfallenden Jugoslawiens, die zudem noch mit ethnischen Säuberungen verbunden waren.

Wie gesehen, hat Slowenien bei der Verselbstständigung der einzelnen Teilrepubliken der Jugoslawiens und der folgenden Entstehung unabhängiger Staaten eine Vorreiterrolle gespielt.[70] Hier gab es schon Mitte der 1980er-Jahre Konzepte für eine selbstständige demokratische und marktwirtschaftliche Entwicklung der Republik, hier mündete die »Grundrechtecharta für Slowenien«, die bekannte slowenische Politiker vorgelegt hatten, im September 1989 in eine entsprechende Änderung der Verfassung der Republik, hier fanden am 8. April 1990 die ersten freien Parlaments- und Präsidentenwahlen in Jugoslawien seit 1927 statt. Erste Elemente der politisch-ökonomischen Transformation waren am frühesten in Slowenien umgesetzt worden. Dank der Existenz einer reformorientierten Elite konnte der Übergang zu Demokratie und Marktwirtschaft vergleichsweise fließend und ohne größere politische Erschütterungen vollzogen werden.

Viel gelobte Verfassung

Grundlage der rechtlichen und politischen Ordnung Sloweniens ist die Verfassung, die am 23. Dezember 1991 vom Parlament angenommen wurde und noch am selben Tag in Kraft trat.[71] Im Vergleich zum vorherigen verfassungsrechtlichen Status der Republik Slowenien in der Sozialistischen Bundesrepublik Jugoslawien brachte diese Verfassung vier wesentliche Änderungen. Slowenien hatte nun den Rechtsstatus eines selbstständigen und souveränen Staates und war damit nicht mehr Teil der jugoslawischen Föderation. Ebenso wurde die für das sozialistische Jugoslawien charakteristische Eigentumsordnung umgestaltet. An die Stelle des »gesellschaftlichen Eigentums« an den Produktionsmitteln traten nun eine marktwirtschaftliche Ordnung des ökonomischen Systems und das Privateigentum. Des Weiteren wurde das bisherige Einparteiensystem mit der »führenden Rolle« des Bundes der Kommunisten durch ein Mehrparteiensystem ersetzt. Schließlich ersetzte man das bislang geltende Prinzip der einheitlichen Staatsgewalt durch das Prinzip der Gewaltenteilung.

In den allgemeinen Bestimmungen der Verfassung wird neben Demokratie und Rechtsstaat ausdrücklich die soziale Verantwortung des Staates hervorgehoben. Auffallend ist außerdem, dass die notwendige Gewährleistung der Menschenrechte und der bürgerlichen Freiheiten ausführlich und gründlich behandelt wird. Deutlich ist das Bedürfnis der Verfassungsväter zu spüren, sich von der sozialistischen

Vergangenheit abzugrenzen und den Schutz der Grundrechte möglichst weitgehend verfassungsrechtlich abzusichern. Garantiert werden die Gleichheit vor dem Gesetz, das Wahlrecht (ab 18 Jahre), die Meinungs-, Versammlungs- und Vereinigungsfreiheit, der Schutz des Briefgeheimnisses, die Unschuldsvermutung bei Gerichtsverfahren, der Schutz personenbezogener Daten und die Rechte der Kinder. Die Todesstrafe wurde abgeschafft, das Recht auf Verweigerung des Wehrdienstes eingeräumt. Die autochthonen Minderheiten der Italiener und Ungarn in Slowenien erhielten besonders definierte Rechte, was die Gründung eigener Organisationen zur Bewahrung ihrer nationalen Identität und das Recht auf eigene wirtschaftliche und kulturelle Tätigkeit sowie die Gründung von Verlagen und die Herausgabe von Zeitungen einschloss.

Im Vorfeld der Verabschiedung der Verfassung gab es eine heftige öffentliche Debatte darüber, ob das Recht auf Abtreibung, ähnlich wie schon in der alten jugoslawischen Verfassung des Jahres 1974, nun auch in der neuen Verfassung verankert werden solle. Gegner des entsprechenden Artikels 55 forderten, das Volk solle per Referendum darüber entscheiden. Am Ende blieb es bei der Formulierung, dass »die Entscheidung über die Geburt eigener Kinder frei« sei, Abtreibung unter bestimmten Bedingungen also legal ist.

Im Kapitel über die wirtschaftlichen und sozialen Verhältnisse des Landes wird nicht nur das Recht auf Privateigentum garantiert, sondern dem Staat auch auferlegt, Beschäftigungs- und Arbeitsmöglichkeiten zu schaffen und für deren gesetzlichen Schutz zu sorgen. Ausdrücklich garantiert die Verfassung schließlich das Recht auf eine gesunde Umwelt.

Sloweniens Parlamentarismus basiert auf dem Einkammersystem. Gesetzgebende und die Regierung kontrollierende Instanz ist die Staatsversammlung (Državni zbor), die 90 Mitglieder hat, wobei jeweils ein Sitz für die italienische und die ungarische Minderheit reserviert ist. Die Staatsversammlung beschließt Verfassungsänderungen, Gesetze und andere Rechtsakte, wählt den Ministerpräsidenten sowie die Minister, ebenso die Richter des Verfassungsgerichts und den Gouverneur der Nationalbank. Daneben existiert noch der Staatsrat (Držani svet), der aber nur beratende Funktion hat. Seine Mitglieder kommen aus den Gewerkschaften, wirtschaftlichen Verbänden, landwirtschaftlichen Genossenschaften sowie einzelnen Regionen und Gemeinden. Die Verfassung enthält auch Elemente direkter Demokratie; um eine Gesetzesinitiative ergreifen zu können, müssen mindestens 5000 Unterschriften für einen entsprechenden Antrag gesammelt werden.

An die Stelle des kollektiven Staatspräsidiums in jugoslawischen Zeiten ist der Staatspräsident getreten, der direkt von den Bürgern für fünf Jahre gewählt und einmal wiedergewählt werden kann. Im Unterschied zur allmächtigen Führerfigur Josip Broz Tito und postkommunistischen Herrschern wie Franjo Tuđman und Slobodan Milošević ist er nur mit beschränkter politischer Macht ausgestattet. Der Präsident vertritt den Staat völkerrechtlich, ist formell Oberbefehlshaber der Streitkräfte und schreibt die Parlamentswahlen aus. Nach Beratungen mit den Fraktionen im Parlament schlägt er einen Kandidaten für das Amt des Ministerpräsidenten vor. Auf die Ernennung der Minister hat er keinen Einfluss. Es hängt also auch von der Persönlichkeit des jeweiligen Staatspräsidenten ab, wie er seine Position ins Spiel bringt.

Insgesamt vermittelt die slowenische Verfassung den Eindruck einer klug gestalteten rechtlichen und politischen Grundlage staatlichen und gesellschaftlichen Handelns, die an internationalen demokratischen und rechtsstaatlichen Grundsätzen orientiert ist.

Politik aus der Mitte heraus

Das politische System Sloweniens ist vergleichsweise stabil. Regelmäßig hat es Wahlen zu den Verfassungsorganen geben, die mehrheitlich zu Machtwechseln geführt haben. Machtwechsel, die Umbenennung oder die Zusammenschlüsse von Parteien, die Neugestaltung von Regierungskoalitionen, Misstrauensvoten, Rücktritte und Entlassungen, auch so mancher Korruptionsskandal, haben die politische Ordnung des Landes nie ernsthaft in Gefahr gebracht. Anders als etwa in Polen oder Ungarn und auch in Kroatien unter Präsident Franjo Tuđman hat es in Slowenien seit Erlangung der Unabhängigkeit keinen ernsthaften Versuch gegeben, die politischen Verhältnisse in Richtung eines autoritären Systems zu verschieben. Die drei wichtigsten politischen Strömungen bzw. Denkweisen in der slowenischen Gesellschaft sind die katholische, die linke bzw. sozialdemokratische und die liberale. In der Öffentlichkeit macht sich das katholische Milieu am stärksten bemerkbar, die Rolle der katholischen Kirche steht oft auch im Zentrum der politischen Auseinandersetzung. Politisch links zu sein heißt in Slowenien, sich gegen den Einfluss der katholischen Kirche in sozialen und weltanschaulichen Fragen zu stellen, nicht aber unbedingt klassischen linken Ideen wie soziale Gerechtigkeit, Arbeitnehmerrechte und Steuergerechtigkeit anzuhängen. Die genannte Dreiteilung spiegelt sich auch im System der politischen Parteien wider, wobei die Namen einzelner Parteien nicht oder nur oberflächlich ihrer politischen Programmatik entsprechen. Insgesamt sind alle Parteien stark auf einzelne Persönlichkeiten ausgerichtet, während Parteiprogramme und Parteidisziplin eher eine zweitrangige Rolle spielen. Wie andere Transformationsstaaten Ostmittel- und Südosteuropas erlebte auch Slowenien während des politischen Umbruchs ab 1988/89 einen Gründungsboom von Parteien. Viele dieser Gruppierungen bestehen nicht mehr, dafür entstanden neue und werden weiterhin neue entstehen.

Lange Zeit dominierten die Liberalen Demokraten Sloweniens das politische Geschehen und stellten mit ihrem Vorsitzenden Janez Drnovšek in den Jahren 1992 bis 2002 (mit kurzer Unterbrechung) den Ministerpräsidenten und von 2002 bis 2007 den Staatspräsidenten. Die linksliberale Partei bemühte sich um eine sozial abgesicherte Marktwirtschaft, hatte aber ebenso gegen einen starken Staat nichts einzuwenden. Innere Konflikte verbunden mit Korruptionsskandalen führten dazu, dass die Partei bei der Parlamentswahl 2011 nur noch 1,5 Prozent der Stimmen erhielt.

Die Partei der slowenischen Sozialdemokraten, die auf reformkommunistische Strömungen im vormaligen Bund der Kommunisten Jugoslawiens, aber auch auf unabhängige sozialistische bzw. sozialdemokratische Strömungen zurückgeht, stellte dann in den Jahren 2008 bis 2012 mit Borut Pahor den Ministerpräsidenten. 2012 wurde Pahor zum slowenischen Staatspräsidenten gewählt und fünf Jahre später in diesem Amt bestätigt. Schon zwischen 2007 und 2012 war der den Sozialdemokraten nahestehende Danilo Türk Staatsoberhaupt. Die Sozialdemokraten sind seit jeher für einen starken Sozialstaat, streiten für die völlige Gleichberechtigung der Frauen und treten für die Entideologisierung von Bildung und Kultur ein.

Die Slowenische Demokratische Partei, die ursprünglich sozialdemokratisch orientiert war, sich später aber unter der Führung von Janez Janša zu einer populistischen rechten, national bis nationalistisch orientierten Partei wandelte, war schon von 1990 bis 1994 an der Regierung beteiligt. In den Jahren 2004 bis 2008 und ebenso 2012/13 amtierte Janša als Ministerpräsident. Im Februar 2013 sprach das Parlament Janša das Misstrauen aus, wenige Monate später verurteilte ihn ein Gericht in Ljubljana zu zwei Jahren Haft. Ihm wurde zur Last gelegt, während seiner ersten Amtszeit als Ministerpräsident beim Kauf von Radpanzern der finnischen Rüstungsfirma Patria in eine Schmiergeldaffäre verwickelt gewesen zu sein. Janša beteuerte immer wieder seine Unschuld. Das Urteil wurde vom Oberesten Gericht bestätigt, dann aber vom Verfassungsgericht bis zu einer neuen Verhandlung ausgesetzt. Bevor es dazu kam, lief 2015 die Verjährungsfrist der Vorwürfe ab.

Die Ansichten über den Prozess gingen auseinander. Einige meinten, das Verfahren habe große Mängel aufgewiesen, elementare rechtsstaatliche Grundsätze seien verletzt worden. Auch von einer dürftigen Beweislage war die Rede. Fürsprecher Janšas sahen in dem Urteil einen Racheakt seitens der mit alten Kommunisten durchsetzten Justiz an einem ihrer schärfsten Kritiker. Für Janša sprach, dass ein finnisches Gericht in einem Berufungsverfahren gegen den Chef des Rüstungskonzerns Patria und einen Mitangeklagten zu der Auffassung gelangt war, in dem Geschäft mit Slowenien seien keine Bestechungsgelder angeboten und gezahlt worden.

Bei der Parlamentswahl am 3. Juni 2018 gelang Janšas Partei ein fulminanter Wahlsieg, als sie mit knapp 25 Prozent der abgegebenen

Stimmen weit vor den anderen Parteien landete. Im Wahlkampf hatte Janša vor allem betont, er wolle Slowenien nach dem Vorbild Orbáns in Ungarn hermetisch gegen Migranten abriegeln. Der ungarische Ministerpräsident hatte ihn mehrfach durch Wahlkampfauftritte unterstützt. Trotz seines Sieges musste Janša in die Opposition gehen, da es ihm nicht gelang, eine Regierungskoalition zu bilden.

Seit 2000 entstanden weitere Parteien, von denen einige zeitweise an Regierungskoalitionen beteiligt waren bzw. es noch sind. Die Partei Neues Slowenien Christliche Volkspartei vertritt vor allem die Interessen der Bauern in den ländlichen Regionen und wird von der katholischen Kirche unterstützt. Die Demokratische Partei der Pensionäre versteht sich hauptsächlich als Interessenvertreter der Rentner. Der Rechtswissenschaftler Miro Cerar gründete im Juni 2014 die Partei des modernen Zentrums, die als politische Kraft der Mitte bzw. der linken Mitte gilt und in den Jahren 2014 bis 2018 eine Koalition mit den Sozialdemokraten und der Partei der Rentner bildete, an deren Spitze Cerar als Ministerpräsident agierte. Ebenfalls 2014 gründete die Ministerpräsidentin der Jahre 2013/14 eine politische Gruppierung, der sie sogar ihren Namen gab: Partei von Alenka Bratušek.

Nach der Parlamentswahl im Juni 2018 trat dann der Schauspieler und Politiker Marjan Šarec als Ministerpräsident an die Spitze einer Koalitionsregierung, die von seiner auch 2014 aufgestellten Liste Marjan Šarec, den Parteien von Cerar und Bratuš sowie den Sozialdemokraten und der Rentnerpartei gebildet wurde. Politische Beobachter prophezeiten dieser Regierung, die nicht zuletzt als Gegengewicht zur rechtspopulistischen Slowenischen Demokratischen Partei von Janez Janša entstand, keine lange Amtszeit.

Weitere Parteien bzw. Bündnisse sind die Vereinigte Linke, zu der sich im Vorfeld der Wahl zum Europäischen Parlament am 25. Mai 2014 mehrere linke Gruppierungen zusammengeschlossen hatten, sowie die 1991 entstandene Slowenische Nationalpartei, die für ein schlagkräftiges Militär und eine starke heimische Wirtschaft plädiert, die Vergabe von Arbeitsplätzen an Ausländer drastisch einschränken will und sich auch um die slowenischen Minderheiten in den Nachbarländern kümmert.

Es zeigt sich also, dass der Prozess der Bildung und Umgruppierung von Parteien nicht mehr ganz die Dynamik und Spontaneität aufweist wie in den Jahren nach 1988, das Parteiensystem jedoch immer noch relativ zersplittert ist.

Seit Erlangung der Unabhängigkeit im Juni 1991 hat es in Slowenien immer nur Koalitionsregierungen gegeben, nie war eine Partei allein an der Macht. So führte der Zwang zu Absprachen innerhalb der Koalitionen mitunter zu einer gewissen Schwerfälligkeit des Regierens. Mal tendierten Kabinette mehr in Richtung Mitte-links, mal mehr nach Mitte-rechts. Im Prinzip wurde das Land aber stets aus der Mitte heraus regiert. Die Regierungen hielten sich kaum an ideologische Vorgaben oder politisch zugespitzte Programme, vielmehr bemühten sie sich, konkrete Projekte zu realisieren.

Die prägenden Gestalten unter den insgesamt neun Ministerpräsidenten bzw. Ministerpräsidentinnen waren Janez Drnovšek, Janez Janša, Borut Pahor und Miro Cerar. Drnovšek stand in den Jahren 1992 bis 2002 an der Spitze von insgesamt vier Regierungen und sorgte mit der Implementierung verschiedener Reformen dafür, dass die angestrebten Beitritte zur Europäischen Union und zur Nato tatsächlich 2004 erfolgen konnten.

Nach dem Übergangskabinett von Anton Rop (2002–2004), in diesen Jahren auch Vorsitzender der Liberalen Demokraten Sloweniens, stand Janez Janša von der Slowenischen Demokratischen Partei zwischen 2004 und 2008 an der Spitze der Regierung. In den 1980er-Jahren hatte sich Janša als Aktivist der kommunistischen Jugendorganisation Sloweniens und als Verfasser kritischer Artikel für die reformorientierte Zeitschrift *Mladina* (Jugend) einen Namen gemacht. Seine Partei profilierte er nicht zuletzt durch scharfe Opposition gegen postkommunistische Eliten, die er in Politik, Wirtschaft und Justiz am Werk wähnte. Wichtigster Erfolg seiner Regierung war die Übernahme des Euro, womit Slowenien als erstes nachkommunistisches Land die Gemeinschaftswährung der Europäischen Union einführte. Weniger erfolgreich war Janšas Kabinett mit Reformen, mit denen er die Auswirkungen der sich abzeichnenden internationalen

Finanz- und Wirtschaftskrise auf Slowenien eindämmen wollte. Diese Pläne scheiterten zum Teil am gesellschaftlichen Widerstand, der sich sogar in Volksabstimmungen manifestierte.

In den Jahren 2008 bis 2012 amtierte in Slowenien eine Viererkoalition unter Führung der Sozialdemokraten, an deren Spitze der vormalige Abgeordnete des Europäischen Parlaments Borut Pahor stand. Die Koalition war von Anfang an nicht stabil und hauptsächlich mit ihren inneren Widersprüchen beschäftigt, die schließlich auch zum Austritt zweier Parteien führten. Für Empörung in der Bevölkerung sorgte eine Korruptionsaffäre um Innenministerin Katarina Kresal, die zu ihrem Rücktritt führte. Umfragen zeigten, dass zuletzt mehr als 80 Prozent der Bürger mit der Arbeit der Regierung unzufrieden waren. Als Pahors Kabinett bei einer Vertrauensabstimmung im Parlament durchfiel, wurden für den 4. Dezember 2011 vorgezogene Neuwahlen angesetzt. Trotz des weitgehenden Scheiterns seiner Regierung wurde Pahor 2012 zum Staatspräsidenten gewählt und 2017 in diesem Amt bestätigt.

Von Februar 2012 bis März 2013 war Janez Janša erneut Ministerpräsident, bevor das Parlament auch seiner Regierung das Misstrauen aussprach und er – wie erwähnt – wenige Monate später eine Haftstrafe antreten musste. Die nachfolgende Koalition unter Alenka Bratušek blieb zwar auch nur 17 Monate im Amt, konnte zumindest aber einige wirtschaftspolitisch relevante Entscheidungen treffen.

Die Parlamentswahl am 13. Juli 2014 deutete dann auf einen Neuanfang in der slowenischen Regierungspolitik hin. Denn die kurz zuvor gegründete Partei des modernen Zentrums des angesehenen und einflussreichen Juraprofessors Miro Cerar erwies sich als Senkrechtstarter und wurde mit 34,5 Prozent der Stimmen stärkste Kraft im Parlament. Cerar, der eine Dreierkoalition mit der Rentnerpartei und den Sozialdemokraten bildete, trat mit dem Versprechen an, der weitverbreiteten Korruption Einhalt zu gebieten.

Mit einer Staatsverschuldung von mehr als 70 Prozent übernahm Cerars Regierung eine Hypothek, die nicht so leicht abzutragen war. Sie versuchte dies vor allem durch Änderungen im Steuersystem und die weitere Privatisierung von Unternehmen. So wurden die Umsatzsteuer auf Versicherungsgeschäfte und die Steuern auf Finanzdienstleistungen angehoben. Außerdem ergriff man erste Schritte zur Rationalisierung und Effektivierung der Steuererhebung. Bei der Privatisierung kamen vor allem ausländische Investoren wie der niederländische Heineken-Konzern, die russische Gazprom, die Europäische Bank für Wiederaufbau und Entwicklung, der US-Fonds Aollo und der deutsche Flughafenbetreiber Fraport zum Zuge. Ökonomen wie Jože Damijan von der Universität Ljubljana attestierten der Regierung einerseits, die öffentlichen Finanzen stabilisiert zu haben, kritisierten andererseits, dass sie die Reform des Rentensystems und des Gesundheitssektors nicht vorangetrieben habe. Eine harte Bewährungsprobe für Cerar und seine Mannschaft war ab 2015 die Flüchtlingskrise. [72] Bei der Wahl 2018 konnte sich Cerar nicht an der Regierungsspitze behaupten, sondern trat mit seiner Partei wie geschildert in eine Koalition unter Führung von Marjan Šarec ein.

Katholische Dominanz

In Slowenien sind 31 Glaubensgemeinschaften registriert, wobei die Katholische Kirche die größte und einflussreichste ist. Nach offiziellen Angaben bekennen sich 70 Prozent der Bürger zum katholischen Glauben, während Meinungsumfragen eher auf 60 Prozent hindeuten, Tendenz abnehmend. Die zweitgrößte christliche Konfession bilden die Orthodoxen mit 3 Prozent, gefolgt von den Protestanten mit knapp 2 Prozent. 3,5 Prozent der Bevölkerung sind Muslime.

Die Führung der Katholischen Kirche hatte bislang wenig Sinn für Ökumene und postuliert wie in der Vergangenheit einen Alleinvertretungsanspruch, indem sie andere religiöse Anschauungen und Religionsgemeinschaften strikt ablehnt und deren Bedeutung für die slowenische Kultur herunterspielt, was besonders die evangelische Kirche trifft. Hinzu kommt, dass sich katholische Bischöfe immer wieder in die öffentliche politische Debatte einmischen, indem sie beispielsweise bestimmte Kandidaten für hohe öffentliche Ämter wie das des Staatspräsidenten direkt unterstützen und andere ablehnen. Vor Jahren forderte die Bischofskonferenz die Bürger ausdrücklich auf, die Beitrittsbemühungen Sloweniens zur Nato zu unterstützen. Führende Repräsentanten der Katholischen Kirche betreiben alle Arten der Beeinflussung der politischen Akteure – vom verdeckten Lobbyismus über offene Verhandlungen mit den Regierenden bis hin zur Teilnahme am Wahlkampf.

In einem Land mit nur etwa zwei Millionen Einwohnern erscheinen mindestens 20 katholische Zeitungen und Zeitschriften, existieren ein katholischer Radio- und ein katholischer Fernsehsender. Regelmäßig ergeben Umfragen, dass die Bürger mehrheitlich der Auffassung sind, die Katholische Kirche solle sich weniger in politische Angelegenheiten einmischen. So sind in Slowenien weder der Katholizismus als Religion noch die Katholische Kirche als Gemeinschaft der Gläubigen, noch das Verhältnis zwischen Katholiken und Nicht-Katholiken problematisch, sondern nur der selbstherrliche Alleinvertretungsanspruch der katholischen Kirchenfürsten.

Die ungarische und die italienische Minderheit in Slowenien genießen den Schutz des Staates. Die etwa 8500 Ungarn in der Region Prekmurje im Nordosten des Landes und die rund 3000 Italiener in Koper, Izola und Piran haben eine garantierte politische Vertretung auf kommunaler und gesamtstaatlicher Ebene sowie ein Vetorecht in Angelegenheiten, die sie betreffen. In gemischten Siedlungsgebieten ist ihre Sprache zweite offizielle Amtssprache, die in zweisprachigen Schulen unterrichtet und in Dokumenten sowie bei öffentlichen Anlässen benutzt wird. Diese Minderheiten haben außerdem das Recht auf zweisprachige Orts- und Straßenschilder und dürfen nationale Embleme öffentlich verwenden. Außerdem gibt es Radio- und Fernsehsendungen in ihrer Sprache und sie verfügen auch über eine eigene Presse. Bislang gibt es ein zufriedenstellendes Minderheitenabkommen für die etwa 4000 Slowenen in Ungarn, nicht aber für die rund 90 000 Slowenen in den italienischen Provinzen Triest, Udine und Gorizia.

Im Land leben außerdem etwa 40 000 Kroaten, 35 000 Serben, 27 000 Muslime aus Bosnien-Herzegowina und Kosovo sowie jeweils etwa 4000 Mazedonier, Montenegriner und Albaner, die aber als spezifische Gruppen der Gesellschaft in der Öffentlichkeit wenig wahrgenommen werden und sich auch selbst mehrheitlich nicht als Minderheiten verstehen, obwohl sie über eigene, vor allem kulturelle Organisationen verfügen. In der Regel besitzen sie die slowenische Staatsbürgerschaft, die ihren Kindern auch das Recht gibt, muttersprachlich unterrichtet zu werden, wobei die Meinungen von Sprachwissenschaftlern und Pädagogen über das reale Ausmaß der Unterschiede zwischen der slowenischen Sprache und der kroatischen bzw. serbischen Sprache auseinandergehen. Diese Bürger sind in den meisten Fällen eine »Erblast« aus alten jugoslawischen Zeiten, weil es damals wegen des wirtschaftlichen Nord-Süd-Gefälles eine starke Arbeitsmigration gab. Von der slowenischen Bevölkerung wurden und werden »Gastarbeiter« je nach Nation, Religion und Beruf sehr unterschiedlich aufgenommen. So waren die katholischen Nachbarn aus Kroatien immer beliebter als »die aus dem Süden«, besonders die Muslime.

Folgt man den Angaben von Sprechern der Roma in Slowenien, dann sind sie mit etwa 10 000 Angehörigen die größte Minderheit des Landes. Bei der letzten offiziellen Volkszählung bekannten sich aber nur 2300 Personen zu dieser Volksgruppe. Die Roma leben vor allem im Prekmurje-Gebiet im Nordosten Sloweniens, in der Dolenska-Region im Südosten sowie in den Städten Maribor, Ljubljana und Velenje. Das 1993 verabschiedete slowenische Gesetz über lokale Selbstverwaltung sieht vor, dass in den Gebieten, in denen Roma leben, sie zumindest mit einem Repräsentanten im Gemeinrat vertreten sein sollen. Tatsache ist allerdings, dass nur in einer Lokalbehörde, nämlich in der Stadt Murska Sobota, ein Vertreter der Roma dem dortigen Stadtrat angehört. Diskriminiert werden Teile der Volksgruppe, indem den sogenannten autochthonen Roma die Staatsbürgerschaft (mit den dazu gehörenden Rechten) gewährt wird, nicht aber den nicht-autochthonen. Als autochthone Roma werden diejenigen bezeichnet, deren Familien bereits seit einem Jahrhundert oder länger in Slowenien leben, während die nicht-autochthonen in der Regel seit den 1970er-Jahren zumeist aus Bosnien-Herzegowina, Serbien und Kosovo nach Slowenien gekommen sind.

Die Zufriedenheit der Slowenen mit dem demokratischen System und seinen staatlichen politischen Institutionen war Anfang der 1990er-Jahre sehr groß, was sich aber im Laufe der Jahre allmählich geändert hat. Vertrauen genießen inzwischen am ehesten noch der Staatspräsident, die Gerichte, die Polizei und die Armee, denen zwischen 35 und 45 Prozent der Bürger vertrauen, während die Regierung (25 %), das Parlament (10 %) und die politischen Parteien (5 %) schlechter wegkommen. Die Meinung, dass alles besser sei als Politik, hat zunehmend mehr Anhänger gefunden.

Dieser Stimmungswandel lässt sich auch an der Wahlbeteiligung bei den Präsidentschafts-, Parlaments- und Europawahlen ablesen. Lag diese bei der Präsidentenwahl im Jahr 1992 bei 85,8 Prozent, so betrug sie 2007 nur noch 57,7 und 2017 ganze 44,2 Prozent. Ähnlich die Beteiligung an der Parlamentswahl, die im Jahr 1992 noch bei 85,6 Prozent lag, dann aber auf 63,1 Prozent im Jahr 2008 und 52,6 Prozent im Jahr 2018 absank. Die Beteiligung bei der Europawahl betrug dürftige 28,4 Prozent im Jahr 2004 und 24,5 Prozent im Jahr 2014. Erkennbar ist ebenfalls, dass deutlich weniger Menschen an den Kommunalwahlen als an den Präsidentschafts- und Parlamentswahlen teilnehmen. Die Wahlbeteiligung in den Städten ist in der Regel etwa 20 Prozent niedriger als in den ländlichen Regionen.

Die Zivilgesellschaft bzw. die Nichtregierungsorganisationen in Slowenien sind relativ rege, wobei sich die meisten dieser Organisationen und Gruppen um Ausbildung und Weiterbildung, Nachbarschaftshilfe, Alten- und Krankenpflege sowie Umweltfragen kümmern. Dabei bilden Katholiken das stärkste Segment der Zivilgesellschaft. Die von konservativen Politikern und Abgeordneten wiederholt aufgestellte Behauptung, die Zivilgesellschaft sei vor allem eine Sache »linker Akteure«, ist nicht nachzuvollziehen. Auffallend ist, dass viele Gruppen und Institutionen, die bestimmte gesellschaftliche Interessen vertreten, ihre Anliegen nicht an bestimmte Parteien adressieren, sondern in der Regel eher an das gesamte Parlament wenden.

Das Wissen, ein vergleichsweise kleines Volk zu sein und deshalb ständig die nationale Existenz gefährdet zu sehen, war unter den Slowenen stets lebendig und spielt nach wie vor eine große Rolle. Insofern gilt der Zweite Weltkrieg im historischen Bewusstsein als existenzielle Katastrophe. Als die deutsche Wehrmacht, unterstützt von italienischen und ungarischen Einheiten, im April 1941 in Jugoslawien einmarschierte, das Land besetzte und in zehn Teile mit unterschiedlichem staatsrechtlichem Status aufteilte, war auch Slowenien unmittelbar von dieser Aggression und Zerstückelung betroffen. Das brutale Vorgehen der Besatzer rief slowenischen nationalen Widerstand hervor, der schon im Herbst 1941 bewaffnete Formen annahm. Bald gelang es den Kommunisten, die Führung des breit angelegten antifaschistischen Widerstandes in Jugoslawien zu übernehmen und andere politische Kräfte, vor allem bürgerliche Parteien, an den Rand zu drängen. Im Zuge des siegreichen Befreiungskampfes erhielt Slowenien einen Teil des Territoriums zurück, das nach dem Ersten Weltkrieg von Italien besetzt worden war.

Später profitierten die Slowenen von der durch die Kommunisten vorangetriebenen Umgestaltung des jugoslawischen Staates in eine Föderation. Einerseits war das kommunistische Regime nicht zimperlich, was die Beschneidung persönlicher Freiheiten, die Gängelung demokratischer Strukturen und die Durchsetzung des wirtschaftlichen Kollektivismus anging. Andererseits erlaubten die Kommunisten eine gewisse eigenständige Entwicklung der in Jugoslawien lebenden Völker – auch wenn über den Grad der Eigenständigkeit und des »erlaubten« Nationalbewusstseins immer die kommunistische Führung in Belgrad und ihr Maß an Toleranz entschied.

Gleich nach dem Krieg übten die siegreichen Kommunisten blutige Rache an Nazi-Kollaborateuren oder an solchen, die sie dafür hielten. Eine beträchtliche Anzahl von Slowenen floh deshalb ins Ausland. Der Verlauf des bewaffneten Widerstandes im Zweiten Weltkrieg, die Festigung der Macht der Kommunisten nach dem Ende des Krieges und die Flucht vieler Slowenen ins Ausland haben sich tief in das kollektive Bewusstsein des Volkes eingegraben. Der rasche wirtschaftliche

Aufschwung in den Nachkriegsjahrzehnten hat zur Stärkung des Nationalbewusstseins beigetragen. Es gibt auch in Slowenien nationalistische Kräfte, deren Einfluss zum Glück nicht weit reicht. Dazu gehört die Slowenische Nationale Partei, die schon in den Jahren 1992 bis 2011 im Parlament vertreten war und seit 2018 dort wieder vier Abgeordnete stellt. Daneben existiert die Nationalsoziale Union Sloweniens, die hauptsächlich dadurch von sich reden macht, dass einige kleinere, ihr zugehörige paramilitärische Gruppen damit prahlen, Slowenien gegen »Fremde« schützen zu wollen. An den rechten Rändern der konservativen Parteien dominieren rabiate Ordnungsvorstellungen, die mitunter rassistisch aufgeladen sind – etwa wenn von der »Reinhaltung Sloweniens« die Rede ist – und sich insbesondere gegen Roma und Einwanderer richten.

Florierende Wirtschaft

Unter den postjugoslawischen Staaten verfügte Slowenien über die beste Ausgangsbasis für eine zukunftsträchtige wirtschaftliche Entwicklung. Trotzdem gab es in den ersten Jahren erhebliche Schwierigkeiten, denn der Handel mit den anderen ehemaligen Teilrepubliken brach fast vollständig zusammen, die Industrieproduktion nahm rapide ab, es fehlten die Deviseneinnahmen aus dem schrumpfenden Fremdenverkehr. Die große Zahl der Flüchtlinge aus den Kriegsgebieten Kroatiens und Bosnien-Herzegowinas belasteten die Wirtschaft Sloweniens zusätzlich. Ab Mitte der 1990er-Jahre stabilisierte sich die Wirtschaft wieder. 1998 waren die wirtschaftlichen Rahmenbedingungen gegeben, um Slowenien in den Rang eines Beitrittskandidaten der Europäischen Union zu erheben. 20 Jahre später gehört das Land zu denjenigen Staaten in Europa, die das höchste wirtschaftliche Wachstum erzielen.

Wo liegen die Stärken und Schwächen der slowenischen Volkswirtschaft? Die Pluspunkte sind sicher die günstige geografische Lage an der Schnittstelle zwischen West- und Südosteuropa, das gute Autobahnnetz mit Anbindungen an den Adriahafen Koper und an Ostmitteleuropa, der leistungsfähige Exportsektor, ein starker Mittelstand und eine große Zahl gut ausgebildeter Arbeitskräfte. Zu den Schwächen gehören die wenig effizient arbeitenden öffentlichen Institutionen, die beispielsweise sehr lange brauchen, um Baugenehmigungen zu erteilen, auch der noch hohe Anteil des Staates an der Wirtschaft sowie der vergleichsweise kleine Binnenmarkt.

Strukturell gleicht die slowenische Volkswirtschaft inzwischen (im Jahr 2018) den Verhältnissen in den entwickelten westlichen Staaten. Der Dienstleistungssektor steht mit einem Anteil von gut 41 Prozent an der Spitze der Wirtschaftsbereiche, während auf die Landwirtschaft nur noch etwas mehr als 2 Prozent entfallen. Die Industrie trägt mit 27 Prozent zur Wertschöpfung bei, der Handel mit 14 Prozent, das Verkehrswesen mit gut 10 Prozent und das Baugewerbe mit rund 5 Prozent. Slowenien ist zwar arm an Bodenschätzen und Rohstoffen, hat aber eine moderne Verarbeitungsindustrie aufgebaut. Die chemische Industrie des Landes ist auf dem modernsten Stand der Forschung, der Pharmasektor zählt zu den größten in Ostmitteleuropa. Unternehmen der Elektrotechnik und Elektronik behaupten sich auf den europäischen Märkten, Gleiches gilt für die Hersteller von Haushaltsgeräten. Von den zwölf Regionen des Landes sind die im Westen liegenden am stärksten wirtschaftlich entwickelt.

Als vergleichsweise kleine Volkswirtschaft muss sich Slowenien auf den Export konzentrieren. 75 Prozent der Ausfuhren des Landes gehen in EU-Staaten, wobei 19 Prozent auf Deutschland, 10 auf Italien und 7 auf Österreich entfallen. Unter den Nicht-EU-Ländern sind Serbien mit 4 und Bosnien-Herzegowina mit 3 Prozent die wichtigsten Zielländer. 71 Prozent der Einfuhren Sloweniens kommen aus Mitgliedstaaten der EU, davon 17 aus Deutschland, 13 aus Italien und 10 aus Österreich. 5 Prozent stammen aus China und 4 Prozent aus der Türkei. Mit einem Bruttoinlandsprodukt pro Kopf von 23 654 US-Dollar (im Jahr 2017) ist Slowenien Spitzenreiter unter allen EU-Staaten Ostmittel- und Südosteuropas.

Ende 2017 wurde auch in deutschen und anderen westlichen Medien aufmerksam registriert, dass die slowenische Volkswirtschaft inzwischen zu den wachstumsstärksten in Europa zählt. So wuchs das Bruttoinlandsprodukt im Jahr 2017 um 5,0 Prozent, wobei diese Zunahme vor allem von den Exporten, dem privaten Konsum und den Investitionen getragen wurde. Der Anstieg der Investitionen um gut 9 Prozent war nicht zuletzt auf die reichlich fließenden EU-Gelder zurückzuführen.

Die Kehrseite der wirtschaftlichen Erfolgsgeschichte besteht darin, dass sich die Schere zwischen Arm und Reich seit Etablierung der Marktwirtschaft nach und nach stärker geöffnet hat, auch wenn es schon im alten Jugoslawien eklatante Unterschiede zwischen den Lebensbedingungen der Partei- und Staatsfunktionäre und den »einfachen« Bürgern gab. Lebten im Jahr 1992 rund 11 Prozent der Einwohner Sloweniens in Armut oder am Rande der Armutsgrenze, so waren es im Jahr 2017 bereits gut 18 Prozent.

Außenpolitisch integriert

Bei den Außenbeziehungen spielte Slowenien im früheren Jugoslawien nur eine untergeordnete Rolle, da es den Teilrepubliken nicht gestattet war, gleichberechtigt an der Außenpolitik mitzuwirken. So musste Slowenien nach Erlangung der Unabhängigkeit erst lernen, selbstständig Außenpolitik zu betreiben. Eine der ersten Herausforderungen bestand darin, um internationale Anerkennung für den jungen Staat zu werben, da weder die führenden europäischen Mächte noch die USA anfangs die Auflösung Jugoslawiens befürworteten. Doch nach dem Erfolg im »Zehn-Tage-Krieg«, der Erklärung von Brioni im Juli 1991, die einen Weg für die friedliche Gestaltung der Beziehungen vor allem zu Kroatien eröffnete, sowie dem Abzug der jugoslawischen Truppen von slowenischem Gebiet beschleunigte sich der Prozess der internationalen Anerkennung, wobei Deutschland und sein damaliger deutsche Außenminister Hans-Dietrich Genscher eine initiierende Rolle spielten.

Bald darauf wurde die möglichst schnelle Integration in die euroatlantischen Strukturen zum wichtigsten Ziel der slowenischen

Regierungen. Dabei konnten sie sich einer breiten Unterstützung der Slowenen sicher sein. Bei einer Umfrage im Jahr 1994 begrüßten 17,3 Prozent der Bevölkerung enthusiastisch den EU-Beitritt, 57,4 Prozent sprachen sich dafür aus, während nur 3,4 Prozent dagegen votierten und 21,9 keine Meinung dazu hatten bzw. sich der Stimme enthielten. Nach der ersten Euphorie für Europa folgte eine Periode der Vorsicht und des Zweifels, die vor allem mit den komplizierten Beitrittsverhandlungen und den darüber geführten öffentlichen Diskussionen zusammenhing. Danach stellte sich ein gewisser EU-Realismus ein, der im Prinzip bis heute anhält. Am 29. März 2004 trat Slowenien der Nato bei und nur wenige Wochen später, am 1. Mai, auch der EU. Seit dem 1. Januar 2007 ist der Euro gültiges Zahlungsmittel in Slowenien, gehört das Land außerdem zum Schengen-Raum. Im ersten Halbjahr 2008 hatte Slowenien als erster der neuen EU-Mitgliedstaaten die EU-Präsidentschaft inne.

Das erste größere politische Ereignis nach dem EU-Beitritt war die Europawahl im Juni 2004, die zu einer gewissen Ernüchterung führte, weil die Wahlbeteiligung erheblich niedriger ausfiel als bei allen Wahlen seit Erlangung der Unabhängigkeit. Nur 461 000 von 1,6 Millionen Wahlberechtigten (gut 28 Prozent) gaben ihre Stimme ab. Das hing damit zusammen, dass alle Parteien die Europawahl vor allem als Stimmungstest für die wenige Monate später stattfindende Parlamentswahl verstanden und die Themen im Wahlkampf fast ausschließlich innenpolitische Probleme betrafen, während die Bedeutung der EU und ihrer Institutionen sowie europäische Aufgaben in den Hintergrund traten.

Grundsätzlich ist die Mehrheit der slowenischen Bevölkerung weiterhin mit der Mitgliedschaft in der Gemeinschaft einverstanden, doch haben Sorgen und Skepsis bezüglich der EU zugenommen. Nach der »Brexit«-Entscheidung in Großbritannien haben viele Menschen Angst vor einem Auseinanderbrechen der Union. Aufschlussreich ist in diesem Zusammenhang das Eurobarometer vom Frühjahr 2016. Auf die Frage, ob die Gemeinschaft auf sie einen positiven Eindruck mache, antworteten 32 Prozent der Befragten mit Ja und 20 Prozent mit Nein, während 46 erklärten, dass sie weder einen positiven noch einen negativen Eindruck hätten, 2 gaben keinerlei Meinung ab. Seit 1997 beteiligen sich slowenische Einheiten an internationalen Militäreinsätzen, wobei die Zahl der Soldaten, die daran beteiligt sind, auf 470 begrenzt wurde. Der Schwerpunkt liegt in Kosovo, wo mehr als 200 Soldaten im Einsatz sind.

Die Beziehungen zwischen Slowenien und Deutschland innerhalb der EU und bilateral sind gut, aber ungleich gewichtet, da Deutschland zu den dominierenden Mächten in Europa zählt, während Slowenien als kleines Land eher am Rande agiert. So manchen Slowenen bedrückt die Vormachtstellung der großen Akteure in der Europäischen Union. Vor Italien und Österreich ist Deutschland Sloweniens wichtigster Handelspartner. Für das kulturhistorische Bewusstsein der Slowenien sind die sogenannten Freisinger Denkmäler von großer Bedeutung. Sie sind die ältesten Zeugnisse der slowenischen Sprache und werden in der Bayerischen Staatsbibliothek aufbewahrt.

Zu den Schwerpunkten der slowenischen Außenpolitik gehört die Unterstützung der Staaten des westlichen Balkans bei ihrer Annäherung an EU und Nato. Zwischen Slowenien und Kroatien bestehen enge politische, wirtschaftliche und kulturelle Beziehungen, die aber besonders durch zwei bis heute nicht vollständig ausgestandene Konflikte belastet werden. Heftiger Streit herrscht nach wie vor über den Verlauf der Seegrenze im Golf von Piran in der nördlichen Adria, die in jugoslawischen Zeiten nie genau markiert worden war. Slowenien erhob lange Zeit Anspruch auf die gesamte Bucht, während Kroatien die Grenze nach dem international üblichen Prinzip der Äquidistanz in der Mitte zog. Letzteres bedeutet aber, dass sich die kroatische und die italienische Seegrenze vor der Küste kreuzen, sodass Slowenien über keinen direkten Zugang zu internationalen Gewässern verfügt. Schließlich entschied ein von der EU vermitteltes Schiedsgericht, dass Slowenien ein Großteil der Bucht zustehe. Kroatien hat diesen Schiedsspruch aber nicht anerkannt, weil es meint, dass Slowenien gegen Regeln des Schiedsverfahrens verstoßen habe. Im Frühjahr 2018 beantragte Slowenien deshalb ein Vertragsverletzungsverfahren bei der EU und legte im September desselben Jahres

Protest gegen Kroatien bei der EU ein. Neben Symbolpolitik geht es bei dem Streit vor allem um Fischereirechte in Tiefseegebieten sowie die Entwicklungsperspektiven des slowenischen Adriahafens Koper, der mit dem kroatischen Hafen Rijeka konkurriert. Immer mal wieder gibt es auch Streit wegen des von beiden Staaten gemeinsam betriebenen Kernkraftwerks Krško in Slowenien nahe der Grenze zu Kroatien, etwa hinsichtlich der Entsorgung abgebrannter Brennstäbe.

Freundschaftliche Beziehungen unterhält Slowenien traditionell zu Bosnien-Herzegowina und Mazedonien. Auch das Verhältnis zu Montenegro konnte schon in den späten 1990er-Jahren normalisiert werden. Und selbst die Beziehungen zu Serbien haben sich positiv entwickelt. Im Mai 2014 besuchte mit Borut Pahor erstmals seit Erlangung der Unabhängigkeit ein slowenisches Staatsoberhaupt Serbien. Im Gegenzug reiste dann im Februar 2015 eine serbische Delegation unter Führung von Ministerpräsident Aleksandar Vučić nach Slowenien. Schwierig wird es immer dann, wenn Jahrestage anstehen, die in beiden Staaten unterschiedlich begangen und nicht selten von einzelnen Politikern ideologisch aufgeladen werden. Das betrifft insbesondere Daten und Ereignisse im Zusammenhang mit den Kriegen in den 1990er-Jahren. Gut sind auch die Beziehungen zu Österreich und Ungarn, ebenso zu Italien, wenn es nicht gerade um die Geschichte im 20. Jahrhundert geht. Einen hohen Stellenwert für Slowenien haben die Beziehungen zu den USA aus sicherheitspolitischen Gründen.

Bei allen Schwächen hat Slowenien seit der Erlangung der Unabhängigkeit eine bemerkenswerte Entwicklung genommen. Das wird deutlich, wenn man die Situation in diesem Land mit der in anderen früheren jugoslawischen Teilrepubliken vergleicht – etwa mit Kroatien.

Demokratie mit nationalistischen Untertönen: Kroatien

Das Land, von dem die Touristen oft nur die wunderbare Adriaküste und vielleicht noch den reizvollen Nationalpark der Plitvicer Seen wahrnehmen, hat im 20. Jahrhundert eine wechselvolle, teils dramatische Geschichte hinter sich. Dazu zählen der Zweite Weltkrieg mit dem faschistischen, von Nazi-Deutschland gestützten Ustaša-Regime des Ante Pavelić, die Zugehörigkeit zum Jugoslawien Titos, der Zerfall dieses Staates und die grauenvollen postjugoslawischen Kriege in den frühen 1990er-Jahren. Das alles wirkt im kollektiven Geschichtsbewusstsein bis heute nach und ist oft Anlass für politische Auseinandersetzungen sowohl im Land selbst als auch im Verhältnis zu Serbien. Häufig geht es dabei nur um die Instrumentalisierung der Vergangenheit, nicht um eine ehrliche, verantwortungsbewusste Aufarbeitung.

Kroatien ist außerdem ein Land, in dem die Menschen in den letzten beiden Jahrhunderten vielfältige Erfahrungen mit Flucht, Vertreibung und Migration gemacht haben. Das gilt für die Auswanderung von Kroaten nach Übersee im 19. Jahrhundert, die zunehmende Migration in Richtung nord- und westeuropäischer Staaten im frühen 20. Jahrhundert, die Bewegung der »Gastarbeiter« in der zweiten Hälfte des 20. Jahrhunderts sowie die verschiedenen Flucht- und Migrationsbewegungen im Zusammenhang mit den postjugoslawischen Kriegen. Vor diesem Hintergrund muss nicht jeder, der sich Sorgen um den Bestand und die Zukunft der kroatischen Nation macht, ein hartgesottener Nationalist sein.

Kroatien hat im Vergleich zu Slowenien erst spät mit der Systemtransformation begonnen. Dabei betraf der Übergang vom Krieg zum Frieden nicht nur den Umbau des politischen Systems, das während der Kriege mit den Nachbarn und in den ersten Jahren danach stark autoritär geprägt war, sondern auch die Entmilitarisierung der Gesellschaft, die Versorgung der Versehrten und Hinterbliebenen, die Integration von Flüchtlingen und Vertriebenen, die Beseitigung der materiellen Kriegsschäden sowie die wirtschaftliche Modernisierung. Ganz zu schweigen von den psychologischen Folgen der Kriege und deren Aufarbeitung.[73] Am 10. Dezember 1999 starb Franjo Tuđman, Kroatiens erster Präsident. Erst nach dem Tod Tuđmans, der in den 1990er-Jahren die Geschichte des Landes maßgeblich bestimmt hat, trat Kroatien in den Prozess der Systemtransformation ein.

Ein mächtiger Nationalist

Der aus armen Verhältnissen stammende, ungemein wissensdurstige und lerneifrige Tuđman hatte sich schon in jugoslawischen Zeiten vom überzeugten Kommunisten und Anhänger Titos zu einem fanatischen kroatischen Nationalisten entwickelt.[74] Während der Zeit des Zweiten Weltkriegs wurde er in der Jugoslawischen Volksarmee zum Politkommissar bestellt, der die ideologische Ausrichtung der Soldaten und Offiziere zu überwachen hatte. In den 1950er-Jahren übertrug man ihm die Leitung der Abteilung Theorie des Generalstabs. 1961 verließ er die Armee und gründete in Zagreb ein Institut zur Geschichte der Arbeiterbewegung, das er bis 1967 leitete. Nach Tuđmans Auffassung sollte seine Aufgabe »die Darstellung der herausragenden Rolle des kroatischen Volkes bei der Schaffung des neuen Jugoslawiens« sein, wofür er sich nicht nur von serbischer Seite Kritik einhandelte. Tuđman behauptete auch, durch den Ustaša-Staat seien »nur« 60 000 Menschen ums Leben gekommen, während später seriöse kroatische, serbische und internationale Historiker davon ausgingen, dass die tatsächliche Zahl der Opfer der kroatischen Faschisten bei etwa 400 000 lag, die vor allem im KZ Jasenovac umgebracht wurden – davon 300 000 Serben sowie Kroaten mehrheitlich jüdischen Glaubens und Roma.[75]

Während des »Kroatischen Frühlings« Ende der 1960er-Jahre erwies sich Tuđman zusammen mit anderen Intellektuellen als eifriger

Verfechter einer Sonderstellung der kroatischen Sprache in Jugoslawien. Im April 1967 wurde er deshalb aus dem Bund der Kommunisten ausgeschlossen. Die kommunistische Führung in Kroatien ließ zwar mehr Freiheiten zu, bekämpfte aber nationalistische Strömungen und deren Wortführer. Tuđman und andere nationalistisch gesinnte Intellektuelle ließen sich nicht beirren und nutzten die neue Pressefreiheit, um öffentlich über die Rolle Kroatiens im jugoslawischen Verbund zu debattieren.

Die zentrale KP-Führung in Belgrad nahm dies zum Anlass, um mit dem liberalen Kurs der kroatischen Kommunisten abzurechnen. 1972 wurde Tuđman wegen »konterrevolutionärer Umtriebe« verurteilt und blieb nur deshalb von einer längeren Haftstrafe verschont, weil sich Tito persönlich für ihn einsetzte. Fortan fühlte er sich mehr und mehr als Dissident, dem es vor allem darum ging, die Rolle des kroatischen Volkes in der Geschichte neu darzustellen. Schließlich entwickelte er sich zu einem Anhänger des spanischen Diktators Francisco Franco und vertrat die aberwitzige These, dass der Völkermord an den Juden gar nicht im Zentrum von Hitlers Politik gestanden habe. In einem Schauprozess 1981 gegen ihn und zahlreiche Gleichgesinnte wurde er zu drei Jahren Gefängnis verurteilt, von denen er 17 Monate abbüßte.

Tuđmans späterer Erfolg als nationalistischer Politiker beruhte nicht zuletzt auf der Unterstützung durch die Kroaten im Ausland. Viele von ihnen hatten vor 1945 der Ustaša-Bewegung angehört und waren nach dem Sieg der Partisanen Titos geflohen. Am 28. Februar 1989 gaben Tuđman und ein Kreis seiner Anhänger die Gründung der Kroatischen Demokratischen Gemeinschaft (HDZ) bekannt, die im darauffolgenden Jahr die Parlamentswahlen gewann – nicht zuletzt dank der finanziellen Unterstützung durch die kroatischen Emigranten.

Entsprechend der Verfassung genoss Tuđman, der im September 1992 zum Staatspräsidenten gewählt und im Juni 1997 in diesem Amt bestätigt wurde, eine außerordentliche Machtfülle, die es ihm ermöglichte, ein autoritäres Regime zu errichten. Die Art und Weise, wie er Politik betrieb und auch sein aufwendiger Lebensstil erinnerten an Tito, den er sehr verehrte. Das Parlament drängte er in die Rolle eines Statisten. Die wichtigsten Entscheidungen fielen im kleinen Kreis, den Tuđman aus engsten Vertrauten, darunter kroatische Nationalisten aus der Herzegowina und Rückkehrern aus dem Exil, um sich herum geschart hatte. Als er 1999 starb, war seine innenpolitische Bilanz verheerend, wenngleich er als erster Staatspräsident sowie als Oberbefehlshaber im »Vaterländischen Krieg« für viele Kroaten zum Symbol des »wiederauferstandenen« Kroatiens geworden war.

In seinen beiden Amtszeiten blühten Korruption und Vetternwirtschaft. Von der Privatisierung vormals sozialistischen Eigentums profitierten insbesondere seine persönlichen Günstlinge. Ethnische und nationale Diskriminierung vor allem von Serben und Roma waren an der Tagesordnung. Der Aufnahme von Vertriebenen und Flüchtlingen, die im Friedensabkommen von Dayton am 21. November 1995 zur Neuordnung Bosnien-Herzegowinas vereinbart worden war, wurden Hindernisse in den Weg gelegt. Kroatien war alles andere als ein Rechtsstaat, Reform und Modernisierung der Justiz blieben stecken. Bei den kroatischen Gerichten kam es zu einem dramatischen Rückstau nicht abgeschlossener Fälle. Tuđman war auch überhaupt kein Freund des Internationalen Strafgerichtshofs für das ehemalige Jugoslawien (ICTY) in Den Haag. Es kam nur zu wenigen Prozessen gegen Kriegsverbrecher vor einheimischen Gerichten, deren Ablauf außerdem ziemlich fragwürdig war.

Natürlich musste Tuđman – und das ist bei aller Kritik an ihm nicht zu vergessen – über weite Strecken unter sehr schwierigen Bedingungen agieren, die vor allem durch die Kriege im zerfallenden Jugoslawien sowie deren Folgen geprägt waren. Da hätten es auch Politiker mit demokratischen Prinzipien schwer gehabt. Doch der Nationalismus, den Tuđman und seine HDZ befeuerten, war wenig geeignet, Friedensbemühungen oder eine Transformation in Richtung Demokratie voranzubringen. Tuđman war dafür der Falsche.

Neuanfang

Der Umbruch kam mit den Parlamentswahlen am 3. Januar 2000, bei denen Tudmans HDZ ihre Vormachtstellung verlor. Es siegte die Sozialdemokratische Partei (SDP) mit 40 Prozent der Stimmen vor der HDZ mit 24 Prozent. Noch im selben Monat bildeten die Sozialdemokraten unter ihrer Führung eine Koalition von vier Parteien, an deren Spitze Ivica Račan als Ministerpräsident trat. Aus der anschließenden Präsidentenwahl ging Stipe Mesić von der Kroatischen Volkspartei als Gewinner hervor. Die größten Verdienste erwarb sich Račan auf dem Gebiet der Außenpolitik. Er bemühte sich, die Isolation Kroatiens zu überwinden und das Land an die Europäische Union heranzuführen. Das bedeutete auch, mit dem Haager Kriegsverbrechertribunal zu kooperieren, sich um Aussöhnung mit den vormaligen Kriegsgegnern zu bemühen und die Korruption zu bekämpfen. Durch eine Verfassungsänderung wurde das Präsidialsystem Tudmans in ein parlamentarisches System umgewandelt, mit dem das Parlament und die von ihm gewählte Regierung mehr Macht erhielten. Allmählich verbesserte sich auch die wirtschaftliche Lage Kroatiens, da der nun einsetzende Kapitalzufluss aus dem Ausland das Wachstum ankurbelte. Die Regierung beschloss große Bauprojekte wie die Autobahnverbindung zwischen Zagreb und Split, die dem Tourismus zugutekamen.

Nach nur drei Jahren kam die HDZ bei vorgezogenen Parlamentswahlen im November 2003 wieder an die Macht. Mit ihrem Spitzenkandidaten Ivo Sanader holte sie 34 Prozent der Stimmen, während die Sozialdemokraten als zweitstärkste Kraft den Gang in die Opposition antreten mussten. Die vormalige Partei Tudmans konnte sich dem Wandel nicht mehr widersetzen. Gleich nach Tudmans Tod hatte Sanader extrem rechte Gruppierungen in der HDZ entmachtet und die Partei auf einen gemäßigten Kurs mit Orientierung auf Europa gebracht. Als Regierungschef verfolgte er die Heranführung des Landes an Nato und Europäische Union weiter.

Obwohl die HDZ auch die nächsten Parlamentswahlen 2007 vor den Sozialdemokraten gewann, musste Sanader am 1. Juli 2009 als Parteivorsitzender und Ministerpräsident wegen schwerer Korruptionsvorwürfe zurücktreten. Am 9. Dezember 2010 wurde seine parlamentarische Immunität aufgehoben. Als er versuchte, sich der Verhaftung durch Flucht ins Ausland zu entziehen, wurde er einen Tag später aufgrund eines internationalen Haftbefehls auf der Autobahn nahe Salzburg aufgegriffen und nach Kroatien gebracht. Ein Gericht in Zagreb verurteilte ihn zu einer Freiheitsstrafe vom zehn Jahren sowie zur Zahlung einer Geldbuße. Am 27. Juli 2015 hob das Verfassungsgericht das Urteil zwar wegen Formfehler in zwei von insgesamt drei Fällen auf. Sanader musste jedoch weiter in Haft bleiben. Am 1. Oktober 2015 wurde auch das Urteil in dem dritten Fall höchstrichterlich aufgehoben und zur Neuverhandlung zurückverwiesen, die dann im März 2018 begann.

Die Bilanz des Transformationsprozesses in den zehn Jahren nach Tuđmans Tod fällt im Großen und Ganzen positiv aus, auch wenn es einige Verzögerungen gab. Das Land erzielte unter den Regierungen Račan und Sanader sowie dem zweimal gewählten Präsidenten Mesić wichtige Fortschritte, die das Land auf dem Weg in EU und Nato voranbrachten. Das demokratische System stabilisierte sich, auch wirtschaftlich wurden Erfolge erzielt. Im Februar 2003 stellte Kroatien einen Antrag auf Beitritt zur EU, die Beitrittsverhandlungen sollten eigentlich im März 2005 beginnen, doch wurden sie verschoben, weil man in vielen EU-Mitgliedsländern die Zusammenarbeit der Führung in Zagreb mit dem Haager Kriegsverbrechertribunal für unzureichend hielt. Erst nachdem Carla Del Ponte, die Chefanklägerin des Tribunals, am 3. Oktober 2005 den kroatischen Behörden eine zufriedenstellende Zusammenarbeit bescheinigt hatte, begannen die Beitrittsverhandlungen am folgenden Tag.

Die Parlamentswahl am 4. Dezember 2011 brachte erneut einen Richtungswechsel. Es gewann das von den Sozialdemokraten geführte Bündnis Kukuriku (Kikeriki) mit gut 50 Prozent der Stimmen (78 Mandate), während die nationalkonservative HDZ mit Jadranka

Kosor, der Nachfolgerin Sanaders, auf 30 Prozent (45 Mandate) kam. Der neue sozialdemokratische Ministerpräsident Zoran Milanović trat als Redner kämpferisch auf, attackierte die weitverbreitete Korruption und machte sich lustig über die altväterliche Art der HDZ. Allerdings hatte er nicht die staatsmännische Statur seines sozialdemokratischen Vorgängers Ivica Račan.

Wichtigster Erfolg der Regierung Milanović war Kroatiens Beitritt zur EU am 1. Juli 2013. Den Beitrittsvertrag hatte noch Jadranka Kosor im Dezember 2011 unterschrieben. Im Januar 2012 stimmten 67 Prozent der Bürgerinnen und Bürger in einem Referendum dafür, allerdings lag die Wahlbeteiligung bei eher mageren 43 Prozent. Der Beitritt war an bestimmte Bedingungen geknüpft. So sollte Kroatien bis zur Aufnahme in die Gemeinschaft mehrere Reformvorhaben umsetzen. Die EU forderte insbesondere eine Stärkung der Justiz, eine konsequentere Bekämpfung der Korruption, eine Modernisierung der Verwaltung und die weitere Privatisierung von Staatsbetrieben. Obwohl die Regierung von Milanović bei diesen Vorhaben nicht sehr weit kam, wurde das Land in die EU aufgenommen.

Dabei darf nicht vergessen werden, dass diese Regierung in einem wirtschaftlich schwierigen Umfeld agierte und seit 2015 mit durch die Flüchtlingskrise hervorgerufenen Problemen zu kämpfen hatte.[76] Milanović machte aber auch den Fehler, seine scharfe, polarisierende Rhetorik gegen die HDZ nicht abzuschwächen, nachdem deren extrem nationalistischer Vorsitzender Tomislav Karamarko durch den gemäßigteren Andrej Plenković ersetzt worden war, der die HDZ für einen größeren Wählerkreis akzeptabel machte.

Bei der Parlamentswahl am 8. November 2015 lagen die beiden größeren Wahlbündnisse fast gleichauf. Während die Patriotische Koalition unter Führung der HDZ 33,4 Prozent der Stimmen (59 Mandate) erhielt, landete Kroatien wächst unter Führung der Sozialdemokraten bei 33,2 Prozent (56 Sitze) und die neue liberale Partei MOST (Brücke) bei 13,5 Prozent (19 Sitze). Der parteilose Industriemanager Tihomir Orešković wurde daraufhin von Staatspräsidentin Kolinda Grabar-Kitarović, die bereits im Februar den parteilosen Ivo Josipović abgelöst hatte, mit der Regierungsbildung beauftragt. Der 1966 geborene Orešković hatte lange in Kanada gelebt, dort auch studiert und später bei verschiedenen Unternehmen gearbeitet.

Kritisiert wurde Orešković sofort, weil er einige Politiker mit extrem nationalistischen Auffassungen in sein Kabinett berufen hatte. Dazu zählte beispielsweise Kulturminister Zlatko Hasanbegović, den man bezichtigte, einen »Kulturkampf von rechts« zu führen und die Verbrechen der faschistischen kroatischen Ustaša während des Zweiten Weltkriegs zu verharmlosen. Da sah sich sogar die konservative Staatspräsidentin veranlasst, vor einer Infragestellung des »antifaschistischen Fundaments des Staates« zu warnen.[77]

Immerhin brachte Orešković einige wirtschaftliche Projekte auf den Weg, darunter einen Vertrag zwischen verschiedenen Industrieunternehmen zur Erschließung und Förderung von Kohlenwasserstoffvorkommen in der ostkroatischen Region Slawonien, den Bau eines Terminals für Flüssiggas auf der Insel Krk sowie die Ausschreibung zum Bau von Bahnverbindungen. Doch die Regierung hielt nicht einmal ein halbes Jahr. Nachdem die Sozialdemokraten aufgrund von Korruptionsvorwürfen ein Amtsenthebungsverfahren gegen den stellvertretenden Ministerpräsidenten Tomislav Karamarko eingeleitet hatte, das auch die an der Regierung beteiligte MOST unterstützte, fiel die Koalition auseinander. Ein gegen ihn von der HDZ angestrengtes Misstrauensvotum überstand Orešković am 16. Juni 2016 nicht. Einen Monat später wurde das Parlament aufgelöst.

Bei den erforderlichen Neuwahlen am 11. September 2016 zeigte sich ein ähnliches Bild wie im Vorjahr. Wieder gewann die HDZ mit 36,3 Prozent (61 Mandate) relativ knapp vor der von den Sozialdemokraten angeführten Koalition des Volkes, die 33,8 Prozent (54 Mandate) erhielt. Auf dem dritten Platz landete erneut MOST mit 9,9 Prozent (13 Mandate). Einen Monat nach der Wahl einigten sich HDZ und MOST auf ein Regierungsbündnis mit dem HDZ-Vorsitzenden Andrej Plenković als Ministerpräsidenten, der ankündigte, er wolle sich für politische Stabilität, Rechtssicherheit, gute Rahmenbedingungen für wirtschaftliches Wachstum und die Durchsetzung des christlichen Grundsatzes der Solidarität einsetzen. Ebenso erklärte er seine Absicht, die Beziehungen zu den Nachbarstaaten zu verbessern – insbesondere zu Serbien.

Indes war Kolinda Grabar-Kitarović bald nach dem Antritt ihrer Präsidentschaft zur beliebtesten Politikerin des Landes aufgestiegen. Die auf internationalem Parkett erfahrene Grabar-Kitarović, die in den USA und Wien studiert, diverse diplomatische Posten bekleidet und zeitweise als stellvertretende Nato-Generalsekretärin fungiert hat, gibt sich einerseits als Europäerin und Fürsprecherin der euroatlantischen Beziehungen. Andererseits neigt sie zu seltsamen Ausflügen in den kroatischen Nationalismus. Als der kroatische Kriegsverbrecher Slobodan Praljak am 29. November 2017 nach seiner Verurteilung zu 20 Jahren Haft im Gerichtssaal in Den Haag Selbstmord beging, erklärte die Präsidentin öffentlich:»Das kroatische Volk wurde tief in seinem Herzen getroffen.« Grabar-Kitarović forderte auch die Einrichtung einer Historikerkommission, die»die Wahrheit über das Lager Jasenovac« erforschen solle – eine»Wahrheit«, die nach internationalen wissenschaftlichen Erkenntnissen längst eindeutig bekannt ist.[78]

Zwei bestimmende Parteien

Rechtliche und politische Grundlage des kroatischen Staates ist die Verfassung vom 21. Dezember 1990, die im November 2000 und im März 2001 mit weitreichenden Folgen novelliert wurde, um die starke Konzentration der politischen Macht auf den Staatspräsidenten, die auf den früheren Amtsinhaber Franjo Tuđman zugeschnitten war, zu beenden und eine wirkliche Dreiteilung der Staatsgewalt in Legislative, Exekutive und Judikative durchzusetzen.

Unter der Überschrift»Historische Grundlagen« ist den Verfassungsartikeln eine Einleitung vorangestellt, um die historische Verwurzelung und Kontinuität der Staatlichkeit und Souveränität des heutigen Kroatiens zu dokumentieren und zu bekräftigen – von den kroatischen Fürstentümern des 7. Jahrhunderts bis hin zu den Verfassungen der Sozialistischen Republik Kroatien innerhalb Jugoslawiens.

Die Verfassung in der novellierten Form definiert Kroatien als einheitlichen, demokratischen und sozialen Staat. Die Souveränität der Republik Kroatien ist unveräußerlich, unteilbar und unübertragbar. Als höchste Werte der Verfassungsordnung werden genannt: Freiheit, Gleichheit, auch Gleichheit der Geschlechter, Friedfertigkeit, soziale Gerechtigkeit, Achtung der Menschenrechte, Unverletzlichkeit des Eigentums, Erhaltung der Natur und Umwelt, Rechtsstaatlichkeit und ein demokratisches Mehrparteiensystem. In den entsprechenden Artikeln wird die Wahrung der Menschenrechte und Grundfreiheiten garantiert, die für jeden Bürger der Republik Kroatien gelten – unabhängig von Rasse, Hautfarbe, Sprache, Glauben, von politischen und sonstigen Überzeugungen, nationaler oder sozialer Herkunft, von Vermögen, Bildung und gesellschaftlicher Stellung. Den Angehörigen aller nationalen Minderheiten werden die Freiheit des öffentlichen Bekenntnisses zu ihrer nationalen Identität, der freie Gebrauch ihrer Sprache sowie kulturelle Autonomie garantiert. Der Katalog der Menschenrechte und Grundfreiheiten ist ähnlich ausführlich wie in der Verfassung Sloweniens formuliert.

Natürlich gibt es Widersprüche zwischen Verfassungsanspruch und Verfassungswirklichkeit, etwa wenn es um die Gleichstellung nationaler Minderheiten wie etwa der Serben geht, die im gesellschaftlichen Leben in einzelnen Regionen nicht selten diskriminiert werden. Ebenso gibt es noch zu wenig präzise formulierte Gesetze, die eine Basis dafür bieten, Normen der Verfassung auch wirklich eizuhalten, wenn man etwa an die ordnungspolitischen Grundlagen der Wirtschaft denkt oder an die Gleichberechtigung der Anbieter bei öffentlichen Ausschreibungen und den Kampf gegen die Korruption.

Trotz einiger Einschränkungen durch die genannte Novellierung nimmt der Staatspräsident weiterhin eine vergleichsweise wichtige Stellung innerhalb der Verfassungsorgane ein, da ihm auferlegt ist, »das ordnungsgemäße und harmonische Funktionieren und die Stabilität der Staatsgewalt« zu sichern (Artikel 94). Er verfügt über Kompetenzen in der Außenpolitik sowie bei der Kontrolle des Militärs und der Geheimdienste, die er gemeinsam mit dem Ministerpräsidenten ausübt. Er schreibt Wahlen und Referenden aus, ernennt und enthebt den Ministerpräsidenten und entscheidet darüber, ob das Parlament aufgelöst werden soll oder nicht. Letzteres ist möglich, sollte der Staatshaushalt keine Mehrheit erhalten oder das Parlament der Regierung das Misstrauen aussprechen. Der Präsident wird direkt auf fünf Jahre gewählt, wobei eine einmalige Wiederwahl zulässig ist. Für die Dauer seiner Amtszeit muss der Präsident jedwede Parteimitgliedschaft ruhen lassen.

Aufgrund einer alten Tradition trägt das kroatische Parlament den Namen Sabor (Versammlung). Das älteste erhaltene Protokoll einer solchen Versammlung stammt aus dem Jahr 1273. Das Parlament hat mindestens 100 und höchstens 160 Abgeordnete, die auf der Grundlage des allgemeinen Wahlrechts direkt und geheim für einen Zeitraum von vier Jahren gewählt werden. Sie haben kein imperatives Mandat und genießen Immunität.

Der Blick auf die einzelnen Regierungen hat schon gezeigt, dass seit Erlangung der Unabhängigkeit im Jahr 1991 die nationalkonservative Kroatische Demokratische Gemeinschaft (HDZ) und die Sozialdemokratische Partei Kroatiens (SDP) die bestimmenden politischen Kräfte gewesen sind und dies auf absehbare Zeit auch bleiben werden. Mehrmals fanden Machtwechsel statt. Dabei war es sicher ein Gewinn für die politische Kultur des Landes, dass beide Parteien nie allein regieren konnten, sondern auf kleine Koalitionspartner angewiesen waren, was ihre Kompromissbereitschaft gestärkt hat. Das gilt auch für die Zeit der *cohabitation* zwischen der nationalkonservativen Regierung von Ivo Sanader und dem linksliberalen Staatspräsidenten Stipe Mesić von der Kroatischen Volkspartei in den Jahren 2004 bis 2009.

Die HDZ hat sich von einer nationalistischen und rechtspopulistischen zu einer nationalkonservativen Partei rechts der Mitte gewandelt, die einige kroatische Politikwissenschaftler inzwischen auch als Christdemokratie bezeichnen, selbst wenn sie hin und wieder Ausflüge in nationalistische Gefilde unternimmt, gerade wenn es um die geschichtspolitische Auseinandersetzung mit Serbien geht. Sie verfolgt einen vorsichtigen, Europa zugewandten Kurs und ist Mitglied der

Europäischen Volkspartei (EVP), sieht aber die wirtschaftliche sowie haushalts- und währungspolitische Integration mit einer gewissen Skepsis. Ihre Wählerschaft rekrutiert sie stärker in den ländlichen Regionen und kleineren Städten, weniger in den Großstädten.

Die Sozialdemokratische Partei Kroatiens ist aus dem Bund der Kommunisten Jugoslawiens bzw. Kroatiens hervorgegangen, hat sich aber in der Folgezeit zu einer richtigen sozialdemokratischen Partei gewandelt, wobei viele postkommunistische Parteimitglieder und Abgeordnete die Organisation verließen. Die SDP, die vor allem städtische Wählerschichten anspricht, verfolgt einen Kurs der sozialen Marktwirtschaft und der weiteren Integration Europas, was aber einzelne ihrer führenden Mitglieder mitunter nicht davon abhält, auch nationale Töne anzustimmen. Auf europäischer Ebene ist sie Mitglied der Progressiven Allianz der Sozialdemokraten (S&D).

Die wichtigste liberale Partei in Kroatien ist die Kroatische Volkspartei – Liberaldemokraten (HNS), die schon zu kommunistischen Zeiten bestand und damals vor allem von Persönlichkeiten der Reformbewegung des »Kroatischen Frühlings« der späten 1960er-Jahre geführt wurde. Die Gruppierung, die bereits Regierungskoalitionen sowohl mit der sozialdemokratischen SDP als auch der national-konservativen HDZ eingegangen ist, gehört auf europäischer Ebene zur Allianz der Liberalen und Demokraten für Europa (ALDE). Ihr wichtigster innenpolitischer Erfolg war die Wahl ihres Mitglieds Stipe Mesić zum Staatspräsidenten im Jahr 2000.

Die erst 2012 gegründete Partei MOST entstand in der im südlichen Dalmatien gelegenen Kleinstadt Metković als Initiative örtlicher Intellektueller und Geschäftsleute, die Korruption und schlechte Verwaltung anprangerten. Bei der Parlamentswahl 2015 trat sie erstmals auf nationaler Ebene an, errang auf Anhieb den dritten Platz und begab sich in eine Regierungskoalition mit der HDZ, was von Teilen ihrer Mitglieder nicht gern gesehen wurde. Auch bei der Wahl 2016 wurde die Partei drittstärkste Kraft, beteiligten sich aber nicht mehr an der Regierung.

Die Partei Živi zid (Menschliches Schild), entstanden aus der Occupy-Bewegung, versteht sich als europaskeptisch, fordert den Austritt

Kroatiens aus der Nato und die Anerkennung eines palästinensischen Staates, plädiert für ein massives Vorgehen gegen Korruption, mehr staatlichen Interventionismus in der Wirtschaft, niedrigere Steuern, aktiven Schutz der Umwelt sowie für eine weitgehend kostenlose Erziehung und Gesundheitsversorgung. Bei den Parlamentswahlen 2015 und 2016 kam sie auf 4,2 bzw. 6,2 Prozent.

Die Partei »Milan Bandić 365 – Partei der Arbeit und der Solidarität« ist vor allem eine Lobby für den im Juni 2017 zum sechsten Mal zum Bürgermeister der Hauptstadt Zagreb gewählten Milan Bandić. Der sich als Sozialdemokrat verstehende Politiker hat diverse Bau- und Infrastrukturprojekte in der Hauptstadt angestoßen, genießt aber einen zweifelhaften Ruf, weil er 2002 in alkoholisiertem Zustand einen Verkehrsunfall verursachte und anschließend Fahrerflucht beging sowie 2015 zeitweise wegen Korruptionsvorwürfen in Untersuchungshaft saß. Sein Einfluss auf die Zentralregierung beruht vor allem auf der wirtschaftlichen Stärke der Hauptstadt, die mehr als 30 Prozent des kroatischen Bruttoinlandsprodukts erwirtschaftete. Bandić war ursprünglich Mitglied der SDP, wurde aber ausgeschlossen, als er bei der Präsidentenwahl 2009/10 als unabhängiger Kandidat mit 14,8 Prozent in die Stichwahl kam und dann dort gegen Ivo Josipović antrat, den die Sozialdemokraten ins Rennen geschickt hatten.

Verbreiteter Nationalismus bei Katholiken

Geht es darum, wer politischen Einfluss in der kroatischen Gesellschaft besitzt, dann darf der Verweis auf die katholische Kirche nicht fehlen, der Historiker und Soziologen immer wieder eine Vorliebe für die Ideologie des kroatischen Nationalismus vorgehalten haben. Empirische Erhebungen belegen, dass ausgeprägte katholische Religiosität bei vielen Menschen in Kroatien mit nationalistischen Einstellungen korrespondieren. Die politische Haltung dieser Bürger äußert sich auch durch eine Neigung zu autoritären bzw. obrigkeitsstaatlichen Regierungsformen.

Bei einem 2011 erhobenen Zensus bezeichneten sich 86,3 Prozent der etwas mehr als vier Millionen Einwohner des Landes als römisch-katholisch, 4,4 Prozent als serbisch-orthodox, 1,5 Prozent als muslimisch, 0,3 Prozent als protestantisch, 0,1 Prozent als jüdisch und 7 Prozent als Atheisten bzw. machten keine Angaben.

Die Verurteilung und der anschließende Selbstmord des kroatischen Kriegsverbrechers Slobodan Praljak vor dem Haager Kriegsverbrechertribunal haben in Kroatien eine Welle der Empörung ausgelöst.[79] Gerade Teile des katholischen Klerus und der katholischen Gläubigen reagierten auf das Urteil mit Unverständnis und Ablehnung. Diese skeptische bzw. ablehnende Haltung der Kirche gegenüber dem Haager Tribunal befürworteten weite Teile der kroatischen Gesellschaft. Dem Tribunal wird vorgeworfen, sich zu wenig mit Serbien, dem, wie es heißt, eigentlichen Aggressor beschäftigt zu haben.[80]

Wenn Kroatien bis heute ein Minderheitenproblem hat, dann gilt das für die Serben im Land, deren Anteil an der Bevölkerung im Jahr 1991 – zur Zeit der letzten jugoslawischen Volkszählung – bei mehr als 12 Prozent lag, was damals gut 580 000 Personen waren. Durch Krieg, Flucht und Vertreibung reduzierte sich ihre Zahl laut Zensus von 2011 auf knapp 187 000 (4,4 %). In der Stadt Knin im Hinterland Norddalmatiens bildeten die Serben bis 1991 mit einem Anteil von fast 80 Prozent die absolute Mehrheit, während dort heute 23 Prozent Serben und 77 Prozent Kroaten leben.

Später sind etwa 130 000 der einst geflüchteten oder vertriebenen Serben vor allem in das Gebiet um Knin zurückgekehrt, von denen aber mindestens 40 Prozent Kroatien wegen der schwierigen Lebenssituation wieder verlassen haben. Landesweit macht die Wiedereingliederung der Serben in die kroatische Gesellschaft Fortschritte, wenngleich zum Teil aber nur schleppend. Viele Rückkehrer kämpfen noch heute gegen die Enteignung ihrer Häuser, Wohnungen und Ländereien. Damals waren Kroaten aus Bosnien-Herzegowina, der serbischen Wojwodina und aus Kosovo in den Häusern untergebracht worden, die geflüchteten oder vertriebenen Serben gehörten. Zudem gibt es in den Gebieten, in denen Serben als Rückkehrer leben, eine extrem hohe Arbeitslosigkeit von teilweise mehr als 50 Prozent und entspricht auch die Zahl der Serben, die in Polizei, Justiz und öffentlicher Verwaltung beschäftigt sind, nicht ihrem jeweiligen Anteil an der Bevölkerung.

In die früheren Kriegsgebiete sind aber auch etwa 120 000 der damals geflüchteten oder vertriebenen Kroaten zurückgekehrt. Im täglichen Leben kommen gewaltsame Auseinandersetzungen zwischen Kroaten und Serben nur noch selten vor, aber heftige Wortgefechte gibt es immer mal wieder. Einige serbische Abgeordnete im Parlament in Zagreb wie Milorad Pupovac, Vojislav Stanimirovic und Milan Dukic haben sich mehrfach an der Bildung der zentralen Regierung beteiligt. Pupovac ist Vorsitzender der Selbstständigen Demokratischen Serbischen Partei (SDSS). Außerdem existiert noch die Serbische Volkspartei (SNS).

Laut Volkszählung von 2011 leben in Kroatien auch gut 31 000 Bosniaken (0,7 %), jeweils mehr als 17 000 Italiener, Roma und Albaner (je 0,4 %) sowie 14 000 Ungarn (0,3 %). Außer den Roma haben alle Minderheiten das Recht auf je einen Sitz im kroatischen Parlament. Auch wird den Roma nach dem entsprechenden Gesetz von 1991 die kroatische Staatsbürgerschaft verweigert, die den Angehörigen der anderen Minderheiten zuerkannt wird. Nur eine kleine Minderheit der Roma in Kroatien besitzt die bosnische oder mazedonische Staatsbürgerschaft, während die anderen staatenlos sind, was ihnen den Zugang zum Arbeitsmarkt oder die Gründung kleiner Firmen fast unmöglich macht. Diese Diskriminierung seitens des Staates korrespondiert mit einer starken Ablehnung der Roma durch weite Teile der kroatischen Gesellschaft.

Die Mehrheit der Kroaten befürwortet die parlamentarische Demokratie, verbindet damit aber kein größeres Engagement. Den Gang zur Urne sieht man als Erfüllung einer Pflicht an. Seit zwei Jahrzehnten oszilliert die Beteiligung bei den Parlamentswahlen um 50 Prozent, was nicht unbedingt ein schlechter Wert ist, wenn man die Verhältnisse in anderen EU-Staaten des östlichen Europas anschaut. Für Skepsis sorgt vor allem die weitverbreitete Korruption. Kirche und Armee genießen ein höheres Ansehen als die Parteien und Regierungen sowie die Justiz und die Führungen großer Unternehmen. Eine beträchtliche Minderheit der Gesellschaft kann sich auch autoritäre Regierungsformen bzw. einen sozialfürsorglichen Obrigkeitsstaat vorstellen.

Die politische Kultur Kroatiens ist nach wie vor durch eine ideologisch-kulturelle Spaltung gekennzeichnet, die biografische und soziokulturelle Hintergründe hat. Im Groben stimmt noch immer, was der Zagreber Politikwissenschaftler Nenad Zakošek 2002 in einem Aufsatz schrieb:»Das bedeutet, dass Bürger, deren Familienangehörige während des Zweiten Weltkriegs auf der Seite des Ustaša-Regimes engagiert waren, heute noch immer die Neigung zu nationalistischen politischen Einstellungen und Präferenzen für die Parteien der nationalistischen Rechten haben, während diejenigen, deren Familienangehörigen an der kommunistischen Partisanenbewegung teilnahmen, stark anti-nationalistisch eingestellt sind und Präferenzen für linke und linksliberale Parteien zeigen. Diese beiden Segmente der kroatischen Gesellschaft sehen sich gegenseitig nicht bloß als Andersdenkende, sondern als Feinde an, wodurch die Tendenz zur Radikalisierung (und einer interpretativen ›Historisierung‹) der gegenwärtigen politischen Konflikte bedingt ist.«[81]

So eskalierte der öffentliche Streit im Jahr 2017, nachdem kroatische Veteranen des postjugoslawischen Krieges in der Nähe des früheren Konzentrationslagers Jasenovac eine Gedenktafel platziert hatten, auf der ihre im Krieg gefallenen Kameraden mit dem faschistischen Ustaša-Gruß geehrt wurden:»Za Dom – Spremni!« (Für die Heimat – Bereit). Linke und Liberale protestierten energisch, Opferverbände blieben dem staatlichen Holocaust-Gedenktag fern. Ministerpräsident Andrej Plenković versuchte zu beschwichtigen, indem er erklärte, die Gedenktafel habe nichts mit dem Zweiten Weltkrieg zu tun, sondern ehre die Toten des Krieges in den 1990er-Jahren.

Im alten Jugoslawien pflegte der Bund der Kommunisten ein schwarz-weißes Geschichtsbild, wonach den faschistischen deutschen und italienischen Besatzern samt ihren Kollaborateuren vor Ort – den Milizen der kroatischen Ustaša und den serbischen Tschetniks – die heldenhafte kommunistische Befreiungsarmee aus Serben, Kroaten und Muslimen gegenübergestanden habe. Mit dem Sieg dieser Partisanenarmee habe Jugoslawien zur Freiheit und zum Sozialismus gefunden. Demgegenüber sprach die neue nationale kroatische Elite ab Mitte der 1980er-Jahre von einem Jugoslawien, das stets die Serben beherrscht hätten. So gesehen erschien dann der Ustaša-Staat, der ein Völkergefängnis für Nicht-Kroaten war, als der erste Versuch, ein souveränes Kroatien zu etablieren. Dazu passte dann Franjo Tuđmans Bestreben, als Staatspräsident des unabhängigen Kroatiens die Verbrechen im KZ Jasenovac beschönigen zu wollen.

Seither ist die öffentliche Diskussion etwas ausgewogener geworden, doch die Erinnerung an den Zweiten Weltkrieg und die ersten Jahre danach spaltet weiter die Gesellschaft. Man hat den Eindruck, dass beide Seiten noch nicht bereit sind, alle Fakten auf den Tisch zu legen und der anderen ernsthaft zuzuhören. Wichtig wäre es, auch das Verhalten der jugoslawischen Partisanen in den Nachkriegsjahren zu beleuchten, als sie Racheakte begingen, die als Kriegsverbrechen zu bewerten sind.

Zivilgesellschaftliches Engagement war bis 1990 hauptsächlich mit der karitativen Arbeit der katholischen Kirche verbunden. Peu à peu entwickelten sich – auch angeregt durch die Gründung einer nationalen Stiftung zur Entwicklung der Zivilgesellschaft sowie der Verabschiedung eines Vereinsgesetzes – andere nichtstaatliche Aktivitäten. Heute sind die Sportvereine am zahlreichsten, gefolgt von Kulturvereinen, wirtschaftlichen Interessengruppen, sozial engagierten Gruppen zur Unterstützung von Kindern, Jugendlichen und alten Menschen sowie Gruppen, die sich für Umweltschutz engagieren. Es gibt Vereinigungen, die sich für einen lebendigen Dialog zwischen Christen und Muslimen, Gläubigen und Atheisten einsetzen, und nicht zuletzt Vereine von Kriegsveteranen, die zum Teil ein sehr zweifelhaftes Geschichtsbild pflegen.

Nachhaltig geschwächt

In wirtschaftlicher Hinsicht war Kroatien (ähnlich wie Slowenien) innerhalb des früheren Jugoslawiens den anderen Teilrepubliken überlegen. Das galt zum Beispiel für die technologische Qualität von Gütern der verarbeitenden Industrie. Mit dem Zerfall Jugoslawiens und auch bedingt durch den nachfolgenden Krieg ging dieser Vorteil verloren. Durch die einsetzende Rezession, den vorläufigen Verlust der Exportmärkte in den vormaligen südlicheren Teilrepubliken und bedingt durch die enormen Kriegsschäden fiel die Industrieproduktion Mitte der 1990er-Jahre auf etwa 56 Prozent des Niveaus von 1990. Bis zum Ausbruch der globalen Finanz- und Wirtschaftskrise im Jahr 2008 war man dann zumindest wieder bei gut 90 Prozent angelangt. Diese Krise bedeutete für Kroatien einen erneuten Rückschlag.[82]

Anders als die meisten ostmittel- und südosteuropäischen Länder, die sich von der globalen Krise recht schnell erholten, musste die Wirtschaft Kroatiens eine mehr als sechs Jahre anhaltende Rezession hinnehmen. Zwischen 2009 und 2014 fiel das Bruttoinlandsprodukt um fast 13 Prozent, brachen die Investitionen um ein Drittel ein. Besonders betroffen waren die Bauwirtschaft, die verarbeitende Industrie sowie Handel und Transport.

Der wirtschaftliche Niedergang hatte drastische Auswirkungen auf den Arbeitsmarkt. In kroatischen Quellen schwankt die Zahl derjenigen, die ihren Job verloren zwischen 110 000 und 185 000 Personen. Nachdem die Arbeitslosigkeit bis 2008 kontinuierlich auf einen Wert von 8,4 Prozent gesunken war, erreichte sie mit 17,3 Prozent im Jahr 2013 einen der höchsten Werte in der Europäischen Union. Dem folgte nur ein langsamer Rückgang auf 13 Prozent im Jahr 2017.

Wo steht Kroatien inzwischen? Im Jahr 2016 betrug das Bruttoinlandsprodukt pro Kopf rund 10 800 Euro zum offiziellen Wechselkurs, umgerechnet in Kaufkraftparitäten 17 400 Euro. Das entsprach 60 Prozent des EU-Durchschnitts. Demnach war Kroatien in etwa auf einer Stufe mit Rumänien und weit vor Bulgarien, lag aber relativ weit hinter der Tschechischen Republik, Slowenien und der Slowakei und auch ein gutes Stück hinter Litauen, Estland, Ungarn und Polen zurück. Kroatiens Wirtschaft ist regional sehr unterschiedlich ausgeprägt. Gemessen an den Verhältnissen des ganzen Landes ist der Westen mit der Halbinsel Istrien und der Region um den Seehafen Rijeka durchaus als wohlhabend zu bezeichnen. Hier gibt es qualitativ hochwertigen Tourismus mit teilweise angebundener Lebensmittelproduktion, finden sich die drei großen Schiffswerften des Landes, ist außerdem ein großer Zigarettenhersteller beheimatet. Der Süden Kroatiens mit den dalmatinischen Gespanschaften, wie die kroatischen Verwaltungsbezirke heißen, ist unterschiedlich entwickelt. Auch hier ist der Tourismus samt Fährunternehmen und Hafenbetreibern ein wichtiger Wirtschaftszweig, spielt der Dienstleistungssektor eine gewisse Rolle, fehlen aber größere Industrieunternehmen mit Ausnahme zweier Werften.

Der Norden des Landes mit der Hauptstadt Zagreb liegt, gemessen am BIP pro Kopf, über dem Landesdurchschnitt. Hier sind die wichtigsten kroatischen Unternehmen in den Bereichen Energie, Pharmaindustrie, Telekommunikation, Nahrungsmittel, Logistik, Transport, Einzelhandel und Finanzwirtschaft angesiedelt. Hinzu kommen Produzenten von Elektroautos, Antriebssystemen und Batterien. Die vergleichsweise ärmsten Regionen Kroatiens finden sich im Osten des Landes mit den slawonischen Gespanschaften zwischen den Flüssen Drau, Save und Donau. Dort liegt das BIP pro Kopf weit unter dem Landesdurchschnitt. Die Region ist größtenteils landwirtschaftlich geprägt und verfügt nur über wenige Industriebetriebe.

Wie die meisten EU-Länder ist auch Kroatien mit dem Problem einer zunehmend alternden Bevölkerung konfrontiert. Der Anteil derjenigen an der Gesamtbevölkerung, die über 65 Jahre alt sind, liegt bei fast 20 Prozent, was in etwa dem EU-Durchschnitt entspricht. Die Beschäftigungs- und die Erwerbsquote sind mit knapp 57 bzw. 67 Prozent deutlich niedriger als im EU-Durchschnitt. Besonders von Arbeitslosigkeit betroffen sind Jugendliche. Hinzu kommt die Abwanderung. Nach offiziellen Angaben verließen in den Jahren 2015 und 2016 etwa 66 000 Personen das Land. Da in dieser Zahl aber nur diejenigen erfasst sind, die ihren Wohnsitz in Kroatien abgemeldet haben, dürfte die tatsächliche Zahl noch wesentlich höher sein.

Kroatien bräuchte dringend einen gewissen wirtschaftlichen Ausgleich zwischen den unterschiedlich geprägten Regionen, mehr ausländische Direktinvestitionen, eine baldige Modernisierung der Transportwege sowie eine Erhöhung der Produktivität in der Landwirtschaft.

Das Armutsrisiko ist in Kroatien überdurchschnittlich hoch. Etwa 28 Prozent der Gesamtbevölkerung leben in Armut oder sind zumindest von Armut bedroht. Damit liegt das Land erheblich über dem entsprechenden Durchschnitt aller 28 EU-Staaten von 23 Prozent. Nur in Rumänien und Bulgarien ist die Armut noch erheblich weiter verbreitet als in Kroatien, während etwa Polen (21,9 %), Slowenien (18,4 %) und die Tschechische Republik (13,3 %) niedrigere Werte verzeichnen, die natürlich, gemessen am Anspruch eines modernen Sozialstaats, immer noch viel zu hoch sind. Im Osten Kroatiens liegt der Anteil der armen oder von Armut bedrohten Menschen an der Gesellschaft sogar bei 40 Prozent.

Schwierige Normalisierung

Das Tuđman-Regime der 1990er-Jahre und dessen isolationistische Außenpolitik sowie die damaligen kriegerischen Auseinandersetzungen haben die Öffnung Kroatiens hin zu Europa und die Normalisierung der Beziehungen zu den postjugoslawischen Nachbarstaaten extrem verzögert und erschwert. Und bis heute sind es mehrere Phänomene, die mitunter eine vernünftige und verständnisbereite Gestaltung der kroatischen Außenpolitik belasten. Dazu zählen der geschilderte Streit mit Slowenien über die Grenze in der Bucht von Piran,[83] die bislang immer wiederkehrenden geschichtspolitischen Auseinandersetzungen mit Serbien sowie der Umgang mit den in Bosnien-Herzegowina lebenden Kroaten.

Der Beitritt zur Europäischen Union am 1. Juli 2013 war für viele Kroaten auch psychologisch wichtig, weil sie nun das Gefühl hatten, dass eine gewisse Distanz zwischen ihrem Land und den postjugoslawischen Staaten weiter im Süden liege. Außerdem kann man dieses Datum als Abschluss der nach dem Ende der Tuđman-Ära eingeleiteten innen- und außenpolitischen Transformation interpretieren. Enthusiasmus in Sachen EU herrscht deshalb aber nicht. Laut Eurobarometer vom Frühling 2018 sehen 34 Prozent der Kroaten die Mitgliedschaft in der Gemeinschaft ausdrücklich positiv, während 18 eine negative Haltung einnehmen und der »Rest« die Zugehörigkeit zur EU mit einer gewissen Skepsis befürwortet oder keinerlei Meinung dazu hat. In einer Rede im Europäischen Parlament im Februar 2018 kündigte Ministerpräsident Andrej Plenković an, man wolle in der ersten Hälfte des Jahres 2020 dem Schengen-Raum und später auch die Gemeinschaftswährung übernehmen.

Bemerkenswert war der Austritt der »Kroatischen Volkspartei – Liberaldemokraten« aus der Europäischen Volkspartei. Sie begründete dies mit der Hetze des ungarischen Ministerpräsidenten Viktor Orbán gegen den amerikanischen Geschäftsmann George Soros und EU-Kommissionspräsident Jean-Claude Juncker. Orbáns Partei Fidesz gehört ebenfalls der EVP an.

Schon am 1. April 2009 war Kroatien der Nato beigetreten. Seit 2003 hat sich das Land an Sicherheitseinsätzen des Bündnisses insbesondere an der KFOR-Mission in Kosovo sowie an der ISAF-Misson in Afghanistan beteiligt. Ebenso war bzw. ist Kroatien als UN-Mitglied in deren Friedensmissionen in der Westsahara, in Sierra Leone, Äthiopien und Eritrea sowie in Indien und Pakistan aktiv.

Zu Slowenien bestehen enge politische, wirtschaftliche und kulturelle Beziehungen und auch die Beziehungen zu Serbien haben sich im politisch-ökonomischen Alltag weitgehend normalisiert, obwohl sie aufgrund der jüngsten Geschichte voller Spannungen sind. Geradezu feindselig wird es immer rund um den 5. August, der in Kroatien mit großem Pomp und Pathos als »Tag des Sieges und der Dankbarkeit der Nation« begangen wird. Erinnert wird dabei an die große Offensive der kroatischen Streitkräfte – die Operation »Oluja« (Sturm), mit der

1995 die sogenannte Serbische Krajina von serbischen Aufständischen zurückerobert und damit der Krieg auf kroatischem Territorium beendet wurde.[84] Im Gegenzug löste »Oluja« eine Massenflucht von etwa 200 000 kroatischen Serben in Richtung Serbien und Bosnien-Herzegowina aus. Auf der zentralen Feier am 5. August 2016 in Knin, von 1991 bis 1995 Hauptstadt der »Republik der serbischen Krajina«, pries die kroatische Staatspräsidentin Kolinda Grabar-Kitarović die »Helden des vaterländischen Krieges von damals«. Sie nannte den Feldzug »politisch gerechtfertigt« – was akzeptiert werden kann – und »ethisch sauber«, was eine üble Verfälschung der Geschichte ist, weil es sich damals um eine ethnische »Säuberung« eines Gebietes handelte, in dem seit Jahrhunderten Serben gelebt hatten.[85]

Das feindselige Ritual ist auf beiden Seiten seit Jahren eingeübt. Für Serbien ist der 5. August ein politisch aufgeladener Trauertag, an dem man sich an die Flucht und Vertreibung von Serben aus der Krajna erinnert. 2016 hielt der damalige Ministerpräsident Aleksandar Vučić an diesem Tag eine Rede in Busije einer Ansiedlung vertriebener Serben in einem Vorort von Belgrad, in der er beschwörend verkündete, »Oluja« werde sich nie wiederholen. Serbien, so der Ministerpräsident, sei nun in der Lage, »seine Bürger überall vor einem solchen Pogrom zu schützen«. Ob er damit auch einen militärischen Einsatz meinte, ließ er offen. Weder in Busije, noch in Knin waren Serben bzw. Kroaten an diesem Tag in der Lage, der Opfer der anderen Seite zu gedenken – das war bisher auch an anderen Gedenktagen so.

Derselbe Aleksandar Vučić, nun Staatspräsident seines Landes, kam im Februar 2018 nach Zagreb, um mit der kroatischen Präsidentin Grabar-Kitarović über eine mögliche Verbesserung der bilateralen Beziehungen zu sprechen. Viel Einigkeit gab es nicht, besonders in historischen Fragen, aber man beschloss zumindest, in nächster Zeit bei einigen Problemen nach Lösungen zu suchen – so im Streit um einen Grenzabschnitt an der Donau, bei der Klärung des Schicksals von Vermissten aus den Kriegstagen und beim Thema staatliche Hilfen für nach Kroatien in ihre früheren Siedlungsgebiete zurückkehrende Serben, die in den 1990er-Jahren nach Serbien geflüchtet waren.

Im Rahmen seines Besuches schlug Vučić auch vor, dass beide Seiten sechs Monate lang nicht über die gemeinsame Geschichte sprechen und stattdessen intensiver über eine nachbarschaftliche Zukunft diskutieren sollten. Der Vorschlag klang interessant, aber auch ein wenig illusorisch angesichts der ausgetragenen geschichtspolitischen Auseinandersetzungen.

Die Beziehungen Kroatiens zu Bosnien-Herzegownia verlaufen in vergleichsweise normalen Bahnen, soweit man das sagen kann bei der eklatanten Schwäche des bosnisch-herzegowinischen Staates und den Feindseligkeiten zwischen den Bosniaken, Serben und Kroaten. Gerade nationalistische Politiker in Zagreb neigen immer wieder dazu, sich in die inneren Angelegenheiten des Nachbarlandes einzumischen, indem sie die dortigen Kroaten und ihre echten oder auch nur vermeintlichen Probleme für ihre Propaganda missbrauchen. Kroatische Nationalisten diesseits und jenseits der gemeinsamen Grenze agieren dann Hand in Hand. Das Verhältnis Kroatiens zu Montenegro ist frei von solchen Spannungen.

Die Kroaten lieben es nicht, wenn man ihr Land als Teil des Balkans betrachtet. Aber dass es Wechselwirkungen zwischen Kroatien und den Staaten des westlichen Balkans gibt, ist schon spürbar.

Exkurs – Im Wartesaal der EU: Der westliche Balkan

Die Ausdrücke »westlicher Balkan« und »Westbalkan-Staaten« werden hauptsächlich in der Politik gebraucht. Historiker halten sie eher für künstlich, für die Zwecke einer kurzen Übersicht mögen sie als Sammelbezeichnung genügen. Es geht um die postjugoslawischen Staaten Bosnien-Herzegowina, Serbien, Kosovo, Montenegro und Mazedonien sowie um Albanien – die wie eine Insel vom Meer der EU-Staaten Kroatien, Ungarn, Rumänien, Bulgarien und Griechenland umgeben sind.[86]

Die Länder des westlichen Balkans haben nach wie vor mit gravierenden Problemen zu kämpfen, zu denen schwache Staatlichkeit, schlechtes Regieren, Korruption, ungelöste regionale Konflikte, Animositäten zwischen Volksgruppen und Religionsgemeinschaften sowie Konflikte um die Erinnerung besonders an die Kriege der 1990er-Jahre gehören. Aber es wurden dort auch demokratische und wirtschaftliche Fortschritte gemacht. Vor allem stellt sich die Frage von Krieg und Frieden vorerst nicht mehr.

Aufgrund seiner geografischen Nähe, seiner vielfältigen historischen, kulturellen und wirtschaftlichen Beziehungen sowie des gemeinsamen Interesses an Stabilität ist der westliche Balkan ein wichtiger Teil Europas – eine Art »Lackmustest für den dauerhaften Erfolg des europäischen Modells der Demokratie, Freiheit und Rechtsstaatlichkeit verknüpft mit Sicherheit und Wohlstand«.[87]

Zu den schwachen Staaten der Region zählt Bosnien-Herzegowina. Das 1995 geschlossene Friedensabkommen von Dayton beendete zwar den schrecklichen Krieg und legte die Basis für eine Staatlichkeit, doch funktioniert diese in der Praxis eher schlecht. Über den beiden sogenannten Entitäten der Bosnisch-Kroatischen Föderation und der Serbischen Republik (Republika Srpska), die den Gesamtstaat bilden und mit eigenen umfangreichen Verwaltungen ausgestattet sind, gibt es noch zentrale Instanzen für gesamt Bosnien-Herzegowina wie das dreiköpfige Staatspräsidium. Das Ausmaß der Bürokratie und des Kampfes zwischen den Instanzen ist gewaltig. Außerdem hat das Friedensabkommen die im Krieg vollzogene ethnische Teilung des Landes zementiert. Besonders der Nationalistenführer und Präsident der Serbischen Republik, Milorad Dodik, sabotiert immer wieder das Funktionieren des Gesamtstaates und spricht vom Anschluss dieses Gebietes an Serbien, scheut aber in der Praxis davor zurück, konkrete Schritte in diese Richtung zu unternehmen, weil das Machtverlust für ihn bedeuten würde. Regierungen in Zagreb gießen Öl ins Feuer, indem sie die kroatischen Nationalisten in der Herzegowina unterstützen. Aber es gibt auch die breite Bürgerbewegung Gerechtigkeit für David, die entstand, nachdem der 21-jährige David Dragičević am 24. März 2018 vermutlich von Polizisten ermordet worden war, weil er sich geweigert hatte, als Polizeispitzel zu arbeiten. Diese Bewegung, vor allem initiiert von Davids Vater Davor, ist Ausdruck eines tiefen Misstrauens vieler Menschen gegenüber dem politischen System und seinen Institutionen.[88]

Serbiens Staatspräsident Aleksandar Vučić, der während des Bosnienkrieges als großserbischer Nationalist hervorgetreten war, gibt sich heute als Europäer und Befürworter eines Beitritts seines Landes zur Europäischen Union, den Serbien im Dezember 2009 beantragt hat. Eifrige Fürsprecherin eines solchen Schrittes ist auch Ministerpräsidentin Ana Brnabić, die sich offen zu ihrer Homosexualität bekennt, was im traditionalistischen Serbien bei vielen Menschen nicht gerade gut ankommt. Vučić hatte sie ins Rennen geschickt, wohl wissend, dass er weiterhin der starke Mann in Serbien bleiben würde.

Ana Brnabić ist das »Gesicht des Landes« im Annäherungsprozess an die EU und kümmert sich vor allem um Daten-Highways, Digitalisierung und die Förderung privater Firmengründer. Ohne Zweifel hat die Regierung Vučić, der von 2014 bis 2017 Ministerpräsident war, Serbien aus der Rezession während der internationalen Finanzkrise geführt, die Wirtschaft des Landes stabilisiert und für ausländische Investoren interessanter gemacht. Aber ebenso haben sich in seiner Amtszeit die Defizite bei der Rechtsstaatlichkeit, die illegale Parteienfinanzierung, die Politisierung der Justiz und die Gängelung der Medien durch den Staat verschärft. Untersuchungen des Pew Research Center haben ergeben, dass in Serbien nur 25 Prozent der Menschen davon überzeugt sind, dass die parlamentarische Demokratie die beste Regierungsform ist, während 28 Prozent sich auch autoritäre Regierungsmethoden vorstellen können und 47 Prozent die Art des Regierens vollkommen gleichgültig ist. Andererseits sind wiederholt vor allem junge Menschen zu Tausenden mit Parolen wie »Vučić – Dieb«, »Sie lügen, sie stehlen« und »Wie lange muss Serbien das Böse aushalten?« auf die Straße gegangen.[89]

Mit der Unabhängigkeitserklärung des Kosovo am 17. Februar 2008 entstand der jüngste Staat auf dem europäischen Kontinent. Im Juli 2010 erklärte dann der Internationale Gerichtshof in Den Haag, dass die einseitige Abspaltung des Kosovo von Serbien rechtmäßig und vereinbar mit dem internationalen Völkerrecht sei. Doch die Haltung der Staatenwelt dazu ist nicht einhellig. Zwar haben viele Staaten die Souveränität des neuen Staates auf dem Balkan anerkannt, darunter auch Deutschland und die Mehrheit der EU-Staaten, doch Russland und China sowie die EU-Mitglieder Spanien, Zypern, Rumänien und die Slowakei halten die einseitige Erklärung der Unabhängigkeit für völkerrechtswidrig. Im März 2018 hat das Parlament in der kosovarischen Hauptstadt Priština endlich das lange erwartete Grenzabkommen mit Montenegro ratifiziert.

Politisch und ökonomisch ist das herrschende System in Kosovo äußerst fragwürdig, da die größeren politischen Parteien wie die Demokratische Partei Kosovos und die Allianz für die Zukunft Kosovos, die seit Jahren die wichtigsten staatlichen und politischen Posten besetzen, die staatlichen Ressourcen und öffentlichen Güter, die sie kontrollieren, unter sich und ihrer politisch-wirtschaftlichen Klientel verteilen. Immerhin gibt es mit den Zeitungen *Koha Ditore* und *Zeri* eine freie kritische Presse. Kosovo ist eines der ärmsten Länder

in Europa. Die Arbeitslosenquote liegt bei 40 Prozent, in der Alters-
gruppe zwischen 16 und 24 Jahren sogar bei 60 Prozent. 35 Prozent
der Bevölkerung leben in Armut. Entsprechend groß ist der Drang zu
emigrieren, vorwiegend nach Westeuropa.

Sah es eine Zeitlang so aus, als könnten sich Serbien und Kosovo
über ein abschließendes Abkommen einigen, das beiden Staaten den
Weg in die EU ebnen könnte, verhärteten sich die Fronten im November 2018 erneut, nachdem Kosovo Einfuhrzölle auf Waren aus
Serbien erhoben hatte. In Priština hieß es zwar, der Schritt diene dem
Schutz der einheimischen Produktion, doch ließ man auch durchbli-
cken, dass es sich um einen bewusst gesetzten Nadelstich gegen Serbien handle. Serbiens Präsident Vučić erklärte, unter diesen Bedingungen sehe er keine Möglichkeit für eine vernünftige Einigung mit
Kosovo. Bereits zuvor hatte es Streit um eine mögliche kosovarische
Armee gegeben. Die Regierung in Priština strebt seit Langem die Bildung eigener Streitkräfte an, ist damit aber bisher am Widerstand der
serbischen Minderheit in Kosovo gescheitert. Deren Zustimmung ist
eine Bedingung für die dafür notwendige Verfassungsänderung. Den
Beschluss des kosovarischen Parlaments zum Aufbau einer eigenen
Armee haben die serbischen Abgeordneten boykottiert. Belgrad lehnt
die Bildung einer solchen Armee ab mit dem Verweis auf eine UN-Resolution, die nach dem Ende des Kosovo-Krieges 1999 das Mandat
zur Aufrechterhaltung des Friedens in Kosovo der dort stationierten
internationalen Truppe KFOR übertragen hatte.

Unter Vermittlung der EU hatten sich Spitzenpolitiker aus Serbien
und Kosovo zuvor regelmäßig getroffen, um ein abschließendes Abkommen zu erarbeiten. Dabei war sogar ein möglicher Gebietsaus-
tausch im Gespräch gewesen, bei dem der serbisch bewohnte Norden
Kosovos zu Serbien und das mehrheitlich albanisch besiedelte Preševo-
Tal in Südserbien zu Kosovo gekommen wäre.[90] Dieser Gebietsaus-
tausch ist allerdings nicht nur in Serbien und Kosovo, sondern auch
in der internationalen Gemeinschaft umstritten, denn dazu müsste die
serbische Verfassung geändert werden, die bislang eine Anerkennung
Kosovos ausschließt.

Milo Đukanović ist der starke Mann Montenegros, das sich 2006 von Serbien trennte und seine Unabhängigkeit erklärte. Er war zwischen 1991 und 2016 viermal Ministerpräsident sowie in den Jahren 1998 bis 2002 und seit 2018 Staatspräsident des Landes. Außerdem ist er seit Langem Parteiführer der Demokratischen Partei der Sozialisten. Diese Ämter sind für ihn eigentlich nur Vehikel, um persönlich Macht auszuüben. Die von ihm gesteuerte »Demokratie« beruht auf seiner Ämterpatronage in ganz Montenegro, seinen vielfältigen Beziehungen im In- und Ausland sowie dem enormen Vermögen, das er und seine Familie in drei Jahrzenten angehäuft haben. Seine Partei kontrolliert die staatlichen Institutionen, instrumentalisiert die Justiz und lenkt die Medien. Es gibt zwar freie Wahlen, die aber nicht fair sind, weil die Opposition von der Justiz bedrängt und medial eingeschüchtert wird. Das ermöglicht die wiederholte Wiederwahl der gleichen Elite. Ein Beispiel für den »langen Arm« der Familie Đukanović ist die Verurteilung des prominenten Journalisten Jovo Martinović im Januar 2019 wegen angeblichen Handels mit Drogen, wobei die Beweislage, so Sprecher von Journalistenverbänden in Montenegro, mehr als dürftig gewesen sei. Martinović hatte wiederholt mit gut recherchierten Reportagen über das politische System im Land von sich reden gemacht.[91]

Đukanović ist auch ein gewiefter Geschäftsmann. Seine Familie kontrolliert unter anderem die 2006 privatisierte Prva Banka, die mit viel Steuergeld saniert wurde. Bis 2002 war die D-Mark de facto das wichtigste Zahlungsmittel in Montenegro, dann wurde der Euro eingeführt, dem die Europäische Zentralbank nicht widersprochen hat, obwohl das Land noch nicht Mitglied der EU war und ist. Đukanović strebt vehement den Beitritt Montenegros zur Gemeinschaft an, doch die EU-Kommission fordert ihn seit Jahren dazu auf, zunächst Korruption, Vetternwirtschaft und organisiertes Verbrechen stärker zu bekämpfen. Jenseits der Elite ist Montenegro eher ein armes Land.

Gerade wegen der ethnisch-gemischten Zusammensetzung der Bevölkerung ist auch Mazedonien typisch für den Balkan. Mit einem Anteil von gut 64 Prozent bilden die slawischen Mazedonier, die vor allem im Osten, im Zentrum und im Süden des Landes leben, die

Mehrheit der Gesellschaft. Gut 25 Prozent entfallen auf Albaner, die im Norden und Westen an den Grenzen zum Kosovo und Albanien zu Hause sind. Hinzu kommen Türken mit knapp 4 und Roma mit knapp 3 Prozent.

Das Rahmenabkommen von Ohrid vom 13. August 2001 beendete jahrelange bewaffnete Auseinandersetzungen zwischen den albanischen Partisanen der Nationalen Befreiungsarmee (UÇK) und den mazedonischen Sicherheitskräften. Es sicherte der albanischen Minderheit eine angemessene Repräsentation in Politik und Verwaltung. Seither ist die Lage im Land ruhiger geworden, auch wenn die mazedonisch-slawische nationalistische Partei Innere Mazedonische Revolutionäre Organisation – Demokratische Partei für Mazedoniens Nationale Einheit (VMRO-DPMNE) immer wieder versucht, Stimmung gegen die albanische Minderheit zu machen. Größte albanische Partei ist die von Ali Ahmeti geführte Demokratische Union für Integration (BDI), die schon in den Jahren 2002 bis 2008 an der Regierung beteiligt war und auch seit Mai 2017 wieder mit Ministern im Kabinett vertreten ist.

Die VMRO-DPMNE als stärkste Partei des Landes führte von 2006 bis 2016 die Regierungsgeschäfte und stellte mit Nikola Gruevski den Ministerpräsidenten. Nach einer Verurteilung wegen Korruption floh Gruevski nach Ungarn, wo er binnen einem Tag politisches Asyl erhielt – schon seltsam, wenn man daran denkt, wie schroff sonst Ungarns nationalkonservative Regierung mit Flüchtlingen und Migranten umgeht. Gruevski und seine Getreuen hatten während ihrer Regierungszeit Justiz und Medien gleichgeschaltet und sich mit Staatsmitteln bereichert.

Zweitstärkste Partei ist die Sozialdemokratische Liga Mazedoniens (SDSM), die mit Zoran Zaev seit 2017 auch den Ministerpräsidenten an der Spitze einer Koalition vor allem mit der albanischen BDI stellt. Mazedonien ist ein eher armes Land, das noch viele Reformen in Politik, Wirtschaft, Gesellschaft vor sich hat, mit der entsprechenden Agenda der seit 2017 amtierenden Regierung aber auf einem guten Weg ist.

Im Juni 2018 kam dann endlich auch Bewegung in den jahrzehntelangen Streit über den Staatsnamen Mazedonien, nachdem sich die Regierungschefs Mazedoniens und Griechenlands, Zoran Zaev und Alexis Tsipras, auf einen historischen Kompromiss geeinigt hatten, der die Umbenennung der früheren jugoslawischen Teilrepublik in Nord-Mazedonien vorsieht. Zuvor hatte man sich 27 Jahre gestritten, da Griechenland den Landesnamen Mazedonien kategorisch ablehnt, weil dieser in den Augen Athens mit Ansprüchen auf die nordgriechische Provinz gleichen Namens einherging. Doch damit war das Problem noch nicht vom Tisch. Bei einer Volksbefragung zur Namensänderung in Mazedonien nahmen nur 35 Prozent der Stimmberechtigten teil, wodurch dieses Referendum trotz einer 90-prozentigen Zustimmung ungültig war, da ein Quorum von 50 Prozent vorgeschrieben ist. Die geringe Beteiligung ist ein Zeichen dafür, dass die Mehrheit der mazedonischen Bevölkerung die Namensänderung ablehnt. Trotzdem beschloss das mazedonische Parlament drei Wochen nach dem Referendum, die für die Umbenennung notwendige Änderung der Verfassung auf den Weg zu bringen. In Griechenland machten vor allem konservative politische Kräfte gegen die Namensänderung Stimmung. Trotzdem stimmte eine knappe Mehrheit des griechischen Parlaments im Januar 2019 für diese Regelung. Anschließend zeichnete sich eine baldige Aufnahme Nord-Mazedoniens in die Nato ab.

Seit 2013 ist Edi Rama Ministerpräsident Albaniens, nachdem er zuvor schon von 2000 bis 2011 Bürgermeister der Hauptstadt Tirana gewesen war. Als Künstler hat er lange in Paris gelebt und kennt daher den Westen gut. Der Vorsitzende der Sozialistischen Partei Albaniens will das Land so schnell wie möglich in die Europäische Union führen. Die Brüsseler EU-Kommission hat in ihrem entsprechenden Fortschrittsbericht zwar die Aufnahme von Beitrittsverhandlungen mit Albanien empfohlen, aber auch mehr Anstrengungen im Kampf gegen Korruption, Geldwäsche und Drogenhandel angemahnt.

Immerhin hat man auf Initiative von Rama bereits einige Reformen in Angriff genommen: Im Rahmen einer Justizreform werden alle Staatsanwälte und Richter auf ihre Integrität, ihre Vermögensverhältnisse und ihre früheren Urteile überprüft; eine Bildungsreform wurde auf den Weg gebracht, wozu unter anderem die Einführung des dualen Systems in der Berufsbildung gehörte. Außerdem betreibt man eine Modernisierung des Finanzwesens und verstärkt die Bemühungen, den Drogenhandel einzuschränken. Die Polizei des Landes hat begonnen, gegen den Anbau von Cannabis und entsprechende Netzwerke im Süden des Landes vorzugehen.

Im Zuge der Transformation von der sozialistischen Planwirtschaft zu einer modernen Marktwirtschaft ist Albanien ein gutes Stück vorangekommen, hat aber immer noch Schwierigkeiten beim Aufbau moderner Sozialsysteme. Auch gilt Albanien noch immer als eines der ärmsten Länder Europas.

Seit 1. April 2009 ist Albanien Mitglied der Nato. Montenegro folgte am 5. Juni 2017. Kosovo hat ebenfalls Interesse angemeldet, wird aber mindestens bis zum Abschluss einer grundlegenden Vereinbarung mit Serbien warten müssen.

Geht es um die Erweiterung der EU, dann dürften die sechs Balkanstaaten noch einige Zeit im Wartezimmer der Gemeinschaft verbringen. Die Beitrittsverhandlungen mit Serbien und Montenegro sind mühselig, während Bosnien-Herzegowina und Kosovo erst einmal nur als »potenzielle Kandidaten« gelten. Im April 2018 empfahl die EU-Kommission die Aufnahme von Beitrittsverhandlungen mit Albanien und Mazedonien. Bei einem Gipfeltreffen in Sofia einen Monat später bekräftigten die Staats- und Regierungschefs ihre »uneingeschränkte Unterstützung für die europäische Perspektive« der Region, nannten aber kein mögliches Datum für die mögliche Aufnahme erster Staaten und auch nicht für den Beginn der Verhandlungen mit Albanien und Mazedonien.

Immerhin versprachen die EU-Chefs ein verstärktes Engagement und präsentierten dabei ein Programm für Infrastrukturmaßnahmen und eine Erhöhung der finanziellen Mittel zur stärkeren Anbindung der Region an die EU. Im Juni 2018 hieß es dann bei einer Sitzung der EU-Europaminister in Luxemburg vage, die Gespräche mit Albanien und Mazedonien könnten eventuell im Juni 2019 beginnen. Im

August übersandte die Brüsseler Kommission Bosnien-Herzegowina einen Katalog mit Fragen nach dem Entwicklungsstand der Justiz, der staatlichen Administration sowie nach der wirtschaftlichen Situation und der Qualität der sozialen Systeme.

Die Verzögerungstaktik ist nicht verwunderlich, da sich in der EU angesichts ihres gegenwärtigen Zustands kaum jemand die Aufnahme neuer Mitglieder vorstellen kann. Zurückhaltung gibt es auch auf der anderen Seite: Alle Umfragen zeigen, dass das Interesse der Menschen an der EU in den sechs Staaten des westlichen Balkans stark abgenommen hat. Die Gemeinschaft strahlt eben nicht mehr die gleiche Attraktivität aus wie noch vor zehn Jahren.

Das kommunistische Erbe der Sozialdemokraten: Rumänien

Anders als in den meisten anderen Staaten im östlichen Europa verlief die Ablösung des kommunistischen Regimes in Rumänien nicht friedlich. Bereits 1988 hatte sich starker Protest artikuliert, als die Regierung eine neue Runde der »Systematisierung« ankündigte. Hinter dieser harmlos klingenden Bezeichnung verbarg sich eine Kahlschlagpolitik im Wortsinn. Mit dem »Gesetz zur Systematisierung des Territoriums urbaner und ländlicher Ansiedlungen« von 1974 hatte man in Rumänien begonnen, historische Stadtzentren abzureißen, um so Platz für Neubauten zu schaffen. Dabei wurden in etwa 30 Städten mehr als 80 Prozent der historischen Bausubstanz vernichtet, einschließlich Klöster, Kirchen und Friedhöfe, auch und gerade in der Hauptstadt Bukarest. In fast 40 weiteren Städten liefen Abrissarbeiten. Als Diktator Nicolae Ceauşescu 1988 ankündigte, mehr als 5000 der etwa 13 000 rumänischen Ortschaften im ländlichen Raum sollten ebenfalls »systematisiert« werden, brach landesweit Panik aus.

Ziel des krankhaften Modernisierungswahns waren in erster Linie die ungarische und die deutsche Minderheit in Siebenbürgen sowie die serbische und die deutsche Minderheit im rumänischen Teil des Banats, deren kompakte Siedlungsgebiete man auflösen wollte. Die Pläne zur »Systematisierung« lösten auch harsche internationale Kritik aus. Die Staatsführung Ungarns protestierte ebenso wie die Außenminister Deutschlands und Österreichs, Hans-Dietrich Genscher und Alois Mock, und die UN-Menschenrechtskommission. Das Europäische Parlament verabschiedete eine Resolution, in der es die Verletzung der Menschenrechte durch das Ceauşescu-Regime verurteilte. Aufgrund der nationalen und internationalen Proteste wurde die Umsetzung der barbarischen Pläne zumindest in den ländlichen Regionen weitgehend verhindert.

In dieser Zeit herrschte in Rumänien große Armut. Es gab kaum Lebensmittel, Kleidung und Güter für den häuslichen Bedarf und wenn überhaupt, waren sie nur auf Karten und in sehr schlechter Qualität zu bekommen. Wegen des Mangels an Energieträgern blieben die Fernheizungen auch im Winter oft abgeschaltet, Benzin, Strom und Gas waren rationiert. Medizinische Versorgung war in der Regel nur gegen Schmiergeld zu bekommen. Ende des Jahres war die Geduld erschöpft.

Trotz der Allgegenwart der brutalen Geheimpolizei Securitate mit ihren vermutlich 40 000 hauptamtlichen Funktionären und 400 000 Zuträgern kam es 15. Dezember 1989 in Timişoara (Temeswar), der Hauptstadt des Banat, zu einem Volksaufstand gegen das kommunistische Regime, der mehrere Tage anhielt und schließlich auf die Hauptstadt Bukarest übergriff.[92] Die Securitate setzte Schusswaffen ein und tötete mindestens 1100 Menschen. Am 22. Dezember herrschte in ganz Rumänien der Ausnahmezustand. Am Nachmittag stürmten Militäreinheiten das Gebäude des Zentralkomitees, wo sich Ceauşescu und seine Frau Elena mit der Palastwache sowie einigen Offizieren und Angehörigen des Sicherheitsdienstes Securitate aufhielten. Das Ehepaar ergriff mit dem Hubschrauber die Flucht. Eine Gruppe führender Parteifunktionäre um Ion Iliescu, der sich Militärs, Offiziere des Geheimdienstes und einige sogenannte Dissidenten anschlossen, bildeten die Front der nationalen Rettung und übernahmen im Handstreich die Macht. Die Bildung dieser »Front« wurde noch am Abend im Fernsehen bekannt gegeben.

Ceauşescu und seine Frau wurden drei Tage später von Soldaten aufgegriffen und vor ein Militärtribunal gestellt. Die hastig formulierte Anklage lautete auf Mord an 60 000 Menschen, Unterminierung der Staatsmacht durch die Organisierung bewaffneter Aktionen gegen die Bevölkerung – womit der Schießbefehl vom 17. Dezember gegen Demonstrierende in Timişoara gemeint war –, Zerstörung öffentlichen Eigentums, Deponierung von mindestens einer Milliarde

US-Dollar auf ausländischen Banken. Die Zahl 60 000 war fiktiv, da sich bis heute nicht genau feststellen lässt, wie viele Menschen während des Ceaușescu-Regimes ums Leben gekommen sind. Vermutlich war die Zahl weitaus höher. Im Schnellverfahren verhängte das Tribunal die Todesstrafe und ließ sie am 25. Dezember sofort vollstrecken. Auch die meisten Mitglieder der politischen Führung um den Diktator wurden vor Gericht gestellt und zu lebenslanger bzw. langjähriger Haft verurteilt. Eine große Säuberungswelle erfasste Ministerien, Behörden, Medien, die Wirtschaft und die Armee. Historiker nennen den damaligen Machtwechsel auch eine »Palastrevolte innerhalb der Nomenklatura«.[93]

Erste Demokratisierungsschritte

Die Ablösung des kommunistischen Ceaușescu-Regimes im Jahr 1989 war zwar ein Machtwechsel, aber noch keine klare Weichenstellung in Richtung einer parlamentarischen Demokratie, eines Rechtsstaats und einer Marktwirtschaft.[94] Aber es kam in den folgenden Jahren doch zu schrittweisen Veränderungen. Der im Zuge des Umsturzes als neues oberstes Machtorgan gebildete »Rat der Front der nationalen Rettung« veröffentlichte am 22. Dezember 1989 eine Erklärung, in der er sich zur Gewährleistung der bürgerlichen Rechte und Freiheiten verpflichtete, darunter das Recht auf freie Meinungsäußerung, das Demonstrationsrecht, das Recht auf Bildung unabhängiger Parteien und Verbände sowie die Reisefreiheit. Die geltende kommunistische Verfassung von 1965 wurde vorerst nicht außer Kraft gesetzt, das erfolgte erst mit der Verabschiedung einer neuen Verfassung zwei Jahre später.

Andererseits waren die neuen Machthaber im Dezember 1989 noch nicht bereit, eine Dreiteilung der Staatsgewalt zuzulassen. Vielmehr erklärten sie in einem Dekret vom 27. Dezember, dass der Rat der alleinige Inhaber der Macht im Staat sei – mit legislativen und exekutiven Befugnissen einschließlich der Kontrolle über die Streitkräfte. Die neue Führung sprach sich das Recht zu, Gesetze und Dekrete mit einfacher Mehrheit ihrer Mitglieder zu verabschieden sowie den Ministerpräsidenten, den Vorsitzenden des Obersten Gerichts, den Generalstaatsanwalt und auch eine Kommission zur Ausarbeitung einer neuen Verfassung zu ernennen. Vorsitzender des Rates war Ion Iliescu, der somit de facto als Staatsoberhaupt fungierte und später am 20. Mai 1990 in einer »freien« oder als solchen deklarierten Wahl mit 85 Prozent der Stimmen zum Staatspräsidenten gewählt wurde.

Der Rat setzte am 31. Dezember per Dekret eine neue Regierung unter Führung des Physikers und Ingenieurs Petre Roman ein, der sich aktiv am Aufstand gegen Ceaușescu beteiligt hatte. Die Regierung hob Gesetze auf wie das zur »Systematisierung« von 1974, erlaubte wieder den Kontakt zu Ausländern, suspendierte die Überwachung an den Hochschulen, und die 1948 zwangsweise mit der orthodoxen Kirche vereinigte Unierte Kirche konnte wieder selbstständig wirken. Politische Gefangene wurden freigelassen, Presseerzeugnisse und Bücher konnten erscheinen.

Zweieinhalb Wochen vor der Wahl Iliescus zum Staatspräsidenten hatten Wahlen zu einer verfassungsgebenden Nationalversammlung stattgefunden, bei denen der Rat der Front der nationalen Rettung 67 Prozent der Stimmen erhalten hatte. Petre Roman bildete erneut eine Regierung und übernahm auch den Vorsitz des Rates. Als Roman im Frühjahr 1992 begann, die Front in eine moderne sozialdemokratische Partei umzuwandeln, verließen Iliescu und seine Anhänger sie und gründeten ihrerseits die Demokratische Front zur Nationalen Rettung, aus der dann später die Partei der sozialen Demokratie Rumäniens hervorging. Roman sorgte im März 1993 dafür, dass die von ihm geführte Front der nationalen Rettung in Demokratische Partei umbenannt wurde.

Die ersten Demokratisierungsschritte riefen ein unterschiedliches Echo in der Gesellschaft hervor. Einerseits fanden die verschiedenen Maßnahmen der Regierung Roman breiten Anklang, andererseits reagierte insbesondere die Intelligenz des Landes mit Unverständnis auf die Tatsache, dass trotz diverser Säuberungen immer noch Funktionäre bzw. Beamte aus kommunistischen Zeiten wichtige Positionen im Regierungsapparat und in den Verwaltungen innehatten.

Schon im Januar 1990 hatten Demonstranten eine zügigere Demokratisierung gefordert. Wenig später fanden sich Studenten zu einem spektakulären Dauerprotest auf dem Platz vor der Bukarester Universität zusammen. Nachdem das neu gewählte Parlament im Juni des Jahres zu seiner ersten Sitzung zusammengetreten war, erreichten die Proteste und Demonstrationen eine neue Qualität. Schließlich mobilisierte die politische Führung des Landes um Präsident Iliescu die Bergarbeiter aus der Kohleregion Valea Jiului (Schiltal) im Südwesten Rumäniens, um die Proteste niederzuschlagen. Mehrere tausend Bergarbeiter, die schon vom Ceauşescu-Regime hofiert und propagandistisch verklärt worden waren, wurden nach Bukarest gebracht. Dort gingen sie dann mit roher Gewalt gegen Demonstranten vor und verwüsteten die Büros der neu gegründeten Nationalliberalen Partei und der Nationalen Bauernpartei. Es gab Tote und Verletzte. Iliescu sprach den Bergarbeitern seinen Dank aus, die, wie er sich ausdrückte, gekommen seien, um dem Protestierenden»eine Lektion in Demokratie zu erteilen«. Allerdings rief der Einsatz der rumänischen Bergarbeiter geharnischte Proteste im In- und Ausland hervor.

Bald darauf richteten sich die Proteste der Bergleute aber auch gegen die politische Führung des Landes. Im Herbst 1991 demonstrierten sie mehrfach in Bukarest und forderten eine Verbesserung ihrer Lebensbedingungen und schließlich den Rücktritt des Ministerpräsidenten und des Staatspräsidenten. Die Lage beruhigte sich erst, als Petre Roman am 16. Oktober 1991 zurücktrat. Sein Nachfolger wurde Theodor Stolojan, der zuvor das Amt des Finanzministers bekleidet hatte.

Immerhin verabschiedete das Parlament am 21. November 1991 noch mit großer Mehrheit eine neue Verfassung, die zweieinhalb Wochen später in einem Referendum mit 77,3 Prozent bestätigt wurde.

Die Parlamentswahl im September 1992 verdeutlichte die große Kluft zwischen Stadt und Land. Die Bauern, die für die Rückgabe eines Großteils der zuvor staatlichen landwirtschaftlichen Güter dankbar waren und Angst vor größeren Veränderungen hatten, stimmten für Iliescus Demokratischer Front zur Nationalen Rettung, während die städtischen Wähler für das Wahlbündnis der Demokratischen Konvention votierten, dem unter anderem die Nationalliberalen angehörten. Iliescus Front gewann und er selbst wurde einen Monat später in seinem Amt als Staatspräsident bestätigt. Das Amt des Ministerpräsidenten übernahm Nicolae Văcăroiu.

Bereits in jenen Jahren kristallisierte sich die Konstellation heraus, die für die beiden kommenden Jahrzehnte die Innenpolitik bestimmen sollte: Auf der einen Seite die postkommunistische Partei der sozialen Demokratie (PSD) Iliescus, auf der anderen Seite liberal-konservative, linksliberale und antikommunistische linke Parteien wie die Nationalliberale Partei (PNL), die Nationale Bauernpartei, die Demokratische Partei (PD) und Bündnisse wie die Demokratische Konvention (CDR).

Das sozialdemokratische Lager um Iliescu favorisierte anfangs eine stärkere Bindung Rumäniens an die Sowjetunion, was aber spätestens mit deren Zerfall im Dezember 1991 nicht mehr infrage kam und wohl auch der Antipathie gegenüber Russland widersprochen hätte, die in der rumänischen Gesellschaft weitverbreitet war und auch von Ceaușescu jahrzehntelang geschürt worden war. Die Regierenden orientierten sich nun stärker am Westen. 1993 wurde das Assoziierungsabkommen mit der EU unterzeichnet, zwei Jahre später stellte Rumänien einen Aufnahmeantrag. Die Annäherung an die Gemeinschaft erforderte den Aufbau guter Beziehungen zu den Nachbarstaaten, was im September 1995 zur Unterzeichnung eines Freundschafts- und Kooperationsvertrags mit Ungarn führte. 1994 hatte bereits die Annäherung an die Nato durch die Teilnahme am Programm »Partnerschaft für den Frieden« begonnen. Diese Westorientierung war in beiden politischen Lagern unumstritten.

Ökonomisch waren die frühen 1990er-Jahre vor allem durch einen Rückgang der Produktion und einen wirtschaftlichen Einbruch geprägt, nachdem wichtige Märkte weggebrochen und die meisten rumänischen Unternehmen international noch nicht konkurrenzfähig waren. Immerhin begann man mit der Privatisierung. Im Jahr 1990 wurden erste Privatisierungsgesetze verabschiedet, im Sommer 1995 startete dann die sogenannte Voucher-Privatisierung, über die 30 Prozent des staatlichen Vermögens an die Bürger verteilt werden sollten. Doch – ähnlich wie in der Tschechoslowakei – landeten diese Anteile vielfach bei Direktoren und Managern der betreffenden Unternehmen sowie bei Banken und dubiosen Finanzgesellschaften. Der für die Voucher-Privatisierung zuständige Staatseigentumsfonds entwickelte sich zum Hort der Korruption und der Wirtschaftskriminalität, der Aktien weit unter ihrem Wert an die Direktoren der jeweiligen Unternehmen bzw. mit ihnen verbundene Politiker verkaufte. Auch ausländische Investoren konnten bei der Privatisierung einsteigen, wenn sie Bestechungsgelder zahlten.

In jener Zeit bildete sich auch ein System von Oligarchen heraus, die das Wirtschaftsleben zusehends dominierten. Mit ihrem Verhalten demonstrierten sie den Bürgern, den kleinen Geschäftsleuten und den ausländischen Investoren, dass Wirtschaft nichts mit irgendeinem Fairplay zu tun haben muss, sondern auf verantwortungsloser oder gar krimineller Energie beruhen kann. So geriet auch die politische Klasse unter allgemeinen Korruptionsverdacht, was dem Vertrauen der Bürger in das junge demokratische System abträglich war.

Im Dickicht von Macht und Korruption

Die Enttäuschung der Bürger bekamen die postkommunistischen Sozialdemokraten bei den Parlaments- und Präsidentschaftswahlen im Jahr 1996 zu spüren. Schon im Februar hatte das Bündnis der Demokratischen Konvention Rumäniens des Juristen und Geologen Emil Constantinescu die Kommunalwahl in den meisten Städten des Landes einschließlich der Hauptstadt Bukarest gewonnen. Dann ging sie auch aus der Parlamentswahl am 3. November als Sieger hervor; schließlich gewann Constantinescu am 17. November die Direktwahl zum Staatspräsidenten des Landes, das er bis zum Dezember 2000 ausübte.

Nach ihrem Wahlsieg bildeten die Christdemokraten mit der Nationalliberalen Partei, der Nationalen Bauernpartei und der Demokratischen Union der Ungarn in Rumänien eine Koalition, in der schon bald Chaos und Streit an der Tagesordnung waren, so dass Constantinescu resigniert erklärte: »Wir haben zwar die Wahlen, aber nicht die Macht gewonnen.«

Tatsächlich hatte die Koalition kein wirksames Mittel gegen die einflussreichen Seilschaften aus Politik, dem nur halbherzig reformierten Geheimdienst Securitate und den Oligarchen in der Wirtschaft. Ihr fehlten auch die Fähigkeit zu politischen Kompromissen und Verwaltungskompetenz. Anhaltendes soziales Elend und unsichere Lebensperspektiven eines Großteils der Gesellschaft sorgten für politische Instabilität und damit nicht zuletzt für den Aufstieg der nationalistischen Großrumänien-Partei des Antisemiten und extremen Nationalisten Corneliu Vadim Tudor. Der verlor im Jahr 2000 erst in der Stichwahl gegen den Sozialdemokraten Iliescu, nachdem sich im zweiten Wahlgang auch weite Teile der urban-liberalen Wählerschaft auf die Seite von Iliescu geschlagen hatten, um Tudor zu verhindern.

Auch bei den gleichzeitig stattfindenden Parlamentswahlen wurde Iliescus PDSD mit 36,6 Prozent der Stimmen stärkste Kraft im Abgeordnetenhaus vor Tudors nationalistischer Großrumänien-Partei (PRM) mit 19,4 Prozent. In dieser Wahl erlebten die bürgerlichen Parteien ein regelrechtes Desaster. Mit Ausnahme der Demokratischen Union der Ungarn in Rumänien (UDMR) blieben die Parteien, die es schafften, die Hürde von 5 Prozent zu überspringen, weit hinter ihren Erwartungen zurück. Die PD kam auf 7, die PNL auf 6,9 und die vordem regierende CDR sogar nur auf 5 Prozent.

An die Spitze der neuen Regierung trat mit dem Juraprofessor Adrian Năstase ein Vertrauter des neuen und alten Präsidenten Ion Iliescu. Aufgrund ihrer Managementerfahrung, die auf die kommunistischen Zeiten zurückging, agierte die neue Regierung weitaus professioneller und weniger konfliktträchtig als die vorangegangene. Auch die gute Kooperation mit der UDMR sorgte für Stabilität. Im Oktober 2003 setzte die Regierung eine Weiterentwicklung der Verfassung von 1991 durch, womit die rechtlichen Voraussetzungen für den angestrebten Beitritt Rumäniens zu EU und Nato geschaffen wurden. Im Januar

2002 entfiel die Visumspflicht für Reisen rumänischer Bürger in den Schengen-Raum, im April 2004 erfolgte die Aufnahme Rumäniens in die Nato, im Dezember 2004 wurden die Beitrittsverhandlungen mit der EU erfolgreich abgeschlossen.

Năstases Kabinett trieb die Privatisierung voran, ließ aber speziell im Wahljahr 2004 nichts unversucht, um benachteiligten Berufsgruppen und sozial schwachen Schichten der Bevölkerung finanzielle Unterstützung zukommen zu lassen. Das wirtschaftliche Wachstum lag ab 2000 konstant über der Fünf-Prozent-Marke, im Wahljahr 2004 wuchs die Wirtschaft sogar um 8,5 Prozent. Die Arbeitslosenquote sank zwischen 2000 und 2004 von 10,5 auf 6,2 Prozent, die Inflationsrate von 40,7 auf 9,3 Prozent.

Der Privatisierungsschub eröffnete jedoch auch einzelnen Politikern enorme Möglichkeiten, sich zu bereichern. Schließlich richteten sich die Korruptionsvorwürfe sogar gegen den Ministerpräsidenten Năstase, den einige Jahre später ein Bukarester Gericht zu drei Jahren Haft auf Bewährung verurteilte. Dem folgte im Januar 2014 eine Verurteilung durch das Oberste Gericht zu vier Jahren Gefängnis wegen Bestechlichkeit und Erpressung. Doch schon im August desselben Jahres wurde Năstase wieder auf freien Fuß gesetzt.

Inzwischen hatte sich der Bukarester Bürgermeister Traian Băsescu von der oppositionellen Allianz aus Nationalliberaler Partei und Demokratischer Partei bei den Präsidentschaftswahlen durchsetzen können. Kaum im Amt, sorgte er dafür, dass mit Monica Macovei (PD) eine engagierte Vertreterin das Amt der Justizministerin übernahm, die 2005 die Nationale Antikorruptions-Staatsanwaltschaft gründete eine unabhängige Institution, die nicht zuletzt gegen Regierungsmitglieder ermittelte. Gleichzeitig erteilte er seinem Parteifreund Călin Popescu Tăriceanu von der Allianz den Auftrag zur Regierungsbildung.

Damit begann eine Zeit oft wechselnder Ministerpräsidenten und eher schwacher Regierungen. Grund dafür war vor allem Băsescu, der seit Beginn seiner Amtszeit bemüht war, seine Kompetenzen zulasten des Ministerpräsidenten und des Parlaments auszuweiten. Vor allem verfolgte er das Ziel, die in der Verfassung verankerten Prozeduren der repräsentativen Demokratie durch Elemente der direkten Demokratie zu ersetzen. So initiierte er in seiner ersten Amtszeit mehrere Volksabstimmungen über Veränderungen des politischen Systems. Eine davon, die am selben Tag wie die Wahlen zum Europäischen Parlament am 22. November 2007 stattfand und eine Änderung des Wahlgesetzes beinhaltete, hat das Parlament später durchgesetzt. Mit einem zweiten Referendum am Tag der Präsidentschaftswahl (erste Runde am 22. November 2009) zur Abschaffung der zweiten Kammer des rumänischen Parlaments hatte er ebenfalls Erfolg bei den Wählern, doch fand das Projekt im Parlament keine Mehrheit. Mehrfach versuchte die Opposition, vor allem die PSD, ein Referendum über die Amtsenthebung Băsescus einzuleiten, was das Verfassungsgericht aber zurückwies.

Zu den Erfolgen dieser Regierung in den Jahren 2004 bis 2008 zählte vor allem die Arbeit von Justizministerin Macovei, die eine ganze Reihe kompromittierter und der Korruption verdächtiger hoher Staatsanwälte und Richter durch integre Amtsinhaber ersetzte. Băsescu wiederum gelang es, den bis dato sehr eigenmächtigen Geheimdienst stärker zu kontrollieren. Widersprüchlich waren dagegen die wirtschafts- und finanzpolitischen Entscheidungen der Regierung. Das galt insbesondere für die Einführung eines einheitlichen Steuersatzes von 16 Prozent für Unternehmen und Privatpersonen, was ein großes Loch in den Staatshaushalt riss und durch die Erhöhung direkter und indirekter Steuern sowie Abgaben kompensiert werden musste.

Die Parlamentswahl des Jahres 2008 gewannen die Sozialdemokraten im Bündnis mit der kleinen Konservativen Partei (PC) knapp vor der Demokratisch-Liberalen Partei (PD-L, vormals Demokratische Partei). Neuer Regierungschef wurde Emil Boc von der PD-L, der erst eine Koalition mit den Sozialdemokraten anführte und dann, als diese platzte, eine Koalition mit der Ungarnpartei UDMR einging. Die Rolle Bocs als Ministerpräsident bestand vor allem darin, den willfährigen Erfüllungsgehilfen von Staatspräsident Băsescu zu spielen und Misstrauensanträge im Parlament zu überstehen, was ihm kaum noch Zeit für produktives Regieren ließ.

Anfang 2012 wurden Boc Demonstrationen in Bukarest und in einigen Provinzstädten zum Verhängnis. Nachdem die Rumänen jahrelang die Auswirkungen der globalen Finanz- und Wirtschaftskrise geduldig ertragen hatten, gingen sie nun gegen die rigiden Sparmaßnahmen der Regierung auf die Straße. Unmittelbarer Anlass für den Aufruhr war aber ein anderer: Präsident Băsescu hatte in einer Fernsehsendung die Entlassung des äußerst populären Staatssekretärs im Gesundheitsministerium Raed Arafat gefordert. Der Palästinenser Arafat, 1964 in Nablus geboren und Anfang der 1980er-Jahre zum Studieren nach Rumänien gekommen, hatte 1991 den Mobilen Dienst für Notfälle, Reanimierung und Bergung (SMURD) gegründet und wurde 2012 zu einem der Helden der Protestbewegung, weil er wiederholt die teilweise Privatisierung des Gesundheitswesens kritisierte.

Boc trat zurück und Staatspräsident Băsescu ernannte Viktor Ponta von den Sozialdemokraten zum neuen Ministerpräsidenten einer Koalition aus seiner PSD, der Nationalliberalen Partei und der Konservativen Partei. Bei der Ernennung der Minister spielten hauptsächlich Parteiinteressen und Koalitionsproporz, kaum aber Fachwissen und politische Erfahrung eine Rolle. Wiederholt wurden deshalb Regierungsmitglieder ausgetauscht. Schon die ersten Entscheidungen des Kabinetts machten deutlich, dass es nicht um gutes Regieren und die Lösung von Problemen, sondern um die Besetzung und den Ausbau von Machtpositionen ging. Am 5. Juli änderte die Regierung per Eilverordnung das Gesetz über die Organisation und die Arbeitsabläufe des Verfassungsgerichts. Nur einen Tag später schaffte sie, ebenfalls per Eilverordnung, die bei Volksabstimmung erforderliche Mindestbeteiligung von 50 Prozent der Stimmberechtigten ab.

Das richtete sich vor allem gegen Traian Băsescu, denn noch am selben Tag beschlossen beide Kammern des Parlaments, ihn als Staatspräsidenten zu suspendieren und seine Absetzung per Referendum in die Wege zu leiten. Bei dieser Volksabstimmung sprach sich eine große Mehrheit für eine Absetzung Băsescus aus. Das ursprünglich erforderliche Quorum von 50 Prozent wurde jedoch verfehlt, da nur 46,2 Prozent der in den ständigen Wahllisten eingetragenen Bürger teilnahmen. Dem Referendum folgte ein wochenlanges innenpolitisches Tauziehen zwischen Regierung, Parteien und Verfassungsgericht über die Gültigkeit der Abstimmung, eine mögliche Manipulation der Wahllisten und die Abschaffung des Quorums durch die Regierung. Am 22. August entschied das Verfassungsgericht, dass das notwendige Quorum nicht erreicht worden sei, Băsescu also in sein Amt zurückkehren dürfe. Das Gesetz über die Abschaffung des Quorums wurde zur Überprüfung an das Parlament zurückverwiesen. Zurück blieben ein beschädigter Präsident, ein angeschlagener Ministerpräsident und mehre Millionen Wähler, die für die Absetzung Băsescus gestimmt hatten, sich nun aber um ihre Entscheidung betrogen fühlten. Băsescu blieb bis Dezember 2014 im Amt.

Im Vorfeld der Parlamentswahl am 9. Dezember 2012 kam es zur Bildung neuer Wahlbündnisse, die in ihrer Beliebigkeit nun gar nichts mehr mit bestimmten politischen Ideen, Programmen und Ideologien zu tun hatten, sondern nur noch dem Kampf um die Macht dienten. So schloss sich die Sozialdemokratische Partei (PSD) mit der Nationalliberalen Partei (PNL) und der Konservativen Partei (PC) zur Sozialliberalen Union (USL) zusammen. Die Demokratisch-Liberale Partei von Băsescu und Boc bildete mit einigen kleineren Parteien die Allianz des rechten Rumäniens (ARD). Hinzu kam die Volkspartei (PP-DD) des Fernsehmoderators Dan Diaconescu. Bei der Wahl zum Abgeordnetenhaus kam die USL auf 58,6 Prozent, vor der ARD mit 16,5, der PP-DD mit 14 und der Ungarnpartei UDMR mit 5,2 Prozent. Auch die Wahl zum Senat gewann die USL mit 60,1 Prozent der Stimmen.

Trotz des ganz offen mit fragwürdigen Mitteln vorgetragenen Machtanspruchs der Sozialdemokraten entschieden sich viele Wähler für das von diesen geführte Wahlbündnis, weil sie von ihnen noch am ehesten eine Verbesserung ihrer schwierigen sozialen Lage erhofften, der Wahlkampf der Sozialdemokraten gerade in den ärmeren Regionen des Landes immer noch der schlagkräftigste war und die Nichtanerkennung des Referendums über die Absetzung Băsescus für viel Verdruss gesorgt hatte.

Aber auch Ponta und seine Regierung überstanden die Legislaturperiode nicht. Am 4. November 2015 erklärte der Ministerpräsident seinen Rücktritt und den des ganzen Kabinetts. Dem waren tagelange Proteste vorausgegangen, an denen sich mehr als 20 000 Menschen beteiligt hatten und die sich vor allem gegen den Regierungschef, den Innenminister und einen Bukarester Bezirksbürgermeister richteten. Die Protestwelle ausgelöst hatte ein verheerender Brand in einem Bukarester Nachtclub am 31. Oktober 2015, bei dem mehr als 60 Menschen ums Leben gekommen waren. Der seit 2014 amtierende deutschstämmige Präsident Klaus Johannis[95] führte die hohe Zahl der Opfer darauf zurück, dass die einfachsten Sicherheitsvorkehrungen missachtet worden seien. Der Nachtclubbesitzer hatte seine Konzession mit Schmiergeldern erkauft.

Trotz der miserablen Regierungsführung und der heftigen Proteste konnten die Sozialdemokraten der PSD auch die Parlamentswahl am 11. Dezember 2016 haushoch gewinnen und lag mit 44,1 Prozent der Stimmen für das Abgeordnetenhaus weit vor der Nationalliberalen Partei mit 19,5 Prozent. Wieder war es die starke Verankerung der Sozialdemokraten auf dem Land und ihre sozialen Wahlversprechen, die ihnen den Sieg sicherten.

Mit Blick auf den vorbestraften PSD-Vorsitzenden Liviu Dragnea hatte Staatspräsident Johannis schon vor der Wahl erklärt, er werde keinen Politiker, der Probleme mit der Justiz hat, als Ministerpräsidenten nominieren und mit der Regierungsbildung beauftragen. So übernahm Sorin Grindeanu am 4. Januar 2017 das Amt des Ministerpräsidenten, dem am 29. Juni desselben Jahres Mihai Tudose, am 16. Januar 2018 Mihai Fifor und zwei Wochen später Viorica Dăncilă folgten, die alle als Marionetten des Parteivorsitzenden Liviu Dragnea agierten.

Im Laufe der Jahre 2017 und 2018 kam es wiederholt zu Protesten gegen die von den PSD-Regierungen angestrebten und schließlich auch durchgesetzten Änderungen des Strafgesetzbuches, die vor allem dazu dienen sollten, PSD-Funktionäre vor einer Anklage und Verurteilung wegen Korruption und Amtsmissbrauch zu schützen bzw.

bereits ergangene diesbezügliche Urteile zu revidieren. So gingen in den ersten Monaten des Jahres 2018 landesweit Hundertausende auf die Straße, um ihren Unmut über die Degradierung des Rechtsstaats auszudrücken.

Allen Protesten zum Trotz boxte die PSD Anfang Juli 2018 in einer Nacht-und-Nebel-Aktion 237 Gesetzesänderungen im Parlament durch. Nutznießer waren nicht nur die Abgeordneten der PSD, sondern auch Politiker anderer Parteien wie der Vorsitzende der Allianz der Liberalen und Demokraten (ALDE), Călin Popescu Tăriceanu, vormals Ministerpräsident sowie Außen- und Industrieminister, gegen den ebenfalls ein Strafermittlungsverfahren lief.

Als Drahtzieher bei dieser zunehmenden Unterordnung der Justiz unter die Politik erwies sich der PSD-Vorsitzende Liviu Dragnea, der Gefahr lief, selbst im Gefängnis zu landen, wenn er es nicht schaffte, die Justiz zu stoppen. Dragnea, seit Juli 2015 Parteivorsitzender und seit der Wahl 2016 Parlamentspräsident, war schon im April 2016 wegen versuchten Wahlbetrugs zu zwei Jahren Haft auf Bewährung verurteilt worden. Ab Januar 2017 musste er sich wegen Amtsmissbrauchs als Kreistagspräsident von Teleorman nordwestlich von Bukarest und wegen Dokumentenfälschung vor Gericht verantworten. Im November wurden dann zusätzlich Ermittlungen gegen Dragnea eingeleitet, nachdem das Europäische Amt für Betrugsbekämpfung (OLAF) Hinweise vorgelegt hatte, wonach Dragnea im Rahmen von Straßenbauarbeiten durch seine Firma Dokumente gefälscht haben soll, um so EU-Mittel von rund 21 Millionen Euro zu erhalten.

Staatspräsident Johannis bemühte sich lange Zeit, dem antidemokratischen und rechtsstaatsfeindlichen Treiben der regierenden Sozialdemokraten Einhalt zu gebieten. So weigerte er sich, der Forderung von Justizminister Tudorel Toader nachzukommen und Laura Codruţa Kövesi, die Leiterin der Nationalen Antikorruptionsbehörde (DNA),[96] zu entlassen. Toader legte im Februar 2018 einen Bericht vor, in dem er behauptete, Kövesi agiere mit autoritären Methoden, werfe Staatsanwälten vor, Beweise zu fälschen, und meine, dass es zu viele Freisprüche gebe. Außerdem habe sie in Interviews mit ausländischen Medien dem Ruf Rumäniens geschadet. Die Beschuldigte wies die Vorwürfe zurück. Der Magistratsrat, das autonome Organ der Richter und Staatsanwälte, hielt die Vorhaltungen für fabriziert und sprach sich gegen eine Entlassung aus.

Schließlich musste Johannis Anfang Juli 2018 Kövesi doch entlassen. Er folgte damit einer diesbezüglichen Entscheidung des Verfassungsgerichts, das von den Sozialdemokraten angerufen worden war, nachdem sie es nach und nach unter ihre Kontrolle gebracht hatten. Kövesi hatte seit 2013 an der Spitze der DNA gestanden, die seit ihrer die Gründung mehr als 1000 rumänische Politiker wegen Korruption angeklagt und in 90 Prozent der Fälle auch Verurteilungen erwirkt hatte, darunter ein Ministerpräsidenten, elf Minister und mehr als 50 Parlamentarier, und eben auch PSD-Chef Liviu Dragnea. Ein herber Schlag für die rumänische Regierung war die Anfang 2019 durch das EU-Parlament und den EU-Rat für Inneres und Justiz erfolgte Nominierung von Kövesi für das Amt der EU-Generalstaatsanwältin. Sie wurde sogar auf Platz eins der Bewerberliste gesetzt. Prompt griffen die regierungsnahen Medien Rumäniens die bekannten, aber bislang nicht nachgewiesenen Anschuldigungen auf und machten Stimmung gegen Kövesi.

Ebenfalls im Juli 2018 setzten die Sozialdemokraten im Parlament eine Änderung des Strafgesetzbuches durch, die eine Veränderung der Definition von Amtsmissbrauch beinhaltete. Dies hatte insbesondere zur Folge, dass ein Rechtsverstoß Dragneas nun keine Straftat mehr war. Zwei Wochen zuvor war der PSD-Chef wegen Anstiftung zum Amtsmissbrauch zu dreieinhalb Jahren Haft verurteilt worden. Nun konnte er dieses Urteil mit Aussicht auf Erfolg anfechten.

Gegen diese Machenschaften gingen im August 2018 erneut Zehntausende in Bukarest und anderen Städten des Landes auf die Straße und verlangten den Rücktritt der Regierung. Die Polizei ging brutal gegen sie vor und verletzte mehr als 400 Demonstranten. Schließlich forderte EU-Justizkommissarin Vera Jourova die rumänische Regierung auf, ihr Vorgehen zu überdenken. Es gefährde, so die Kommissarin, »in seiner Gesamtheit die Unabhängigkeit der Richter und beschneidet die Kompetenzen der Staatsanwälte. Es untergräbt zudem das Vertrauen der Öffentlichkeit in die Justiz.«[97] Unbeirrt von der Kritik, setzte Dragnea im November 2018 einen Umbau der Regierung durch, von dem insgesamt sieben Minister betroffen waren, die intern Dragneas autoritären Regierungsstil und die von ihm betriebene politische Gängelung der Justiz kritisiert hatten.

Im Grunde genommen haben die postkommunistischen Sozialdemokraten nach 1989 nie wirklich die Macht abgegeben, auch wenn sie zeitweilig nicht die Regierung stellten. Und damit perpetuierte sich auch ihre (post-)kommunistische Auffassung von der notwendigen Politisierung des Rechts bzw. der Vorherrschaft der politischen Macht gegenüber der Justiz.

Verfassungsinhalte hier, Verfassungsrealität dort

Im Gegensatz zur zunehmend undurchsichtigen politischen Wirklichkeit sind die Grundpfeiler der politischen Verfasstheit Rumäniens in der Verfassung von 1991 ziemlich klar formuliert, auch wenn der Verfassungstext im Wesentlichen den Vorstellungen der Mitglieder des damaligen Rates der Front der Nationalen Rettung entsprach, in dem die Postkommunisten und späteren Sozialdemokraten um Ion Iliescu die Mehrheit hatten. Von den über 1000 Änderungsanträgen, die insbesondere die Vertreter der neu entstandenen Nationalliberalen Partei und der Nationalen Bauernpartei eingebracht hatten, waren nur wenige berücksichtigt worden.

In der Verfassung wird Rumänien als souveräner und unabhängiger Nationalstaat bezeichnet, wobei der Begriff Nation nicht ethnisch, sondern politisch gefasst wird. Souverän ist das gesamte rumänische Volk, das seine Souveränität repräsentativ (durch das Parlament) oder direkt (durch Volksabstimmungen) ausübt. Rumänien wird als demokratischer und sozialer Rechtsstaat definiert, in dem die Menschenwürde, die Rechte und Freiheiten der Bürger, die freie Entfaltung der Persönlichkeit, Gerechtigkeit und politischer Pluralismus gewährleistet werden. Auch die Marktwirtschaft wird als Ordnungsprinzip formuliert. Die Prinzipien der Gleichheit und Gleichbehandlung aller Bürger ohne Unterscheidung nach Rasse, Volkszugehörigkeit, ethnischer Abstammung, Sprache, Glauben, Geschlecht, politischer Zugehörigkeit, Vermögen oder sozialer Herkunft schließen auch das Recht der nationalen Minderheiten auf Pflege und Entwicklung ihrer ethnischen, kulturellen, sprachlichen und religiösen Identität ein. Die Todesstrafe ist abgeschafft. Eine Zensur findet nicht statt. Die Meinungsfreiheit wird lediglich durch das Verbot der Verletzung der Menschenwürde, der Diffamierung des Landes, der Aufhetzung zu Krieg, Hass, »territorialem Separatismus«, öffentlicher Gewalt und des Verstoßes gegen die guten Sitten eingeschränkt.

Der Staatspräsident wird nach französischem Vorbild direkt vom Volk gewählt und hat daher die gleiche Legitimation wie das Parlament. Er vertritt das Land nach innen und außen und ist Garant des Staates und seiner Verfassung. Er kann das Parlament auflösen, wenn es die Bildung der Regierung nicht innerhalb von 60 Tagen billigt. Der Präsident bestimmt auch den Kandidaten für das Amt des Ministerpräsidenten und kann er Volksabstimmungen ansetzen.

Mit dem Abgeordnetenhaus und dem Senat besitzt Rumänien ein Parlament, das in bewusster Abgrenzung zum vormaligen kommunistischen Regime aus zwei Kammern besteht, deren Mitglieder alle vier Jahre in allgemeinen, geheimen und direkten Wahlen gewählt werden. Beide Kammern sind mit nahezu identischen legislativen Rechten ausgestattet. Im Laufe der Jahre wurden immer mal wieder – folgenlos – Vorschläge diskutiert, das Parlament etwa nach deutschem Vorbild in ein Abgeordnetenhaus (Bundestag) und eine Ländervertretung (Bundesrat) umzugestalten.

Am 18. und 19. Oktober 2003 stimmten die rumänischen Bürgerinnen und Bürger Änderungen der Verfassung ab, die mit Blick auf die angestrebten Beitritte zu EU und Nato notwendig geworden waren. Bei einer Beteiligung von 55,7 Prozent der Wahlberechtigten votierten 89,7 Prozent für die neu gestaltete Verfassung. Der Abstimmung war eine mehr als ein Jahr dauernde, auch öffentlich geführte Diskussion unter Politikern, Juristen und Vertretern der Zivilgesellschaft vorausgegangen.

Die novellierte Verfassung machte es möglich, bestimmte Kompetenzen auf die europäische Ebene zu übertragen. Bürger aus anderen EU-Staaten sollten nach dem Beitritt des Landes zur Gemeinschaft Grund und Boden erwerben können, während die Rumänen das aktive und passive Wahlrecht bei den Wahlen zum Europäischen Parlament erhielten. Seitdem kann jeder, der die rumänische Staatsbürgerschaft besitzt und seinen Wohnsitz im Land hat, in öffentliche Ämter gewählt werden. Schließlich wurden die Voraussetzungen für eine Übernahme der Gemeinschaftswährung Euro geschaffen.

Ein Referendum am 7. Oktober 2018 ergab dann ein interessantes Stimmungsbild. Ursprünglich hatte es so ausgesehen, als würde die Volksabstimmung über die »traditionelle Familie« ein großer Erfolg für die Regierung und die orthodoxe Kirche werden, die in der Verfassung die Ehe als ausschließliche Verbindung von Frau und Mann festschreiben lassen wollten. Obwohl Umfragen ergeben hatten, dass eine deutliche Mehrheit der Rumänen keine gleichgeschlechtlichen Ehen wollte, scheiterte das Vorhaben, weil trotz einer massiven Medienkampagne der Kirche nur 21 Prozent der Wahlberechtigten an der Abstimmung teilnahmen. Zwar sprachen sich 91 Prozent von ihnen für eine entsprechende Änderung der Verfassung aus, doch waren dies gerademal gut drei von knapp 20 Millionen Einwohnern Rumäniens.

Politisch war das Ergebnis insbesondere eine Niederlage für den PSD-Vorsitzenden Liviu Dragnea, der sich massiv für das Referendum und die Verfassungsänderung eingesetzt hatte. Dabei ging es ihm nicht in erster Linie um die Sache selbst, sondern er wollte mit der ganzen Kampagne vor allem von seinen Problemen mit der Justiz und von der politisch gewollten Ausschaltung der dritten Gewalt durch seine regierenden Sozialdemokraten ablenken. Gleichzeitig wurde deutlich, dass der gesellschaftspolitische Einfluss der rumänischen orthodoxen Kirche nicht so groß ist, wie bis dato angenommen. Die Sprecher von Organisationen der Homosexuellen Rumäniens und Bürgerrechtler verschiedener Gruppen werteten das Ergebnis der Volksabstimmung als Ausdruck einer mehrheitlich toleranten Einstellung der Rumänen. Vielen sei die Familie wichtig, doch wollten sie nicht, dass diese zum

Spielball politischer Machtkämpfe und für das Schüren von Hass gegen Andersdenkende missbraucht würde.

Die offen zur Schau getragene Arroganz der Macht hat sicherlich dazu beigetragen, dass das Vertrauen vieler Bürger in die staatlichen und öffentlichen Institutionen in Rumänien gering ist. Zwischen 70 und 80 Prozent der Menschen misstrauen den politischen Parteien, dem Parlament und der Regierung. Und selbst der Staatspräsident ist nur bei etwa 40 Prozent der Bürger als demokratische Autorität anerkannt. Als Staatsform ist die parlamentarisch-demokratische Republik zwar mehrheitlich verankert, aber ein Drittel der Gesellschaft kann sich auch eine autoritäre Regierung oder einen starken, »den richtigen Weg in die Zukunft weisenden Führer« vorstellen. Die Wahlbeteiligung bei den Parlamentswahlen, die im Jahr 2000 noch 65,3 Prozent und vier Jahre später 58,4 Prozent betrug, ist danach auf Werte um 40 Prozent abgesunken. Viele Menschen können sich auch eine Berufung einer Expertenregierung jenseits der politischen Parteien vorstellen, die nicht unbedingt durch Wahlen legitimiert sein muss. Interessanterweise ist das Vertrauen der Bürger in die lokalen Vertretungsorgane in der Regel höher als in die gesamtstaatlichen Institutionen. Noch gibt es im Bewusstsein der rumänischen Gesellschaft eine Mischung aus ländlichem Traditionalismus, durch die Propaganda Ceaușescus gestärktem Nationalismus und antiliberalem Kollektivismus einerseits und ein erstes Fundament für die parlamentarische Demokratie und die Marktwirtschaft andererseits. Ein Mittelstand hat sich herausgebildet. Die junge Generation ist weitgehend frei von ideologischen Komplexen.

In Rumänien gibt es 18 anerkannte Glaubensgemeinschaften, die nach dem im Dezember 2006 verabschiedeten Religionsgesetz rechtlich alle den gleichen Status besitzen. Die größte und einflussreichste Religionsgemeinschaft ist die Rumänische Orthodoxe Kirche, zu der sich etwa 87 Prozent der Bevölkerung bekennen. In der Römisch-Katholischen Kirche, der sich 5 Prozent zugehörig fühlen, gibt es überdurchschnittlich viele Angehörige der ungarischen und der deutschen Minderheit. Die größte protestantische Kirche in Rumänien ist die Reformierte Kirche mit 0,8 Prozent.

Die Orthodoxe Kirche hat, ganz im Gegensatz zur katholischen und den protestantischen Kirchen, immer die Nähe zur politischen Macht gesucht und diese auch legitimiert.[98] Im 20. Jahrhundert hat sie die Diktaturen des Königs (1939/40), der Armee (1940–1944) und der Kommunisten (1944–1989) unterstützt. Ihr heutiger Reichtum – die orthodoxe Kirche ist einer der größten Grundbesitzer Rumäniens und eines der wichtigsten Wirtschaftsunternehmen – stammt nicht zuletzt aus dem in Ceaușescus Zeiten beschlagnahmten Gütern, insbesondere der unierten Kirche in Siebenbürgen. Dass zahlreiche Kleriker mit dem kommunistischen Sicherheitsdienst Securitate kooperiert haben, hat die Kirche bis heute nicht aufgearbeitet. Ihre Archive hält sie de facto geschlossen.

Bei Wahlkämpfen mischen sich orthodoxe Geistliche offen ein. Seit Jahren sind es vor allem die postkommunistischen Sozialdemokraten der PSD, die den Kontakt zur orthodoxen Kirche suchen und finden. Sie bedanken sich mit erheblichen finanziellen Zuwendungen aus dem Staatshaushalt und steuerlichen Vergünstigungen. Die traditionelle autoritäre Grundhaltung der Kirche in politisch-staatlichen wie gesellschaftlichen Angelegenheiten passt gut zur autoritären Machtausübung der Sozialdemokraten. Das heißt aber nicht, dass die orthodoxen Gläubigen in ihrer Mehrheit eine ähnliche Haltung einnehmen.

Ausgrenzung der Roma

Bis zum Zweiten Weltkrieg war Rumänien ein Vielvölkerstaat. So lebten nach Erhebungen von 1930 in Siebenbürgen 57,6 Prozent Rumänen, 29,1 Prozent Ungarn und 7,9 Prozent Deutsche, im Banat 54,3 Prozent Rumänen, 23,8 Prozent Deutsche und 10,4 Prozent Ungarn, in der Bukowina 44,5 Prozent Rumänen, 27,7 Prozent Ukrainer, 10,8 Prozent Juden, 8,9 Prozent Deutsche, in Bessarabien 26,2 Prozent Rumänen, 12,3 Prozent Russen, 11 Prozent Ukrainer und 7,2 Prozent Juden sowie in der Dobrudscha 44,2 Prozent Rumänen, 22,8 Prozent Bulgaren und 18,5 Prozent Türken.

Durch den Zweiten Weltkrieg, die erzwungene Abtrennung der Bukowina im Norden, Bessarabiens und des südlichen Teils der Dobrudscha sowie durch Verfolgung und Unterdrückung während des Ceaușescu-Regimes hat sich gerade auch die Zahl der Deutschen stark verringert.[99] Lebten um 1930 noch 800 000 Deutsche in Rumänien, so sind es heute noch etwa 40 000. Trotz ihrer geringen Anzahl spielen die Rumäniendeutschen eine nicht unwichtige Rolle im politischen Leben des Landes. Im Jahr 2000 wurde mit Klaus Johannis der Vorsitzende des Demokratischen Forums der Deutschen in Rumänien zum Bürgermeister von Sibiu (Hermannstadt) gewählt. 14 Jahre später übernahm Johannis sogar das Amt des rumänischen Staatspräsidenten.

Heute sind fast 89 Prozent der Bevölkerung ethnisch gesehen Rumänen. Auch die Zahl der Ungarn hat seit der Zwischenkriegszeit stark abgenommen. Trotzdem sind sie weiterhin die größte Minderheit, gefolgt von den Roma mit (offiziell) 3,3 Prozent. Die kommunistische Ära war auch für die Ungarn in Rumänien eine Zeit des Leidens. Schon 1948 hatte die Enteignung der katholischen, lutherischen und calvinistischen Kirchen nicht nur die deutsche, sondern auch die ungarische Minderheit getroffen. Geradezu dramatisch waren die Zerstörung ungarischer Dörfer und die Ansiedlung von Ungarn in urbanen Zentren mit rumänischer Bevölkerungsmehrheit in den 1970erund 1980er-Jahren. Nicht zufällig wurden auch die oppositionellen Aktivitäten des ungarisch-nationalistisch gesinnten calvinistischen Pfarrers László Tőkés und seiner Anhänger in Timișoara zu einem der Auslöser der 1989 eingeleiteten Wende. Im Laufe der 1990er-Jahre machten nationalistische rumänische Politiker immer wieder mit antiungarischen Parolen von sich reden.

Ein großer Fortschritt waren das Gesetz von 1993, das den Schutz der Minderheiten regelte, sowie ein Gesetz über die öffentliche Verwaltung von 2002, das die Verwendung der Sprachen der Minderheiten in den Behörden in jenen Distrikten zulässt, in denen die Minderheiten jeweils 20 Prozent der Bevölkerung stellen. Nach 1989 ist es den Ungarn in Rumänien gelungen, ein vielfältiges kulturelles Leben aufzubauen. Es existieren etwa 60 ungarischsprachige Zeitungen und zwei Fernsehstationen mit ungarischen Programmen. Neun Zehntel aller Jugendlichen der Minderheit im Alter ab zwölf Jahren erhalten Unterricht in ungarischer Sprache. Die Demokratische Union der Ungarn in Rumänien hat sich wiederholt an Regierungskoalitionen beteiligt.

Unruhe entsteht, wenn der inzwischen zum Bischof und Europaabgeordneten avancierte László Tőkés und seine Volkspartei der Ungarn in Rumänien eine weitgehende Autonomie für die von den Ungarn besiedelten Gebiete fordern und dabei tatkräftig von der in Budapest regierenden Partei Fidesz unterstützt werden.

Sehr schwierig ist die Lage eines Großteils der in Rumänien lebenden Roma. Rumänien gilt als das Land mit der größten Roma-Bevölkerung weltweit. Schätzungen gehen davon aus, dass bis zu zweieinhalb Millionen dieser Minderheit angehören, was die offizielle Angabe von 3,3 Prozent der Gesamtbevölkerung Rumäniens als eine Fiktion erscheinen lässt. Auch wenn es längst Roma gibt, die Studienabschlüsse haben, anerkannte Fachkräfte sind und manche von ihnen es zu Wohlstand gebracht haben, lebt der allergrößte Teil der Roma in sehr ärmlichen Verhältnissen. Generell gesehen gibt es bei ihnen die höchste Arbeitslosenquote, haben sie eine rudimentäre oder gar keine Schulbildung, die schlechteste medizinische Versorgung und wohnen teilweise unter katastrophalen Bedingungen.

Missstimmung und Argwohn gegen die Roma sind in Teilen der rumänischen Bevölkerung ausgeprägt. Besonders in den krisengeschüttelten Jahren 1991 und 1992, aber auch später, kam es zu Gewaltakten gegen Roma. In einigen Distrikten herrschte regelrecht eine pogromartige Stimmung gegen sie. Wiederholt haben Politiker ein Klima geschaffen, in dem Roma ungestraft diskreditiert, diskriminiert und für strukturelle Mängel in Politik, Wirtschaft und Gesellschaft verantwortlich gemacht werden konnten. Von einzelnen Behörden ergriffene Maßnahmen zur Verbesserung der Lebensverhältnisse der Roma sind weitgehend verpufft. Viele Roma suchen ihr Heil inzwischen in Deutschland und anderen westlichen Ländern, wo sie dann in der Regel ihren Lebensunterhalt erbetteln müssen.

Die großen Demonstrationen zuletzt im August 2018 gegen die Korruption der regierenden Sozialdemokraten, waren Schlüsselmomente für die Entstehung und Entwicklung der rumänischen Zivilgesellschaft. Sie zeigten die große Bereitschaft vieler Menschen, sich jenseits der Parteien und offiziellen Institutionen politisch zu engagieren. Gleichwohl ist die rumänische Zivilgesellschaft im Vergleich zu westlichen Ländern bislang relativ schwach und fragmentiert. Aber ihr Einfluss wächst. Inzwischen gibt es etwa 25 000 Nichtregierungsorganisationen, von denen aber nur wenige landesweit Einfluss etwa auf die Meinungsbildung in der Gesellschaft haben. Dazu zählen Thinktanks und Menschenrechtsorganisationen.

Ein im Jahr 2001 erlassenes Gesetz hat NGOs als »öffentlich nützlich« anerkannt und sieht steuerliche Erleichterungen für sie vor, macht dies aber auch davon abhängig, ob die zuständigen staatlichen Stellen ihrer Registrierung zustimmen. Dabei zeigte sich mehrfach, dass die Regierungsbehörden große Rücksicht auf Wählerschichten, bestimmte Teile der noch staatlichen Industrie, Lobbys und branchenspezifische Interessengruppen nehmen. Zu den NGOs gehört auch eine Anzahl nationalistischer, fremdenfeindlicher und extremistischer Organisationen, die das politische und gesellschaftliche Klima vergiften.

Immerhin ist mit der Union zur Rettung Rumäniens (USR) schon 2016 aus den Straßenprotesten eine politische Partei entstanden, die nach eigenen Aussagen dafür kämpft, dass Rumänien nicht den autoritären Weg Polens und Ungarns geht. Bei der Parlamentswahl Ende 2016 kam sie auf Anhieb mit knapp 9 Prozent der Stimmen auf den dritten Platz. Eine zweite Neugründung ist die 2018 entstandene Partei für Freiheit, Einigkeit und Solidarität des früheren Ministerpräsidenten Dacian Ciolos. Beide Parteien haben ein Bündnis für die Europawahl 2019 geschlossen.

Große Armut trotz wirtschaftlicher Erfolge

Der wirtschaftliche Neuanfang war für Rumänien besonders schwierig, denn das 1989 gestürzte Ceaușescu-Regime hatte eine völlig zerrüttete Ökonomie hinterlassen. Produktionsstätten waren teilweise ruiniert, in bestimmten Sektoren der Industrie gab es sinnlose Überkapazitäten, die Landwirtschaft lag danieder. Durch das Streben nach Autarkie hatte das kommunistische Regime Auslandsschulden auf Kosten der Modernisierung der Industrie und des heimischen Konsums beglichen. Trotzdem gab es 1989 enorme Altlasten in Form von ungedeckten Krediten.

Zunächst ging es in den 1990er-Jahren um den Abbau der zentralen Planung sowie um die Aufteilung der großen Kombinate und deren Umwandlung in staatliche oder private Kapitalgesellschaften. Per Gesetz waren die Grundlagen für zahlreiche Änderungen zu schaffen: für die Etablierung eines modernen Bankensektors, die Einführung der Mehrwertsteuer und einer individuell bemessenen Lohnsteuer, die Gründung einer Börse, die Freigabe der Preise sowie die Zulassung privater Gewerbe- und Dienstleistungsbetriebe.

Die Privatisierung zog sich über Jahre hin, wobei man zweigleisig fuhr. Zum einen wurden 30 Prozent des Kapitals der hierfür vorgesehenen Unternehmen in Form von Anteilsscheinen an die Bevölkerung verteilt. Die restlichen 70 Prozent behielt der Staat, die er Schritt für Schritt verkaufte. Ähnlich wie in der Tschechoslowakei versickerten bei der Voucher-Privatisierung große Teile des Kapitals in dunklen Kanälen, da viele Bürger ihre Anteilsscheine an Banken und Finanzgesellschaften verkauften, die damit riskante Geschäfte abwickelten oder sie zur Bereicherung ihres Führungspersonals bzw. mit diesen verbundenen Politikern nutzten. Beim Verkauf von Unternehmen wurden diese oft unter Wert an einheimische und ausländische Investoren abgegeben, wobei in der Regel Korruption mit im Spiel war. Zwischen 1989 und 1999 sank das Bruttoinlandsprodukt Rumäniens auf 74 Prozent des Ausgangswerts. Erst im Jahr 2000 konnte die Wirtschaft des Landes wieder ein Wachstum des BIP von 1,6 Prozent verzeichnen, das sich dann in den folgenden Jahren beschleunigte. Doch auch Rumänien wurde 2008 von der globalen Finanz- und Wirtschaftskrise hart getroffen. Ausländische Investoren zogen sich zum Teil zurück. Zwar stabilisierten EU-Kommission, Internationaler Währungsfonds und Weltbank das Land mit 20 Milliarden Euro, doch die damit verbundenen Auflagen wogen schwer. So wurde die Mehrwertsteuer von 19 auf 24 Prozent erhöht, die Gehälter der Beamten kürzte man um bis zu 25 Prozent. Diese Maßnahmen zogen Straßenproteste nach sich, die im April 2012 zu einem erfolgreichen Misstrauensvotum im Parlament gegen die konservative Regierung führten. Ein Bündnis aus Sozialdemokraten und Nationalliberalen übernahm die Regierung mit dem neuen Premier Victor Ponta. Bald wurde die Mehrwertsteuer wieder auf 20 Prozent gesenkt, die Kürzungen im öffentlichen Dienst teilweise zurückgenommen. Ende 2015 lag das Haushaltsdefizit nur noch bei 1,5 Prozent. Im Jahr 2017 betrug das BIP-Wachstum 6,9 Prozent.

Mit einem Bruttoinlandsprodukt pro Kopf von 9600 Euro lag Rumänien 2018 zwar vor dem EU-Partner Bulgarien, aber gleichzeitig hinter allen anderen östlichen Staaten, die ab 2004 der EU beigetreten sind. Der staatliche Sektor ist noch vergleichsweise groß. Auf den privaten Sektor entfallen 65 Prozent des BIP und 75 Prozent der Arbeitsplätze. Inzwischen erwirtschaften Dienstleistungsunternehmen 56 Prozent der gesamtwirtschaftlichen Leistung, während 38 Prozent auf die Industrie und 6 Prozent auf die Landwirtschaft entfallen. In den traditionell dominierenden Industriezweigen Maschinenbau, Metallurgie, Chemie, Ölindustrie und Petrochemie hat sich ein Strukturwandel hin zu technisch anspruchsvollen Produkten vollzogen. Rumänische Erzeugnisse wie Ausrüstungen, Anlagen, Kraftfahrzeuge und Schiffe sind international wettbewerbsfähig. Vor allem die Kfz- und Kfz-Zuliefererindustrie zeugen von der Entwicklung einer neuen Industrielandschaft. Angesichts der Billigkonkurrenz (aus China, Indien, Vietnam) auf den internationalen Märkten ist Rumänien zunehmend mit hochwertiger Kleidung vertreten. Das Land verfügt außerdem über eine vergleichsweise hohe Anzahl von Fachkräften für IT-Technologien und Software. Auch der Tourismus spielt in Rumänien inzwischen eine große Rolle.

Doch die wirtschaftlichen Erfolge könne nicht verdecken, dass die Armut groß ist und die sozialen Probleme ebenso. Zwar ist der Anteil der von Armut oder sozialer Ausgrenzung bedrohten Personen an der Gesamtbevölkerung seit 2007 um gut 8 Prozent gesunken, liegt aber immer noch bei erschreckenden 38,8 Prozent. Rumänien und Bulgarien sind die Länder mit der höchsten Armutsrate in der EU. Der Durchschnittsnettolohn pro Monat lag 2018 bei etwa 2000 RON (rumänische Leu), was 428 Euro entspricht. Der gesetzlich vorgeschriebene Bruttomindestlohn beträgt seit 1. Januar 2018 1900 RON, wobei besonders die Löhne im Hotelwesen, der Landwirtschaft, dem Handel und dem Baugewerbe unter diesem Wert liegen. Das gilt vor allem für den Südosten des Landes.

So gehört Rumänien zu den europäischen Ländern, in denen die Bevölkerung seit Jahren schrumpft, weil viele Arbeitskräfte und akademisch Gebildete in den Westen gehen, um dort Arbeit und ein vernünftiges Einkommen zu finden. Lag die Bevölkerungszahl im Jahr 2008 bei 20,64 Millionen, so betrug sie Ende 2019 nur noch 19,53 Millionen, was einem Rückgang von mehr als 5 Prozent entspricht. Bei diesen Zahlen spielen natürlich auch die Entwicklung der Geburtenrate und der Lebenserwartung eine Rolle, doch ist der Rückgang vor allem auf Migration zurückzuführen.

EU-Mitgliedschaft zweiter Klasse

Prioritäten der Außenpolitik Rumäniens besitzen Nato und Europäische Union sowie die politische und wirtschaftliche Stabilität der benachbarten Regionen vom Balkan bis zu den Anrainerstaaten des Schwarzen Meeres. Schon in den späten 1990er-Jahren betrieben die verschiedenen Regierungen die Annäherung an Nato und EU, denen sie 2004 bzw. 2007 beitreten konnten.

In sicherheitspolitischer Hinsicht stehen die Vereinigten Staaten für Rumänien an erster Stelle. Beide Länder vereinbarten 1997 eine

»Strategische Partnerschaft«, die 2011 erneuert wurde. Vor dem Hintergrund der Ereignisse im Osten der Ukraine und in der Schwarzmeerregion hat diese sicherheitspolitische Kooperation noch an Bedeutung gewonnen. Im Konflikt zwischen der Ukraine und Russland trat Rumänien für die Einhaltung des Minsker Abkommens ein und unterstützte die Sanktionen der EU gegen Russland.

Doch das Bündnis mit den USA hat auch seine Schattenseiten. So verurteilte der Europäische Gerichtshof für Menschenrechte Rumänien (neben Litauen) wegen seiner Mithilfe beim CIA-Programm für geheime Gefängnisse. Dem Urteil zufolge machten sich beide EU-Staaten im Zusammenhang mit der Inhaftierung von Terrorverdächtigen »mehrerer Verstöße gegen die Menschenrechte« schuldig. Den Klägern, einem staatenlosen Palästinenser und einem Saudi, zum Zeitpunkt des Urteils im umstrittenen US-Gefangenenlager Guantanamo interniert, wurden hohe Entschädigungssummen zugesprochen. Die rumänischen und litauischen Behörden hätten von den Gefängnissen gewusst und mit dem US-Auslandsgeheimdienst kooperiert, so die Straßburger Richter.[100]

Bis heute hält sich in der europäischen Öffentlichkeit der Verdacht, dass die Brüsseler Kommission und die Mitgliedstaaten der EU beim Beitritt Rumäniens über gravierende Defizite des Landes hinweggesehen haben. Gelegentlich ist die Rede von einer »Mitgliedschaft zweiter Klasse«, da Rumänien auch mehr als zehn Jahre nach seinem Beitritt noch nicht zum Schengen-Raum gehört. Der hierfür erforderliche einstimmige Beschluss der EU-Mitgliedstaaten kam bis dato aufgrund von Defiziten der rumänischen Justiz und Korruptionsbekämpfung nicht zustande. Seit dem EU-Beitritt unterliegt Rumänien dem sogenannten Kooperations- und Verifikationsmechanismus, in dessen Rahmen die rechtsstaatliche Entwicklung sowie die Korruptionsbekämpfung regelmäßig überprüft werden.

Große Bedenken in vielen europäischen Staaten rief die Übernahme der halbjährigen EU-Präsidentschaft durch Rumänien am 1. Januar 2019 hervor. Angesichts der politischen Gängelung der Justiz, der fortdauernden Machtkämpfe innerhalb der Regierungspartei PSD und des starken Einflusses korrupter und rechtskräftig verurteilter Politiker wie PSD-Chef Liviu Dragnea, so hieß es, sei Rumänien für die Ausübung dieses Amtes nicht geeignet.[101]

Nach wie vor steht die rumänische Bevölkerung mehrheitlich zur EU-Mitgliedschaft ihres Landes. Im Rahmen des Eurobarometers vom Frühjahr 2018 glaubten 77 Prozent der Befragten, dass das Attribut »demokratisch« die EU gut beschreibe. 65 Prozent assoziierten die Gemeinschaft mit »effektiv«. Die Übernahme der Gemeinschaftswährung Euro favorisierten 64 Prozent. Allerdings meinten nur 47 Prozent, dass die Stimme Rumäniens in der EU ausreichend berücksichtigt werde. Im März 2018 stellte die Regierung eine Arbeitsgruppe zusammen mit dem Auftrag, einen Zeitplan für den Beitritt Rumäniens zum europäischen Währungssystem ERM II und anschließend zur Euro-Zone auszuarbeiten.

Die Beziehungen Rumäniens zum Nachbarstaat Ungarn sind nicht frei von Spannungen, weil nationalkonservative Politiker in Budapest, auch und gerade aus der Regierungspartei Fidesz, die ungarische Minderheit in Rumänien dazu animieren, für einen autonomen Status der von ihr bewohnten Gebiete zu kämpfen. Vereinzelt waren in der ungarischen Hauptstadt sogar Stimmen zu hören, die im Zuge des Friedensvertrags von Trianon (1920) an Rumänien übergegangenen, vormals ungarischen Gebiete wieder mit Ungarn zu vereinigen.

Die Beziehungen zur Republik Moldau sind für Rumänien aufgrund historischer, sprachlicher und kultureller Gemeinsamkeiten von besonderer Bedeutung. Bukarest gewährt der Nachbarrepublik finanzielle und technische Unterstützung und wirbt in der EU für baldige Handelserleichterungen. Allerdings wird man in der moldauischen Hauptstadt nervös, wenn rumänische Politiker von Zeit zu Zeit äußern, man müsse die beiden Staaten wieder vereinen. Das bilaterale Verhältnis Rumäniens zum Nachbarn Bulgarien ist weitgehend spannungsfrei. Schon im April 1992 hatten Rumänien und Deutschland einen Vertrag über Partnerschaft und Zusammenarbeit geschlossen, der seither die Grundlage für eine vielfältige bilaterale Kooperation bildet.

Oligarchen trotzen der Verfassung: Bulgarien

Wie Rumänien liegt auch Bulgarien eher im Windschatten des öffentlichen Interesses in Europa und findet deshalb in der Regel wenig Widerhall in den Medien. Doch auch Bulgarien ist Mitglied der Europäischen Union und der Nato und fungiert als wichtiges Bindeglied zwischen dem Westen einerseits und dem Nahen Osten sowie der Schwarzmeerregion andererseits. Außerdem unterhält es traditionell enge Beziehungen zu Russland und verfügt deshalb über eine gute Expertise der Vorgänge in diesem riesigen Land.

Im Jahr 1989 erwies sich die Nähe zur Sowjetunion als Problem des kommunistischen Regimes in Sofia. Die Reformen Gorbatschows und die bahnbrechenden Entwicklungen in Mittelosteuropa blieben auch in Bulgarien nicht ohne Auswirkungen. Auf der mittleren Funktionärsebene der Bulgarischen Kommunistischen Partei (BKP) regte sich Widerstand gegen den anachronistischen Kurs der Parteiführung um Todor Živkov, der Gorbatschows Bestrebungen offen ablehnte. Jenseits der BKP bildeten sich Diskussionsklubs, intellektuelle Zirkel und sogar politische Vereinigungen. Dazu zählten die Unabhängige Vereinigung zur Verteidigung der Menschenrechte, der Klub zur Unterstützung von Glasnost und Perestroika sowie die Unabhängige Gewerkschaft Podkrepa (Unterstützung). Dort diskutierte man längst über eine Liberalisierung der herrschenden Verhältnisse.

In enger Absprache mit der Führung um Gorbatschow in Moskau betrieben dann Spitzenfunktionäre der BKP wie Außenminister Petăr Mladenov und Verteidigungsminister Dobri Dzhurov die Absetzung Živkovs, der 35 Jahre lang die Partei geführt hatte. Am 10. November 1989 wählte das Zentralkomitee der BKP Mladenov zum neuen Parteivorsitzenden; einen Monat später musste Živkov auch alle staatlichen Ämter abgeben und die offiziellen Medien begannen mit einer kritischen Berichterstattung über den abgehalfterten Generalsekretär, seinen autoritären Führungs- und ausschweifenden Lebensstil. Mladenov gab den Parteivorsitz an das ehemalige Politbüromitglied Aleksandăr Lilov ab, der schon in den 1980er-Jahren bei Živkov in Ungnade gefallen war, und ließ sich am 17. November 1989 zum Vorsitzenden des Staatsrats wählen.

Nur einen Tag später versammelten sich vor der Alexander-Nevski-Kathedrale in der Hauptstadt Sofia etwa 50 000 Menschen, die Demokratie und freie Wahlen forderten. Am 26. November erklärten die Gewerkschaften ihre Unabhängigkeit von Staat und Partei und am 7. Dezember gründeten 16 führende Gruppen der Opposition die Union der Demokratischen Kräfte (SDS) als liberal-konservatives Gegengewicht zur Regierungspartei. Als Integrationsfigur erwies sich der Philosoph Želju Želev, der im Laufe der Jahre im Ausland zum Symbol eines demokratischen, am Westen orientierten Bulgariens wurde.[102]

In dieser frühen Phase des Wandels in Bulgarien dachte niemand um Mladenov und Lilov an einen echten Systemwechsel. Die BKP, so hieß es, werde weiterhin die »führende Kraft« der politisch-gesellschaftlichen Entwicklung des Landes sein. Immerhin tauschte man in vielen Regionen die Parteisekretäre aus. In einer Erklärung der Parteiführung vom 30. Januar 1990 war die Rede von »Erfolgen und Verirrungen« der BKP in den 100 Jahren ihrer Geschichte. Schließlich wurde die Partei in Bulgarische Sozialistische Partei (BSP) umbenannt, die, ähnlich wie Gorbatschow, einen Wandel wollte, ohne das politische Koordinatensystem Bulgariens grundlegend zu verschieben.

Nach dem Vorbild Polens, Ungarns, der Tschechoslowakei und der DDR richtete man Anfang 1990 auch in Bulgarien einen Runden Tisch ein, an dem Vertreter der Regierung, der BKP/BSP und der SDS über die Zukunft des Landes verhandelten. Man beschloss, alle noch bestehenden Institutionen der vormaligen Kommunistischen Partei aufzulösen, Armee und Polizei von jedwedem Parteieinfluss zu befreien, im Juni Parlamentswahlen abzuhalten und eine neue Verfassung auszuarbeiten.[103]

Kurzlebige Regierungen

Überraschend gewannen dann die Sozialisten mit 47,2 Prozent der Stimmen die ersten postkommunistischen Wahlen vor der Union der Demokratischen Kräfte mit 36,2 Prozent, der Bauernpartei (BZNS) mit 8,0 Prozent und der Bewegung für Rechte und Freiheit als neuer Partei der türkischen Minderheit mit 6,0 Prozent. Für die Niederlage der Opposition gab es verschiedene Gründe: Es war ihr bis dato nicht gelungen, funktionierende Strukturen aufzubauen, manche Oppositionspolitiker hielten die Menschen nicht für glaubwürdig, da sie schon in sozialistischen Zeiten Karriere gemacht hatten, und schließlich gewannen die Postkommunisten in den kleineren Städten und auf dem Land sowie bei der älteren Generation, die eher eine vorsichtige Veränderung des Systems wünschten. Vereinzelt tauchte auch der Verdacht auf, das Wahlergebnis sei manipuliert worden.

Nach den Wahlen bildeten Sozialisten und Oppositionspolitiker eine Koalitionsregierung. Der unabhängige Jurist Dimitär Popov übernahm das Amt des Ministerpräsidenten, die Wirtschaftsressorts gingen an die Union der demokratischen Kräfte, wobei sich der pragmatisch agierende Finanzminister Ivan Kostov als führende Persönlichkeit der SDS erwies. Da sich bei der Wahl des Staatspräsidenten durch das Parlament am 1. August 1990 der beliebte Želju Želev durchgesetzt hatte und schon zwei Wochen zuvor die Große Nationalversammlung[104] mit der erforderlichen Dreiviertelmehrheit eine neue Verfassung verabschiedet und damit den wohl wichtigsten Beschluss des Runden Tisches umgesetzt hatte, schien Bulgarien einer stabilen politischen Zukunft entgegenzugehen. Doch weder diese noch die folgenden Regierungen überstanden eine ganze Legislaturperiode.

Nach nur einem Jahr räumte Popov den Stuhl des Regierungschefs. Bei den Neuwahlen am 13. Oktober 1991 setzte sich die Union der demokratischen Kräfte mit 34,4 Prozent der Stimmen knapp gegen die BSP mit 33,1 Prozent durch. Auf den dritten Platz kam die türkische Bewegung für Recht und Freiheit mit 7,6 Prozent. Neuer Ministerpräsident wurde der SDS-Vorsitzende Filip Dimitrov, der im Parlament von der türkischen Partei unterstützt wurde, ohne dass diese Minister ins Kabinett entsandte.

Auch diese Regierung hielt kaum ein Jahr und zerbrach an den inneren Widersprüchen der SDS und den zunehmenden Differenzen zur Bewegung für Recht und Freiheit. Das Kabinett von Dimitrov widmete sich vor allem der sogenannten Entkommunisierung, mit der sie die Bulgarische Sozialistische Partei aus dem öffentlichen Leben des Landes verdrängen wollte. Eigentum der BSP wurde verstaatlicht, darunter die Parteizentrale; postkommunistische Politiker der BSP kamen zeitweise in Untersuchungshaft, ohne dass ihnen Vergehen oder Verbrechen nachgewiesen werden konnten; ein Gesetz, das sie von Führungspositionen in der Wirtschaft und im Finanzwesen fernhalten sollte, kassierte das Verfassungsgericht; den diplomatischen Dienst mussten viele Mitarbeiter verlassen, die schon in sozialistischen Zeiten tätig gewesen waren. Außerdem versuchte die Regierung, Medien unter Druck zu setzen, die sich kritisch über die Arbeit des Kabinetts äußerten.

Der Regierung von Dimitrov folgte Ende Dezember 1992 das Kabinett des parteilosen Ljuben Berov, das vor allem die Privatisierung der Staatsbetriebe (etwa 500 große und mittlere Betriebe) vorantrieb und ausländische Investoren umwarb. Doch die Anlaufschwierigkeiten der teilprivatisierten bulgarischen Wirtschaft waren groß. Im Vergleich zu 1989 ging das Bruttoinlandsprodukt bis Ende 1994 um ein Viertel zurück, die landwirtschaftliche Produktion sank um ein Drittel und die Arbeitslosenquote stieg auf über 20 Prozent. Heftige gesellschaftliche Proteste zwangen Berov, nach zwei Jahren seinen Hut zu nehmen.

Bei der Parlamentswahl am 18. Dezember 1994 kamen wieder die postkommunistischen Sozialisten an die Macht, die sich im Wahlkampf mit einer neuen personellen Führung und einem eher moderaten Wahlprogramm zur Erneuerung des Landes präsentiert hatten. Obwohl die BSP nicht für eine Rückkehr zum Sozialismus eintrat, setzten viele Bulgaren ihre Hoffnung genau darauf. In den fünf Jahren seit der Wende hatte die bulgarische Gesellschaft zunehmend eine ablehnende Haltung zur Transformation entwickelt, mit der sie negative Entwicklungen wie den sinkenden Lebensstandard, die steigende Arbeitslosigkeit, die hohe Inflation sowie die sinkende industrielle und landwirtschaftliche Produktion in Verbindung brachte.

Die siegreichen Sozialisten mit ihrem Vorsitzender Žan Videnov setzten im Gegensatz zu den Wahlversprechen die neoliberale Wirtschaftspolitik der vorherigen Regierungen fort, was vor allem den mit der BSP verbundenen Unternehmern, den »roten Millionären«, wie es damals hieß, zugutekam, deren Unternehmen von steuerlichen Belastungen befreit wurden. Im Gegenzug stieg die Steuer- und Abgabenlast für die Bürger an.

Im Jahr 1996 erlebte Bulgarien eine schwere Krise, die zunächst vom Bankensystem ausging. Mehrere Banken hatten staatliche Unternehmen, die Verluste auswiesen, mit Krediten versorgt, die diese aber nicht zurückzahlen konnten. Sparer versuchten, ihre Einlagen abzuheben und diese in D-Mark oder US-Dollar zu tauschen. Der Internationale Währungsfonds (IWF) drohte, eine vereinbarte Kredittranche an Bulgarien auszusetzen. Hinzu kam eine schwere Getreidekrise, die das Brot vor allem in den Städten knapp werden ließ.

Die Unzufriedenheit mit den regierenden Sozialisten schlug sich in der Präsidentenwahl Ende 1996 nieder, die Petăr Stojanov von der oppositionellen Union der demokratischen Kräfte mit Leichtigkeit gewann. Außerdem unterstützte die Opposition die Mobilisierung zu einem Generalstreik, um vorgezogene Neuwahlen durchzusetzen. Im Januar 1997 fanden große Demonstrationen statt, zeitweise wurde sogar das Parlament besetzt. Schließlich sah sich die Regierung Videnovs zum Rücktritt gezwungen. Präsident Stojanov löste das Parlament auf, legte einen Wahltermin fest und setzte per Dekret eine von der Union geführte Interimsregierung mit Stefan Soijanski an der Spitze ein, die dann ohne parlamentarische Kontrolle agierte, eine Vereinbarung zur Einführung eines Währungsrats *(currency board)* mit dem IWF unterschrieb und Vorbereitungen für einen Beitritt zur Nato traf.

Im Vorfeld der Wahl am 17. April 1997 wandelte sich die SDS von einem lockeren Bündnis zu einer straff geführten Partei mit christlich-demokratischer Ausrichtung. Außerdem entstand mit der Bulgarischen Eurolinken (BEL) eine Partei, die fortan mit der Bulgarischen Sozialistischen Partei um Wähler konkurrierte. Das Wahlbündnis Vereinte Demokratische Kräfte, zu dem sich die SDS mit vier kleineren Parteien zusammengeschlossen hatte, gewann mit 52,3 Prozent der Stimmen deutlich vor den Sozialisten, die herbe Verluste hinnehmen mussten und nur noch auf 22,1 Prozent kamen. Die türkische Bewegung für Rechte und Freiheiten erhielt 5,5 Prozent.

Die neue Regierung unter Ministerpräsident Ivan Kostov verfolgte die vom IWF geforderte strikte Sparpolitik, mit der sie immerhin die zerrütteten Staatsfinanzen stabilisieren konnte. Aber diese Stabilisierung machte sich nicht für die Bevölkerung bemerkbar, die sich vom Machtwechsel eine Verbesserung ihrer Lebensbedingungen versprochen hatte. Die eilig vorangetriebene Privatisierung großer staatlicher Unternehmen führte nicht zu mehr Produktivität und Wettbewerb, sondern in erster Linie zu Betriebsschließungen, weil sich nur wenige internationale Investoren fanden. Die Folge war eine lang anhaltende und ökonomisch desaströse De-Industrialisierung. Immer mehr Menschen koppelten sich gegen Ende der 1990er-Jahre vom offiziellen Markt ab und zogen sich in die Subsistenzwirtschaft zurück, indem sie sich ausschließlich von selbst erzeugten Lebensmitteln ernährten. Aufgrund minimaler staatlicher Finanzierung gerieten das Gesundheitswesen und der Bildungssektor noch tiefer in die Krise.

Widersprüchliche Folgen hatten auch die Beitrittsverhandlungen mit der EU, die im Februar 2000 begannen. Die Regierung Kostov schloss fast 300 fleischverarbeitende Unternehmen und mehr als 200 Molkereien, weil sie nicht den EU-Standards entsprachen, was zu Entlassungen und Preissteigerungen nach sich zog. Problematisch war ebenfalls die Aufhebung von Importzöllen auf etwa 500 Agrarprodukte aus EU-Staaten, was einheimische Produzenten in Schwierigkeiten brachte, während sie der EU einen neuen Absatzmarkt erschloss.

Trotz des Unmuts in der Bevölkerung war das Kabinett von Kostov die erste postkommunistische Regierung, die während der ganzen Kadenz von vier Jahren im Amt bleiben konnte. Mit ihr ging eine

Dekade zu Ende, die politisch vor allem durch die Rivalität zwischen BSP und SDS gekennzeichnet war. Während die postkommunistischen Sozialisten im politischen Leben Bulgariens präsent blieben und auch später noch Regierungen anführten und Staatspräsidenten stellten, verlor die Union der demokratischen Kräfte nach und nach an Einfluss und spaltete sich in verschiedene Parteien auf. Der politische Abstieg der SDS glich dem Zerfallen derartiger Bündnisse in anderen postsozialistischen Ländern.

Ab 2001 entstanden neue Parteien, die viele Wähler weniger wegen ihrer Programmatik favorisierten als wegen ihrer charismatischen Führer. Dazu zählten insbesondere die Nationale Bewegung Simeon II. (NDSV) des früheren bulgarischen Monarchen Simeon Sakskoburggotski, die liberal-konservative Partei Bürger für eine europäische Entwicklung Bulgariens (GERB) des späteren Ministerpräsidenten Boiko Borissov sowie die 2005 gegründete nationalistische und fremdenfeindliche Partei Ataka, die vor allem gegen die türkische Minderheit Front machte.

Ein Monarch als wenig erfolgreicher Regierungschef

Das Ergebnis der Parlamentswahl am 17. Juni 2001 kam einem politischen Erdrutsch gleich. Denn die erst zwei Monate zuvor gegründete NDSV erhielt auf Anhieb 42,7 Prozent der Wählerstimmen und damit mehr als doppelte so viele wie die bis dahin regierende Union der demokratischen Kräfte (18,2 %) und die Sozialisten (17,2 %). Die türkische Bewegung für Rechte und Freiheiten kam auf 7,4 Prozent. Zum ersten Mal seit dem Wechsel 1989 war damit die Bipolarität der bulgarischen Innenpolitik durchbrochen worden.

Auch die Wahl des Sozialisten Georgi Parvanov zum Staatspräsidenten am 18. November 2001 war Zeichen des Unmuts über die Wirtschafts- und Finanzpolitik der vorangegangenen Regierung. Parvanov, bis zu seiner Wahl Vorsitzender der BSP, stieg im Laufe seiner Amtszeit zum beliebtesten Politiker des Landes auf, wobei er sich vor allem mit außenpolitischen Themen wie dem angestrebten EU-Beitritt Bulgariens profilierte. Während im Vorfeld des Irak-Krieges 2003 der damalige bulgarische Außenminister Solomon Pasi die von den USA angeführte »Koalition der Willigen« unterstützte, warnte Parvanov vor Konsequenzen für den bevorstehenden EU-Beitritt, sollte sich sein Land daran beteiligen. Zwischenzeitlich tauchte der Verdacht auf, er habe in kommunistischen Zeiten mit dem Geheimdienst zusammengearbeitet. Parvanov räumte ein, dass es eine Akte über ihn gibt, bestritt aber jedwede Zusammenarbeit.

Der neue Ministerpräsident Simeon Sakskoburggotski hatte im Wahlkampf versprochen, den Privatisierungsprozess verantwortungsbewusst voranzutreiben, ein ausreichendes Mindesteinkommen zum physischen Überleben einzuführen und ein funktionierendes Sozialsystem zu schaffen. Die finanziellen Mittel dafür sollten vor allem durch den Kampf gegen die Korruption und gegen die weitverbreitete Wirtschaftskriminalität hereinkommen. Simeon kündigte außerdem Steuersenkungen für investierende Unternehmen, zinslose Kredite in begrenzter Höhe zugunsten des heimischen Mittelstandes sowie eine Anhebung der Mindestlöhne und der Renten zur Stärkung der Kaufkraft an.

Doch mehrere Faktoren sorgten dafür, dass von den Versprechungen und Ankündigungen kaum etwas verwirklicht wurde. So blieb auch Bulgarien von den wirtschaftlichen Turbulenzen nach dem Terroranschlag vom 11. September 2001 nicht verschont. Das Land beantragte deshalb erneut Kredithilfen, die der Internationale Währungsfonds zwar gewährte, aber mit Auflagen verband, die dem Kabinett von Simeon kaum Handlungsspielraum boten. Dazu gehörte eine sehr restriktive Haushaltsführung, die eine Anhebung von Renten und Löhnen nicht zuließ. Ebenso verhinderte der IWF einen Ausstieg Bulgariens aus dem starren System des *currency board*, der dem Land ermöglicht hätte, zu flexiblen Wechselkursen zurückzukehren und damit mehr Gestaltungsmöglichkeiten in der Finanz-, Wirtschafts- und Sozialpolitik zu haben.

So blieb es bei der chronischen Unterfinanzierung der sozialen Systeme. Besonders mangelnde gesundheitliche Versorgung ließ den

Krankenstand der Bevölkerung ansteigen. Da die Regierung auch die Inflation nicht in den Griff bekam, schmolzen die Bankguthaben der Sparer zusammen. Zahlreiche Haushalte meldeten sich bei der Zentralen Wärmeversicherung ab, weil sie die Stromrechnungen nicht mehr bezahlen konnten, denn der IWF hatte die Regierung de facto gezwungen, die Energiepreise deutlich anzuheben. Positiv schlug nur zu Buche, dass die Wirtschaft auf einem Wachstumskurs blieb und die Industrieproduktion zulegte.

Bei der Parlamentswahl am 25. Juni 2005 wurde Simenon regelrecht abgestraft. Seine Parte verlor mehr als die Hälfte ihrer Stimmen und landete mit 19,9 Prozent weit hinter dem Wahlbündnis Koalition für Bulgarien, das die Sozialisten mit fünf kleineren Parteien gebildet hatten und das 31 Prozent der Stimmen erhielt. Die türkische Bewegung für Rechte und Freiheiten stieg mit 12,7 Prozent zur drittstärksten Partei auf. Bezeichnend für den Unmut der Wähler war auch das Abschneiden der zwei Monate vor der Wahl gegründeten rechtsextremen, fremdenfeindlichen und antisemitischen Partei Ataka, die 8,2 Prozent der Stimmen erhielt und damit noch vor der Union der demokratischen Kräfte rangierte, die auf 7,7 Prozent der Stimmen kam.

Das Wahlergebnis stellte das politische System in Bulgarien vor ein großes Problem, da es keine klar definierte Mehrheit von sich ideologisch-politisch nahestehenden Parteien und Gruppierungen gab. So zog sich die Regierungsbildung über Wochen hin. Erst auf Druck aus Brüssel und unter Vermittlung von Staatspräsident Parvanov gelang es dem Sozialistenchef Sergej Stanišev, eine große Koalition zu bilden, wobei seine Partei acht, Simeons Partei fünf und die türkische Bewegung für Rechte und Freiheiten drei Ministerposten erhielt. In der Bevölkerung rief die neue Regierung wenig Begeisterung hervor. In der Brüsseler EU-Kommission dagegen keimte die Hoffnung, dass nun der Reformprozess in Bulgarien wieder stärker in Gang kommen würde.

Ein Jahr nach der Parlamentswahl konnten die Sozialisten einen zweiten Erfolg erringen. Denn der amtierende Staatspräsident Parvanov setzte sich in der Stichwahl am 29. Oktober 2006 mit 73,4 Prozent der Stimmen gegen Wolen Siderov von der rechtsextremen Partei Ataka durch, der sich in Anlehnung an die französischen Präsident-schaftswahlen anschließend von seinen Anhängern als »Le Pen Bulga-riens« feiern ließ. Im Wahlkampf hatte er sich als Vorkämpfer gegen die Korruption der politischen Eliten und die Wirtschaftskriminalität sowie als Anwalt derer präsentiert, »die nach der Wende auf die Ver-liererseite« geraten waren. Er wetterte gegen »Genozid an der Nation« und »schleichende Islamisierung« und prangerte in der Außenpolitik die amerikafreundliche Haltung der Regierung an.[105]

Zu Ataka gesellte sich im März mit Gvardija (Garde) eine weite-re rechte Gruppierung, die noch radikaler auftrat und eine Einheits-front gegen EU- und Nato sowie gegen die Korruption »der Politiker« propagierte und eine »Wiederbelebung bulgarischer Werte« forder-te. Diese Gruppierung pflegte Kontakte unter anderem zur öster-reichischen FPÖ. Ataka und Gvardija profitierten von den starken Vorbehalten eines Teils der bulgarischen Gesellschaft gegenüber den ethnischen Minderheiten. Bei einer Untersuchung des Bulgarischen Helsinki-Komitees antworteten 27 Prozent der Befragten auf die Fra-ge, ob sie mit Roma in einem Land leben wollten, mit Nein.[106] 18 Pro-zent lehnten ein Zusammenleben mit Türken, 16 Prozent ein solches mit Juden und 13 Prozent ein Zusammenleben mit Armeniern ab.

Zu den Newcomern im konservativen bzw. rechten Parteienspek-trum zählte auch der damalige populäre Bürgermeister von Sofia, Bojko Borissov. Im Dezember 2006 gründete er die Partei Bürger für eine europäische Entwicklung Bulgariens (GERB), die ab 2009 zur bestimmenden politischen Kraft in Bulgarien werden sollte. Auch Bo-rissov präsentierte sich als harter, aber dem Rechtsstaat verpflichteter Verfechter von *law and order* im Kampf gegen Korruption und ein ineffektives Justizsystem.

Ebenso wie die Regierung von Simeon hatte auch die Koalition un-ter dem Sozialisten Sergej Stanišev kaum Erfolge im Kampf gegen das organisierte Verbrechen vorzuweisen. Eine Anfang 2006 eingerichtete Regierungskommission zum Kampf gegen den Menschenhandel und ein Zeugenschutzprogramm blieben ohne spürbare Wirkung. Nach Angaben des Innenministeriums wurden jährlich mehr als 4000 Frauen verschleppt und zur Prostitution gezwungen. Auch kam es immer wieder zu Auftragsmorden an Staatsanwälten und privaten Unternehmern. Die wirtschaftliche Bilanz im Vorfeld des EU-Beitritts am 1. Januar 2007 war auf den ersten Blick nicht schlecht: Die Wirtschaft blieb auf Wachstumskurs, das Außenhandelsvolumen nahm kontinuierlich zu, die Staatsverschuldung betrug nur etwa 30 Prozent des Bruttoinlandsprodukts, die Inflation lag bei knapp 3 Prozent, die Arbeitslosenquote hatte sich auf 9 Prozent reduziert. Zunehmend waren ausländische Investoren ins Land gekommen, die sich allerdings hauptsächlich auf den Groß- und Einzelhandel, den Dienstleistungssektor und den Tourismus konzentrierten. Die Regierung hatte diese Entwicklung durch Steuersenkungen gefördert. So wurde die Körperschaftssteuer von 19 auf 15 Prozent gesenkt, der Spitzensatz der Einkommensteuer von 29 auf 24 Prozent sowie die Steuer auf Dividenden von 15 auf 7 Prozent.

Doch auch die Probleme blieben. So stieg der Bedarf an qualifizierten Arbeitskräften von Jahr zu Jahr. Zunehmend ging die akademisch gebildete Jugend ins Ausland, der Anteil der Rentner an der Gesamtbevölkerung nahm zu, der der arbeitenden Bevölkerung ab. Außerdem hatte sich die Kluft zwischen den gut Verdienenden bzw. den gar zu Reichtum gekommenen Bulgaren und der überwiegenden Mehrheit der Bevölkerung vertieft – trotz des langsam entstehenden Mittelstandes.

Der EU-Beitritt Bulgariens am 1. Januar 2007 – zeitgleich mit Rumänien – stieß in den westlichen Mitgliedstaaten der Gemeinschaft nicht gerade auf Begeisterung. Dort warnten Politiker vor einem Zustrom von Arbeitskräften und den Umtrieben krimineller Seilschaften. Andererseits lag die strategische Bedeutung Bulgariens wie Rumäniens auf der Hand. Sie bildeten eine Brücke zur Türkei und dem Nahen Osten, hielten Kontakt zur Schwarzmeerregion und waren stabiler als der westliche Balkan.

Allerdings klang der Monitoring-Bericht der EU-Kommission im Mai 2006 ziemlich skeptisch. Moniert wurden vor allem mangelnde Reformbemühungen in der Justiz, der geringe Erfolg im Kampf gegen das organisierte Verbrechen sowie die schleppende Integration von Minderheiten. An diesen Defiziten hat sich bis zum Beitritt des Landes wenig geändert, doch sah man in Brüssel wegen Bulgariens strategischer Lage und seiner wirtschaftlichen Erfolge darüber hinweg. Auch in der bulgarischen Bevölkerung gab es nur ein partielles Interesse an Europa – bei der Wahl zum Europäischen Parlament am 20. Mai 2007 gingen nur 28,6 Prozent der Wahlberechtigten zu den Urnen.

Währenddessen verschärfte sich der Streit in der regierenden Koalition etwa darüber, wie die katastrophalen Zustände im Gesundheitswesen zu beheben seien. Hinzu kamen diverse Skandale. So begann die Staatsanwaltschaft mit Ermittlungen gegen den sozialistischen Wirtschaftsminister Rumen Ovčarov wegen des Verdachts, bei der Privatisierung der Bulgartabak Holding in Bestechung verwickelt gewesen zu sein. Ebenso wurde gegen den langjährigen Direktor der Heizkraftwerke von Sofia, Valentin Dimitrov, ermittelt, nachdem österreichische Behörden auf dessen Bankkonto in Wien die Summe von 3,2 Millionen Euro entdeckt hatten.

So verwunderte es nicht, dass die neue Partei GERB von Bojko Borissov nach einem ersten Achtungserfolg bei den Europawahlen 2007 bei den Parlamentswahlen zwei Jahre später mit 39,8 Prozent siegte, weit vor den Sozialisten mit 17,7 Prozent. Ende Juli 2009 wurde Borissov dann zum Ministerpräsidenten gewählt und trat an die Spitze einer Regierung, die von seiner Partei GERB sowie der sogenannten Blauen Koalition Ordnung (RSS) und der Partei Sicherheit und Gerechtigkeit (RZS) getragen wurde – zwei Bündnissen kleinerer konservativer Parteien, die sich kurz vor der Wahl gebildet hatten. Wichtiger Test für diese Regierung war die Präsidentenwahl, bei der sich Rossen Plevneliev als Kandidat von GERB am 30. Oktober 2011 gegen den Sozialisten Ivaljo Kalfin durchsetzen konnte.

Borissov und seine GERB sollten das politische Geschehen in Bulgarien die nächsten zehn Jahre maßgeblich bestimmen. Auch wenn Borissov zweimal als Ministerpräsident vorzeitig hinwerfen musste, zum Teil wegen Massenprotesten der Bevölkerung gegen seine Sparpolitik, gewann die GERB die nachfolgenden Wahlen wieder und regierte mit wechselnden Koalitionen, die sich nach rechts verschoben.

Seit der Parlamentswahl vom 26. März 2017 steht Borissov an der Spitze einer Koalition aus seiner GERB und dem neuen nationalistischen Wahlbündnis Vereinigte Patrioten, dem auch die extremistische Ataka angehört und das mit 9,1 Prozent drittstärkste Kraft geworden war. Unterstützt wird diese Koalition von der ebenfalls neuen, Russland nahestehenden Partei Wolja (Wille). Im April 2018 antwortete Borissov in einem Zeitungsinterview auf die Frage, warum er mit den Vereinigten Patrioten koaliere, in denen es auch rechtsextreme Kräfte gibt: »Das hat das Volk so beschlossen, und das Wort des Volkes ist das Wort Gottes, wie wir in Bulgarien sagen. [...] Im letzten Jahr haben wir gezeigt, dass wir uns mit den Patrioten gut ergänzt haben. [...] Der Schutz der Grenze zur Türkei und die Eindämmung der Migrationskrise waren für die Bevölkerung sehr wichtig. Die Erhöhung der Pensionen und der Bildungsausgaben sind weitere Erfolge.«[107]

Widersprüchliches zu den Minderheiten

In der Verfassung, die die Große Nationalversammlung am 13. Juli 1991 verabschiedet hat, wird Bulgarien als parlamentarische Demokratie und sozialer Rechtsstaat bezeichnet. Es gibt einen Kern an Grundrechten, der auch im Falle eines Ausnahmezustandes, etwa im Kriegsfall, nicht außer Kraft gesetzt werden darf, nämlich das Recht auf Leben, das Verbot von Folter, strafprozessuale Rechte, der Schutz der Privatsphäre sowie die Gewissens-, Glaubens- und Meinungsfreiheit. Außerdem wird das Recht auf Eigentum und auf dessen Vererbung garantiert. Bodenschätze, der Küstenstreifen und Republikstraßen sind aber unveräußerlich und bleiben staatliches Eigentum. Der Eisenbahntransport, das nationale Post- und Fernmeldenetz, die Nutzung der Kernenergie sowie die Herstellung von radioaktiven Produkten, Waffen, Sprengstoff und biologisch hochwirksamen Stoffen können per Gesetz verstaatlicht werden.

Zur Frage der nationalen Minderheiten ist die Verfassung widersprüchlich. Einerseits heißt es in Artikel 2: »Die Republik Bulgarien ist ein Einheitsstaat mit örtlicher Selbstverwaltung. In ihm sind keine autonomen territorialen Einheiten zulässig.« Diese Formulierung entspricht einem politischen Verständnis der Nation. Folgerichtig sind »alle Bürger [...] vor dem Gesetz gleich. Unzulässig sind jegliche Beschränkungen der Rechte oder auf Rasse, Nationalität, ethnische Zugehörigkeit, Geschlecht, Herkunft, Religion, Bildung, Überzeugung, politische Zugehörigkeit, persönliche oder gesellschaftliche Stellung oder Vermögenslage gegründete Privilegien.« Somit gehört auch die türkischsprachige Bevölkerung, die knapp zehn Prozent der Gesamtbevölkerung ausmacht, zur bulgarischen Nation. In der Verfassung ist nicht die Rede von Minderheiten, auch wenn Artikel 36 einräumt: »Die Bürger, für die die bulgarische Sprache nicht die Muttersprache ist, haben das Recht, neben dem obligatorischen Erlernen der bulgarischen Sprache auch ihre eigene zu erlernen und zu gebrauchen.« Artikel 13 garantiert die Religionsfreiheit, wenn es dort auch heißt, dass »die traditionelle Religion in der Republik Bulgarien [...] das östlich-orthodoxe Glaubensbekenntnis« ist, was angesichts von 13 Prozent Muslimen und zahlreichen Konfessionslosen zu Konflikten führen kann.

Dass es dieses Konfliktpotenzial tatsächlich gibt, hatte sich Ende der 1980er-Jahre in aller Deutlichkeit gezeigt und fand im Verfassungsartikel 29 mit dem Verbot einer »zwangsweisen Assimilierung« seinen Niederschlag. Die Politik der Zwangsassimilation gegenüber den etwa 900 000 Angehörigen der türkischen Minderheit hatte 1984 mit einer behördlichen Kampagne zur Änderung arabisch-islamischer Namen in slawisch-christliche Namen begonnen. Mit der Zeit standen sich bulgarische Mehrheitsbevölkerung, die über weite Strecken mit der Assimilierung einverstanden war, und türkische Minderheit zunehmend feindlich gegenüber. Als es im Frühjahr 1989 zu Straßenprotesten und Hungerstreiks von Türken kam, reagierten Partei und Staatsführung anfangs mit brutaler Gewalt, wobei mindestens 30 Demonstranten ums Leben kamen, steckten dann aber etwas zurück und kündigten eine schnelle Ausgabe von Reisepässen an alle Bürger des Landes an, auch an die Angehörigen der türkischen Minderheit. Im Juni und August 1989 emigrierten dann knapp 350 000 von ihnen in die Türkei, wodurch weite Gebiete im Südosten des Landes regelrecht entvölkert wurden. Bulgariens Bevölkerung verringerte sich dadurch um 3 Prozent.

Als die Spannungen zwischen bulgarischer Mehrheit und türkischer Minderheit auch nach dem Sturz Živkovs und dem Machtwechsel anhielten und teilweise noch eskalierten, kritisierten Staatsrat und Ministerrat in einem gemeinsamen Beschluss Ende Dezember 1989 die vormaligen Zwangsmaßnahmen bei der Änderung von Namen und kündigten deren Aufhebung und auch die Annullierung des Verbots der türkischen Sprache an. Das aber führte zu einem nachhaltigen Protest der bulgarischen Mehrheitsbevölkerung mit Demonstrationen und Kundgebungen im ganzen Land. Es dauerte fast zwei Jahre, bis die Regierung zusammen mit den verschiedenen Kräften der politischen Opposition und einer neu formierten Partei der türkischen Minderheit den Konflikt einigermaßen befrieden konnte.

Zurück zur Verfassung. Der Staatspräsident wird in allgemeinen Wahlen bei einer Wahlbeteiligung von mindestens 50 Prozent gewählt. Zu seinen wichtigsten Aufgaben gehören die Festsetzung von Parlaments- und Kommunalwahlen sowie die Benennung des Kandidaten für das Amt des Ministerpräsidenten aus den Reihen der stärksten Parlamentsfraktion.

Das bulgarische Parlament, Nationalversammlung genannt, besteht aus 240 Abgeordneten, die alle vier Jahre gewählt werden und ihrerseits den Ministerpräsidenten und die Minister wählen. Ein Fünftel der Abgeordneten kann ein Misstrauensvotum gegen den Ministerpräsidenten und die Regierung einbringen, das als angenommen gilt, wenn die Mehrheit dafür stimmt. Weitere Aufgaben sind die gesetzgeberische Arbeit, die Verabschiedung des Regierungshaushalts, die Festlegung von Steuern, der Beschluss zur Abhaltung eines Referendums, eine Entscheidung über Kriegserklärung und Friedensschluss sowie die Erteilung einer Erlaubnis für den Einsatz bulgarischer Truppen im Ausland und den Aufenthalt fremder Truppen auf dem Territorium des Landes.

Die Regierung, also der Ministerrat, ist zuständig für die gesamte Innen- und Außenpolitik, leitet die Umsetzung des Staatshaushalts, ist für die Bewirtschaftung des staatlichen Eigentums zuständig und schließt völkerrechtliche Verträge.

Nach ihrer Verabschiedung im Jahr 1991 wurde die bulgarische Verfassung mehrfach geändert oder ergänzt, insbesondere mit dem Beitritt des Landes zur Europäischen Union. Manch geforderte Änderung ist aber auch unterblieben. So verhinderten im Frühjahr 2018 bezeichnenderweise Sozialisten und Nationalisten im Gleichschritt, dass die im April 2011 vom Europarat angenommene »Konvention zur Verhinderung und Bekämpfung von Gewalt gegen Frauen und häuslicher Gewalt« in nationales Recht überführt wurde. An diesem Beispiel zeigt sich, dass Verfassungsrealität und Gesetzgebung mitunter erheblich von den Prämissen der Verfassung abweichen. Das betrifft auch Pressefreiheit und Medienvielfalt, die durch geschäftliche Interessen von reichen Geschäftsleuten oder Oligarchen gefährdet sind. Diese haben sich in Verlage und Fernsehsender eingekauft, um damit Druck auf die öffentliche Meinung und die Politiker ausüben zu können. Einflussnahmen auf politische Entscheidungen gibt es auch durch die allgegenwärtige Korruption sowie das organisierte Verbrechen.

Politikverdrossenheit

Daher ist das Vertrauen in das demokratische System und seine Institutionen eher gering ausgeprägt. Viele Menschen haben das Gefühl, dass die Demokratie mit der Wende von 1989 quasi von außen an sie herangetragen worden ist und dass sie auf ihre Regeln und Prozeduren kaum Einfluss ausüben können. Es herrscht ein großer Mangel an Wissen und Erfahrung, was die Demokratie und den politischen Prozess angeht. Gerade unter Heranwachsenden lassen sich beträchtliche Defizite im Demokratieverständnis feststellen. So fehlen an den Schulen Fächer wie Politik und Gemeinschaftskunde.

Die Skepsis vieler Bulgaren gegenüber etablierten Parteien speist sich auch daraus, dass von Politkern vor den Wahlen regelmäßig das Blaue vom Himmel versprochen, aber danach nichts davon eingelöst wird. Das hat in den vergangenen Jahren immer wieder populistische Parteien und Wahlbündnisse entstehen lassen. Auch solche Parteien wie GERB, die eher als gemäßigt gelten, bedienen sich in Wahlkämpfen populistischer Phrasen. Das jüngste Beispiel für derartige Neugründungen ist das aus drei nationalistischen bzw. rechtsextremen Parteien bestehende Bündnis Vereinigte Patrioten, dessen Vertreter im Wahlkampf 2017 eine deutliche Erhöhung der Renten versprachen und mit nationalistischen Losungen gegen den angeblich übermächtigen Einfluss der EU, der USA und der Türkei hetzten.

Die Vereinigten Patrioten sind wie die Bulgarische Sozialistische Partei eng mit Russland verbunden und pflegen gute Beziehungen zum Kreml in Moskau. In besonderem Maße gilt dies für die zum rechten Bündnis gehörende Partei Wolja des mit einer Apothekenkette zum Millionär gewordenen Veselin Mareshki, die von Oligarchen mit engen Kontakten zu Russland dominiert wird. Welches Demokratieverständnis in diesem Kreis herrscht, offenbarte die Parteivorsitzende der Sozialisten, Korneliya Ninova, als sie einmal sagte: »Die Demokratie hat uns viel genommen. Sie hat uns die Gesundheitsvorsorge genommen, Ausbildung, Sicherheit.«[108] Vermutlich sind annähernd 20 Prozent der Bulgaren für nationalistische Losungen anfällig und können sich auch eine autoritäre Führung des Landes vorstellen.

Zur Politikverdrossenheit vieler Bürger trägt sicherlich auch die Abhängigkeit der meisten Parteien von schwerreichen Oligarchen bei, was Korruption und Vetternwirtschaft Tür und Tor öffnet. Kein Wunder, dass die Wahlbeteiligung bei Parlamentswahlen in den letzten drei Jahrzehnten kontinuierlich abgenommen hat. Lag sie 1990 und 1991 noch bei 87,8 bzw. 81,6 Prozent, waren es 2001 noch 70 Prozent, 2017 gar nur noch 42,7 Prozent.

Immerhin hat die bulgarische Zivilgesellschaft in den letzten Jahren durch die großen Demonstrationen etwa im Jahr 2013 an Kraft gewonnen. Landesweit existieren gut 30 000 NGOs, von denen rund ein Drittel im zentralen Register für juristische Personen im nichtwirtschaftlichen Bereich verzeichnet sind. Viele von ihnen engagieren sich im Umweltschutz, setzen sich für eine nachhaltige Entwicklung in der Landwirtschaft oder für die Vermarktung von Bio-Produkten ein. Eine wichtige Gruppe ist FAR (Leuchtturm) in der bulgarischen Hafenstadt Burgas, die Seminare zu politischen und sozialen Themen abhält sowie internationale Begegnungen organisiert.

Doch nach wie vor spielt der Staat eine dominante Rolle bei der Wahrnehmung gesellschaftlicher Aufgaben, zumal viele Menschen aufgrund ihrer gravierenden sozialen und ökonomischen Probleme gar keine Zeit finden, sich in NGOs zu engagieren. Und schließlich ist die einflussreiche Bulgarische Orthodoxe Kirche nicht gerade eine Institution, die selbstständiges bürgerliches Engagement fördert.

Folgt man dem offiziellen Zensus, so ist das Bekenntnis zur Orthodoxen Kirche für die meisten Bulgaren ein grundlegendes Element ihrer nationalen Identität. Bei diesen Erhebungen betonen in der Regel etwa 85 Prozent der Bürger ihren bulgarisch-orthodoxen Glauben, 13 Prozent bekennen sich als Muslime. Die evangelischen Gläubigen machen 1,1 Prozent aus, die Katholiken 0,8 Prozent. Allerdings muss man bei einem solchen Zensus vorsichtig sein, da die Kategorie »konfessionslos« nicht vorgesehen ist und sich deshalb alle diejenigen Bulgaren eine »orthodoxe« Identität gaben, die nicht einer religiösen Minderheit angehören möchten. Kirchensteuern gibt es für die beiden christlichen Religionsgemeinschaften nicht, weshalb sie auf private Spenden angewiesen sind, die sie beeinflussbar machen. Das gilt ebenfalls für die muslimischen Gemeinden, die finanzielle Unterstützung vor allem aus dem Ausland bekommen, zumeist aus arabischen Ländern.

Soziologen sprechen ungeachtet der offiziellen Erhebungen von einer »heidnischen Religiosität« der Bulgaren und verweisen dabei auf viele besonders im ländlichen Raum gepflegte Traditionen, etwa der Verehrung von Heiligen. Gleiches gilt für den Ahnenkult, wenn etwa den Vorfahren regelmäßig Blumen, Essen und Kerzen auf die Gräber gestellt werden. Zugleich hat die Orthodoxe Kirche in den letzten Jahren die Widersprüche des modernen, demokratischen und marktwirtschaftlichen Bulgariens zu spüren bekommen, als Gläubige zunehmend Antworten auf ihre sozialen Probleme von der Kirche einforderten, aber bislang kaum bekommen haben.

Von den 7,1 Millionen Einwohnern Bulgariens (2018) sind etwa 85 Prozent Bulgaren, knapp 9 Prozent Türken und 5 Prozent Roma, deren Zahl vermutlich weitaus größer ist als die in der offiziellen Statistik. Zu den bulgarischen Muslimen zählen nicht nur die Türken, sondern auch die Pomaken, also muslimische Bulgaren, sowie Tataren und Roma muslimischen Glaubens. 92 Prozent der Muslime im Land sind Sunniten, 8 Prozent Schiiten und Aleviten. Die »Partei für Rechte und Freiheiten« als politische Vertretung der türkischen Minderheit war wiederholt an Regierungskoalitionen beteiligt, was die Situation der türkischen Minderheit verbessert hat, auch wenn sie ihre Forderung nach Einführung des Türkischen an den Schulen in den überwiegend von Türken bewohnten Gebieten nicht durchsetzen konnte, da dies am Protest der bulgarischen Bevölkerung scheiterte. Offiziell gibt es keine Diskriminierung und Ausgrenzung der Türken durch den bulgarischen Staat.

Armenhaus Europas

Nachdem die Transformation verspätet eingesetzt hat, ist erst seit Anfang des Jahrtausends und insbesondere seit Beginn der EU-Mitgliedschaft im Jahr 2007 wirtschaftlich ein allgemeiner Aufwärtstrend zu beobachten, der allerdings durch einen Konjunktureinbruch von minus 4,2 Prozent unterbrochen wurde. Zugleich ist Bulgarien immer noch ein armes Land, nimmt man das Bruttoinlandsprodukt pro Kopf als Maßstab, das nach Angaben des Internationalen Währungsfonds bei 8064 US-Dollar (2017) liegt. Unter den östlichen EU-Staaten rangiert Bulgarien damit auf dem letzten Platz, noch hinter dem Nachbarn Rumänien mit 10 757 US-Dollar. Zum Vergleich: Der entsprechende Wert für Deutschland beträgt 44 550 US-Dollar.

Der Anteil der Privatwirtschaft liegt bei etwa 75 Prozent. 67,2 Prozent der gesamtwirtschaftlichen Leistung entfallen auf den Dienstleistungssektor, 27,6 Prozent auf die Produktion. Positiv entwickelt haben sich vor allem exportorientierte Bereiche wie die IT- und Elektrotechnikbranche, der Maschinenbau, die Automobilindustrie und die Umwelttechnik. Aber auch andere Wirtschaftszweige wie die Energiegewinnung, die Produktion von Nahrungsmitteln und Getränken, Bergbau, Tourismus, die Entwicklung von Software und die Pharmaindustrie sind für das Land von Bedeutung. Die Wirtschaftskraft Bulgariens ist vor allem im Süden des Landes konzentriert sowie in den Städten Sofia, Plovdiv, Burgas, Stara Zagora und Varna.

Nach wie vor erschweren die grassierende Korruption, eine ineffiziente Verwaltung, ein schwaches Justizsystem, eine vergleichsweise niedrige Beschäftigungsquote und die oligarchischen Strukturen die wirtschaftliche Entwicklung. Immerhin wurde 2018 ein neues Gesetz zum Kampf gegen die Korruption verabschiedet, das auch den Aufbau einer entsprechenden Agentur vorsieht. Aus Brüssel fehlt es derweil nicht an wohlfeilen Vorschlägen für die Regierung in Sofia. Sie solle die Steuererhebung und das Management in den noch staatlichen Betrieben verbessern, den Finanzsektor stärker beaufsichtigen, den Schwarzmarkt austrocknen sowie den Bildungssektor und das Gesundheitswesen stärker modernisieren.

Zu den Schwächen der bulgarischen Ökonomie zählt außerdem die starke Abhängigkeit von russischen Energielieferungen. 95 Prozent des Erdgases und 58 Prozent des Erdöls kommen aus Russland. Die Regierung strebt eine vorsichtige Diversifizierung an. Immerhin konnte Bulgarien bereits 2016 das von der EU gesteckte Ziel hinsichtlich des Anteils erneuerbarer Energien auf dem Strommarkt erfüllen. Der schlechten Energieeffizienz soll durch ein Nationales Programm für Energieeffizienz von Wohngebäuden sowie eine Sanierung des nationalen Stromnetzes entgegengewirkt werden. Nach wie vor sind zwei der ursprünglich sechs Blöcke sowjetischen Typs im Atomkraftwerk Kozloduj in Betrieb.

Inzwischen (Stand 2017) sind knapp 44 Milliarden Euro an ausländischen Direktinvestitionen nach Bulgarien geflossen, hauptsächlich in die Bereiche Finanzdienstleistung, verarbeitendes Gewerbe, Immobilienwirtschaft, Strom-, Gas- und Wasserversorgung sowie Bauwirtschaft und Tourismus. Die ausländischen Investoren kamen vor allem aus den Niederlanden, Österreich, Deutschland, Italien und

Griechenland. Im Außenhandel ist Deutschland wichtigster Partner Bulgariens – sowohl beim bulgarischen Import mit einem Anteil von 12,4 Prozent als auch beim Export mit 14,2 Prozent.

Zur ökonomisch-sozialen Realität Bulgariens gehört die hohe Armutsquote von über 21 Prozent. Immerhin ist die Arbeitslosenquote von 11,4 Prozent (2014) auf 8 Prozent (2018) zurückgegangen. Das durchschnittliche Bruttomonatseinkommen liegt bei knapp 400 Euro. Der staatlich festgelegte Mindestlohn beträgt 261 Euro. Angesichts dieser Zahlen ist es nicht verwunderlich, dass Bulgariens Bevölkerung dramatisch geschrumpft ist, insbesondere durch Abwanderung. Seit 1990 hat das Land etwa 19 Prozent seiner Einwohner verloren; waren es damals noch 8,8 Millionen, so sind es 28 Jahre später 1,7 Millionen weniger.

Am 1. Januar 2018 übernahm Bulgarien erstmals für ein halbes Jahr die EU-Ratspräsidentschaft. Übermäßig erfolgreich war sie bei der Umsetzung ihrer selbst gesteckten Ziele nicht, was aber primär dem inneren Zustand der EU zuzuschreiben war und nicht bulgarischem Unvermögen. Gleich nach dem Ende der Präsidentschaft gab die Regierung in Sofia bekannt, dass sie ihr Land mittelfristig auch in den Schengen-Raum und in die Euro-Zone führen wolle. In der bulgarischen Gesellschaft weckt das eher gemischte Gefühle. Laut Eurobarometer des Jahres 2018 unterstützen 39 Prozent der Bulgaren die Übernahme des Euro, 47 Prozent sind dagegen.

Mal Richtung Westen, mal gen Osten

Schon annähernd drei Jahre vor dem EU-Beitritt, am 1. April 2004, war Bulgarien der Nato beigetreten. Innerhalb des Bündnisses versteht sich das Land als Stabilitätsanker in Südosteuropa und tritt dort für friedlichen nachbarschaftlichen Interessenausgleich ein. Flankiert wird dies durch Bemühungen um eine Verbesserung der wirtschaftlichen Kooperation in dieser Region. Dabei steht der Ausbau der regionalen Energie- und Transportinfrastruktur im Vordergrund, da wichtige Verkehrs- und Energietransitstrecken durch Bulgarien führen.

Die von den Regierungen Simeons und Staniševs vollzogene enge Anlehnung an die Vereinigten Staaten rief bei der EU Kritik hervor, als sich Bulgarien 2003 in die »Koalition der Willigen« einreihte und sich am Krieg der USA gegen den Irak beteiligte. In Afghanistan übernahm eine bulgarische Einheit zeitweise die Bewachung des internationalen Flughafens in Kabul und im Herbst 2006 wurde eine bulgarische Fregatte zum Schutz der UN-Schutztruppe im Libanon entsandt. Aufsehen erregte insbesondere ein bulgarisch-amerikanisches Abkommen vom Frühjahr 2006, das die Grundlage für die Einrichtung von US-Militärstützpunkten auf bulgarischem Territorium bildete.

Heute sieht man in Nato-Kreisen mit einer gewissen Skepsis die vergleichsweise engen Beziehungen Bulgariens zu Russland – sowohl auf wirtschaftlichem als auch auf politischem Gebiet. Die Abhängigkeit Bulgariens von der Lieferung russischer Energieträger wurde schon erwähnt. So deckt die russische Gazprom zu großen Teilen den Bedarf Bulgariens an Erdgas. Die russische Lukoil liefert über den Hafen von Burgas Erdöl, lässt es zu Treibstoff verarbeiten und vertreibt es über sein Tankstellennetz im ganzen Land. Rosatom plant den Bau eines weiteren Atomkraftwerks in Bulgarien, der immer gefördert wird, wenn die Sozialisten in Sofia an der Macht sind, und gebremst wird, wenn wie derzeit Borissovs GERB regiert. Etwa 400 000 Russen haben inzwischen Immobilien vor allem an der Schwarzmeerküste, aber auch in den Bergen und in Sofia gekauft. Mit ihren engen Beziehungen zu Russland nutzen extrem nationalistische bulgarische Parteien die in Teilen der bulgarischen Gesellschaft vorhandene Sympathie für Wladimir Putin für ihre Politik. Borissov dagegen manövrierte bislang eher vorsichtig zwischen Brüssel und Moskau.

Das Verhältnis Bulgariens zu seinen Nachbarstaaten ist nicht immer ganz einfach, aber es wurden nach der Wende einige Erfolge erzielt. Dazu zählt die Anerkennung des jungen postjugoslawischen Staates Mazedonien durch Bulgarien 1992, womit ein völkerrechtlicher Schlussstrich unter die jahrzehntelange Rivalität zwischen Bulgarien, Serbien, Albanien und Griechenland um das mazedonische Gebiet entlang des Flusses Vardar gezogen wurde. Ein Jahr zuvor war ein bulgarisch-griechischer Freundschaftsvertrag unterzeichnet worden, dem wenig später ein Militärabkommen folgte. Bald darauf kam es auch zu einem solchen Abkommen mit der Türkei. Bulgarien befürwortet eine EU-Beitrittsperspektive für die Türkei – ebenso wie für die Staaten des westlichen Balkans – unter der Bedingung, dass alle Aufnahmekriterien erfüllt sind. Doch bis heute sind die bulgarisch-türkischen Beziehungen immer auch Belastungen ausgesetzt, etwa dann, wenn sich türkische Politiker in die bulgarische Innenpolitik einmischen, indem sie sich für die Interessen der türkischen Minderheit im Süden Bulgariens stark machen.

Aufmerksam beobachtet man derweil die Entwicklung in der Ukraine, wo mehr als 200 000 ethnische Bulgaren leben.

Die bulgarisch-deutschen Beziehungen sind traditionell eher unproblematisch. In Sofia weiß man um den Einfluss Deutschlands in der Europäischen Union. Es gibt bilaterale Parlamentariergruppen im Bundestag und in der bulgarischen Nationalversammlung. Intensiv sind die Kontakte Bulgariens zu den Bundesländern Baden-Württemberg und Bayern.

Nach der Beschäftigung mit den ostmittel- und südosteuropäischen Staaten der Europäischen Union nun noch ein Blick auf den Nordosten der Gemeinschaft.

EU-Mitglieder im Schatten Russlands: Litauen, Lettland, Estland

Der in deutschsprachigen Medien immer wieder auftauchende Begriff Baltikum ist nicht präzise, verschleiert mehr als er verdeutlicht. Denn die drei Staaten Litauen, Lettland und Estland, die mit diesem Begriff zusammengefasst werden, weisen zwar Gemeinsamkeiten auf, aber auch große Unterschiede.[109] Letzteres gilt für die Geschichte wie für die Sprache, die Bewusstseinsstrukturen und die politische Entwicklung ab 1989. Die Zugehörigkeit zum »Baltikum« entspricht nicht dem Selbstverständnis der Litauer, Letten und Esten, sondern wird von ihnen als etwas von außen Herangetragenes empfunden, das mit machtpolitischer Schwäche, mangelnder Souveränität und einer Art postsowjetischem Raum assoziiert wird. Selbst der Begriff »baltische Staaten« ist eher oberflächlich, soll aber hier zur gemeinsamen Charakterisierung der Einfachheit halber verwendet werden.

Was eint, was trennt Litauen, Lettland und Estland? Schon der Blick auf die Landkarte zeigt die Gemeinsamkeiten. Am nordöstlichen Ufer des Mare Balticum, also der Ostsee gelegen, handelt es sich um kleine, eher dünn besiedelte Länder, deren Bevölkerung hauptsächlich in den Hauptstädten Vilnius, Riga und Tallinn lebt. Litauen und Lettland haben jeweils in etwa die Größe Bayerns, Estland die Niedersachsens.

Alle drei Länder entstanden am Ende des Ersten Weltkriegs als selbstständige Staaten, verloren diese Eigenstaatlichkeit aber wieder infolge von Okkupation und Annexion durch die Sowjetunion während des Zweiten Weltkriegs. Dann existierten sie jahrzehntelang als sozialistische Sowjetrepubliken, bevor sie 1990 bzw. 1991 ihre Unabhängigkeit wiedererlangten. Diese historischen Erfahrungen und die räumliche Nähe zu Russland spielen eine wichtige Rolle im Denken der Menschen aller drei Länder.

Betrachtet man die Geschichte über einen längeren Zeitraum hinweg, zeigen sich schnell die Unterschiede. So verfügten Estland und Lettland vor 1918 über keinerlei Staatlichkeit, während dies für Litauen schon ab dem Mittelalter galt. 1386 kam es zur Personalunion zwischen Litauen und Polen, 1569 sogar zur Realunion, wodurch einer der größten Flächenstaaten des damaligen Europas entstand, der von der Ostsee fast bis Schwarzen Meer reichte und bis zu den polnischen Teilungen im 18. Jahrhundert Bestand hatte. Das Gebiet des heutigen Estlands und Lettlands wiederum war geprägt durch die jahrhundertelange Anwesenheit der deutsch-baltischen Oberschicht, die teilweise Zugehörigkeit zu Schweden und die spätere Eingliederung in das zaristische Russland, wovon aber auch große Teile Litauens erfasst wurden.

Außerdem gehören Litauer, Letten und Esten unterschiedlichen Sprachfamilien an. Die Esten bilden zusammen mit den Finnen und im weiteren Sinne den Ungarn die finno-ugrische Sprachfamilie, während das Lettische und das Litauische der großen indogermanischen Sprachfamilie zugerechnet werden. Schließlich ist Litauen katholisch, Estland und Lettland dagegen protestantisch geprägt.

Befreiung aus sowjetischer Vorherrschaft

Die Bilder gingen um die Welt, als mehr als eine Million Menschen am 23. August 1989 eine Menschenkette bildeten, die über 600 Kilometer von Vilnius über Riga bis Tallinn reichte. Sie fassten sich an den Händen und sangen Volkslieder. Die Teilnehmer erinnerten damit an den 23. August 1939, als Hitler-Deutschland und die Sowjetunion einen deutsch-sowjetischen Nichtangriffspakt schlossen, der bekannt geworden ist als Hitler-Stalin-Pakt. In einem geheimen Zusatzprotokoll steckten die beiden Mächte ihre Interessensphären ab, wonach Estland, Lettland und Finnland in der sowjetischen, Litauen und der Osten Polens in der deutschen Interessensphäre liegen sollten. Eine Absprache, die für lange Zeit das Schicksal der betroffenen Staaten bestimmen sollte.[110]

Doch schon vor der spektakulären Menschenkette hatte es in den drei Ländern verschiedene Formen des öffentlichen Protestes gegeben. meist ging es um den Umweltschutz und die bislang unterdrückte Erinnerung an bestimmte historische Ereignisse. In der lettischen SSR protestierten Zehntausende mit ihren Unterschriften gegen den in Moskau beschlossenen Bau eines weiteren Wasserkraftwerks an der Düna, was den Ministerrat in Riga veranlasste, das Projekt Ende 1987 zu stoppen. In der estnischen SSR protestierten Zehntausende gegen den oberirdischen Abbau von Phosphorit, der für die Produktion von Düngemitteln eingesetzt werden sollte – ebenfalls mit Erfolg. Schließlich formierte sich nach und nach ein breiter Protest gegen den Ausbau des Atomkraftwerks Ignalina in der litauischen SSR, der schließlich auch erfolgreich war, weil die Regierung in Vilnius im August 1988 auf den Bau der geplanten Blöcke drei und vier verzichtete.[111]

Massenproteste in Form der »Kalenderdemonstrationen« wurden zu einem Mittel, das über Jahrzehnte aufgestaute Leiden an der gewaltsamen Annexion durch die Sowjetunion 1940 und – nach der zwischenzeitlichen Besetzung durch die Wehrmacht – 1944 noch einmal, an die Deportationen nach Sibirien,[112] an die alltägliche Repression und die massive Russifizierung der Gesellschaft, überhaupt an dem Verlust nationaler Eigenständigkeit öffentlich zu artikulieren. Deshalb wurde am 23. August 1987 in Tallinn, Riga und Vilnius gleichzeitig demonstriert.

1988 wurde auch zum Jahr der »singenden Revolution«, das heißt zur friedlichen Mobilisierung vieler Menschen für politische Ziele durch Musik, sei es klassische Chormusik, Folklore oder Rock. So fanden in Tallinn an mehreren aufeinanderfolgenden Tagen abendliche Liederfeste statt, die am 14. Juni, dem Jahrestag der Deportationen von 1941, im gemeinsamen Singen von etwa 100 000 Menschen ihren Höhepunkt erlebten.

Im Herbst 1988 entstanden in allen drei Ländern Volksfronten, die sich für Demokratie und wirtschaftliche Eigenverantwortung der drei Republiken einsetzten, wobei sie sich auf Gorbatschows Reformpolitik beriefen, aber noch nicht die nationale Unabhängigkeit anstrebten.

Die estnische Volksfront nannte sich Rahvarinne (Volkslied), die lettische Tautas Fronte (Volksfront) und die litauische Sajudis (Zauber). Bei den Wahlen zu den Obersten Sowjets im Frühjahr 1990 errangen die Volksfronten in allen drei Republiken die Mehrheit, lösten die kommunistische Parteielite ab und stellten fortan die Regierungen unter Edgar Savisaar in Estland, Ivars Godmanis in Lettland und Kazimira Prunskiene in Litauen.

Diese Regierungen konnten nun die Transformation einleiten, die fünf Aspekte umfasste: Zunächst ging es um die vollständige Wiederherstellung der staatlichen Unabhängigkeit und die Schaffung der entsprechenden Institutionen. Damit einher ging der Aufbau einer freiheitlichen, pluralistischen Demokratie und einer sozialen Marktwirtschaft sowie die Förderung einer staatsbürgerlich empfindenden Gesellschaft, die auch am öffentlichen Leben teilnehmen will. Das beinhaltete eine Neuregelung der Stellung der nationalen Minderheiten, also der Polen in Litauen sowie der Russen in Lettland und Estland. Hinzu kam die notwendige Umgestaltung der außenpolitischen Beziehungen besonders mit Blick auf EU und Nato sowie die Neuorientierung in den außenwirtschaftlichen Beziehungen.

Schon am 16. November 1988 hatte der estnische Oberste Sowjet in einer Erklärung den Vorrang des estnischen Rechts gegenüber dem der Sowjetunion betont. In Litauen entschied der Oberste Sowjet, dass die traditionelle Fahne und Hymne wieder Symbole der Republik seien und erklärte am 11. März 1990, dass die sowjetische Verfassung nicht mehr gelte und der selbstständige litauische Staat wieder existiere. Lettland und Estland reagierten auf diesen Vorstoß Litauens zurückhaltend und wollten erst nach einer Übergangsperiode die Unabhängigkeit herstellen.

Im Frühjahr 1991 überschlugen sich dann die Ereignisse. Gorbatschow drohte Litauen damit, dass er Gewaltfreiheit nicht mehr garantieren könne, sollte das Land nicht die sowjetische Verfassung respektieren. Sowjetische Militäreinheiten besetzten öffentliche Einrichtungen in der litauischen Hauptstadt. Bei der Verteidigung des Fernsehturms in Vilnius durch friedliche Demonstranten erschossen sowjetische Soldaten 14 Demonstranten. Auch in Riga starben fünf Menschen, die Barrikaden um öffentliche Gebäude errichtet hatten. Selbst in Moskau demonstrierten 100 000 Menschen für die Unabhängigkeit der baltischen Staaten.

Bei Volksabstimmungen in den drei Ländern sprachen sich schließlich gut 90 Prozent in Litauen, 78 Prozent in Estland und 74 Prozent in Lettland für Unabhängigkeit aus. Die Wahlbeteiligung betrug jeweils mehr als 80 Prozent. Auch die nationalen Minderheiten votierten mehrheitlich für die Loslösung von Moskau. Als dann sowjetische Putschisten in Moskau am 19. August 1991, wenn auch vergeblich, die Macht übernehmen wollten, reagierten die Regierungen in Vilnius, Riga und Tallinn prompt. Nur einen Tag später bekräftigte Litauen seine Entscheidung zur Wiederherstellung des selbstständigen Staates vom 11. März 1990, ebenfalls am 20. August erklärte Estland seine Unabhängigkeit, und tags darauf bekräftigte auch Lettland seine Unabhängigkeitserklärung vom 4. Mai 1990. Schnell erhielten die neuen Staaten ihre diplomatische Anerkennung besonders aus Skandinavien. Nicht einmal ein Monat verging, bis Litauen, Lettland und Estland am 17. September in die Vereinten Nationen aufgenommen wurden.

Im Juni 1992 war Estland dann das erste der drei Länder, das sich wieder eine demokratische Verfassung gab, gefolgt von Litauen im Oktober desselben Jahres und Lettland im Juli 1993. Im Juni 1992 führte Estland die Esti Kroon als Landeswährung wieder ein, Lettland und Litauen folgten 1993 mit Lats bzw. Litas. Die frühen 1990er-Jahre waren eine Phase der Privatisierung von Staatsbetrieben, die nicht immer ganz einfach war, weil sich ausländische Investoren anfangs nur zögerlich engagierten. Kompliziert war auch die Umstellung der Landwirtschaft. Nach der Auflösung der unrentablen Kolchosen experimentierte man erst eher erfolglos mit Genossenschaften, und bei der Rückerstattung von privatem Grund und Boden wurden zunächst nicht immer die bevorzugt, die wirklich ein Interesse daran hatten, als Landwirte zu wirtschaften.

Volatile Parteienlandschaft

Seit dem Umbruch taten sich in Litauen, Lettland und Estland wiederholt Persönlichkeiten hervor, die als Staatspräsidenten die Kontinuität des Staatswesens garantierten und für den Aufbau der internationalen Beziehungen ihrer Länder sorgten. Darunter waren ehemalige Kommunisten, die entscheidenden Anteil an der Wende hatten, aber auch Emigranten, die nach langer Abwesenheit wieder in ihre Heimat zurückkehrten. Alle Staatspräsidenten blieben – anders als die meisten Ministerpräsidenten – mindestens eine Kadenz im Amt.

Zu ihnen zählt Algirdas Brazauskas, der im Oktober 1988 zum Ersten Sekretär der Kommunistischen Partei Litauens gewählt wurde und dann im Dezember 1989 dafür sorgte, dass sich seine Partei von der sowjetischen »Mutterpartei« KPdSU löste und in die sozialdemokratische Litauische Demokratische Arbeiterpartei verwandelte. Als stellvertretender Ministerpräsident der ersten nachkommunistischen Regierung Litauens unter Kazimira Prunskiene (März 1990 bis Januar 1991) war Brazauskas von Anfang an eine der führenden Figuren des neuen Staates. Nach den Wahlen von 1992 wurde er Parlamentspräsident und als solcher auch kommissarischer Staatspräsident als Nachfolger des Vorsitzenden der Volksfront Sajūdis und des überzeugten Antikommunisten Vytautas Landsbergis. Im Februar 1993 wählten ihn die Litauer mit 60 Prozent der Stimmen in das Amt des Staatspräsidenten, das er bis Februar 1998 ausübte.

In Estland entwickelte sich der von 1992 bis 2001 als Staatspräsident amtierende Dramatiker und Filmproduzent Lennart Meri zum außenpolitischen Advokaten seines Landes und bald auch zum Interessenvertreter aller drei Staaten auf der internationalen Bühne. Meri hatte mit seiner Familie mehrere Jahre in der Verbannung in Sibirien verbracht. Meris Vorgänger und auch Nachfolger im Amt (2001–2006) war der vormalige Kommunist Arnold Rüütel, der sich im Zuge der Wende insbesondere in der verfassungsgebenden Versammlung Estland engagiert hatte. Meris Rolle als internationaler Repräsentant der baltischen Staaten auf der internationalen Bühne übernahm die in Kanada geborene und erst 1998 nach Lettland zurückgekehrte Vaira Vīķe-Freiberga, die 1999 bis 2007 lettische Staatspräsidentin war. Nach dem Ende der zweiten Amtszeit von Vīķe-Freiberga wurde Toomas Hendrik Ilves zu ihrem Nachfolger und zum sichtbarsten Repräsentanten der drei Staaten im Ausland.

Mit Dalia Grybauskaitė trat im Mai 2009 zum ersten Mal eine Frau an die Spitze des litauischen Staates. 2014 wurde sie für eine zweite Amtszeit wiedergewählt. Zuvor hatte sie fast fünf Jahre lang als EU-Kommissarin für Finanzplanung und Haushalt in Brüssel gearbeitet.

Auch die im Oktober 2016 gewählte estnische Staatspräsidentin Kersti Kaljulaid hatte zuvor schon Erfahrungen im Ausland gesammelt. Denn nach dem Beitritt Estland zur Europäischen Union im Jahr 2004 arbeitete sie als Vertreterin ihres Landes beim Europäischen Rechnungshof in Luxemburg. In Lettland blieben die Staatspräsidenten Valdis Zatlers (2007 bis 2011) und Andris Bērziņš (2011 bis 2015) ebenfalls die ganze Kadenz über im Amt.

Gegenüber dieser von den Präsidenten verkörperten Kontinuität waren die Regierungen der drei Länder bislang eher kurzlebig, was auch mit den vergleichsweise instabilen Parteiensystemen zusammenhängt. So gab es zwischen 1990 und 2018 in Estland 12 Ministerpräsidenten, in Lettland sogar 15 und in Litauen unglaubliche 20 – einige davon mehrfach.

In Litauen wechselten sich fast regelmäßig konservative und linke politische Kräfte bei der Regierungsbildung ab. In Lettland wiederum gewann zumindest bis 2006 immer eine Partei, die zum Zeitpunkt der vorangegangenen Wahl noch gar nicht existiert hatte. Und in Estland, das teilweise mit jungen, unerfahrenen Ministerpräsidenten und Ministern wie etwa dem Historiker Mart Laar an den Start ging, gelang es erst 2007 mit Andrus Ansip einem Ministerpräsidenten, wiedergewählt zu werden. Ansip ging später als Vizepräsident der EU-Kommission nach Brüssel, wo er für den digitalen Binnenmarkt verantwortlich zeichnete und damit den Erfolg verkörperte, den sein Land im IT-Bereich vorzuweisen hatte.

Die Regierungspraxis in den drei Ländern war nicht zuletzt deshalb eher instabil und zeitweise ziemlich voluntaristisch, weil der Einfluss von Politikern groß war, die unter dem Verdacht standen, politische und geschäftliche Interessen miteinander zu verquicken. Das galt insbesondere für Andris Šķēle, in den Jahren 1995 bis 1997 und 1999/2000 lettischer Ministerpräsident. Weiten Teilen der Bevölkerung galt er als ein Musterbeispiel für die Korruption der politischen Klasse. In Litauen kam der zweimalige Ministerpräsident und kurzzeitige Staatspräsident Rolandas Paksas zu Fall, nachdem er rechtswidrig dem russischen Waffenhändler Juri Borissow die litauische Staatsbürgerschaft verliehen hatte. Borissow hatte die Wahlkämpfe von Paksas finanziert und wurde im April 2004 per Parlamentsbeschluss seines Amtes enthoben. In Estland wiederum war es der langjährige Bürgermeister von Tallinn und zeitweilige Wirtschaftsminister Edgar Savisaar, der wiederholt in Korruptionsverdacht geriet. Im Jahr 2015 wurde er wegen des dringenden Verdachts der Bestechlichkeit gerichtlich von seinem Amt als Bürgermeister suspendiert.

Wie volatil das Parteiensystem in Lettland ist, zeigte sich zuletzt bei der Parlamentswahl am 6. Oktober 2018, als mehrere neue populistische Gruppierungen mit sehr unterschiedlichen Botschaften zusammen etwa 40 Prozent der Stimmen bekamen. Unter diesen Gruppierungen, die erst kurz vor der Wahl entstanden waren, erwies sich die Partei KPVLV (die Abkürzung steht für »Wem gehört der Staat Lettland?«) mit gut 14 Prozent als die stärkste. Ihr Gründer, der Schauspieler und Radiomoderator Artuss Kamins, den man auch den »lettischen Trump« nennt, liebt es, mit einer Webcam im Parlament herumzulaufen und angeblich »unsägliche Szenen aus der Volksvertretung« nach außen zu übertragen. Ein politisches Programm dieser Gruppierung war im Wahlkampf nicht zu erkennen. Im Januar 2019 einigte man sich auf eine Koalition, wobei Krisjanjis Karins das Amt des Ministerpräsidenten übernahm, dessen Partei Neue Einigkeit bis dato die kleinste Fraktion im Parlament stellte.

Eine Besonderheit des lettischen Parteiensystem zeigt sich an der Existenz der Partei Harmonie, die – wie schon 2014 – auch 2018 mit

28 Prozent die Wahl gewann und die Stimmen vor allem von den Angehörigen der russischen Minderheit des Landes bekam. Viele Letten kreiden dieser sozialdemokratisch orientierten Partei an, dass sie ein Kooperationsabkommen mit der Partei des russischen Präsidenten Wladimir Putin geschlossen hat.

Trotz des instabilen Parteiensystems und der damit verbundenen Kurzlebigkeit der Regierungen in allen drei Ländern zeigte sich aber auch, dass der Prozess der Annäherung dieser Länder an die Europäische Union und die Nato und der damit verbundene Reformdruck eine gewisse Konsolidierung der wichtigsten staatlichen und öffentlichen Institutionen mit sich brachte. Litauen, Lettland und Estland sind im Jahr 2004 sowohl der EU als auch der Nato beigetreten.

Demokratisch-parlamentarische Republiken

Bei der Verfassungsgebung betonten alle drei Staaten die Kontinuität und rekurrierten auf die Eigenstaatlichkeit zwischen den beiden Weltkriegen. Sie wollten damit zum Ausdruck bringen, dass die Republiken de jure auch während der sowjetischen Okkupation fortbestanden hätten. Gleichzeitig entstanden so Verfassungssysteme mit deutlichen Unterschieden. In Estland und Litauen wurden völlig neue Verfassungen ausgearbeitet und 1992 angenommen, während Lettland sich entschieden hat, die Verfassung von 1922 wieder in Kraft zu setzen. Die Verfassungen Lettlands und Estlands bestehen aus einem Text, die Verfassung Litauens hingegen enthält neben dem Haupttext drei weitere Gesetze, die ebenfalls Verfassungsrang haben: ein Gesetz über den litauischen Staat, ein weiteres über den Nichtanschluss der Republik Litauen an postsowjetische Bündnisse wie etwa die Gemeinschaft Unabhängiger Staaten (GUS) sowie ein Gesetz über die Mitgliedschaft Litauens in der Europäischen Union.[113] Die Wiedereinsetzung der Verfassung von 1922 in Lettland hatte nicht nur symbolischen Wert, sondern auch völkerrechtliche Implikationen, so enthielt diese Verfassung zunächst keinen Katalog der Grundrechte, der erst im Zuge einer Novellierung im Jahr 1998 aufgenommen wurde (Art. 89–110).

In den seit 1992 gültigen Verfassungen Litauens (Art. 18–37) und Estlands (Art. 8–56) nimmt die Garantie der Menschen- und Bürgerrechte breiten Raum ein. Litauen, Lettland und Estland haben 1992 die Europäische Menschenrechtskonvention ratifiziert, was die Verfassungsrealität und das Bewusstsein der Gesellschaft für die Bedeutung der Menschen- und Bürgerrechte geprägt hat.

Alle drei Staaten verstehen sich als demokratisch-parlamentarische Republiken, wobei einzelne Staatsrechtler in Bezug auf Litauen auch von einem »semi-präsidentiellen« System sprechen, weil dort der Staatspräsident direkt vom Volk gewählt wird und größere politische Kompetenzen hat, was insbesondere die Gestaltung der Außenpolitik des Landes betrifft. In der Praxis zeigt sich allerdings, dass es die litauische Regierung ist, die Litauens äußere Beziehungen gestaltet, weil dem Präsidenten die intellektuellen und administrativen Mittel fehlen, stärker in die Außenpolitik einzugreifen. Die Kompetenzen der Staatspräsidenten in Estland und Lettland dagegen sind hauptsächlich repräsentativer Natur.

In allen drei Staaten bestehen die Parlamente jeweils nur aus einer Kammer. Der Seimas Litauens hat 141 Mitglieder, die Saeima Lettlands 100 und der Riigikogu Estlands 101. In Lettland und Estland werden die Abgeordneten nach dem Verhältniswahlrecht gewählt, in Litauen hingegen jeweils zur Hälfte nach dem Mehrheitswahlrecht und dem Verhältniswahlrecht.

Die Gesetzgebung ist auch in Litauen, Lettland und Estland eine der wichtigsten Funktionen der Parlamente. Sie muss in Übereinstimmung mit der jeweiligen Verfassung stehen – einschließlich der Rechtsprechung des Verfassungsgerichts (in Litauen und Lettland) bzw. des Obersten Gerichtshofes (in Estland) sowie den Rechtsakten der Europäischen Union einschließlich der Rechtsprechung des Europäischen Gerichtshofs.

In allen drei Staaten werden die jeweiligen Ministerpräsidenten und Minister vom Staatspräsidenten ernannt, wobei möglichst die Partei mit den meisten Mandaten den Regierungschef stellen sollte, was andere Konstellationen aber nicht ausschließt. In Estland wird das

Mandat eines Abgeordneten suspendiert, wenn er zum Minister ernannt wird. In Litauen und Lettland hingegen können Minister Mitglieder des Parlaments bleiben.

Die Verfassungen der drei Staaten wurden mehrfach novelliert. So hat man in Litauen den Artikel 47 geändert, der ursprünglich festlegte, dass Grundeigentümer nur Privatpersonen (litauische Staatsangehörige) oder der Staat sein können. Nach einer Änderung von 1996 ist nun auch der Erwerb von Grundeigentum durch örtliche Selbstverwaltungen sowie ausländische, in Litauen tätige Unternehmen möglich.

In Lettland wiederum hat man im Jahr 1994 durch Novellierung des Artikels 8 das aktive Wahlrecht auf 18 Jahre abgesenkt (vorher 21 Jahre) und 1997 die Amtszeit des Staatspräsidenten von drei auf vier Jahre erhöht. Zahlreiche Änderungen des Jahres 2003 betrafen die Anpassung des lettischen Rechtssystems an EU-Recht. Durch eine Novellierung des Artikels 110 im Jahr 2006 wurde die Ehe ausdrücklich »als Verbindung von Mann und Frau« definiert.

Die Verfassung Estlands wurde nur einmal novelliert. Durch eine Änderung des Artikels 156 im Jahr 2005 erhöhte sich die Amtszeit der örtlichen Selbstverwaltungsorgane von drei auf vier Jahre. Anpassungen an das EU-Recht wurden durch Gesetze geregelt, nicht durch Änderungen der Verfassung.

Ende der 1980er-Jahre waren es die Volksfronten, die für nationale Unabhängigkeit, Demokratie und weitreichende Reformen kämpften. Dabei handelte es sich um politisch-gesellschaftliche Bündnisse, denen Bürgerrechtler, Politiker und Aktivisten unterschiedlicher politischer Ausrichtung angehörten. Sie spielten auch noch in der Anfangsphase der neuen jungen Demokratien politisch eine Hauptrolle, bevor sie das Schicksal ähnlicher Organisationen in anderen östlichen Staaten teilten und in der Bedeutungslosigkeit verschwanden.

Anfang der 1990er-Jahre setzte eine regelrechte Welle von Parteigründungen in allen drei Staaten ein. Viele dieser Parteien sind längst wieder verschwunden, andere haben mehrfach ihren Namen gewechselt oder sind mit anderen verschmolzen. Es waren im Prinzip drei Arten von Parteien, die damals entstanden: zum einen christdemokratische und sozialdemokratische, die inhaltlich-politisch an Gruppierungen aus der Zeit zwischen den beiden Weltkriegen anknüpften. Zum anderen verwandelten sich frühere kommunistische Parteien oder Teile derselben in sozialistische oder sozialdemokratische Parteien; in Litauen konnte die postkommunistische Sozialdemokratie am längsten erheblichen politischen Einfluss ausüben. Und zum Dritten entstanden Parteien, deren Mitglieder vorher weder einer kommunistischen Partei noch einer Volksfront angehört hatten; das galt vor allem für liberale und grüne Parteien.

In den neuen Gruppierungen spielten und spielen bis heute die Parteiführer (meist waren es auch die Gründer) eine vergleichsweise dominierende Rolle. Es geht eher um Charisma als um konkrete politische Aussagen. Die Ausrichtung auf charismatische Persönlichkeiten erfordert nicht nur eine gewisse Unterwürfigkeit bei den Parteimitgliedern und untergeordneten Funktionären, sondern begünstigt auch den Streit in den Führungszirkeln, weil die Parteivorsitzenden oft einen konfrontativen Führungsstil pflegen. Dabei stehen die politischen Ambitionen der Vorsitzenden und nicht das Gesamtinteresse der Partei im Vordergrund. Ein gutes Beispiel für diese extreme Personalisierung ist der vormalige Präsident der lettischen Zentralbank Einars Repše, der ab 2001 mit seiner neu gegründeten Partei Neue Zeit politischen Einfluss gewann, dann aber wegen seiner fragwürdigen Immobiliengeschäfte an Popularität verlor und mit ihm die Partei.

Mit der Zeit trat dann in allen Ländern eine gewisse Konsolidierung der Parteiensysteme ein, was gelegentliche Neugründungen und Zusammenschlüsse nicht ausschließt.

Anhand der Parlamentswahlen von 2015 in Estland, 2016 in Litauen und 2018 in Lettland lässt sich gut erläutern, welche Parteien dort inzwischen (Stand 2018) im politischen Leben eine Rolle spielen. Wie schon bei den Wahlen zuvor setzte sich in Estland 2015 erneut die Estnische Reformpartei mit 27,7 Prozent der Stimmen durch, gefolgt von der Estnischen Zentrumspartei mit 24,8, der Sozialdemokratischen Partei (SDE) mit 15,2 und der Pro-Patria-und-Res-Publica-Union (IRL) mit 13,7 Prozent.

Führender Kopf der liberalen, marktwirtschaftlich orientierten Estnischen Reformpartei war lange Zeit der vormalige Bürgermeister von Tartu, Andrus Ansip, der von 2005 bis 2014 auch das Amt des Ministerpräsidenten bekleidete. Am 1. November 2014 wurde er dann Vizepräsident der EU-Kommission und Kommissar für den digitalen Binnenmarkt. An seine Stelle als Parteivorsitzender und Ministerpräsident trat Taavi Rõivas, der aber nur zwei Jahre im Amt blieb. Sein Nachfolger ist seit 2016 Jüri Ratas von der Estnischen Zentrumspartei. Diese stand lange Zeit unter dem dominierenden Einfluss ihres Vorsitzenden Edgar Savisaar, der in den Jahren 1991 und 1992 estnischer Ministerpräsident war. Seine politischen Gegner warfen ihm wiederholt autoritäres Verhalten, Vetternwirtschaft, Korruption und enge Verbindungen zum Kreml in Moskau vor. 1995 musste er wegen eines Abhörskandals als Innenminister zurücktreten. Savisaar war von 2001 bis 2004 Oberbürgermeister von Tallinn und trat dieses Amt auch wieder 2007 an.

Wichtigste Kraft im linken Parteienspektrum Estlands ist die Sozialdemokratische Partei, die zwischen 1992 und 2009 an insgesamt vier Regierungskoalitionen mit der Reformpartei und der Pro-Patria-und-Res-Publica-Union beteiligt war. Letztere, damals noch unter dem Namen Vaterland, stellte in den Jahren 1992 bis 1994 und 1999 bis 2002 mit Mart Laar den Ministerpräsidenten. Sie ist die führende Kraft im national-konservativen bzw. rechten Parteienspektrum des Landes.

In Litauen war die politische Szene lange Zeit durch die Rivalität zwischen der Sozialdemokratischen Partei Litauens und der konservativen Partei Vaterlandsbund – Christdemokraten Litauens geprägt, bevor der 2005 gegründete Bund der Bauern und Grünen an Einfluss gewann. Vierstärkste Kraft ist die Liberale Bewegung der Republik Litauen. Bei der Parlamentswahl im Jahr 2016 erhielten die Christdemokraten 21,7 Prozent der Stimmen, die Grünen 21,5, die Sozialdemokraten 14,4 und die Liberalen 9,1 Prozent.

Die Christdemokraten sind die wichtigste Kraft im konservativen bzw. rechten Parteienspektrum Litauens. Von 1996 bis 2000 sowie von 2008 bis 2012 stellte sie den Ministerpräsidenten. Die Sozialdemokraten wiederum blieben ab 1990 für über zehn Jahre an der Macht, entweder allein oder in Koalitionsregierungen. Nach der Wahl im Jahr 2016 bildeten sie eine Koalitionsregierung mit den Grünen, die aber schon ein Jahr später keine Mehrheit mehr im Parlament fand, weil die Führung der Sozialdemokraten die Koalition aufgekündigt hatte. Allerdings blieben einige ihrer Minister in der Regierung, was zur Spaltung der Parlamentsfraktion führte. Ein Teil der Partei trennte sich und gründete die Sozialdemokratische Arbeiterpartei Litauens.

Die Parteienlandschaft in Lettland ist weitaus unbeständiger als die in Estland und Litauen. Bei den Parlamentswahlen traten wiederholt neue Parteien an, von denen manche den Einzug ins Parlament schafften – auch im Oktober 2018. Insgesamt kandidierten acht neue Parteien, von denen zwei über die Fünf-Prozent-Hürde kamen. Sieger wurde erneut das sozialdemokratische Zentrum für Harmonie, das 19,9 Prozent der Stimmen erhielt. Zweiter und Vierter wurden die neuen Parteien Wem gehört der Staat?, die rechtspopulistisch und europakritisch auftritt und 14,3 Prozent erhielt, sowie die liberale, proeuropäische Entwicklung, die auf 12,1 Prozent kam. Platz drei belegte die konservative, proeuropäische Neue Konservative Partei mit 13 Prozent. Auf den Plätzen fünf bis sieben folgten die nationalkonservative, europakritische Nationale Allianz mit 11,1 Prozent, der Bund der Bauern Grünen mit 10 Prozent und die liberal-konservative, pro-europäische Partei Einigkeit mit 6,7 Prozent. In den Wochen nach der Wahl waren alle anderen Parteien im Parlament in erster Linie damit beschäftigt, eine Koalition gegen den Wahlsieger Zentrum für Harmonie zu schmieden.

Die Neue Konservative Partei ist 2005 entstanden und gewann zunehmend an Sympathie auch und gerade bei denjenigen Angehörigen der russischen Minderheit, denen die Nähe des Zentrums für Harmonie zu Russland zu weit geht. Sie fordert eine Reform des Staatsbürgerschaftsrechts, um einem größeren Teil der russischsprachigen Bevölkerung des Landes zu ermöglichen, die lettische Staatsbürgerschaft anzunehmen. Sie plädiert für eine stärkere Beachtung des Russischen in der Bildung und der öffentlichen Verwaltung Lettlands und tritt für einen Ausbau des Sozialstaats ein. Auch eine kleine Minderheit von Letten wählt diese Partei.

Blickt man auf die letzten drei Jahrzehnte zurück, so ist der anfängliche Enthusiasmus, die Unterstützung für das demokratisch-parlamentarische System sowie das Interesse der Bürger an politischer Partizipation in allen drei Staaten gesunken. Demokratie als politische Herrschaftsform wird zwar weiterhin mehrheitlich geschätzt, korrespondiert aber mit einem geringen Verständnis für all die Formen, die Demokratie und demokratische Kultur erst lebendig machen: Interesse am politischen Geschehen, Mitgliedschaft in Parteien und gesellschaftlichen Organisationen, öffentliches Vorbringen von Meinungen und Vorschlägen für die Gestaltung des Gemeinwesens. Das demokratische System funktioniert zwar, ist aber reichlich elitär, weil die Mehrheit der Bürger kaum in den demokratischen Prozess miteinbezogen ist. Etwa 20 Prozent der Menschen in den drei Ländern können sich auch autoritäre Regierungsformen und entsprechende Führungspersonen an der Staatsspitze vorstellen.

Geht es um die Institutionen der Demokratie und des Rechtsstaats, dann genießen die Staatspräsidenten in Litauen, Lettland und Estland das größte Vertrauen, weil sie das gesamte Gemeinweisen repräsentieren und als Vermittler zwischen Staat und Gesellschaft, zwischen der Politik und den Bürgern auftreten. Auch das Vertrauen in die Justiz und die Polizei ist vergleichsweise hoch. Weniger Vertrauensvorschuss genießen Parteien, Parlamente und Regierungen.

Ein wichtiger Indikator dafür, wie sehr die Bürger den Staat und seine Institutionen schätzen, ist die Wahlbeteiligung. Lag diese bei den ersten Parlamentswahlen in den frühen 1990er-Jahren bei 70 bis 80 Prozent, ist sie seither kontinuierlich gesunken, allerdings in den drei Ländern in unterschiedlichem Maße. Im Jahr 2015 betrug sie in Estland 64,2 Prozent, 2016 in Litauen 50,6 Prozent und 2018 in Lettland 54,6 Prozent – diese Werte sind immer noch erheblich höher als in anderen östlichen EU-Staaten, etwa in Polen. Die Entwicklung bei den Präsidentschaftswahlen in den drei Staaten verlief ähnlich.

Russen und Polen

Im Vergleich zu der revolutionären Umbruchphase um 1990 hat das zivilgesellschaftliche Engagement in Litauen, Lettland und Estland abgenommen, auch wenn es gelegentlich Straßenproteste gibt wie etwa im Mai 1994 in Lettland gegen die Diskriminierung der Russen im Staatsbürgerschaftsrecht sowie gegen die jährlichen Aufmärsche von Veteranen der lettischen Waffen-SS. 6 bis 7 Prozent der Bevölkerung in den drei Ländern sind Mitglieder von Nichtregierungsorganisationen (NGOs), die meist nur aus einigen Personen bestehen und über geringe finanzielle Mittel und wenig Erfahrung mit demokratischen Strukturen verfügen. Größere NGOs, die finanziell besser ausgestattet sind, erhalten in der Regel Zuwendungen aus dem Ausland. Die Ansicht, Entwicklungen in Politik und Wirtschaft beeinflussen zu können, ist in der Bevölkerung kaum vertreten. Oft sind es auch einfach nur die Härten des Alltags, die Menschen davon abhalten, in der ein oder anderen Weise aktiv zu werden.

Hinsichtlich der Gläubigkeit und der Religionsgemeinschaften unterscheiden sich Litauen, Lettland und Estland ganz erheblich. Während in Lettland und Estland die evangelisch-lutherische und die orthodoxe Kirche den größten Einfluss haben, ist Litauen überwiegend römisch-katholisch geprägt, und zwar ähnlich stark wie Polen und Irland. Die lange staatliche Verbindung zwischen Litauen und Polen wirkt bis heute nach. Etwa 70 Prozent der Bevölkerung bekennen sich zur römisch-katholischen Kirche, annähernd 10 Prozent zur unierten bzw. griechisch-katholischen Kirche. Die russischstämmigen Bürger, die knapp 5 Prozent der christlichen Gläubigen ausmachen, sind orthodoxen Glaubens.

Auch wenn nur jeder fünfte Litauer ein regelmäßig praktizierender Katholik ist, ist die katholische Kirche bis heute im Land sehr populär, dies aber aus zwei sehr unterschiedlichen Gründen. Zum einen gründet diese Popularität in der litauischen Geschichte und im Widerstand der Kirche gegen das sowjetische Regime vor 1989. Zum anderen mischt sie sich in den heutigen Zeiten fast nie in politische oder gesellschaftliche Angelegenheiten ein, was viele Litauer als angenehm empfinden. Auffallend ist außerdem, dass die katholische Kirche bis heute damit beschäftigt ist, das Zweite Vatikanische Konzil in ihre theologische und seelsorgerische Praxis umzusetzen.

In Lettland dominierte seit der Reformation im 16. Jahrhundert die evangelisch-lutherische Kirche, später gewannen auch der Katholizismus und die Orthodoxie an Einfluss. Heute bekennen sich etwa 22 Prozent der Gesellschaft zum evangelisch-lutherischen Glauben, 18 Prozent zum katholischen und 11 Prozent zum orthodoxen. Die orthodoxe Glaubensgemeinschaft wird hauptsächlich von der sehr starken russischen Minderheit in Lettland gebildet.

Die evangelisch-lutherische Kirche des Landes gilt theologisch und mehr noch gesellschaftspolitisch als konservativ. Diese Haltung zeigt sich insbesondere an zwei Aspekten. Zum einen lehnt die Kirche, anders als etwa in Deutschland, die Ordination von Frauen strikt ab, und zum zweiten warnt sie lautstark vor einer toleranten Haltung gegenüber der Homosexualität, wobei es immer auch einzelne Pastoren gibt, dies sich um Homosexuelle und Aids-Patienten kümmern.

In Estland war es die lange Zeit dominierende deutsch-baltische Oberschicht, die den Protestantismus zur bestimmenden Konfession machte. Später kam dann unter russischem bzw. sowjetischem Einfluss die orthodoxe Kirche hinzu. Die evangelisch-lutherische Kirche des Landes ist auch in Estland theologisch, gesellschaftlich und politisch sehr konservativ und fühlt sich den konservativen Parteien des Landes verbunden. Die orthodoxe Kirche hat eine Präferenz zur russlandfreundlichen Estnischen Zentrumspartei.

Gleichzeitig gilt Estland als eines der am stärksten säkularisierten Länder Europas. Noch um die Jahrtausendwende gaben bei Umfragen etwa 50 Prozent der Befragten an, dass Religion eine gewisse Rolle in ihrem Leben spiele. 15 Jahre später waren es nur noch 29 Prozent. Mit etwa 170 000 Mitgliedern (13 % der Gesamtbevölkerung des Landes) ist die orthodoxe Kirche heute (2018) die größte Glaubensgemeinschaft des Landes, die hauptsächlich von den Angehörigen der russischen Minderheit gebildet wird. Zur evangelisch-lutherischen Kirche bekennen sich etwa 110 000 Esten.

Ethnografisch gesehen, gehören Litauen, Lettland und Estland eher zu den Ausnahmen unter den Staaten der Europäischen Union. Denn ein erheblicher Anteil der Bevölkerung gehört ethnischen Minderheiten an, die vor allem russischsprachig, in geringerem Maß auch polnischsprachig sind. In Lettland und Estland sind 27 bzw. 25 Prozent der Bevölkerung ethnisch russisch, 3 bzw. 1 Prozent belarussisch und jeweils 2 Prozent ukrainisch. Größte Minderheit in Litauen sind Polen mit einem Bevölkerungsanteil von 6,6 Prozent, gefolgt von Russen (4,4 %) und Belarussen (1 %).

Sowjetische und deutsche Okkupation sowie die Kriegshandlungen haben die demografische Zusammensetzung aller drei Staaten nachhaltig beeinflusst. Tiefe Spuren hinterließen insbesondere die Aussiedlung der Baltendeutschen,[114] der Holocaust[115] sowie die Deportationen in die Sowjetunion[116]. Nach dem Zweiten Weltkrieg waren es die sowjetische Industrialisierungspolitik und die damit verbundene massenhafte Ansiedlung vor allem von Russen, aber auch von Belarussen und Ukrainern, die gravierende demografische Veränderungen mit sich brachten.

Nach wie vor gelten in Lettland und Estland sehr strenge Kriterien für die Einbürgerung von Angehörigen der jeweils im Land lebenden Minderheiten. Dazu zählen fundierte Kenntnisse der jeweiligen Titularsprache und der Landesgeschichte, eine genaue Kenntnis der Gesetzgebung zur Staatsbürgerschaft sowie eine Loyalitätserklärung gegenüber dem Staat. In Litauen wird das Problem liberaler gehandhabt. In den 1990er-Jahren waren die Einbürgerungszahlen, in Lettland und Estland mit etwa 1 000 Neubürgern pro Jahr eher gering,[117] stiegen dann im Vorfeld des EU-Beitritts im Jahr 2004 etwas an, um seither wieder auf niedrigem Niveau zu verharren. Bis 2018 hatten etwa 50 Prozent der russischen Minderheit in Estland die Staatsbürgerschaft erlangt, in Lettland waren es 68 Prozent.

Bis heute ist es nicht vollständig gelungen, das gegenseitige Misstrauen zwischen Teilen der Mehrheitsbevölkerungen und den Minderheiten abzubauen, auch wenn sich im gesellschaftlichen Alltag der Umgang miteinander stetig verbessert hat. In Litauen sind diese Fronten kaum noch vorhanden. In Lettland dagegen sind die Lebensbedingungen der russischen Minderheit meist schlechter als die der Mehrheitsbevölkerung. Ihr Ausbildungsgrad ist oft niedriger, ebenso ihre sozioökonomische Mobilität, die Arbeitslosigkeit höher. Teile der russischsprachigen Bevölkerung sind von der einheimischen Medienwelt abgekoppelt und informieren sich ausschließlich über Medien, die in Russland ausgestrahlt bzw. publiziert werden.

Opfer und Täter

Politische Kultur zeigt sich auch im Umgang mit der Geschichte. Die Wiedererlangung der staatlichen Souveränität 1991 bedeutete für Litauen, Lettland und Estland nicht nur die Wiederherstellung ihres völkerrechtlichen Status, der ihnen durch die sowjetische Aggression 1939/40 genommen worden war. Vielmehr waren sie damit auch endlich Herr über ihre Geschichte. Ihre Bürger konnten nun öffentlich über bestimmte historische Ereignisse, die im kollektiven Gedächtnis immer lebendig geblieben waren, sprechen, was ihnen in sowjetischen Zeiten verwehrt war.[118] Das betraf vor allem die Erinnerung an die Leiden in der Zeit der sowjetischen Okkupation.

Ab 1991 wurde das Geschichtsbild von nationaler Unterdrückung und vom Widerstand in der öffentlichen Debatte fest verankert. Um an die Opfer der Deportationen zu erinnern, wurden nationale Gedenktage festgelegt, Museen und wissenschaftliche Einrichtungen begannen, Fotos und Lebensberichte von Deportierten zu sammeln, nach und nach wurden neue Geschichtsbücher geschrieben. Auch staatliche Kommissionen machten sich daran, die Deportationen und andere Repressalien in sowjetischen Zeiten zu untersuchen.

Bei dieser Erinnerungsarbeit stand die nationale Opferrolle im Vordergrund. Es ging um den Stalin-Hitler-Pakt von 1939, die Annexion durch die Sowjetunion 1940, die folgenden massenhaften Verhaftungen, Erschießungen und Deportationen vor allem der nationalen Eliten. Kaum aber darum, dass die vorrückende deutsche Wehrmacht im Sommer 1941 von vielen Litauern, Letten und Esten zunächst als Befreier begrüßt wurde. Die bis 1944 währende deutsche Besatzung halten viele bis heute für weniger schrecklich als die sowjetische, zumal diese nach dem Sieg über Hitler-Deutschland die gleiche Brutalität wie zuvor entfaltete.

Die folgenden Jahrzehnte unter sowjetischer Herrschaft sind im Verständnis der drei Nationen eine Zeit der Fremdbestimmung und nationalen Unterdrückung, wobei durchaus Unterschiede zur Kenntnis genommen werden. So waren die Kader der Kommunistischen Partei und überhaupt des Regimes vor allem in Lettland und Estland Russen oder russifizierte Einheimische, während einheimische Kader das sowjetische Regime in Litauen prägten, was der postkommunistischen Sozialdemokratie dort nach 1991 einen gewissen Rückhalt in der Bevölkerung einbrachte.

Hinsichtlich der Zeit des Zweiten Weltkriegs gibt es in diesen Staaten zwei weitere Phänomene, die in der historischen Erinnerung und im Geschichtsdiskurs eine Rolle spielen, wenn auch eine untergeordnete. Zum einen ist dies die massenhafte Verfolgung und Ermordung von Juden während der deutschen Besatzung, an der sich vor allem in Litauen und Lettland auch Einheimische beteiligten. Das Bild vom litauischen oder lettischen Täter steht dabei natürlich in krassem Gegensatz zum nationalen Opfermythos bzw. -diskurs.[119] Zum anderen gibt es die Auffassung, die Angliederung der drei Staaten an die Sowjetunion sei zwar widerrechtlich, angesichts der damaligen Komplexität der Weltlage aber notwendig gewesen. Diese Argumentation bezieht sich nicht auf die Jahre 1940 und 1944, sondern auf den Sieg der Roten Armee über das nationalsozialistische Deutschland und die Befreiung Europas vom Faschismus 1945.

Diese Auffassung ist vor allem unter den in Lettland und Estland lebenden Russinnen und Russen verbreitet und findet in Russland Unterstützung bei Medien, aber auch von offizieller Seite. Immer wieder werden die verschiedenen Diskurse gegeneinander ausgespielt. So wurde das Insistieren darauf, Opfer zweier Besatzungen gewesen zu sein, gerade im Ausland mitunter als Versuch gewertet, die Beteiligung Einheimischer an der Ermordung von Juden oder gar die historische Bedeutung des Holocaust zu leugnen. Umgekehrt wurde die internationale Forderung nach Aufarbeitung der Kollaboration mit den nationalsozialistischen Besatzern in den drei Ländern vielfach als Desinteresse an den stalinistischen Verbrechen empfunden.[120]

Kompliziert wird die Debatte immer dann, wenn es – speziell im Falle Litauens – um die Frage geht, ob nicht ein gewisser Zusammenhang zwischen dem Holocaust an den einheimischen Juden und dem nationalen Widerstand gegen die Sowjetherrschaft besteht. Tatsächlich haben manche litauischen Partisanen, die gegen die Sowjetmacht kämpften und später dafür erschossen wurden, während des Krieges mit den deutschen Besatzern kollaboriert.[121]

Mit der Zeit haben sich die Auseinandersetzungen um die Erinnerung etwas beruhigt, da einige Fortschritte im Laufe der Jahre zu verzeichnen waren. So hat das litauische Parlament 1990 beschlossen, jüdische Friedhöfe restaurieren und an vielen Orten, wo einst gemordet wurde, Gedenktafeln anbringen zu lassen. 1995 bat der damalige litauische Staatspräsident Algirdas Brazauskas in Jerusalem um Vergebung für die Untaten von Litauern, was ihm zu Hause allerdings vielfach angekreidet wurde.

Im Februar 2016 war das Erscheinen des Sachbuchs »Musiskiai« (»Die Unsrigen«) der litauischen Journalistin Ruta Vanagaité ein großer Erfolg. Ihr ist es gelungen, einer beträchtlichen Zahl ihrer Landsleute zu vermitteln, dass auch Litauer beim Holocaust zu den Tätern gehört und litauische Polizeieinheiten Massenerschießungen durchgeführt haben. Ein halbes Jahr später gab es in den litauischen Kleinstädten Mołėtai und Biržai Gedenkfeiern, an denen mehrere Tausend Menschen teilnahmen. Dort waren 75 Jahre zuvor Juden erschossen worden. Vor allem Nachfahren der Opfer aus Israel, Australien und Kanada, aber auch litauische Intellektuelle und Künstler sowie katholische und evangelische Geistliche nahmen an den Feierlichkeiten teil.

Im lettischen Rumbula folgten am 30. November 2016 mehrere hundert Menschen einem Aufruf und gedachten der etwa 25 000 Juden, die dort 1941 erschossen worden waren. Wie in Litauen und Estland haben auch lettische Historiker mit der Zeit eine ganze Reihe fundierter Forschungsarbeiten zur Kollaboration Einheimischer mit den Nationalsozialisten vorgelegt. Stätten des Gedenkens an den Holocaust gibt es unter anderem in Rumbula und im Wald von Biernike nahe Riga.

In Estland existieren seit 1988 wieder jüdische Gemeinden, zuerst in Tallinn, dann auch in Tartu, Narva und Kothla-Järve. Seit 1992 gibt es eine jüdische Gemeinde für das ganze Land.

Immer noch schwierig ist die Verständigung, wenn es um die damalige Rolle der Roten Armee sowie um das Für und Wider der Eingliederung der drei Staaten in die Sowjetunion geht – zumal sich nach der Annexion der Krim und dem russischen Eingreifen in der Ostukraine die Fronten wieder verhärtet haben. Parallelen zu 1940 und 1944 sind schnell gezogen.

Wirtschaftliche Erfolge mit sozialen Schattenseiten

Die wirtschaftliche Entwicklung der drei baltischen Staaten ist eine Erfolgsgeschichte mit sozialen Schattenseiten. Von der Erlangung der Unabhängigkeit im Jahr 1991 bis zu ihrem EU-Beitritt am 1. Mai 2004 vergingen weniger als 15 Jahre. In dieser relativ kurzen Zeitspanne gelang es Litauen, Lettland und Estland, das vormals sowjetische Wirtschaftssystem in eine Marktwirtschaft zu transformieren sowie die entsprechenden rechtlichen Grundlagen dem Acquis Communautaire (der Gesamtheit des gültigen EU-Rechts) anzupassen. Damit wurde ein völlig neuer Ordnungsrahmen für wirtschaftliche Tätigkeit geschaffen.

Ein wesentliches Element dieser Transformation war die schon erwähnte Verabschiedung neuer Verfassungen, die den Schutz des privaten Eigentums garantierte. Auch bedurfte es rechtlicher Voraussetzungen für die Durchsetzung von Ansprüchen aus privaten Verträgen sowie die Garantie der Vertragsfreiheit, was sicherlich aufgrund organisatorischer und personeller Defizite in den Rechtssystemen der drei Länder eine ganze Weile dauerte.

Die Privatisierung der gewerblichen Wirtschaft war in Estland bereits im Jahr 1996 weitgehend abgeschlossen. Die dafür zuständige Estnische Privatisierungsagentur arbeitete nach dem Vorbild der Treuhandanstalt in Deutschland. Später begann man dann auch mit der Privatisierung des Energiesektors und bestimmter Infrastrukturen. In Litauen und Lettland wurde die Privatisierung erst ab der Jahrtausendwende intensiver vorangetrieben, als man sich in beiden Ländern von der umstrittenen Voucher-Privatisierung verabschiedet hatte, bei der ähnlich wie in der Tschechoslowakei viel Kapital in dubiosen Kanälen versickert oder auf undurchsichtigen Wegen ins Ausland transferiert worden war.

In allen drei Staaten wurde die Gestaltung der Preise weitgehend dem staatlichen Einfluss entzogen und den Marktmechanismen überlassen. Staatliche Preisregulierung blieb zunächst dort erhalten, wo noch staatliche Monopole existierten – etwa bei öffentlichen Dienstleistungen, in der Telekommunikation und der Energiewirtschaft, im Transportwesen und in der Wohnungswirtschaft.

Hinsichtlich der makroökonomischen Stabilisierung ging man zunächst unterschiedliche Wege. So führte Estland schon früh ein sogenanntes *currency board system* ein, bei dem die Stabilität der Landeswährung dadurch gewährleistet werden soll, dass sie zu einem festen Kurs an eine vergleichsweise stabile ausländische Währung gebunden wird – im Fall Estlands mit einem Kurs von 8:1 an die damalige D-Mark. In Litauen war die Zentralbank zunächst nicht unabhängig vom Staat und auch nicht per Gesetz auf die Wahrung der Geldwertstabilität verpflichtet. Erst ab 1994 folgte man dem estnischen Vorbild und band die Landeswährung Litas zum Kurs von 4:1 an den US-Dollar. 2005 schloss sich auch Lettland an, das die Landeswährung Lats an den Euro band, wobei eine Schwankungsbreite des Kurses von plus/minus 1 Prozent zugelassen war. Seit 2011 gilt in Estland der Euro als Zahlungsmittel, Lettland folgte 2014 und Litauen 2015.

Auch bei der Liberalisierung des Außenhandels war Estland der Vorreiter, während Litauen und Lettland über Jahre hinweg bemüht waren, bestimmte einheimische Wirtschaftsbereiche durch Importzölle vor dem internationalen Wettbewerb zu schützen. Alle drei Länder schufen die gesetzlichen und institutionellen Rahmenbedingungen dafür, dass ausländische Unternehmen und Banken Direktinvestitionen tätigen konnten.

Realwirtschaftlich starteten die drei Staaten einen beachtlichen Aufholprozess. Im Jahr 2007 lag das BIP pro Kopf in Estland bereits bei 60 Prozent des Durchschnitts der EU-15 (alle EU-Mitglieder vor der Erweiterung des Jahres 2004), während Litauen und Lettland auf jeweils 50 Prozent kamen. Dieser Aufholprozess war mit überdurchschnittlichen Wachstumsraten beim BIP verbunden, die in einzelnen Jahren sogar zweistellige Werte erreichten. Allerdings kam dieser Prozess zwischendurch zweimal zum Erliegen: während der russischen Wirtschaftskrise der Jahre 1998/99 und besonders drastisch während der internationalen Finanz- und Wirtschaftskrise.[122]

Der drastische Einbruch der Nachfrage auf den globalen Märkten während der Krise 2008/09 hat die wirtschaftliche Entwicklung Litauens, Lettlands und Estlands stark beeinträchtigt. 2009 sank das BIP pro Kopf in Litauen und Estland um gut 14 Prozent, in Lettland gar um mehr als 17 Prozent. In allen drei Ländern verdoppelte sich die Arbeitslosenquote ebenso wie die Defizite in den Staatshaushalten, die fast 10 Prozent erreichten. Insgesamt zeigte sich, dass die Öffnung gegenüber den Weltmärkten auch ihre Kehrseiten haben kann.

Trotz der Aufholjagd darf nicht übersehen werden, dass Litauen, Lettland und Estland noch ein gutes Stück davon entfernt sind, mit den fortgeschrittenen Volkswirtschaften im Westen gleichzuziehen. So lag das BIP pro Kopf im Jahr 2018 in Estland bei 23 610 US-Dollar, was 65 Prozent des EU-Durchschnitts entspricht. Litauen kam auf 16 680 Dollar, Lettland auf 15 594 Dollar. Immerhin ist Estland zusammen mit Slowenien (23 597 Dollar) Spitzenreiter unter allen östlichen EU-Staaten.

Im Februar 2018 ging der Name Lettlands durch die europäischen Medien, nachdem die Europäische Zentralbank die lettische Geschäftsbank ABLV als »bankrott oder wahrscheinlich bankrott« eingestuft hatte. Als drittgrößtes Finanzinstitut Lettlands unterstand die ABLV zusammen mit ihrer Luxemburger Niederlassung direkt der europäischen Bankenaufsicht. Die Bank stand unter dem dringenden Verdacht, in Geldwäsche von Kunden aus Russland und der Ukraine verwickelt zu sein. Ein Sprecher des US-Finanzministeriums bezichtigte die ABLV außerdem verbotener Geschäfte mit Nordkorea. Lettlands Zentralbankchef Ilmārs Rimšēvičs wurde vom Dienst suspendiert, weil er im Verdacht stand, seine Aufsichtspflicht verletzt zu haben. Außerdem wurde er beschuldigt, Bestechungsgeld in beträchtlicher Höhe eingefordert oder gar entgegengenommen zu haben. Auch andere Banken des Landes waren zuvor immer mal wieder ins Zwielicht geraten. Seit Jahren haftete dem Finanzplatz Lettland ein zweifelhafter Ruf an, wenn es um den Bereich der so genannten Offshore-Geschäfte geht. Letzteres galt auch für einige Banken in Estland und Litauen.

Weitere Defizite, die besonders die lettische Wirtschaft betreffen, sind der große politische und wirtschaftliche Einfluss der sogenannten Oligarchen und die Korruption. Einer dieser Oligarchen ist Aivars Lembergs, eine bis heute zentrale Figur im Hintergrund der lettischen Politik. Wiederholt wurde gegen ihn wegen Korruption und Amtsmissbrauch ermittelt, immer ergebnislos. Lembergs ist die graue Eminenz der »Bund der Bauern und Grünen«. Die politische Analytikerin Una Bergmane betont, dass die Oligarchen nicht nur danach strebten, den politisch-wirtschaftlichen Filz, in dem sie groß geworden seien, möglichst unversehrt zu erhalten. Sie seien, obwohl nicht der russischen Minderheit zugehörig, zugleich auf enge Beziehungen zu Moskau bedacht. Bergmane befürchtete, »gierige Eliten« mit einem Interesse an schwachen Strukturen des lettischen Staates könnten zu willkommenen Werkzeugen des Kremls werden, um die Politik in Lettland zu destabilisieren. Spätestens dann sei Korruption auch eine Frage der nationalen Sicherheit.[123]

In allen drei baltischen Staaten stellt die Korruption nach wie vor ein Problem dar, sowohl im großen Stil als auch im Alltag, etwa im Gesundheitswesen. Allerdings gibt es Unterschiede. In Estland sinkt das Ausmaß der Korruption derzeit schneller als in Litauen und Lettland, wobei auch diese beiden Staaten nicht so stark betroffen sind wie etwa Rumänien und Bulgarien.

Zu den Kehrseiten des wirtschaftlichen Aufschwungs gehört eine vergleichsweise hohe Armutsquote. In Litauen und Lettland leben fast 30 Prozent der Bevölkerung in ärmlichen Verhältnissen bzw. sind von Armut und sozialer Ausgrenzung bedroht, in Estland sind es 24 Prozent. Das durchschnittliche Bruttomonatseinkommen liegt in Lettland bei 835 Euro, in Litauen bei 957 Euro und in Estland bei 1321 Euro. Der gesetzliche Mindestlohn (Stand 2018) betrug in Litauen 400 Euro, in Lettland 430 Euro und in Estland 500 Euro. Rentnerinnen und Rentner kommen in der Regel auf etwa 70 Prozent ihres letzten Einkommens.

Auch Litauen, Lettland und Estland gehören zu den Staaten, deren Bevölkerungszahl seit Jahren abnimmt. So ist die Bevölkerung Lettlands seit 1990 um 27 Prozent geschrumpft und betrug im Jahr 2018 noch 1,95 Millionen Menschen, wobei 17 Prozent auf Abwanderung und 10 Prozent auf die natürliche Bevölkerungsentwicklung (das Zusammenspiel aus Geburtenrate und Lebenserwartung) entfielen. In Litauen sank die Bevölkerungszahl im gleichen Zeitraum um 23 Prozent auf 2,85 Millionen und in Estland um 18 Prozent auf 1,32 Millionen. Zu denen, die zeitweise oder für immer abwandern, gehören sowohl jüngere, gut ausgebildete und mobile Arbeitskräfte als auch Menschen, die ihren ärmlichen Verhältnissen entfliehen wollen und im Westen nach Arbeit suchen.

Schutz vor Russland

Die Außenpolitik Litauens, Lettlands und Estlands ist vor allem durch die historische Erfahrung ihrer Okkupation und Annexion durch die Sowjetunion sowie durch die räumliche Nähe zur Großmacht Russland bestimmt. So haben Fragen der nationalen Souveränität und Sicherheit eine große außenpolitische Bedeutung. Es klingt wie eine unselige Hinterlassenschaft der Geschichte, dass die baltischen Staaten in der russischen Sprache nicht als »Ausland«, sondern als »nahes

Ausland« bezeichnet werden. Im Moskauer Kreml betrachtet man Litauen, Lettland und Estland als Teil der russischen Einflusssphäre. Kein Wunder also, dass man in diesen drei Staaten von einer gewissen Kontinuität zwischen der Sowjetunion und Russland ausgeht. So empfanden und empfinden sie ihren Beitritt zur Nato als den einzig wirksamen Schutz vor potenziellen Übergriffen Russlands. Und die Mitgliedschaft in der EU wird auch und gerade als Mittel zur Bewahrung der wirtschaftlichen Unabhängigkeit gesehen. Ebenfalls durch den Wunsch nach Sicherheit vor Russland ist die Mitgliedschaft der drei Länder in den Vereinten Nationen, der OSZE und im Europarat motiviert.

Litauens 2009 gewählte und 2014 im Amt bestätigte Staatspräsidentin Dalia Grybauskaitė hat einige Prioritäten für die Außenpolitik ihres Landes gesetzt:[124] intensive Kooperation in der EU, verstärktes Engagement in der Nato, Stärkung der östlichen Partnerschaft der EU insbesondere mit der Ukraine, Georgien und der Republik Moldau, stärkere Anbindung Litauens an europäische Energieverbundsysteme und Reduzierung der Abhängigkeit des Landes von der Lieferung russischer Energieträger, Beibehaltung der Unterstützung Litauens durch die Kohäsions- und Strukturfonds der EU, Stärkung der Zusammenarbeit mit den nordischen und den anderen baltischen Staaten.

Ähnliches gilt auch für Lettland und Estland. Gerade die Sicherung der Versorgung mit Energieträgern ist eines der wichtigsten Themen der lettischen Europapolitik. Estland wiederum versteht sich als Vorkämpfer des digitalen Marktes im Rahmen des europäischen Binnenmarktes.

Alle drei Staaten haben den Vertrag von Lissabon vom 8. Mai 2008 und den EU-Fiskalpakt vom 5. Juli 2012 ratifiziert, sind seit 2007 Mitglied des Schengen-Raums und nutzen, wie schon erwähnt, den Euro als Zahlungsmittel. Ebenso erhielten sie bislang umfangreiche Beträge aus den EU-Fonds.

Die anfängliche Begeisterung für die EU ist einer gewissen Ernüchterung gewichen. Bei den Volksabstimmungen über den Beitritt zur Gemeinschaft im Jahr 2003 stimmten in Litauen noch 91,1 Prozent der teilnehmenden Wähler mit Ja, in Lettland waren es 67,0 Prozent und in Estland 66,8 Prozent. Ein ganz anderes Bild ergibt die Beteiligung an den Wahlen zum Europäischen Parlament. Sie lag in Litauen 2004 bei 49,4 Prozent und 2014 bei 47,4 Prozent, in Lettland bei 30,0 bzw. 29,5 Prozent und in Estland bei 36,4 bzw. 26,8 Prozent.

Woher diese Widersprüche? In allen drei Staaten geht die öffentliche Wahrnehmung von Europa über die Haltung zur europäischen Integration und zur Europäischen Union hinaus. Sie gilt dem europäischen Westen insgesamt, mit all seinen Staaten, Bündnissen, Organisationen sowie seinen politischen, wirtschaftlichen und kulturellen Phänomenen: Wichtig ist, dazuzugehören, nicht unbedingt die rege Beteiligung des eigenen Landes an EU-Angelegenheiten. Trotz der inzwischen nicht mehr so großen Befürwortung der EU-Mitgliedschaft darf man nicht generell von EU-Skepsis sprechen. Skepsis resultiert eher aus spezifischen Problemen und Wahrnehmungen wie etwa der Auffassung, dass in der EU nur die großen Mitgliedstaaten die Richtung vorgeben. Auch die Brüsseler EU-Bürokratie wird reichlich skeptisch gesehen.

Estland gibt sich am meisten proeuropäisch, während es in Litauen viele Pragmatiker in Sachen EU gibt und Lettland die höchste Zahl an EU-Skeptikern aufweist. Letzteres ist eine Reaktion auf die wachsenden Spannungen zwischen dem Westen und Russland. Die meisten politischen Parteien in den drei Ländern führen Europa und die EU zwar ständig im Munde, tun aber wenig dafür, um die Menschen für die Gemeinschaft zu begeistern, ganz zu schweigen von jenen Parteien, die die EU generell ablehnen.

Im Rahmen der Nato haben sich Litauen, Lettland und Estland an verschiedenen internationalen militärischen Missionen beteiligt. Die Luftraumüberwachung der drei Staaten wird als Nato-Mission vom estnischen Luftwaffenstützpunkt in Ämari aus betrieben. Gefordert wird eine Verstärkung der bereits in den drei Ländern stationierten multinationalen Militäreinheiten. Im Mai 2018 fand in Estland ein großes Militärmanöver statt, an dem mehr als 15 000 Soldaten aus Nato- und anderen Partnerstaaten teilnahmen. Wie schon im Kapitel über Rumänien erwähnt, wurde Litauen im Mai 2018 wegen seiner Duldung und Unterstützung von CIA-Foltergefängnissen im Land durch den Europäischen Gerichtshof für Menschenrechte zu Entschädigungszahlungen für Inhaftierte verurteilt.

Das Verhältnis der drei Staaten zu Russland ist naturgemäß kompliziert. Zwar sind die Beziehungen zwischen Litauen und Russland durch den bilateralen Vertrag vom 29. Juli 1991 neu geregelt, doch wirken die historischen Belastungen bis in die heutige Zeit nach und haben durch die Annexion der Krim und den Konflikt im Osten der Ukraine neue Nahrung erhalten. Ängste vor einem russischen Streben nach Hegemonie und vor hybriden Angriffen sind in Litauen weit verbreitet. Trotzdem bemüht sich das Land um eine pragmatische Zusammenarbeit. Ähnliches gilt für Lettland mit seiner großen russischen Minderheit. Die bilateralen Beziehungen, die sich bis 2014 relativ gut entwickelten, sind wegen der russischen Politik auf der Krim und in der Ukraine merklich abgekühlt. Wie Litauen und Estland unterstützt auch Lettland die EU-Sanktionen gegen Russland.

Wegen großer Differenzen hinsichtlich des Grenzverlaufs brauchten Estland und Russland mehr als 20 Jahre, bis man sich 2014 auf einen Grenzvertrag einigen konnte. Estland lag sehr daran, weil es bereits 2007 dem Schengen-Raum beigetreten war und deshalb eine völkerrechtlich wirksame Vereinbarung über die Grenze benötigte. Während das estnische Parlament den Vertrag 2015 ratifizierte, ließ sich die russische Staatsduma viel Zeit. Mitte Mai 2018 erklärte die estnische Staatspräsidentin Kersti Kaljulaid, sie werde Russland erst einen Besuch abstatten, nachdem auch dort die Ratifizierung erfolgt sei.

Nach wie vor sind die drei baltischen Staaten in erheblichem Ausmaß auf die Lieferung von Energieträgern aus Russland angewiesen. Doch man hat auch begonnen, diese Abhängigkeit zu reduzieren. So nahm Litauen Ende 2014 ein Terminal für den Import von Flüssiggas in Klaipeda in Betrieb. Estland ist mittlerweile durch Kabel mit dem finnischen Stromsystem und so mit dem nordeuropäischen Elektrizitätsmarkt Nordpool verbunden. Ende 2015 wurde auch eine Strombrücke zwischen Nordostpolen und Litauen fertiggestellt. Seit Anfang

2016 ist außerdem das Stromkabel vom litauischen Klaipeda zum südschwedischen Nybro in Betrieb.

Schon diese Beispiele aus dem Bereich der Energieversorgung machen deutlich, wie wichtig für die drei baltischen Staaten die politischen und ökonomischen Beziehungen zu den skandinavischen Ländern sind. Das Verhältnis Litauens zu Polen ist im Grunde genommen gut, trotz gelegentlicher Meinungsverschiedenheiten über historische Vorgänge sowie wegen der Instrumentalisierung der polnischen Minderheit in Litauen durch Warschau.

Deutschland wird in allen drei Staaten großes Vertrauen entgegengebracht, auch wenn sie die Ostsee-Pipeline North Stream ablehnen. Das Vertrauen hat sogar noch zugenommen, seitdem sich Deutschland an dem Nato-Verband in Litauen beteiligt hat und aus dem Außenministerium in Berlin Kritik am russischen Verhalten auf der Krim und in der Ostukraine zu hören sind.

Schlussbetrachtung – So manche Hoffnung von 1989 blieb unerfüllt

Die Geschichte der Transformation in den östlichen Mitgliedstaaten der Europäischen Union seit den späten 1980er-Jahren ist voller interessanter Phänomene, Ereignisse, geradliniger und widersprüchlicher Entwicklungen, dramatischer Brüche, großer Fortschritte und harter Rückschläge sowie sehnsüchtiger Hoffnungen und bitterer Enttäuschungen bei den Menschen in diesen Ländern. Dieses unerschöpfliche Feld an zeitgeschichtlichem Material verlangt geradezu nach einer vergleichenden Betrachtung und Bewertung durch Historiker, Politologen, Ökonomen und Kulturwissenschaftler, zumal die westliche Öffentlichkeit oft noch mit Unverständnis und Befremdung auf die Entwicklung im Osten reagiert.

Auf den ersten Blick mag solch ein Vorhaben illusorisch erscheinen, zu verschieden sind die historischen Zusammenhänge und Kulturtraditionen, welche die Staaten und ihre Gesellschaften bis heute prägen. Die dort verwendeten Sprachen gehören unterschiedlichen Sprachfamilien an: der west- und südslawischen, der finno-ugrischen, der baltisch-indogermanischen und der romanischen. Auch hinsichtlich der wichtigsten Glaubensgemeinschaften unterscheiden sie sich. Da sind die wesentlich katholisch geprägten Länder wie Polen, Litauen, die Slowakei, Ungarn, Slowenien und Kroatien, dazu Länder wie Lettland, in denen der Protestantismus dominiert, sowie Rumänien und Bulgarien, wo das orthodoxe Bekenntnis an erster Stelle steht, und schließlich die Tschechische Republik oder Estland, wo Religiosität eher eine untergeordnete Bedeutung hat.

Trotzdem ist eine Analyse möglich und notwendig. Alle diese Länder sind Mitglieder der EU und haben den Acquis Communautaire sowie andere EU-Rechtsakte akzeptiert. Fast alle gehören zum Schengen-System, verwenden den Euro als Zahlungsmittel und sehen sich als Teil des EU-Binnenmarkts. Ebenso gestalten sie ihre nationale Außenpolitik in bestimmter Hinsicht im Rahmen der EU-Außen- und Sicherheitspolitik. Alle waren sie bis Ende der 1980er-Jahre Teil eines kommunistischen Systems und haben sich dann im Zuge der Transformation und der nachfolgenden Reformen mehr oder weniger gleichartige Ziele gesetzt: Freiheit, Demokratie, Rechtsstaatlichkeit, Zugehörigkeit zur Europäischen Gemeinschaft bzw. zur Nato. Das gilt auch für die Transformationsprozesse in Ostdeutschland, an die kurz erinnert werden soll, bevor es um die vergleichende Betrachtung der im vorangegangenen Teil geschilderten Transformation in Ostmittel- und Südosteuropa geht.

Sonderfall DDR

Wollte man es polemisch formulieren, dann könnte man sagen, dass die DDR aus dem realen Sozialismus in die EU gesprungen sei. So lassen sich diverse Unterschiede feststellen zwischen der Transformation der DDR bzw. der neuen Bundesländer einerseits und dem Systemwechsel sowie den folgenden Reformen in den Staaten im Osten und Südosten Europas andererseits. Ging die DDR qua deutscher Einheit schon am 3. Oktober 1990 in die EU ein, mussten die östlichen Staaten noch einen langwierigen Aufnahmeprozess durchlaufen und mehr als zehn, ja manche mehr als 20 Jahre warten, bis sie der Gemeinschaft beitreten konnten.[125]

Und noch ein gravierender Unterschied: Während in den östlichen Staaten die Transformation hauptsächlich aufgrund eigener Ideen erfolgte,[126] die mal besser, mal schlechter waren, kamen im Falle der DDR die Konzepte vor allem aus der Bundesrepublik. Die Vereinigung Deutschlands durch den Beitritt der DDR zum Geltungsbereich des Grundgesetzes war eine Erweiterung der alten Bundesrepublik um die DDR, nicht der Zusammenschluss zweier gleichwertiger Staaten. Das wollten die politischen Führungen und das wollte die Mehrheit der DDR-Bürger damals auch so. Aber die bessere Lösung war dies nicht, wie sich heute zeigt.

Die Alternative zum Beitritt nach Artikel 23 hätte darin bestanden, aufgrund Artikel 146 des Grundgesetzes eine neue gemeinsame Verfassung zu schreiben, über die dann in ganz Deutschland abgestimmt worden wäre. Diese Verfassung wäre durch eine Synthese der rechtsstaatlichen Traditionen der Bundesrepublik und der friedlichen, doch geradezu revolutionären »Tradition« des Aufbruchs in der DDR legitimiert gewesen. Aber Helmut Kohl und die CDU wollten davon nichts wissen, ebenso wenig wie ihre Mitstreiter in den neuen DDR-Parteien. Vorschläge der SPD und ostdeutscher Bürgerrechtler, das Grundgesetz durch Elemente wie Volksabstimmungen zu erweitern, stießen auf taube Ohren. Die Chance, das demokratische Bewusstsein der Bürger der ehemaligen DDR zu stärken, wurde vertan.

Die vom Westen aus orchestrierte Transformation der DDR empfanden viele Menschen in den neuen Bundesländern zunehmend als Demütigung. Bei der Privatisierung und »Abwicklung« der DDR-Betriebe griff die Treuhandanstalt in den meisten Fällen gnadenlos durch. Zwei Drittel der Unternehmen wurden privatisiert, während ein Drittel abgewickelt wurde, wovon viele sicher perspektivlos waren. Mehr als drei Viertel der privatisierten Betriebe gingen an Westdeutsche. Ausschließlich westdeutsche Manager bekamen Verfügungsgewalt über Betriebe mit zusammen mehr als vier Millionen Beschäftigten.[127] Gerade für ältere Menschen in den östlichen Bundesländern ist die Treuhandanstalt bis heute ein negatives Symbol für eine schockartige Überwältigung der DDR durch Westdeutschland.

Der Evaluierungsprozess an den Universitäten, in Verwaltungen und Medien ging über das hinaus, was notwendig gewesen wäre, versagte aber umgekehrt, wenn es um den Verbleib alter Kader in den neuen Parteien und die Gründung von privaten Sicherheitsdiensten durch ehemalige Agenten der DDR-Staatssicherheit ging. Kader aus Westdeutschland übernahmen das Kommando in vielen Bereichen des wirtschaftlichen, administrativen und kulturellen Lebens. »Abgeschafft« wurde selbst das, was in der DDR funktionierte. Auch DDR-Biografien jenseits von SED und Stasi, die es selbstverständlich gab, waren auf einmal nichts mehr wert. Selbstvertrauen und Stolz vieler Menschen wurden arg in Mitleidenschaft gezogen. Das heute zu beobachtende aggressive Auftreten gegen Ausländer und Flüchtlinge hat hier eine ihrer Ursachen.

Der Parteibildungsprozess in den neuen Bundesländern mündete schnurstracks in eine Parteienlandschaft nach westdeutschem Muster. Eigenständige Parteien, Bündnisse und Initiativen, die wie Bündnis 90 noch in der DDR entstanden waren, wurden ins Abseits gedrängt. Auch in Polen, den baltischen Staaten und der Tschechoslowakei verloren die Solidarność sowie Einheits- und Volksfronten nach und nach an Einfluss, doch ging das nicht so schnell wie in Ostdeutschland. Während in den neuen Bundesländern das Verfassungs- und Rechtssystem der alten Bundesrepublik vollständig übernommen wurde, musste man in den östlichen Staaten notgedrungen eigene Wege finden. So orientierte man sich zwar bei der Gestaltung neuer Verfassungen durchaus an westlichen Vorbildern, knüpfte aber auch an eigene Erfahrungen in sozialistischen Zeiten an, beispielsweise durch sehr umfangreiche Bestimmungen zu Menschen- und Bürgerrechten.

Zum Kader- und Institutionentransfer kamen die Finanzhilfen aus der Bundesrepublik. Derartige bilaterale Zuwendungen gab es in den »Gründerjahren« der neuen Demokratien im östlichen Europa nicht. Ausländische Direktinvestitionen, die durchaus in diese Länder flossen, waren privatwirtschaftliche Initiativen, die auf betrieblichen Gewinn abzielten und daher nicht mit staatlichen Finanzhilfen zu vergleichen sind. Die wichtigsten westdeutschen Hilfen waren und sind der Solidaritätszuschlag, also eine Ergänzungsabgabe zur Einkommens- und Körperschaftssteuer, sowie die Solidarpakte I und II als besondere Finanzmittel im Rahmen des bundesrepublikanischen Länderfinanzausgleichs.

Verglichen mit dem eher mühsamen Verhandlungs- und Überprüfungsprozess, den EU-Staaten vor dem Beitritt durchlaufen müssen, ist der Übergang der DDR in die Europäische Union fast geräusch- und bedingungslos verlaufen, was der damalige Präsident der Europäischen Kommission, Jacques Delors, mit den Worten kommentierte, man bekomme ja kein neues Mitglied, sondern eines der damals zwölf Mitglieder werde größer. Da sowohl die Bundesregierung und auch die meisten Staaten der Europäischen Gemeinschaft den Beitritt der DDR nach Artikel 23 favorisierten, ging man in Brüssel davon aus, dass er zu keinen formellen Beitrittsverhandlungen kommen müsse. Immerhin saßen bei den deutsch-deutschen Verhandlungen über den Einigungsvertrag Vertreter der EG mit am Tisch, die hin und wieder auch in Beratungen eingriffen und im Auftrag der Brüsseler Kommission Hinweise auf notwendige gesetzliche Regelungen und Übergangsmaßnahmen gaben.

Schon in den Jahren 1991 bis 1993 erhielten die neuen Bundesländer jährlich je eine Milliarde ECU aus Mitteln der Europäischen Gemeinschaft. Demgegenüber beliefen sich die Mittel aus den EG-Programmen Phare, Sapard und Ispra in der Zeit vor dem Beitritt für Polen auf jährlich etwa 300 Millionen Euro, für die anderen Kandidaten auf noch weniger. Erst als die Entscheidung für den Beitritt der östlichen Staaten gefallen war, bekam Polen eine jährliche Vorbeitrittshilfe von jährlich einer Milliarde Euro, die anderen Kandidaten entsprechend. Während die neuen Bundesländer schon ab 1993 aus den Struktur- und Agrarfonds der EG/EU Mittel erhielten, wurden diese für die östlichen Staaten erst ab dem Beitritt im Jahr 2004 bzw. 2007 und 2013 gezahlt.

Es gibt viele Vorteile, die Ostdeutsche aufgrund des Beitritts der DDR zur Bundesrepublik gehabt haben und weiter haben, doch ist es kaum verwunderlich, dass sich bis heute gerade viele Ältere in den neuen Bundesländern als Menschen zweiter Klasse fühlen, was eben nicht nur mit den Erfahrungen der SED Diktatur, sondern auch mit den Umbrüchen der 1990er-Jahre zu tun hat.[128] Sie klagen zu Recht über zu wenig Wertschätzung für ihre jeweiligen Lebensläufe. Demgegenüber empfinden viele Menschen in den östlichen EU-Staaten, sieht man einmal von den aktuellen Widersprüchen und deren ideologisch-politischer Instrumentalisierung durch populistische Parteien ab, mehr Stolz, was die seit 1989 erzielten Fortschritte angeht – eben weil sie stärker aus eigener Kraft errungen wurden.

Bemerkenswert friedlich

Grundlage jeder Analyse des Wandels im östlichen Europa ist eine Charakterisierung der dort vor dem Umbruch existierenden politischen Systeme, in denen jeweils eine kommunistische Partei existierte, deren Politbüro als Machtzentrum die wesentlichen politischen und wirtschaftlichen Entscheidungen traf – mit Parteisekretären an der Spitze, die mal mehr, mal weniger autoritär auftraten. Existierten andere Parteien, dann in der Regel abhängige Blockparteien wie in der DDR und in Polen. In der Spätphase dieser Regime konnte es passieren, dass das Militär bzw. die dortigen Politkommissare und führenden Offiziere, das Machtmonopol der Partei stark relativierten, wie das etwa in Polen nach der Verhängung des Kriegsrechts im Dezember 1981 der Fall war.

Ein weiteres Element der Machtausübung war eine marxistisch-leninistische Parteiideologie, die spätestens in den 1980er-Jahren an Integrationskraft verlor. Hinzu kamen zentral gesteuerte Medien sowie Zensur, die aber zunehmend von oppositionellen bzw. unabhängigen Publizisten unterlaufen wurde. Die zentrale Steuerung der Wirtschaft wurde in einzelnen Ländern wie etwa in Ungarn schon vor dem Umbruch aufgeweicht. Natürlich blieb das Gewaltmonopol des sozialistischen Staates bis zum Umbruch von 1989 beim Militär, den paramilitärischen Einheiten, der Polizei und den Geheimdiensten.

Trotz dieser gemeinsamen Merkmale sind beträchtliche Unterschiede zwischen den einzelnen Systemen in den Ländern des östlichen Europas auszumachen. Nach dem Stalinismus der 1940er- und 1950er-Jahre war die Machtausübung der Kommunisten in der DDR, der Tschechoslowakei, in Rumänien und Bulgarien viel rigider als in Polen und Ungarn. Besonders in Ungarn bestimmte schon in den späten 1960er-Jahren die Botschaft der herrschenden Kommunisten an die Bürger das politische Geschehen: Lasst uns regieren, dann könnt ihr – in gewissen Grenzen – machen, was ihr wollt. Oppositionelle Bürgerrechtler gewannen in Polen, Ungarn und der Tschechoslowakei eher an Einfluss als in den anderen Ländern der östlichen Hemisphäre. Das System in Jugoslawien war etwas anders gelagert.

Für einige der in diesem Buch behandelten Länder (die baltischen Staaten, Slowenien, Kroatien, später auch die Slowakei) bestand die größte Herausforderung darin, zunächst einmal ihre nationale Unabhängigkeit und Souveränität zu erlangen oder wiederzuerlangen. Daraus ergab sich dann auch die Aufgabe, einen eigenen Staatsapparat samt aller wichtigen öffentlichen Institutionen aufzubauen bzw. den aus sozialistischen Zeiten stammenden Apparat grundlegend umzugestalten. Basis dafür sollte die Schaffung einer rechtsstaatlich verfassten parlamentarischen Demokratie und sozialstaatlich abgesicherten Marktwirtschaft sein. Politiker, Publizisten und Pädagogen waren aufgefordert, ihre Landsleute für eine aktive Teilnahme im neuen Staatswesen zu gewinnen. Slowenien und Kroatien führten in den Anfangsjahren sogar noch Krieg oder wurden in einen Krieg hineingezogen und mussten danach viel Kraft aufwenden, um dessen Folgen wie Zerstörung, Vertreibung und Migration zu überwinden – was bis heute nicht vollständig gelungen ist. Die Außenpolitik und die Außenwirtschaftsbeziehungen mussten ebenfalls umgestaltet werden. Damals waren die meisten dieser Staaten noch Mitglieder des Warschauer Pakts und der östlichen Wirtschaftsgemeinschaft. Einige der heutigen EU-Mitglieder im östlichen Europa bewältigten diese Aufgaben relativ schnell, andere verschoben deren Bewältigung auf spätere Zeiten oder gingen Umwege.

So gab es auch verschiedene Typen des Systemwechsels. Die Transformation in Ungarn etwa handelten im Wesentlichen Vertreter der reformkommunistischen Eliten und der demokratischen Opposition aus. In Polen geschah dies unter dem starken Druck von unten, besonders durch die Arbeiterstreiks im Sommer 1988. Auch in der DDR und der Tschechoslowakei wurde die Transformation wesentlich von der Bevölkerung erzwungen, die auf die Straße ging und protestierte (in der DDR ist noch die Ausreisewelle zu berücksichtigen). In Rumänien handelte es sich dagegen erst einmal um eine Art Palastrevolution, indem eine Fraktion in der kommunistischen Partei dem Ceauşescu-Regime ein Ende machte. In Kroatien und der Slowakei wiederum wurden Transformationsprozesse, jenseits der Erlangung nationaler Souveränität, durch die autoritären Regime unter Tuđman und Mečiar in den 1990er-Jahren enorm verzögert.

Mit Ausnahme der fürchterlichen postjugoslawischen Kriege vollzog sich der Umbruch auf einem bemerkenswert friedlichen Wege. Nur vereinzelt kam es zur Anwendung von massiver Gewalt wie etwa gegen Demonstranten in der litauischen Hauptstadt Vilnius oder beim Einsatz der Bergarbeiter in Rumänien. Die in Polen entwickelte und angewandte politische Methode des Runden Tisches als friedliches Prozedere wurde in Ungarn, in der DDR und in der Tschechoslowakei übernommen. Zum friedlichen Verlauf hat sicher auch beigetragen, dass es in den kommunistischen Parteien reformbereite Kräfte gab, die sich zu Verhandlungen durchgerungen hatten – natürlich oft mit dem Hintergedanken, dadurch länger an der Macht bleiben zu können, was sich dann schnell als Illusion erwies. Der Elitenwechsel in diesen Ländern vollzog sich in unterschiedlichem Tempo.

Die Bedeutung und der Einfluss sozialer Bewegungen und gesellschaftlicher Proteste war in der Endphase der kommunistischen Regime und während der ersten Transformationsschritte am größten. Mit der Etablierung einer neuen verfassungsmäßigen und politischen Ordnung, der Einrichtung von Parlamenten als echter Legislative, der Gründung politischer Parteien und der Bildung von Regierungen als neuer Exekutive nahm die Bedeutung sozialer Bewegungen dramatisch ab. Radikale Reformen wie etwa die ökonomische Schocktherapie des damaligen polnischen Finanzministers Leszek Balcerowicz führten dann sogar zu Ernüchterung oder gar resignativen Stimmungen in der Gesellschaft.

Ambivalente Bilanz

In den östlichen EU-Staaten funktioniert der demokratische Prozess aus regelmäßigen Parlaments- und Präsidentenwahlen und den daraus resultierenden Machtwechseln, wobei dieser in der Slowakei und in Kroatien mit Verspätung in Gang kam. Einige Länder leiden allerdings unter einer volatilen Parteienlandschaft und einem ständigen Wechsel von Regierungen, die dann in der Regel relativ schwach und deshalb wenig handlungsfähig sind. Seit Jahren ist ein Aufschwung von Nationalismus und Populismus zu verzeichnen, meist bei rechten, aber auch bei linken politischen Parteien. In einigen Staaten deutet sich eine Verfestigung der dominanten Macht einer Partei an – so in Ungarn, möglicherweise auch in Polen und Rumänien.

Bei der Analyse der Zustände in den östlichen EU-Staaten gilt es zu unterscheiden zwischen Polen, Ungarn und in gewissem Maße auch Rumänien, wo Politik, Wirtschaft und Kultur systematisch, das heißt auch institutionell umgestaltet werden, und den übrigen Staaten, wo es »nur« einzelne nationalkonservative, nationalistische und rechtsradikale Parteien, Vereinigungen, gesellschaftlichen Strömungen und kulturelle Ausdrucksformen gibt.

Seit dem Machtantritt der Partei Recht und Gerechtigkeit (PiS) in Polen und Viktor Orbáns Fidesz in Ungarn ist in diesen Ländern der Aufbau eines starken, zentralisierten Staates mit autoritären Zügen weit gediehen. Die verfassungsrechtlichen und staatspolitischen Auffassungen dieser Parteien spiegeln sich in ihrem Umgang mit der Verfassung, dem Rechtsstaat und wichtigen Institutionen wider. Mit Erfolg arbeiten sie daran, die Autonomie und die Befugnisse von Verfassungsgericht, Justiz, Zentralbank und öffentlich-rechtlichen Medien zugunsten der von ihnen dominierten Exekutive einzuschränken. Das Parlament verkommt zur Abstimmungsmaschine. Gerade das Machtgehabe der nationalkonservativen PiS erinnert in vielerlei Hinsicht an die Praktiken des früheren kommunistischen Regimes.

Am Beispiel der Tschechischen Republik zeigt sich, wie populistische Politiker an die Macht kommen. Das gilt etwa für den seit 2013 amtierenden sozialdemokratischen Staatspräsidenten Miloš Zeman und den Ministerpräsidenten Andrej Babiš. Babiš, der im Dezember 2017 nach einem Wahlsieg seiner Partei Aktion unzufriedener Bürger Regierungschef wurde, ist der reichste Unternehmer des Landes und steht außerdem im Verdacht, mit unsauberen Methoden in den Genuss von EU-Fördergeldern gekommen zu sein. In Rumänien machen die regierenden Sozialdemokraten Teile der Justiz zur Farce, indem sie durch rückwirkende Gesetzesänderungen einzelnen Funktionären Straffreiheit verschaffen, die schon rechtskräftig verurteil worden sind. Das gilt besonders für den Parteichef der Sozialdemokraten Liviu Dragnea. Lettland und Bulgarien sind Beispiele dafür, wie Korruption und organisiertes Verbrechen die Demokratie schwächen. Gerade in diesen Ländern sind es Oligarchen, die aus dem Hintergrund heraus politische Parteien im Sinne ihrer Geschäftsinteressen dirigieren.

Die Verfassungen der östlichen EU-Staaten genügen im Allgemeinen den Grundsätzen moderner rechtsstaatlich verfasster Demokratien und wurden im Zuge des Beitritts zur EU dem Acquis Communautaire und anderen Rechtsakten der Gemeinschaft angeglichen. Rechtsstaat und Gewaltenteilung sind wichtige Prinzipien, der Staatsaufbau entspricht in den meisten Ländern eher dem französischen zentralistischen Modell, nicht der föderativen Ordnung Deutschlands. In fast allen Verfassungen nimmt die Gewährleistung der Menschen- und Bürgerrechte sehr breiten Raum ein, was ein Reflex auf die Missachtung dieser Rechte in sozialistischen Zeiten ist. Vielfach wird auch das Sozialstaatsprinzip stark betont.

Mitunter fehlt es an einer ausreichenden Ausgestaltung der Verfassungsprinzipien durch weiterführende Gesetze. Die rechtstiftende Entscheidungspraxis der Verfassungsgerichte ist nicht so umfangreich wie etwa die des Bundesverfassungsgerichts. Ein entscheidendes Manko in den meisten östlichen Ländern ist das Auseinanderklaffen von Verfassungstext und Verfassungsrealität. So widersprechen die hohe Armutsquote und die Schwächen der Sozialsysteme dem Sozialstaatspostulat in den Verfassungen. Das Verfassungs- und Rechtsstaatsbewusstsein ist in den Bevölkerungen eher gering ausgeprägt. Hinzu kommen manche Schwächen der Justizsysteme, zum Teil aus mangelnder Reform und Modernisierung resultierend, zum Teil aus der politischen Instrumentalisierung der Justiz, wie man in Polen, Ungarn und Rumänien beobachten kann.

Die Instabilität und mangelnde Handlungsfähigkeit vieler Regierungen in einigen östlichen EU-Staaten wie beispielsweise Lettland hängen mit der Schwäche der dortigen Parteiensysteme zusammen. Als die politisch bunt zusammengesetzten Einheits- oder Volksfronten, die den Kampf um Unabhängigkeit und die Transformation vorantrieben, später in Parteien unterschiedlichster Ausrichtung zerfielen, war dies die verständliche Reaktion auf jahrzehntelange Erfahrung mit einem System der Einparteienherrschaft. Die neue Freiheit drückte sich auch in der Gründung von Parteien aus, was zunächst zu einem Wildwuchs an Parteien führte, der in einigen Ländern bis heute nicht richtig überwunden ist. Oft resultierten Parteigründungen nur den Profilierungsbedürfnissen ihrer Gründer, erwuchsen aber nicht aus einem Verantwortungsbewusstsein gegenüber dem Gemeinweisen, dienten Regierungskoalitionen unterschiedlichster Parteien nur dem Machtgewinn oder -erhalt, waren aber nicht Ausdruck eines Gestaltungswillens. Bezeichnend ist die mehrfache Rückkehr postkommunistischer sozialdemokratischer Parteien an die Macht, die auch mit gewaltigen sozialen Problemen zusammenhing, die infolge der Transformation entstanden. In Ländern wie Litauen, Lettland, Estland, der Slowakei und Bulgarien spielen Parteien nationaler Minderheiten eine gewisse Rolle.

Kennzeichnend für die politische Kultur in den östlichen EU-Staaten ist die Tatsache, dass das Interesse vieler Menschen für Politik nach und nach abgenommen hat, mal stärker, mal weniger stark. In Ländern wie der Tschechischen Republik herrscht eine regelrechte Verdrossenheit, die in eine Abwendung von Politik in jedweder Form oder aber in die Wahl populistischer Parteien mündete. In allen Ländern befürworten teilweise beträchtliche Minderheiten der Gesamtbevölkerung autoritäre Regierungsformen oder starke Führer an der

Spitze des Staates. Institutionen wie das Militär, die Kirchen, die Justiz und kulturelle Einrichtungen genießen oft weitaus mehr Ansehen als Parteien, Parlamente und Regierungen. Einige Parteien vertreten einen wüsten Nationalismus, hetzen gegen Flüchtlinge und betreiben Geschichtsklitterung, um so mehr Wählerstimmen und mehr Macht zu gewinnen; so Jarosław Kaczyński und seine Partei PiS in Polen, der tschechische Staatspräsident Miloš Zeman, der vormalige slowakische Ministerpräsident Robert Fico und Teile seiner Partei Smer, Viktor Orbán und seine Partei Fidesz in Ungarn, auch Janez Janša von der Partei SDS in Slowenien.

Auch in den östlichen EU-Staaten hat sich seit dem Umbruch nach und nach eine Zivilgesellschaft herausgebildet, die aber noch nicht über die Stärke und Breite verfügt wie in den meisten westlichen Gesellschaften. Es fehlt an Stabilität, organisatorischer Kraft und ausgearbeiteter Programmatik. Gleichwohl hat die Zivilgesellschaft in Ländern wie Polen, Ungarn, der Slowakei und Rumänien wiederholt ihre Kraft bewiesen, die sich zum Beispiel in großen Demonstrationen und anderen Protesten manifestierte. In einigen Fällen gelang es sogar, Veränderungen durchzusetzen, wie etwa Personalwechsel in der slowakischen Regierung nach dem Mord an einen Journalisten, der mafiöse Beziehungen bis in die Kanzlei des Ministerpräsidenten hinein aufgedeckt hat; bei anderen Gelegenheiten verpufften Proteste ohne größere Wirkung.

Stellenwert und Einfluss der Kirchen in den östlichen EU-Staaten sind sehr unterschiedlich. Da gibt es einerseits Länder wie Polen und Litauen, wo der katholische Glaube noch relativ weit verbreitet ist, oder Rumänien, wo die Orthodoxie dominiert, andererseits ein Land wie die Tschechische Republik, wo die meisten Bürger nicht religiös sind. Allerdings lässt sich gerade in Polen beobachten, dass für Katholiken Lehre und Dogmatik der Kirche zwar grundsätzliche Bedeutung haben, etwa in schwierigen Lebenssituationen, dass sich die Kirchgänger im Alltag allerdings eher pragmatisch verhalten und Bewusstseins- und Lebensformen tolerieren, die nicht den Grundsätzen der Katholischen Kirche entsprechen. In Polen, der Slowakei, Slowenien,

Kroatien und Rumänien ist der politische Einfluss der Kirchen relativ stark, während sie sich in der Tschechischen Republik und in Litauen von der Politik völlig fernhalten. In den meisten östlichen EU-Staaten fällt es den Kirchen sehr schwer, mit den heutigen sozialen Problemen gerade junger Leute umzugehen und Antworten auf deren Fragen zu geben. Ebenso scheuen sie oft die Debatten über Migration, über die Auswirkungen der globalisierten Wirtschaft, über Homosexualität, gleichgeschlechtliche Partnerschaften und sexuelles Vergehen von Priestern an Jugendlichen.

Die nationalen Minderheiten in den östlichen EU-Staaten sind mal mehr, mal weniger in die Gemeinwesen integriert. Noch müssen bestimmte Schwierigkeiten und Defizite überwunden werden. Dazu zählt die Verbesserung der Kenntnis der Landessprache, die Einbürgerung noch Staatenloser sowie die rechtliche und administrative Gleichstellung. Vergleichsweise wenig Probleme haben die Polen und Russen in Litauen. Komplizierter ist die Lage der Russen in Lettland und Estland, wenngleich dort in den letzten Jahren Fortschritte gemacht wurden. Noch oft werden Vorurteile und Aversionen der Titularnationen gegen diese Minderheiten laut, die häufig etwas mit der Angst vor einer Instrumentalisierung der Minderheiten durch Moskau zu tun haben. In der Slowakei, wo die Ungarn relativ gut integriert sind, gibt es immer dann Probleme, wenn rechte Politiker gegen diese Minderheit hetzen oder die Fidesz-Regierung in Budapest ihre »Sorge um die ungarischen Landsleute jenseits der Grenze« als Mittel des innenpolitischen Kampfes einsetzt. Vor dem Hintergrund der Kriege in den 1990er-Jahren und deren Folgen dürfte die Lage der Serben in Kroatien noch lange kompliziert bleiben. Auch in Bulgarien muss die türkische Minderheit weiterhin damit leben, dass sie durch die bulgarische Mehrheitsbevölkerung allenfalls geduldet, aber kaum als gleichberechtigt angesehen wird. Durchwiegend schlecht bis sehr schlecht ist die Lage der Roma in der Tschechischen Republik, der Slowakei, in Ungarn, Rumänien und Bulgarien, was wirtschaftliche und soziale Gründe hat und außerdem der oft massiven Diskriminierung durch die jeweilige Titularnation geschuldet ist.

In wirtschaftlicher Hinsicht bestehen in allen östlichen EU-Staaten liberale Systeme, die nach der Wende eingeführt und ordnungspolitisch abgesichert wurden. In einigen Staaten geschah dies mit einiger Verspätung. Außerdem blieben Unternehmen in strategischen Bereichen wie der Energieversorgung lange in Staatsbesitz oder sind dies bis heute. In keinem der Staaten wurde der Versuch unternommen einen »dritten Weg« zwischen Kapitalismus und Sozialismus einzuschlagen. Bei der Privatisierung ging es nicht immer transparent und mit rechten Dingen zu. Oligarchen haben dabei in Ungarn, der Slowakei, Bulgarien und Lettland den Grundstein für ihren enormen Reichtum gelegt. Die auf diese Weise entstandenen Besitzverhältnisse sind besonders in Ungarn bis heute wirksam.

Die wirtschaftlichen Strukturen in allen hier beschriebenen Ländern haben kaum noch etwas mit denen gemeinsam, die bis zur Wende existierten. Schwer- und Rüstungsindustrien wurden heruntergefahren, die Landwirtschaft hat an Bedeutung verloren. Finanz- und andere Dienstleistungen liegen in der gesamtwirtschaftlichen Leistung vor der gewerblichen Produktion. Moderne Technologien sind auf dem Vormarsch. Die Managementmethoden in den Unternehmen entsprechen denen im Westen. Gewerkschaftliche Aktivitäten und betriebliche Mitbestimmung sind in der Regel schwach ausgeprägt – wenn sie überhaupt existieren. Die östlichen EU-Staaten sind auf vielfältige Weise in den internationalen Handel eingebunden.

Der Wunsch, ökonomisch zu den entwickelten westlichen EU-Staaten aufzuschließen, ist verständlich, seine Erfüllung lässt allerdings auf sich warten. Schon werden Konzepte diskutiert, wie die Aufholjagd beschleunigt werden kann. Dabei ist auch von einem stärkeren Eingreifen des Staates die Rede. So forciert die seit 2015 in Polen amtierende nationalkonservative Regierung eine Politik der Renationalisierung von Unternehmen.

Die Durchsetzung der liberalen Marktwirtschaft hat viele Menschen in allen diesen Ländern ins Abseits gedrängt. Sie tun sich bis heute schwer, sich auf dem Arbeitsmarkt zu orientieren, mit gnadenloser Konkurrenz umzugehen, mobil und flexibel zu sein, lernbereit zu bleiben, aber auch Mittel und Wege zu finden, kollektiv gegen Ausbeutung und Ausgrenzung vorzugehen. Die Armutsquoten in einzelnen Ländern sind erschreckend hoch. In allen Ländern hat die Entwicklung der Sozialsysteme mit dem Tempo der wirtschaftlichen Entwicklung nicht mithalten können. Sowohl gut als auch weniger gut ausgebildete Menschen emigrieren, um Arbeit zu finden und besser leben zu können. In den baltischen Staaten, Ungarn, Rumänien und Bulgarien verringert sich die Bevölkerungszahl deshalb seit Jahren.

Wichtigste Basis der Außen- und Sicherheitspolitik aller EU-Staaten im östlichen Europa ist die Mitgliedschaft in EU und Nato. Auch gehören sie weiteren internationalen Organisationen und Bündnissen an wie den Vereinten Nationen, der OSZE und dem Europarat. Hinzu kommen regionale Bündnisse sowie Nachbarschaftspolitik, je nach geografischer Lage. Die Mitgliedschaft in der Nato ist weitgehend unproblematisch, wenngleich es hin und wieder zu Differenzen kommt etwa dann, wenn es um die Rolle der Vereinigten Staaten im Bündnis geht.

In der EU hingegen haben sich inzwischen tiefe Gräben zwischen einigen östlichen Mitgliedstaaten und der Gemeinschaft als Ganzer bzw. der Brüsseler Kommission aufgetan, die vor allem etwas mit der Bewältigung der Flüchtlingskrise sowie mit unterschiedlichen Auffassungen von Gewaltenteilung, Rechtsstaat und Justiz zu tun haben. Die Brüsseler Kommission und der Europäische Gerichtshof haben verschiedene Straf- und Rechtsstaatsverfahren gegen Polen und Ungarn eingeleitet, die aber bislang nur in einem Fall erfolgreich waren, als sich die polnische Regierung wegen eines EGH-Urteils gezwungen sah, einen Teilaspekt ihrer äußerst umstrittenen Justizreform zurückzunehmen, was aber am Gesamtprojekt dieser Reform wenig ändern wird.

Scharfe Kritik an Politik und Praxis der EU bzw. der Brüsseler Kommission kommt vor allem aus Polen und Ungarn, teilweise auch aus der Tschechischen Republik und der Slowakei. Meist geht es um die Dominanz der »Großen« in der EU gegenüber den anderen Mitgliedstaaten. In Polen und Ungarn hat diese scharfe Kritik auch eine innenpolitische Funktion. Sie wird dort als Akt der nationalen Emanzipation und Ausdruck eines gestiegenen Selbstbewusstseins verkauft.

Solch Selbstbewusstsein ist zu begrüßen, sollte aber nicht zu überzogener Kritik führen und so zur Krise der EU beitragen. Austritte aus der EU bzw. Referenden darüber, wird es vorerst nicht geben, auch wenn diese vereinzelt schon gefordert worden sind. Dazu sind auch den Regierungen in Warschau und Budapest die EU-Gelder viel zu wichtig.

Projekt der Eliten

In den letzten Jahren war eine Renaissance des Nationalismus in der Politik in Europa zu beobachten, keineswegs nur, aber eben auch in den östlichen EU-Staaten. Warum aber kommen Politiker wie Kaczyński und Orbán in Ostmittel- und Südosteuropa an die Macht, weshalb haben viele Menschen dort das Bedürfnis nach starken Führern und obrigkeitsstaatlichen Verhältnissen, die vermeintlich soziale Geborgenheit bieten, woher rührt die Angst in weiten Teilen dieser Gesellschaften vor ökonomischer und kultureller Überfremdung, vor dem »Fremden« überhaupt – eine Angst, die den starken Wunsch nach Abschottung und Beschränkung auf das Eigene, das Bekannte, das Nationale hervorruft.

Glaubt man Kaczyński, Orbán und anderen, dann haben die Transformationsprozesse in den Anfangsjahren und das damals nach westlichem Vorbild geschaffene politische und ökonomische System zu Fehlentwicklung geführt, an deren Korrektur, so betonen sie, man arbeiten müsse. Tatsächlich hatte die Transformation ihre Schwächen, sind Fehler begangen worden, hat es Enttäuschungen gegeben – wo aber ist das nicht so?

Ein Beispiel, das Nationalkonservative und Nationalisten im Osten Europas immer wieder bemühen, ist die damalige Privatisierung staatlicher Unternehmen. Nicht zu Unrecht, weil diese Eigentumsübertragung, wie oben gesehen, oft ein undurchsichtiges Geschäft war. Das gilt besonders für Ungarn, aber auch für Polen, die Tschechoslowakei, Rumänien und Bulgarien. Dabei hat sich gezeigt, dass die Postkommunisten die neue Marktwirtschaft oft schneller »begriffen« als die vormalige politisch-demokratische Opposition. Daraus zu schließen, dass Privatisierungen an sich schlecht gewesen seien oder gar die Marktwirtschaft als solche schädlich sei, ist aber unsinnig und ideologisch. In Polen etwa ging nach heutigem Kenntnisstand kein Weg an den harten marktwirtschaftlichen Reformen des damaligen Finanzministers Leszek Balcerowicz vorbei, um das Land aus der abgrundtiefen ökonomischen Krise zu führen – auch wenn diese Reformen nicht den Hoffnungen und Wünschen vieler Mitglieder der Gewerkschaft Solidarność entsprachen, die eher von einem »dritten Weg« zwischen Kapitalismus und Sozialismus träumten.

Die Suche nach den Hintergründen für den Aufstieg von Nationalkonservativen, Nationalisten und Rechtsradikalen führt auch zu der Frage, wie es um das Staats- und Rechtsstaatsbewusstsein der Bürger in den östlichen EU-Staaten bestellt ist. Tatsächlich haben die dortigen Verantwortlichen in Politik, Pädagogik, Medien und Kultur in den letzten Jahrzehnten wenig dafür getan, den Sinn der Menschen für die Rolle und die Aufgaben des Staates, für die Dreiteilung der Staatsgewalt und den Rechtsstaat sowie für ein Mindestmaß bei der Einhaltung öffentlicher Normen zu schärfen.

Rechten und linken Populisten spielt es in die Hände, dass die Menschen in diesen Ländern zum Teil äußerst wenig Erfahrung im Umgang mit der Geschichte haben und offene, verantwortungsbewusst geführte Debatten über historische Ereignisse und mögliche Verfehlungen der eigenen Völker kaum gewohnt sind. Die politisch-historische und juristische Aufarbeitung der kommunistischen Zeiten erfolgte oft sehr spät und ist in einigen östlichen EU-Staaten bis heute nicht abgeschlossen. Frappierend ist beispielsweise, dass sich die nationalkonservative Partei Recht und Gerechtigkeit von Jarosław Kaczyński politischer Methoden bedient, die schon im Kommunismus gang und gäbe waren. Auch die Art und Weise, wie Rumäniens Sozialdemokraten die Justiz politisch instrumentalisieren, erinnert daran.

Die östlichen EU-Staaten haben für ihre wirtschaftlichen Erfolge ihren Bürgern zum Teil große Opfer abverlangt, wofür diese, jedenfalls bestimmte Schichten, bis heute nicht ausreichend belohnt wurden. Die hohen Armutsraten in allen diesen Ländern sind ein Skandal.

Gerade um die Armen hat man sich in den letzten Jahrzehnten kaum gekümmert. Das Kindergeld »500 plus«, das die nationalkonservative Regierung in Polen 2015 einführte, war die erste sozialpolitische Maßnahme, die eine gewisse Verbesserung der Lebensbedingungen gerade der einkommensschwächeren Schichten erbrachte. Die Schwächen der sozialen Systeme in den meisten dieser Staaten liegen auf der Hand. Das gilt für die Defizite bei der Arbeitslosenversicherung und der Arbeitsplatzvermittlung, die großen Lücken im Arbeitsrecht und das unterentwickelte Gesundheitswesen besonders in den ländlichen Regionen ebenso wie für die teilweise erschreckend niedrigen Renten.

Schließlich hat die internationale Flüchtlingskrise Angst vor kultureller Überfremdung geweckt, auch wenn einige der östlichen EU-Staaten eher abseits von den Flüchtlingsrouten lagen – bislang jedenfalls. Traditionell denkende Katholiken in Polen, Ungarn oder der Slowakei empfinden das Auftauchen von Muslimen fast schon als existenzielle Bedrohung, als Störfaktor für die Sicherheit des eigenen Lebens. Terroristische Überfälle wie etwa in Paris bestärken sie in diesem Denken. Das Manko ist, dass dabei die Auseinandersetzung mit anderen Kulturen und damit die Bereicherung des eigenen Denkens auf der Strecke bleibt.

Ein grundlegendes Defizit der Entwicklung in den östlichen EU-Staaten betrifft das Verhältnis zwischen den Eliten und breiten Teilen der Bevölkerungen, also die Frage, inwieweit die Bürger in die Entwicklung von Konzepten eingebunden und diese breit diskutiert wurden. Die Bilanz fällt in diesem Punkt hauptsächlich negativ aus. Schon die Transformation war ein Eliteprojekt. Führende Persönlichkeiten wie der verstorbene polnische Historiker, Bürgerrechtler, Außenminister und Europaabgeordnete Bronisław Geremek haben wiederholt darauf hingewiesen, dass die Bürger dabei von oben herab instrumentalisiert worden seien.[129] Die wirtschaftliche Schocktherapie von Balcerowicz sei zwar notwendig gewesen, so Geremek weiter, doch habe man es versäumt, die Bürger von der Ratio dieser Maßnahmen zu überzeugen. Einen dritten Fehler sah Geremek in der Auffassung, dass der Kommunismus vollständig der Vergangenheit angehöre und niemand mit der Rückkehr einer sozialdemokratisierten kommunistischen Partei gerechnet habe, was dann aber eingetreten sei. Offenbar sind die von Eliten betriebenen Transformationen eine Sache, die »Transformation« von Gesellschaften eine andere. Die über Jahrzehnte hinweg eingeübten Denk- und Verhaltensweisen sind zählebig. 45 Jahre Kommunismus lassen sich nicht in zwei oder drei Jahrzenten vollständig überwinden.

Auch die EU-Erweiterungen der Jahre 2004, 2007 und 2013, bei denen elf ostmittel- und südosteuropäische Staaten in die Gemeinschaft aufgenommen wurden, waren mehr oder weniger Eliteprojekte. Die Beitrittskriterien wurden politisch, ökonomisch und administrativ, aber nicht gesellschaftlich durchgesetzt. Eine eingehendere Debatte über diese Kriterien sowie die einzelnen Aspekte und Folgen des Beitritts hat es nur in Ansätzen gegeben. Auch in diesem Fall wurden die breiten Massen nicht »mitgenommen«.

Viele Regierungen in den östlichen EU-Staaten müssen sich vorhalten lassen, dass sie in ihrem Tun häufiger mit ihren egoistischen, karrieristischen und prinzipienlosen Interessen beschäftigt waren und weniger mit dem, was man als gutes Regieren im Sinne des Gemeinwesens bezeichnet.

Wäre ein »dritter Weg« hinsichtlich der aufzubauenden wirtschaftlichen Systeme, also eine Mischform mit sozialistischen und kapitalistischen Elementen möglich gewesen? Historische Erfahrungen sprechen eher dagegen. Aber eine Art »rheinischer Kapitalismus« bzw. eine stärker sozial ausgeprägte Marktwirtschaft wären schon möglich gewesen – wohl wissend, dass dies unter den Bedingungen der Globalisierung kein leichtes Unterfangen ist.

Die Euphorie, mit der Menschen einst im ganzen östlichen Europa für Freiheit, Rechtsstaat und Demokratie gekämpft haben, ist weitestgehend verflogen. Das mag daran liegen, dass diese Werte zum Gutteil institutionell verwirklicht wurden. Aber vom Überbordenden, vom im Wortsinne Grenzenlosen und Grenzen Überwindenden, was nicht zuletzt im Traum von einem vereinten Europa seinen Ausdruck fand, ist nicht sehr viel geblieben. Leider.

Anmerkungen

1   Zu den Ereignissen des Jahres 1989 siehe insbesondere *H.A. Winkler*, Vom Kalten Krieg zum Mauerfall, München 2014; *U. Herbert*, Geschichte Deutschlands im 20. Jahrhundert, München 2014; *I.-S., Kowalczuk*, Endspiel. Die Revolution von 1989 in der DDR, München 2009; *R. Vetter*, Bronisław Geremek. Der Stratege der polnischen Revolution, Berlin 2014.

2   Siehe insbesondere *W. Merkel*, Systemtransformation. Eine Einführung in die Theorie und Empirie der Transformationsforschung, Wiesbaden 2010, S. 62 ff. Siehe auch *E. Sandschneider*, Stabilität und Transformation politischer Systeme. Stand und Perspektiven politikwissenschaftlicher Transformationsforschung, Opladen 1995; *H. Bender*, Die Zeit der Bewegung. Strukturdynamik und Transformationsprozesse, Frankfurt a.M. 1997.

3   Zur Vereinigung Deutschlands siehe insbesondere *H.A. Winkler*, Geschichte des Westens. Vom Kalten Krieg zum Mauerfall, München 2014, S. 1034–1065; *U. Herbert*, Geschichte Deutschlands im 20. Jahrhundert, München 2014, S. 1091–1136; *G.A. Ritter*, Der Preis der deutschen Einheit. Die Wiedervereinigung und die Krise des Sozialstaats, München 2007; *W. Schäuble*, Der Vertrag. Wie ich über die deutsche Einheit verhandelte, München 1991; *H. Teltschik*, 329 Tage. Innenansichten der Einigung, Berlin 1996.

4   Zu den Zwei-plus-Vier-Verhandlungen siehe *H. Möller u.a.* (Hsrg.), Die Einheit: Das Auswärtige Amt, das DDR-Außenministerium und der Zwei-plus-Vier-Prozess, Göttingen 2015; *G. Ritter*, Hans-Dietrich Genscher, das Auswärtige Amt und die deutsche Vereinigung, München 2013; *R. Vetter*, Sternstunde der Diplomatie. Der »Zwei-pus-Vier«-Prozess und Polens Kampf um die Endgültigkeit seiner Westgrenze, in: Dialog Nr. 112/2015.

5   Zum Untergang der Sowjetunion siehe *H.A. Winkler*, Geschichte des Westens, Vom Kalten Krieg zum Mauerfall, München 2014, S. 897–908, S. 1039–1044, S. 1096–1105; *ders.*, Geschichte des Westens, Die Zeit der Gegenwart, München 2015, S. 100 ff.; *M. Hildermeier*, Geschichte der Sowjetunion 1917–1990. Entstehung und Niedergang des ersten sozialistischen Staates, München 1998; *G. u. N. Simon*, Verfall und Untergang des sowjetischen Imperiums, München 1993; *K. Schlögel*, Das sowjetische Jahrhundert, Archäologie einer untergegangenen Welt, München 2018; *G. Koenen*, Die Farbe Rot. Ursprünge und Geschichte des Kommunismus, München 2017.

6   Siehe dazu insbesondere die äußerst erhellenden Aufsätze in *M. Sapper/V. Weichsel* (Hrsg.), Lev Gudkov. Wahres Denken. Analysen, Diagnosen, Interventionen, Berlin 2017.

7   Zur Entwicklung in Jugoslawien und Post-Jugoslawien siehe insbesondere *M. Hatschikjan/S. Troebst*, Südosteuropa. Ein Handbuch, München 2009; *M.-J. Calic*, Südosteuropa. Weltgeschichte einer Region, München 2016; *U. Brunnbauer/K. Buchenau*, Geschichte Südosteuropas, Ditzingen 2018; *K. Clewing/O.J. Schmidt*, Geschichte Südosteuropas. Vom frühen Mittelalter bis zur Gegenwart, Regensburg 2011; *H. Sundhaussen*, Jugoslawien und seine Nachfolgestaaten. Eine ungewöhnliche Geschichte des Gewöhnlichen, Wien u.a. 2012; *B. Ćosić*, Eine Illusion, die ins Verderben führte – vor hundert Jahren entstand das jugoslawische Königreich, in: Neue Zürcher Zeitung, 30.11.2018.

8   Zur deutschen Mitverantwortung für die Entwicklung in Jugoslawien und Postjugos-
    lawien siehe *U. Schiller*, Deutschland und »seine« Kroaten, Bremen 2010.
9   Vgl. u.a. *E. Rathfelder*, Schnittpunkt Sarajevo. Zehn Jahre nach dem Krieg, Berlin
    2007; *A. Keßelring* (Hrsg.), Bosnien-Herzegowina. Wegweiser zur Geschichte, Pader-
    born u.a. 2007.
10 *J. Bogoeva/C. Fetscher*, Ein Prozess. Dokumente aus dem Verfahren gegen General Ra-
    dislav Kristić vor dem Internationalen Strafgerichtshof für das ehemalige Jugoslawien
    in Den Haag. Frankfurt a.M. 2002; *G. Civikov*, Srebrenica. Der Kronzeuge, Wien
    2009.
11 Zur Einschätzung des Vorgehens der Nato siehe *A. Ernst*, Die »humanitäre Interven-
    tion«, die ein Krieg war. Neue Zürcher Zeitung, 24.3.2019.
12 Siehe u.a. *C. Del Ponte*, Im Namen der Anklage, Frankfurt a.M. 2009, ebenso
    I. Mijnsen, Ja, das Uno-Kriegsverbrechertribunal für das ehemalige Jugoslawien war
    politisch – aber es schuf trotzdem Gerechtigkeit, Neue Zürcher Zeitung, 29.11.2017.
13 Im März 2019 verurteilte das Tribunal den früheren Führer der bosnischen Serben
    Radovan Karadzić wegen Völkermords, Kriegsverbrechen und Verbrechen gegen die
    Menschlichkeit insbesondere im Zusammenhang mit dem Massenmord in Srebrenica
    zu lebenslanger Haft.
14 Siehe insbesondere *M. Hertig*, Die Auflösung der Tschechoslowakei. Analyse einer
    friedlichen Staatsteilung, Basel u.a. 2001. Siehe auch *J. Bahlcke*, Geschichte Tsche-
    chiens. Vom Mittelalter bis zur Gegenwart, München 2014; *S. Vykoupil*, Slowakei,
    München 1999; *M. Žantovski*, Václav Havel. In der Wahrheit leben, Berlin 2014.
15 *M. Schulze-Wessel*, Der Prager Frühling: Aufbruch in eine neue Welt, Ditzingen 2018.
16 Zur Debatte über Russland und die Nato siehe u.a. *M. Rühle*, Die NATO im Zeit-
    alter globalisierter Bedrohungen, in: Neue Zürcher Zeitung, 16.2.2018; *J. Stoltenberg*,
    »Wir wollen keinen kalten Krieg«. Interview mit dem Nato-Generalsekretär, in: Süd-
    deutsche Zeitung, 12.4.2018; *S. Meister*, Putins schöne neue Weltordnung gewinnt
    mehr und mehr an Realität, in: Neue Zürcher Zeitung, 2.2.2018; *M. Szymanski*,
    Maas hat es gewagt, Traditionsinventar der SPD anzurühren, in: Süddeutsche Zei-
    tung, 26.5.2018; *R. Vetter*, Säbelrasseln? Polen und der NATO-Gipfel, in: Polen-Ana-
    lysen, Nr. 185, 5.7.2016.
17 *U. Herbert*, Geschichte Deutschlands im 20. Jahrhundert, München 2014,
    S. 1131–1136.
18 Zur Diskussion um die Erinnerungspolitik und -kultur in den baltischen Staaten
    siehe unten, S. 288 ff.
19 Siehe insbesondere *H.-W. Sinn*, Kasino-Kapitalismus. Wie es zur Finanzkrise kam,
    und was jetzt zu tun ist, Berlin 2010. Auch *R. Vetter*, Turbulenzen und Konsequen-
    zen. Importierte Wirtschaftskrise in Ostmittel- und Südosteuropa, in: Osteuropa
    12/2008, S. 3–24; *H.A. Winkler*, Geschichte des Westens. Die Zeit der Gegenwart,
    München 2015, S. 343 ff.
20 Der bislang beste Essay zur Fluchtlingskrise stammt von Zygmunt Bauman; siehe
    Z. Bauman, Die Angst vor den Anderen. Ein Essay über Migration und Panikmache,
    Berlin 2016. Siehe auch *I. Krastev*, Europadämmerung, Berlin 2017; *H. Münkler*,
    Die Mitte und die Flüchtlingskrise: Über Humanität, Geopolitik und innenpolitische
    Folgen der Aufnahmeentscheidung, in: Aus Politik und Zeitgeschichte 14–15/2016
    (1.4.2016); *S. Schröter*, Normenkonflikte in pluralistischen Gesellschaften, Frankfurt
    a.M./New York 2017.

21 Zur Geschichte Polens seit den späten 1980er-Jahren siehe insbesondere *A. Chwalba*, Kurze Geschichte der Dritten Republik Polen, Wiesbaden 2010, S. 9–24; *R. Vetter*, Polens diensteifriger General. Späte Einsichten des Kommunisten Wojciech Jaruzelski, Berlin 2018, S. 324–362.

22 *A. Åslund*, How capitalism was built. The transformation of Central and Eastern Europe, Russia and Central Asia, Cambridge/New York 2007.

23 Siehe u.a. *R. Vetter*, Das Jahr 1989 in der polnischen Erinnerung (Polen-Analysen, Nr. 149), 2.9.2014.

24 *K. Ziemer*, Die politische Ordnung, in: *D. Bingen/K. Ruchniewicz* (Hrsg.): Länderbericht Polen (Schriftenreihe der Bundeszentrale für Politische Bildung, Band 735), Bonn 2009. Siehe auch *A. Chwalba*, Kurze Geschichte der Dritten Republik Polen 1989 bis 2005, Wiesbaden 2010; *W. Borodziej*, Geschichte Polens im 20. Jahrhundert, München 2010; *W. Merkel*, Systemtransformation. Eine Einführung in die Theorie und Empirie der Transformationsforschung, Wiesbaden 2010, S. 324 ff.

25 So sorgten die Proteste von Bürgerinitiativen dafür, dass die Stadtverwaltung von Krakau erste Maßnahmen gegen den starken Smog über der Stadt ergriff; siehe *M. Benz*, Krakau will wieder atmen, in: Neue Zürcher Zeitung, 13.12.2018.

26 *Centrum Badania Opinii Społecznej*, Polacy wobec demokracji i systemu partyjnego, Warszawa 2017.

27 *J. Mariański*, Die katholische Kirche Polens im sozialen Wandel, in: Kirche und Gesellschaft 1/2018, S. 15.

28 *J. Baczyński*, Nadzieja bez wiary, in: Polityka 44/2015, S. 11.

29 Immerhin zwang ein Urteil des Europäischen Gerichtshof im Dezember 2018 Polen, die politisch motivierte, rechtswidrige Zwangspensionierung von Richtern am Obersten Gericht zurückzunehmen. Allerdings änderte dies wenig an der politischen Gleichschaltung der Justiz durch die regierenden Nationalkonservativen.

30 *F. Hassel*, Der größte Skandal seit Amtsantritt der PiS, in: Süddeutsche Zeitung, 23.11.2018.

31 *G. Gnauck*, Der Klang des Schweigens. Nach dem Tod des Danziger Bürgermeisters nach einer Messerattacke herrscht Bestürzung in Polen, in: Frankfurter Allgemeine Zeitung, 16.1.2019; *P. Flückiger*, Paul: Beklemmendes Begräbnis in Danzig. Die Trauerfeier für den ermordeten Danziger Bürgermeister wird zur politischen Manifestation, in: Neue Zürcher Zeitung, 20.1.2019.

32 Im Rahmen des Eurobarometers der EU werden regelmäßig in allen EU-Staaten Befragungen zum EU-Bewusstsein durchgeführt. Siehe www://ec.europa.eu/commfrontoffice/publicopinion/index.cfm.

33 Siehe unten, S. 147 ff.

34 *H.-P. Riese*, Bürgerinitiative für die Menschenrechte. Die tschechoslowakische Opposition zwischen dem »Prager Frühling« und der »Charta 77«, Frankfurt a.M. 1977; *J. Skála*, Die ČSSR. Vom Prager Frühling zur Charta 77, Berlin 1978; *E. Kanturkova*, Verbotene Bürger. Die Frauen der Charta 77, München/Wien 1982.

35 *V. Havel*, Versuch, in Wahrheit zu leben. Von der Macht der Ohnmächtigen, Reinbek 1980; *E. Kriseová*, Václav Havel. Dichter und Präsident, Berlin 1991.

36 Der »Prager Frühling« wurde nach 1989 sowohl in der Tschechischen Republik als auch in der Slowakei unterschiedlich bewertet. Liberale Kräfte monierten, der »dritte Weg zwischen Kapitalismus und Sozialismus«, den die damaligen Reformkommunisten eingeschlagen hätten, sei von Anfang an illusorisch gewesen; andere haben die unrühmliche Rolle betont, die einzelne Reformkommunisten bei der politischen Restauration des Landes nach dem Einmarsch von Truppen des Warschauer Pakts gespielt haben; wieder andere verteidigten den »Prager Frühling« als wichtigen Versuch zur Reform des Landes.

Anmerkungen

37 *J. Bahlke*, Geschichte Tschechiens, München 2014; *R. Kipke*, Die politischen Systeme Tschechiens und der Slowakei, Wiesbaden 2002; *M. Hertig*, Die Auflösung der Tschechoslowakei – Analyse einer friedlichen Staatsteilung, München 2001.

38 Zur friedlichen Auflösung der Tschechoslowakei siehe oben, S. 52 ff.

39 Im Dezember 2018 kamen Juristen in einem Gutachten für die EU-Kommission zu dem Schluss, dass Andrej Babiš seine wirtschaftlichen und politischen Interessen in unzulässiger Weise vermengt; Siehe *M. Kolb*, Tschechiens Premier vermischt Politik und Geschäfte, in: Süddeutsche Zeitung, 1.12.2018.

40 Siehe *V. Weichsel*, Demokratie in der Schwebe. Die Parlamentswahlen in Tschechien 2017, in: Osteuropa 9–10/2017, S. 31 ff.

41 ANO bedeutet im Tschechischen schlicht »Ja«, steht aber auch als Akronym für »Akce nespokojených občanů« (Aktion unzufriedener Bürger).

42 *J. Silný*, Die Rolle der Religion für die tschechische Identität, 6.1.2005, https://ekumakad.cz/de/tematade/die-rolle-der-religion-fr-die-tschechische-identitat.

43 *Evangelische Kirche in Deutschland*, Länderinformation Tschechische Republik, Januar 2017. Vergleichbare Daten finden sich beim Tschechischen Statistischen Amt (www.czso.cz/csu/czso/home) sowie in den Länderinformationen des Auswärtigen Amtes in Berlin (www.auswaertiges-amt.de/DE/Aussenpolitik/Laender/Laenderinfos/01-Nodes_Uebersichtsseiten/TschechischeRepublik_node.html).

44 Siehe oben, S. 63 ff.

45 In der Erklärung heißt es: »Beide Seiten stimmen darin überein, dass das begangene Unrecht der Vergangenheit angehört und werden daher ihre Beziehungen auf die Zukunft ausrichten. Gerade deshalb, weil sie sich der tragischen Kapitel ihrer Geschichte bewusst bleiben, sind sie entschlossen, in der Gestaltung ihrer Beziehungen weiterhin der Verständigung und dem gegenseitigen Einvernehmen Vorrang einräumen, wobei jede Seite ihrer Rechtsordnung verpflichtet bleibt und respektiert, dass die andere Seite eine andere Rechtsauffassung hat« (www.bundestag.de/parlament/geschichte/gastredner/havel/havel2/244732.).

46 *R. Vetter*, Durchwachsen. Eine Bilanz der tschechischen EU-Präsidentschaft, in: Osteuropa 9/2009, S. 77 ff.

47 Zit. nach *T. Janzer*, Reaktionen auf den Brexit. Tschechische Politiker fordern Reform der EU, Radio Praha, 24.6.2016.

48 Siehe oben, S. 52 ff.

49 Zur Entwicklung der Slowakei siehe *R. Kipke*, Die politischen Systeme Tschechiens und der Slowakei, Wiesbaden 2002; *M. Hertig*, Die Auflösung der Tschechoslowakei, Basel u.a. 2001; *S. Vykoupil*, Slowakei, München 1999.

50 *J. Pauer*, Die Aufarbeitung der Diktaturen in Tschechien und in der Slowakei, in: Aus Politik und Zeitgeschichte 42/2006 (9.10.2006).

51 Als die Verfassung in Kraft trat, war die Slowakei noch kein selbstständiger Staat. Deshalb galten einige ihrer Bestimmungen, die mit der Bundesverfassung der Tschechoslowakei nicht in Einklang standen, erst ab 1. Januar 1993.

52 Siehe *O. Gyárfášová*, Signal der Mäßigung, Die Parlamentswahlen in der Slowakei 2010, in: Osteuropa 8/2010, S. 61 ff.

53 Auch westliche Wirtschaftsvertreter, etwa der Deutsch-Slowakischen Industrie- und Handelskammer, sprachen nun von einer epidemischen Korruption in der Slowakei; siehe Die Slowakei verliert ihren guten Ruf, in: Frankfurter Allgemeine Zeitung, 3.3.2018.

54 Zitiert nach: Religion & Gesellschaft in Ost und West 1/2018, S. 7 f.; daraus auch die folgenden Zitate.

55   Siehe u.a. *A. von Klimó*, Ungarn seit 1945, Tübingen u.a. 2006; *P. Lendvai*, Die Ungarn, München 2001; *J. Hauszmann*, Ungarn, Regensburg 2004; *H. Fischef*, Eine kleine Geschichte Ungarns, Frankfurt a.M. 1999.

56   Zu diesem Annäherungsprozess siehe *I. Horváth*, Die Sonne ging in Ungarn auf. Erinnerungen an eine besondere Freundschaft, München 2000.

57   Zu den Reformprozessen siehe insbesondere *A. Schmidt-Schweizer*, Vom Reformsozialismus zur Systemtransformation, Frankfurt a.M. u.a. 2000.

58   *A. Oplatka*, Der erste Riss in der Mauer. September 1989 – Ungarn öffnet die Grenze, Wien 2009.

59   *A. Schmidt-Schweizer*, Vom Reformsozialismus zur Systemtransformation, Frankfurt a.M. u.a. 2000, S. 18.

60   Siehe insbesondere *G. Halmai*, Hochproblematisch. Ungarns neues Grundgesetz, in: Osteuropa 12/2011, S. 145 ff.; *G.A. Tóth*, Macht statt Recht. Deformation des Verfassungssystems in Ungarn, in: Osteuropa 4/2012, S. 21 ff.; *H. Küpper*, Mit Mängeln. Ungarns neues Grundgesetz, in: Osteuropa, 12/2011, S. 135 ff.

61   Unter dem Druck der Regierung entschloss sich die weitgehend von Soros finanzierte, international sehr renommierte Central European University, von Budapest nach Wien umzuziehen; siehe u.a. *S. Löwenstein*, Politische Spielchen. Warum eine Universität mit exzellentem Ruf in Ungarn keine Zukunft mehr für sich sieht, in: Frankfurter Allgemeine Zeitung, 3.12.2018.

62   Interview mit dem Botschafter der Republik Ungarn in der Bundesrepublik, Dr. István Horváth, in: Südosteuropa-Mitteilungen 31/1991, S. 133 ff.

63   Eine Ausnahme bildete lediglich die von 1998 bis 2002 im Parlament vertretene rechtsextreme MIÉP.

64   Ungarns Ministerpräsident Viktor Orbán kritisiert Migrationspolitik der Europäischen Union, Euronews, 28.7.2018, https://de.euronews.com/2018/07/28/ungarns-ministerprasident-viktor-orban-kritisiert-migrationspolitik-der-europaischen-union.

65   Ungarn nennt Pläne »Erpressung«, tagesschau.de, 3.5.2018, www.tagesschau.de/ausland/eu-finanzen-103.html.

66   Siehe insbesondere *J.-W. Müller*, Wo Europa endet. Ungarn, Brüssel und das Schicksal der liberalen Demokratie, Berlin 2012; *E. Bos*, Das System Orbán. Antipluralismus in Aktion, in: Osteuropa 3–5/2018, S. 19 ff.; *P. Frank*, Dauermobilisierung in Ungarn. Die xenophoben Kampagnen der Regierung Orbán, in: Osteuropa 3–5/2018, S. 33 ff.; *R. Vetter*, Osteuropas Rechtsdrift, in: Neue Zürcher Zeitung, 29. Mai 2017.

67   Grünes Licht für regierungstreues Medienkonsortium in Ungarn, in: Neue Zürcher Zeitung, 6.12.2018.

68   Zit. nach *E. Bos*, Das System Orbán. Antipluralismus in Aktion, in: Osteuropa 3–5/2018, S. 29, Fn. 81.

69   Zur Entwicklung Sloweniens siehe insbesondere *I. Lukšič*, Das politische System Sloweniens, in: *W. Ismayr* (Hrsg.), Die politischen Systeme Osteuropas, Opladen 2002, S. 603ff.; *U. Brunnbauer/K. Buchenau*, Geschichte Südosteuropas, Ditzingen 2018, S. 390ff.; *W. van Meurs*, Krise, Stabilisierung und Integration: Südosteuropäische Politikgeschichte nach Ende des Sozialismus, in: *K. Clewing/O.J. Schmidt* (Hrsg.), Geschichte Südosteuropas. Vom frühen Mittelalter bis zur Gegenwart, Regensburg 2011, S. 739ff.; *P. Reder*, Slowenien, München 1999, S.12ff.

70   Siehe oben, S. 39 ff.

71 *I. Kristan*, Verfassungsentwicklung und Verfassungsordnung Sloweniens, Max-Planck-Institut für ausländisches öffentliches Recht und Völkerrecht, 1993, www.zaoerv.de/53_1993/53_1993_2_b_322_359.pdf.

72 Siehe oben, S. 67 ff.

73 Siehe *H. Sundhaussen*, Jugoslawien und seine Nachfolgestaaten. Eine ungewöhnliche Geschichte des Gewöhnlichen, Wien u.a. 2012, S. 402 ff.

74 *S. Husić*, Psycho-Pathologie der Macht. Die Zerstörung Jugoslawiens im Spiegel der Biografien von Milošević, Tuđman und Izetbegović, Berlin 2007, S. 110–156.

75 *U. Schiller*, Deutschland und »seine« Kroaten. Vom Ustaša-Faschismus zu Tuđmans Nationalismus, Bremen 2010, S. 72.

76 Siehe oben, S. 67 ff.

77 Zit. nach *K. Verseck*, Kroatiens Nationalismus, Die Angst vor dem nächsten Ungarn, Spiegel Online, 3.5.2016, http://www.spiegel.de/politik/ausland/kroatien-droht-eine-nationalistisch-konservative-wende-a-1090348.html.

78 *K. Lazarevic*, Warum Kroatiens »Feierpräsidentin« zu Hause umstritten ist, in: Die Welt, 17.7.2018. Zum Lager Jasenovac siehe auch oben, S. 5; siehe auch *U. Schiller*, Deutschland und »seine« Kroaten. Vom Ustaša-Faschismus zu Tuđmans Nationalismus, Bremen 2010, S. 54 ff.

79 *S. Kube*, Der »Fall Prajak« und die katholische Kirche in Kroatien, in: Religion & Gesellschaft in Ost und West 1/2018, S. 22 f.

80 Zur Tätigkeit des Tribunals siehe oben, S. 51 ff.

81 *N. Zakošek*, Das politische System Kroatiens, in: *W. Ismayr* (Hrsg), Die politischen Systeme Osteuropas, Opladen 2002, S. 669.

82 Siehe, auch zum Folgenden, *H. Vidovic/M. Holzner*, Wirtschaftliche Perspektiven für Kroatien, Wiener Institut für Internationale Wirtschaftsvergleiche, Forschungsbericht 9, März 2018.

83 Siehe oben, S. 185 f

84 Siehe oben, S. 43 f.

85 *A. Ernst*, Gedenktage und Wortkriege. Nicht die 1990er Jahre, die europäische Gegenwart inspiriert die Nationalisten auf dem Balkan, in: Neue Zürcher Zeitung, 8.8.2016, S. 3.

86 Für einen Überblick siehe *K. Clewing/O.J. Schmidt*, Geschichte Südosteuropas, Vom frühen Mittelalter bis zur Gegenwart, Regensburg 2011; *S. Husic*, Psycho-Pathologie der Macht. Die Zerstörung Jugoslawiens im Spiegel der Biografien von Milošević, Tuđman und Izetbegović, Berlin 2007; *M.J. Calic*, Krieg und Frieden in Bosnien-Hercegovina, Frankfurt a.M. 1996; *C. von Kohl*, Albanien, München 1998.

87 *M. Roth*, Der Westbalkan ist Europas Innenhof, in: Frankfurter Allgemeine Zeitung, 12.6.2018. Siehe auch *European Union Institute for Security Studies*, Resilience in the Western Balkans, Report No. 36, August 2017.

88 *P. Münch*, Davor Dragičeć – Ikone des Protestes in Bosnien, in: Süddeutsche Zeitung, 11.1.2019; *A. Ernst*, In Serbien, Montenegro, Albanien und Bosnien protestieren die Bürger – kommt der »balkanische Frühling«?, in: Neue Zürcher Zeitung, 4.3.2019.

89 Tausende Serben demonstrieren erneut gegen Präsident Vučić, AFP, 16.12.2018.

90 Siehe *I. Mijnssen*, Für Kosovos Präsident ist die Grenze kein Tabu mehr, in: Neue Zürcher Zeitung, 8.8.2018.

91 *M. Martens*, An ihm testen sie ihre Grenzen aus, in: Frankfurter Allgemeine Zeitung, 17.1.2019.

92 *H. Vastag/G. Mandics/M. Engelmann*, Temeswar, Symbol der Freiheit, Wien/München 1992.

93 *S. Troebst*, Das andere 1989: Balkanische Antithesen, in: Aus Politik und Zeitgeschichte 24–26/2014 (3.6.2014).

94 *E. Völkl*, Rumänien, Regensburg 1995; *H. Vastag/G. Mandics/M. Engelmann*, Temeswar – Symbol der Freiheit, Wien 1992.

95 Johannis stammt aus einer siebenbürgisch-sächsischen Familie, deren Vorfahren vor mehr als 800 Jahren nach Siebenbürgen in das Gebiet um Hermannstadt (Sibiu) eingewandert sind. Er studierte Physik und unterrichtete danach an verschiedenen Schulen der Stadt. Im Jahr 1990 trat er in das neu gegründete Demokratische Forum der Deutschen in Rumänien (DFDR) ein. Obwohl die deutsche Bevölkerung in Sibiu nur noch eine Minderheit von 2 Prozent ausmachte, wurde er im Jahr 2000 mit 69 Prozent der Stimmen zum Bürgermeister gewählt. Bei seiner Wiederwahl 2004, 2008 und 2012 erzielte er sogar bis zu 88,7 Prozent. Johannis konnte gute Kontakte insbesondere zu deutschen Investoren knüpfen und erreichte auch, dass Sibiu/ Hermannstadt (zusammen mit Luxemburg) Europäische Kulturhauptstadt wurde.

96 Der Leiter der DNA, ein Generalstaatsanwalt, ist dem Chefankläger des Obersten Gerichts- und Kassationshofs unterstellt. Er wird vom Justizminister nominiert und vom Staatspräsidenten ernannt. Bis März 2006 hieß die Behörde Nationale Antikorruptions-Staatsanwaltschaft.

97 EU-Kommissarin fordert die rumänische Regierung auf, die Justizreform zu überdenken, in: Neue Zürcher Zeitung, 13.8.2018.

98 *O. J. Schmidt*, Ob Faschisten oder Kommunisten – Rumäniens orthodoxe Kirche war stets eine Dienerin der Macht, in: Neue Zürcher Zeitung, 21.7.2018.

99 *Demokratisches Forum der Deutschen in Rumänien/Botschaft der Bundesrepublik Deutschland in Bukarest (Hrsg.)*, Die deutsche Minderheit in Rumänien. Geschichte und Gegenwart im vereinten Europa, Hermannstadt 2014.

100 Europäischer Gerichtshof für Menschenrechte: Litauen und Rumänien müssen Folteropfer der CIA entschädigen, in: Süddeutsche Zeitung, 31.5.2018. Bis heute ist nicht eindeutig geklärt, ob die Behörden des Landes an der Betreibung der Gefängnisse direkt beteiligt waren, dies logistisch unterstützt haben oder ob sie diese nur »geduldet« haben.

101 *V. Papst*, Die Regierung der Korrupten präsidiert den EU-Rat, in: Neue Zürcher Zeitung, 3.1.2019.

102 Želev war 1965 aus der BKP ausgeschlossen worden, weil seine Dissertation über Lenins Staatsphilosophie der Parteiführung nicht genehm war. Sein Buch über Totalitarismus, in dem er Parallelen zwischen Kommunismus und Faschismus zog, war lange Zeit ein Standardwerk für kritische Intellektuelle in Bulgarien.

103 Siehe u.a. *H.J. Härtel/R. Schönfeld*, Bulgarien, Regensburg 1989; *G. Knaus*, Bulgarien, München 1997; *I. Trojanow*, Die fingierte Revolution – Bulgarien, eine exemplarische Geschichte, München 2006.

104 Die Große Nationalversammlung ist mit 400 Mitgliedern fast doppelt so groß wie das Parlament, wird aber nach dem gleichen Verfahren gewählt. Sie tagt nur zu besonderen Anlässen, etwa zur Verabschiedung oder Änderung der Verfassung, auch zu territorialen Änderungen des Staates.

105 *A. Maegerle*, Die Armee der weißen Rasse, Neonazis und andere Rechtsextreme in Osteuropa, Bundeszentrale für politische Bildung, Dossier Rechtsextremismus, 7.9.2007.

106 *B. Opfer-Klinger*, Die ungeliebte EU-Südosterweiterung, Bulgariens und Rumäniens steiniger Weg nach Europa, Osnabrück 2007, S. 94.

107 I. Mijnssen, »Bulgarien ist EU, Bulgarien ist NATO«, in: Neue Zürcher Zeitung, 18. April 2018.

108 Zitiert nach F. Hassel, Pro-Europäer siegen bei Parlamentswahlen in Bulgarien, in: Süddeutsche Zeitung, 27. März 2017.

109 Zu Geschichte und Gegenwart Litauens, Lettlands und Estland siehe insbesondere M. Knodt/S. Urdze, Die politischen Systeme der baltischen Staaten, Wiesbaden 2012; N. Angermann/K. Brüggemann, Geschichte der baltischen Länder, Ditzingen 2018; G. von Rauch, Geschichte der baltischen Staaten, München 1977; E. Römpczyk, Estland, Lettland, Litauen, Bonn 2016; W. Schlau, Die Deutsch-Balten, München 1995; I. Ijabs / J. Kusber / I. Misāns / E. Oberländer, Lettland 1918-2018, Paderborn 2018; J. Levinson (Hrg.), The Shoah in Lithuania, Vilnius 2006; K. Reichelt, Lettland unter deutscher Besatzung, Der lettische Anteil am Holocaust, Berlin 2011.

110 Siehe u.a. A. Kaminsky / D. Müller / S. Troebst (Hrg.), Der Hitler-Stalin-Pakt 1939 in den Erinnerungskulturen der Europäer, Göttingen 2011; M. Sapper V. / Weichsel (Hrg.), Der Hitler-Stalin-Pakt. Der Krieg und die europäische Erinnerung, Osteuropa 7–8/2009, Berlin 2009.

111 Endgültig abgeschaltet wurde das Atomkraftwerk im Jahr 2009, nachdem die EU-Kommission in den Beitrittsverhandlungen mit Litauen vor 2004 die Stilllegung verlangt und das litauische Parlament im Mai 2000 dem auch zugestimmt hatte. In den letzten Jahren vor der Stilllegung hatte Ignalina etwa 80 Prozent des in Litauen benötigten Stroms erzeugt. Einen Großteil der Stromproduktion übernahm danach der Öl- und Gasturbinen-Kraftwerk in Elektrėnai.

112 Im Juni 1940 wurden etwa 10 000 Menschen aus Estland, 15 000 aus Lettland und 18 000 aus Litauen deportiert, nach dem Krieg in den Jahren 1948/49 noch einmal aus Estland 21 000, aus Lettland 42 000 und aus Litauen 73 000 Personen.

113 Zur Verfassungsgebung in den drei Staaten siehe insbesondere V.A. Vaičaitis, Konstitutionelle Verfasstheit der baltischen Staaten, in: M. Knodt/S. Urdze, Die politischen Systeme der baltischen Staaten, Wiesbaden 2012, S. 155 ff.

114 Im Jahr 1939 betraf das 14 000 Deutsche aus Estland und 51 000 aus Lettland. Anfang 1941 folgten noch einmal über 50 000 Menschen aus Litauen, darunter aber nicht nur Deutsche, sondern auch protestantische Litauer.

115 Durch den NS-Terror während der deutschen Besatzung wurden in Litauen 200 000, in Lettland 66 000 und in Estland 9500 Juden ermordet.

116 Zu den Deportationen in die Sowjetunion siehe oben, Endnote 112.

117 A.-C. Regelmann, Minderheitenintegration in den baltischen Staaten – eine Frage der Sprache, in: Aus Politik und Zeitgeschichte 8/2017 (17.2.2017).

118 E.-C. Pettal, Erinnerungsdiskurse und Geschichtspolitik in den baltischen Staaten, in: Aus Politik und Zeitgeschichte 8/2017 (17.2.2017).

119 Siehe dazu insbesondere K. Wetzel, Geschichte als Politikum, Lettland und die Aufarbeitung nach der Diktatur, Berlin 2016; J. Levinson (Ed.), The Shoah (Holocaust) in Lithuania, Vilnius 2006.

120 Zur Konkurrenz zwischen den »Opfernarrativen« in Litauen siehe S. Sužiedėlis, Schwierige Erinnerung, Litauen: Holocaust und Opferkonkurrenz, in: Osteuropa 6/2018, S. 101 ff.

121 A. Nikžentaitis/J. Tauber, Aufruhr um einen Partisanen, Eine Litauische Erinnerungsdebatte, in: Osteuropa 6/2018, S. 83 ff.; V. Davoliūtė, Pluralisierung unter Schmerzen, Litauens Umgang mit der Vergangenheit, in: ebd., S. 91 ff.; S. Sužiedėlis, Schwierige Erinnerung, Litauen: Holocaust und Opferkonkurrenz, in: ebd., S. 101 ff.

122 Siehe unter anderem *D. Bohle*, Baltische Wege aus der Finanzkrise, Musterbei-
spiele für erfolgreiche Austeritätspolitik, in: Aus Politik und Zeitgeschichte 8/2017
(17.2.2017).

123 Zit. nach *R. Hermann*, Lettlands Oligarchen verfolgen ihre privaten Ziele auf Kosten
der Allgemeinheit, in: Neue Zürcher Zeitung, 23.2.2018.

124 In Litauen werden Grundsatzentscheidungen in der Außenpolitik vom Staatsoberhaupt getroffen.

125 Siehe unter anderem *M. Bluhm/O. Jacobs*, Wer beherrscht den Osten? Ostdeutsche
Eliten ein Vierteljahrhundert nach der deutschen Wiedervereinigung, Leipzig 2016;
K. Rohnstock (Hrsg.), Mein letzter Arbeitstag. Abgewickelt nach 89/90. Ostdeutsche
Lebensläufe, Berlin 2014; *H. Bahrmann/Ch. Links (Hrsg.)*, Am Ziel vorbei, Die
deutsche Einheit – eine Zwischenbilanz, Berlin 2005; *M. Böick*, Die Treuhand, Idee –
Praxis – Erfahrung 1990–1994, Göttingen 2018; *P. Köpping*, Integriert doch erst mal
uns. Eine Streitschrift für den Osten, Berlin 2018.

126 Natürlich gab es vereinzelt auch westliche Berater, wie etwa den US-Ökonomen
Jeffrey Sachs, der damals Polens Finanzminister Leszek Balcerowicz zur Seite stand.

127 Am Beispiel der ostdeutschen Verlagsbranche: *Ch. Links*, Das Schicksal der
DDR-Verlage. Die Privatisierung und ihre Konsequenzen, Berlin 2010.

128 Siehe etwa *D. Woidke*, »Nur die Reichen können sich einen armen Staat leisten«, in:
Süddeutsche Zeitung, 28.12.2018.

129 *Biblioteka Polityki*, Rewolucja '89, Warszawa 2009, S 47, zit. nach *R. Vetter*, Bronisław
Geremek, Der Stratege der polnischen Revolution, Berlin 2014, S. 288.

Leseempfehlungen

Ein spannendes Buch über das epochale Jahr 1989 und das Ende der DDR hat Ilko-Sascha Kowalczuk mit »Endspiel. Die Revolution von 1989« (München 2009) geschrieben. Ulrich Herbert liefert mit den letzten Kapiteln seines Buches »Geschichte Deutschlands im 20. Jahrhundert« (München 2014) ein wissenschaftliches und gut lesbares Werk zum Zerfall der DDR und zur deutschen Vereinigung. Der verstorbene Gerhard A. Ritter hat in seinem Buch »Der Preis der deutschen Einheit. Die Wiedervereinigung und die Krise des Sozialstaats« (München 2007) die deutschen und internationalen Rahmenbedingungen der Wiedervereinigung, die einzelnen Etappen des Einigungsprozesses und die sozialpolitischen Folgen der Vereinigung ausführlich beschrieben und analysiert. In seinem wissenschaftlichen Werk »Die Sowjetunion 1917–1991« (München 2007) beschäftigt sich Manfred Hildermeier auch mit den Hintergründen des Zerfalls dieses Riesenreiches. Gerhard und Nadja Simon befassen sich ebenfalls ausführlich mit diesem Thema in ihrem gut lesbaren Buch »Verfall und Untergang des sowjetischen Imperiums« (München 1993). Für die Lektüre des Standardwerks »Jugoslawien und seine Nachbarstaaten. Eine ungewöhnliche Geschichte des Gewöhnlichen« (Wien u.a. 2012) von Holm Sundhaussen zum Zerfall Jugoslawiens braucht man Ausdauer und fortwährende Konzentration. Erich Rathfelder beschreibt in seinem Buch »Schnittpunkt Sarajevo. Zehn Jahre nach dem Krieg« (Berlin 2007), wie die Bürger in Bosnien-Herzegowina mit ihren Erinnerungen an den grauenhaften Krieg der Jahre 1922 bis 1955 umgehen und sich bemühen, zu einem normalen Leben zurückzukehren. Den Opfern des Massenmords an bosnischen Muslimen in Srebrenica im Juli 1995, begangen durch die serbisch-bosnische Soldateska, ist das von Julija Bogoeva und Caroline Fetscher herausgegebene Buch »Srebrenica. Ein Prozess« (Frankfurt a.M. 2002) gewidmet, das auch die Entstehung des Internationalen Strafgerichtshof für das ehemalige Jugoslawien beschreibt sowie das dortige Verfahren gegen den bosnisch-serbischen General Radislav Krstić, einen der Hauptverantwortlichen des Massenmords, dokumentiert. Wer sich genauer mit der Entstehungsgeschichte der Nato befassen will, sollte das Buch »Nato in (Un-)Ordnung. Wie transatlantische Sicherheit neu verhandelt wird« (Schwalbach 2017) von Johannes Varwick lesen. Eine sehr überzeugende Analyse der Stärken und Schwächen der Europäischen Union hat Dieter Grimm mit »Europa ja – aber welches? Zur Verfassung der europäischen Demokratie« (München 2016) vorgelegt. Mit notwendiger, sehr kritischer Schärfe schildert Hans-Werner Sinn in seinem Buch »Kasino-Kapitalismus. Wie es zur Finanzkrise kam und was jetzt zu tun ist« (Berlin 2009) Hintergründe und Verlauf der Weltfinanzkrise 2008/09 und beschreibt mögliche Wege zu einem besseren Bankensystem. Den besten Essay zur 2015 einsetzenden Flüchtlingskrise hat der verstorbene polnisch-jüdische Soziologe Zygmunt Bauman geschrieben, der lange in England lehrte: »Die Angst vor den anderen. Ein Essay über Migration und Panikmache« (Berlin 2016). Eine gute Einführung in Geschichte, Politik und Gesellschaft Polens hat der seit Langem aus diesem Land für deutsche Zeitungen berichtende Gerhard Gnauck mit »Polen verstehen. Geschichte, Politik, Gesellschaft« (Stuttgart 2018) vorgelegt. Autor des in Deutschland erschienenen Standardwerks »Geschichte Polens im 20. Jahrhunderts« (München 2010) ist der Warschauer Historiker Włodzimierz Borodziej. Die Biografie des verstorbenen tschechoslowakischen und später tschechischen Staatspräsidenten »Václav Havel: In der Wahrheit leben« (Berlin 2014) von Michael Zantovsky ist auch und gerade eine spannende Lektüre über das epochale Jahr 1989 in der Tschechoslowakei und dessen Hintergründe. Eine gute Einführung in Geschichte, Politik, Kultur und Wirtschaft bietet das Länderprofil »Slowakei« (München 1999) von Susanna Vykoupil. In Bezug auf Ungarn gilt Gleiches für das Buch »Ungarn seit 1945« (Göttingen 2006) von Árpád von Klimó. Zu empfehlen ist außerdem »Die Ungarn. Eine tausendjährige Geschichte« (München 2001) des exzellenten Ungarn-Kenners Paul Lendvai. Andreas Oplatka beschreibt in »Der erste Riss in der Mauer. September 1989 – Ungarn öffnet die Grenze« (Wien 2001) eines der wichtigsten und spannendsten Ereignisse des epochalen Jahres 1989. Petra Rehder stellt in ihrem Länderprofil »Slowenien« (München 1999) den postjugoslawischen Musterknaben vor. Norbert Mappes-Niediek widmet sich Sloweniens Nachbarn Kroatien, dessen Demokratie mitunter nicht ganz frei von nationalistischen Anwandlungen ist: »Kroatien. Das Land hinter der Adria-Kulisse« (Berlin 2009). Den Aufstand gegen den rumänischen Diktator Nicolae Ceaușescu, der 1989 in Temeswar begann, schildern Hans Vastag, György Mandics und Manfred Engelmann in ihrem Buch »Temeswar. Symbol der Freiheit« (Wien/München 1992). Die lesenswerte Biografie des Diktators, der innenpolitisch ein Gewaltherr-scher war und außenpolitisch mitunter auf Distanz zu Moskau ging, hat Thomas Kunze vorgelegt: »Nicolae Ceaușescu« (Berlin 2000). Die Palastrevolution des Jahres 1989 in Bulgarien nimmt der Schriftsteller Ilija Trojanow in seiner literarischen Reportage »Die fingierte Revolution. Bulgarien, eine exemplarische Geschichte« (München 1999) aufs Korn. Eine Einführung in Geschichte, Politik, Kultur und Wirt-schaft dieses Landes bietet Gerald Knaus mit »Bulgarien« (München 1997). Ideale Literatur für eine Reise in die baltischen Staaten ist El-mar Römczyks Buch »Estland, Lettland, Litauen. Geschichte, Gegen-wart, Identität« (Bonn 2016).

Legend:

- **1949** NATO-Beitritt
- Länder der NATO
- **1957** EU-Beitritt
- bis 1990 Deutsche Demokratische Republik (Beitritt zur Bundesrepublik Deutschland am 3. Oktober 1990)
- ······ am 1. Jannuar 1993 Bildung der beiden Staaten Tschechien und Slowakei
- – – – Zerfall Jugoslawiens ab 1991
- Länder die bis zur Unabhängigkeit (1990/91) zur Sowjetunion gehörten

Map labels:

Oslo

NORWEGEN **1949**

Stockho

SCHWEDEN **1995**

1973 (zusammen mit Grönland, das 1985 austrat)

DÄNEMARK **1949**

Kopenhagen

Ostse

Nordsee

1973

GROSS-BRITANNIEN **1949**

London

NIEDERLANDE **1949**

Amsterdam

1957

Berlin

POL **199**

1957

BUNDESREPUBLIK DEUTSCHLAND **1955**

DDR **1990** **1990**

Brüssel **1957**

BELGIEN **1949**

Bonn

2004 Prag

1949

Luxemburg

1957

LUXEMBURG

TSCHECHISCHE REPUBLIK **1999**

Paris

1957

Wien

Brati

FRANKREICH **1949**

Bern

SCHWEIZ LIECHTENSTEIN

ÖSTERREICH **1995**

Ljubljana

2004

SLOWENIEN

Zag

2004

BOSNI

ANDORRA

ITALIEN **1949**

KROATIEN **2009** **2013**

MONACO

1957

Adria

SPANIEN **1982**

1986

Mittelmeer

Rom

Mittel- und Osteuropa 1989 bis heute

Personenregister

Antall, József 9, 17, 147, 161
Arafat, Raed 229
Ash, Timothy Garton 10

Babiš, Andrej 106f., 109–111, 120, 310, 323
Baker, James 25
Balcerowicz, Leszek 78, 81, 90, 308, 318f., 328
Băsescu, Traian 227–230
Bergmane, Una 294
Berov, Ljuben 250
Bērziņš, Andris 276
Bielecki, Jan Krzysztof 88
Boc, Emil 228–230
Borissov, Boiko 253, 256, 258f. 268
Borissow, Juri 277
Brandt, Willy 19
Bratušek, Alenka 173, 175
Brazauskas, Algirdas 275, 290
Breschnew, Leonid 35
Brnabić, Ana 211
Bush, George 26
Buzek, Jerzy 90

Čalfa, Marian 102
Ceaușescu, Elena 10, 220
Ceaușescu, Nicolae 10, 219–224, 237–239, 242, 308, 331
Cerar, Miro 68, 173–176
Chirac, Jacques 47
Ciolos, Dacian 241
Clinton, Bill 47
Constantinescu, Emil 226

Damijan, Jože 176
Delors, Jacques 305
Demitrov, Valentin 250
Diaconescu, Dan 230
Dienstbier, Jiři 17
Dimitrov, Filip 250
Dodik, Milorad 211
Dragnea, Liviu 231–234, 236, 246, 311
Drnovšek, Janez 171, 174

Dubček, Alexander 55
Duda, Andrzej 92
Đukanović, Mito 214
Dukić, Milan 201
Dumas, Roland 25
Dzhurov, Dobri 247
Dzurinda, Mikuláš 125–127, 133, 137f., 140

Falin, Valentin 27
Fico, Robert 124–129, 135, 138, 140, 312
Fifor, Mihai 231
Franco, Francisco 189
Franziskus (Papst) 88
Fukuyama, Francis 11

Genscher, Hans-Dietrich 19, 25, 183, 219
Godmanis, Ivars 273
Gorbatschow, Michail 16, 20, 25–27, 30f., 33–35, 100, 104, 247f., 272, 273
Grabar-Kitarović, Kolinda 193, 195, 208
Grindeanu, Sorin 231
Gross, Stanislav 108
Grósz, Károly 143, 146, 161
Gruevski, Nikola 215
Grybauskaitė, Dalia 276, 296
Gyurcsány, Ferenc 151

Hasanbegović, Zlatko 194
Havel, Václav 10, 17, 100, 103f., 107, 330
Hitler, Adolf 9, 54, 63, 189, 271, 288f.
Honecker, Erich 35
Horthy, Miklós 155
Horváth, István 161
Humphrey, Gordon J. 59
Hurt, Douglas 25
Husák, Gustáv 10, 55, 100, 102

Iliescu, Ion 220, 222–224, 226, 234
Ilves, Toomas Hendrik 276
Izetbegović, Alija 38, 41, 47